10

Schlüssel zur Mathematik

Rheinland-Pfalz

Unter Beratung von
Manuela Becker (Edenkoben)
Marion Heller (Bobenheim-Roxheim)
Luitgard Schatral (Speyer)
Sebastian Schönthaler (Eisenberg)
Diana Tibo (Winnweiler)

Teile dieses Unterrichtswerkes basieren auf Inhalten bereits erschienener Lehrwerke.
Diese wurden herausgegeben von Reinhold Koullen † und Udo Wennekers
sowie erarbeitet von:

Helga Berkemeier, Ilona Gabriel, Wolfgang Hecht, Barbara Hoppert, Ines Knospe, Reinhold Koullen †,
Jeannine Kreuz, Frank Nix, Doris Ostrow, Hans-Helmut Paffen, Günther Reufsteck, Jutta Schaefer,
Gabriele Schenk, Willi Schmitz, Ingeborg Schönthaler, Sebastian Schönthaler, Christine Sprehe,
Herbert Strohmayer, Martina Verhoeven, Udo Wennekers, Rainer Zillgens

Unter Beratung von: Manuela Becker, Marion Heller, Luitgard Schatral, Sebastian Schönthaler, Diana Tibo

Redaktion: Christina Schwalm

Illustration: Roland Beier

Grafik: Christian Böhning, Ulrich Sengebusch †

Umschlaggestaltung und Layoutkonzept:
Syberg | Kirstin Eichenberg und Torsten Symank

Layout und technische Umsetzung:
CMS – Cross Media Solutions GmbH

Begleitmaterialien zum Lehrwerk			
für Schülerinnen und Schüler		**für Lehrerinnen und Lehrer**	
Arbeitsheft	978-3-06-040163-5	Lösungsheft	978-3-06-040164-2
		Handreichungen	978-3-06-040165-9
Begleitmaterial auf USB-Stick inkl. Unterrichtsmanager und E-Book			978-3-06-001033-2

www.cornelsen.de

Alle Drucke dieser Auflage sind inhaltlich unverändert
und können im Unterricht nebeneinander verwendet werden.

© 2018 Cornelsen Verlag GmbH, Berlin

Dieses Werk enthält Vorschläge und Anleitungen für Untersuchungen und Experimente.
Vor jedem Experiment sind mögliche Gefahrenquellen zu besprechen.
Beim Experimentieren sind die Richtlinien zur Sicherheit im Unterricht einzuhalten.

Druck: Mohn Media Mohndruck, Gütersloh

1. Auflage, 1. Druck 2018
ISBN 978-3-06-040162-8 (Schülerbuch)
ISBN 978-3-06-040166-6 (E-Book)

PEFC zertifiziert
Dieses Produkt stammt aus nachhaltig
bewirtschafteten Wäldern und kontrollierten
Quellen.
www.pefc.de

PEFC
PEFC/04-31-1033

Inhalt

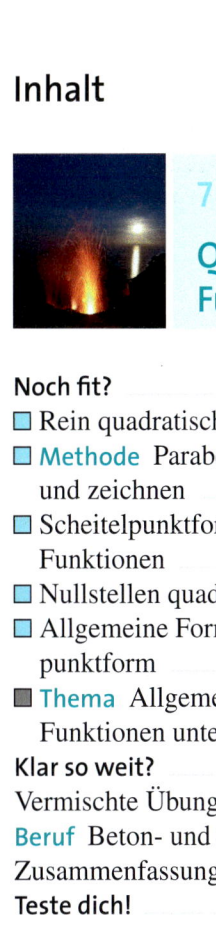

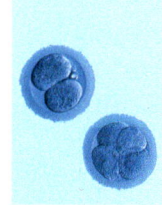

☐ Basis   ◧ Basis/Erweiterung   ☐ Erweiterung   ■ Vertiefung   👥 Partnerarbeit   👥 Gruppenarbeit

117 Trigonometrie

161 Der Übergang in die Oberstufe

139 Trigonometrische Funktionen

175 Anhang

Rallye durch dein Mathe-Buch

Auf diesen zwei Seiten findest du einige Hinweise zu deinem neuen Mathematikbuch.
Löse die Rätsel (ä, ö, ü und ß sind erlaubt).
Das Lösungswort verrät dir, was das Bild auf dem Umschlag zeigt.

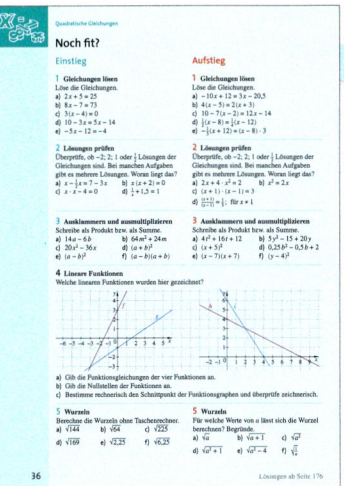

■ Noch fit?
Mit dem Einstiegstest kannst du
dein bisher erworbenes
Wissen testen. Deine Ergebnisse
kannst du mit den Lösungen im
Anhang vergleichen.
**Rätsel zum Noch fit? im Kapitel
Quadratische Funktionen:**
Welche Formeln werden in Aufgabe 4 angewendet?

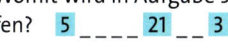
_ _ 19 _ _ _ _ _ _ 18

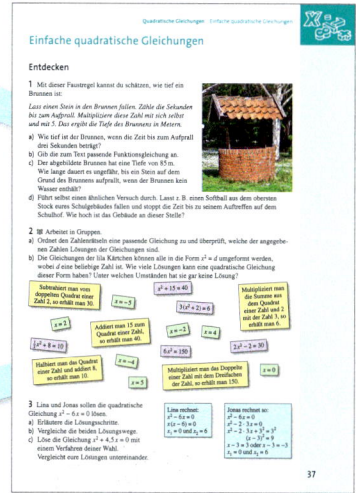

■ Entdecken
Jede Lerneinheit beginnt mit
einführenden Aufgaben, die
zum Ausprobieren und
Entdecken anregen.
**Rätsel zum Entdecken – Allgemeine
Form und Scheitelpunktform
im Kapitel Quadratische Funktionen:**
Womit wird in Aufgabe 3 geworfen?   5 _ _ _ _ 21 _ _ 3 _

■ Verstehen
Der neue Unterrichtsstoff wird anhand von
Merksätzen und Beispielen erklärt.
**Rätsel zum Verstehen – Rein quadratische Glei-
chungen im Kapitel Quadratische Gleichungen:**
Wie heißt der ganz oben genannte Mathematiker
mit Vornamen?   _ 22 _ _ _ 11 _ _

■ Üben und anwenden
Die Aufgaben trainieren den neu
gelernten Unterrichtsstoff.
**Rätsel zum Üben und
anwenden – Der Potenz-
begriff im Kapitel
Potenzen und Wurzeln:**
Was wird in Aufgabe 13
aufs Schachbrett gelegt?
_ _ 23 _ _ _ 7 _ 15

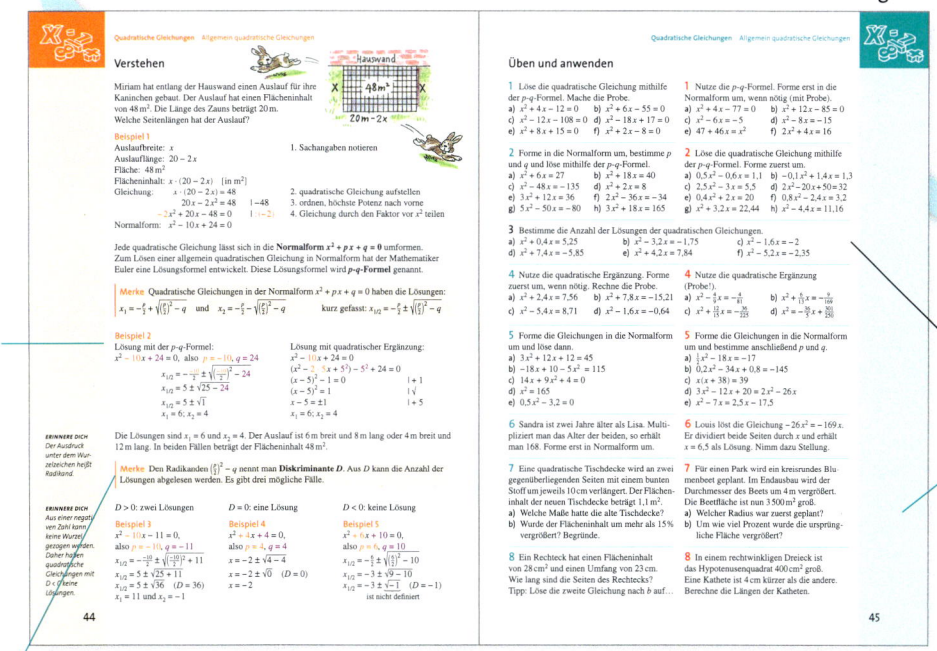

Mittelschwere
Aufgaben haben
eine schwarze
Aufgabennummer.

In der Randspalte
stehen zusätzliche
Informationen,
Aufgaben und
Lösungshinweise.

Wichtiger
Merkstoff

Die linke Spalte
enthält leichtere
Aufgaben.

Die rechte Spalte
enthält schwierigere
Aufgaben.

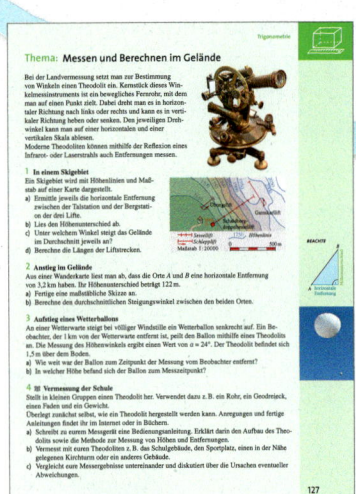

Thema: Messen und Berechnen im Gelände

Bei der Landvermessung setzt man zur Bestimmung von Winkeln einen Theodolit ein. Kernstück dieses Winkelmessinstruments ist ein bewegliches Fernrohr, mit dem man auf einen Punkt zielt. Dabei dreht man es in horizontaler Richtung nach links oder rechts und kann es in vertikaler Richtung heben oder senken. Den jeweiligen Drehwinkel kann man auf einer horizontalen und einer vertikalen Skala ablesen.
Moderne Theodoliten können mithilfe der Reflexion eines Infrarot- oder Laserstrahls auch Entfernungen messen.

1 In einem Skigebiet
Ein Skigebiet wird mit Höhenlinien und Maßstab auf einer Karte dargestellt.
a) Ermittle jeweils die horizontale Entfernung zwischen der Talstation und der Bergstation der drei Lifte.
b) Lies den Höhenunterschied ab.
c) Unter welchem Winkel steigt das Gelände im Durchschnitt jeweils an?
d) Berechne die Längen der Liftstrecken.

2 Anstieg im Gelände
Aus einer Wanderkarte liest man ab, dass die Orte A und B eine horizontale Entfernung von 3,2 km haben. Ihr Höhenunterschied beträgt 122 m.
a) Fertige eine maßstäbliche Skizze an.
b) Berechne den durchschnittlichen Steigungswinkel zwischen den beiden Orten.

3 Aufstieg eines Wetterballons
An einer Wetterwarte steigt bei völliger Windstille ein Wetterballon senkrecht auf. Ein Beobachter, der 1 km von der Wetterwarte entfernt ist, peilt den Ballon mithilfe eines Theodoliten an. Die Messung des Höhenwinkels ergibt einen Wert von α = 24°. Der Theodolit befindet sich 1,5 m über dem Boden.
a) Wie weit war der Ballon zum Zeitpunkt der Messung vom Beobachter entfernt?
b) In welcher Höhe befand sich der Ballon zum Messzeitpunkt?

4 Vermessung der Schule
Stellt in kleinen Gruppen einen Theodolit her. Verwendet dazu z. B. ein Rohr, ein Geodreieck, einen Faden und ein Gewicht.
Überlegt zunächst selbst, wie ein Theodolit hergestellt werden kann. Anregungen und fertige Anleitungen findet ihr im Internet oder in Büchern.
a) Schreibt zu eurem Messgerät eine Bedienungsanleitung. Erklärt darin den Aufbau des Theodoliten sowie die Methode zur Messung von Höhen und Entfernungen.
b) Vermesst mit eurem Theodoliten z. B. das Schulgebäude, den Sportplatz, einen in der Nähe gelegenen Kirchturm oder einen anderen Gebäude.
c) Vergleicht eure Messergebnisse untereinander und diskutiert über die Ursachen eventueller Abweichungen.

127

Die Symbole in den oberen Ecken stehen für bestimmte Bereiche in der Mathematik:

Zahlen und Variablen

Geometrie

Funktionen

Daten und Zufall

◼ Methode und Thema
Auf den Methodenseiten werden die wichtigsten mathematischen Methoden vorgestellt und geübt. Die Themenseiten zeigen mathematische Inhalte aus verschiedenen Lebensbereichen.
Rätsel zum Thema: Zinseszins im Kapitel Wachstum und Exponentialfunktionen:
Was möchte Mia in Aufgabe 2 mit ihrem Geld bezahlen?

10 _ _ _ _ _ _ _ _ _ 24

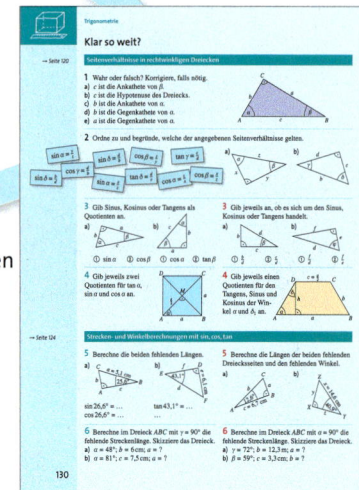

◼ Klar so weit?
Mit dem Zwischentest kannst du überprüfen, ob du den neuen Unterrichtsstoff verstanden hast. Deine Ergebnisse kannst du mit den Lösungen im Anhang vergleichen.
Rätsel zum Klar so weit? im Kapitel Wachstum und Exponentialfunktionen:
Was soll in Aufgabe 5b) berechnet werden?

_ _ _ 8 _ _ _ _ _ _ 1 16 _ 4

◼ Vermischte Übungen
Die Seiten enthalten Aufgaben zu allen Lerneinheiten eines Kapitels.
Rätsel zu den Vermischten Übungen im Kapitel Trigonometrie:
Welches Buch wird in Aufgabe 7 blau zitiert?

_ 6 _ _ _ _ 20 _ - _ _ _ _

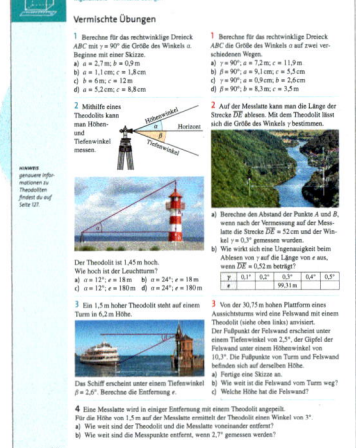

◼ Zusammenfassung
Die Zusammenfassung am Ende eines Kapitels enthält die wichtigsten Merksätze zum Nachschlagen.
Rätsel zu der Zusammenfassung im Kapitel Trigonometrie:
Wie heißt die Strecke im Steigungsdreieck, die horizontal verläuft?

_ 2 _ 13 _ _ _ 12 _ _ _ _ _ _ _ _ _

◼ Teste dich!
Überprüfe zur Vorbereitung auf die Klassenarbeit dein Können. Die Lösungen zum Abschlusstest findest du im Anhang.
Rätsel zum Teste dich! im Kapitel Trigonometrische Funktionen:
Was ist in der Zeichnung zu Aufgabe 7 dargestellt?

drei 17 _ _ _ _ _ _ _ 14 _ _ 9 _ _ _

Wie lautet das Lösungswort?

▮ ▮ ▮ ▮ ▮ ▮ ▮ ▮
1 2 3 4 5 6 7 8

▮ ▮ ▮ ▮ ▮ ▮ ▮ ▮ ▮ ▮ ▮ ▮ ▮ ▮ ▮ ▮
9 10 11 12 13 14 15 16 17 18 19 20 21 22 23 24

Quadratische Funktionen

Wie Wasserfontänen schießen die glühenden Lavabrocken aus dem Inneren des Vulkans.
Die Flugbahnen der Lavabrocken stellen Parabeln
dar und lassen sich mit quadratischen Funktionen
beschreiben.
Mit den gleichen Funktionen können in der
Technik zum Beispiel Brückenbögen berechnet werden.

Noch fit?

Einstieg

1 Faktoren ausklammern
Klammere gemeinsame Faktoren aus.
a) $9x - 12y$ b) $2x + 2$
c) $3x^2 - 6xy$ d) $27ab - 45b$
e) $50xy - 125x$ f) $-14x + 35xy$

2 Klammern auflösen
Schreibe als Summe oder als Differenz.
a) $2(x + y)$ b) $5(m - n)$
c) $(3x + 7y) \cdot 4$ d) $(2y + 4) \cdot 2x$
e) $(7 - 5m) \cdot 4$ f) $-3(-a + b)$

3 Klammern multiplizieren
Multipliziere und fasse zusammen.
a) $(x + 2)(x + 3)$ b) $(x + 2)(x - 3)$
c) $(x - 2)(x + 3)$ d) $(x - 2)(x - 3)$

4 Binomische Formeln anwenden
① Löse die Klammern auf und schreibe als Summe.
  a) $(x + 3)^2$ b) $(2 - x)^2$
  c) $(x - 2)(x + 2)$ d) $(y + 2)^2$
  e) $(x - 2,5)^2$ f) $(2 - x)(2 + x)$
② Ergänze im Heft.
  a) $x^2 + 6x + \bullet = (\blacktriangle + 3)^2$
  b) $x^2 - \star + 25 = (\blacksquare - 5)^2$
  c) $x^2 - \blacklozenge = (x + 3)(x - 3)$
③ Schreibe als Produkt.
  a) $x^2 + 12x + 36$ b) $x^2 - 24x + 144$
  c) $9x^2 + 24x + 16$ d) $4x^2 - 9$

Aufstieg

1 Faktoren ausklammern
Klammere gemeinsame Faktoren aus.
a) $xy - 4xz$ b) $21xy + 6yz$
c) $-24ab - 12bc$ d) $-25xz + 125yz$
e) $16yz - 12xy$ f) $-14x - 35xy$

2 Klammern auflösen
Schreibe als Summe oder als Differenz.
a) $3xy(-5x + 2y)$ b) $-2x(a + 3b)$
c) $0,5ab(14b - 7a)$ d) $(4ab - 3xy)(-2c)$
e) $(-2x - 3y) \cdot (-4)xy$ f) $-(6x + 5y) \cdot 1,2ax$

3 Klammern multiplizieren
Multipliziere und fasse zusammen.
a) $(x + 4)(x - 3)$ b) $(4 + x)(3 - x)$
c) $(x - 4)(x + (-1))$ d) $(-4 + x)(x - 3)$

4 Binomische Formeln anwenden
① Löse die Klammern auf und schreibe als Summe.
  a) $(x + 16)^2$ b) $(x - 15)^2$
  c) $(2x + 5)(2x - 5)$ d) $(12x + 6)^2$
  e) $(2a - 3b)^2$ f) $(3y + 2x)(3y - 2x)$
② Ergänze im Heft.
  a) $x^2 + \star + \bullet = (\blacktriangle + 5)^2$
  b) $4x^2 + 12xy + \bullet = (2x + \blacklozenge)^2$
  c) $x^2 - 27\blacktriangle + \bullet = (\blacksquare \blacklozenge \blacklozenge)^2$
③ Schreibe als Produkt.
  a) $x^2 - 4x + 4$ b) $25x^2 + 20x + 4$
  c) $-6x^2 - 24x - 24$ d) $16x^2 - 144$

5 Funktionen in einer Tabelle und als Graph darstellen
Berechne die fehlenden Werte und ordne die vorgegebenen Graphen den Funktionen zu.

Geschwindigkeit in $\frac{km}{h}$	x	10	20	30				
Reaktionsweg in m	$y_1 = 0,3x$				12	15	18	
Bremsweg in m	$y_2 = 0,01x^2$							49	64	81
Anhalteweg in m	$y_3 = 0,01x^2 + 0,3x$							

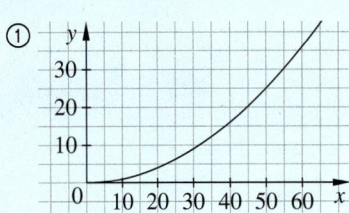
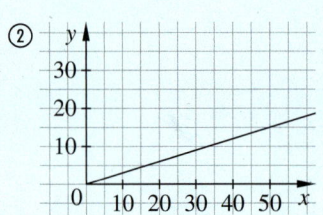
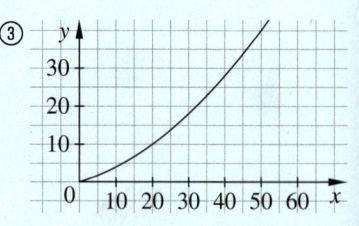

Lösungen ab Seite 176

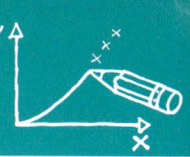

Rein quadratische Funktionen

Entdecken

1 Wenn man aufmerksam die Umgebung betrachtet, findet man manchmal Bögen, die den Verlauf einer quadratischen Funktion haben. Finde heraus, wie man diese Bogenform nennt. Beschreibe den Verlauf der Bögen. Gibt es einen höchsten oder tiefsten Punkt?

①    ②    ③

2 Übertrage den abgebildeten Graphen der Funktion $y = x^2$ in ein Koordinatensystem.

a) Lege nun auch Wertetabellen (von –3 bis 3) für die folgenden Funktionen an und zeichne jeden Graphen in einer anderen Farbe in dasselbe Koordinatensystem.

$y_1 = 2x^2$ $\qquad$ $y_2 = \frac{1}{2}x^2$
$y_3 = -2x^2$ $\qquad$ $y_4 = -\frac{1}{2}x^2$

b) Beschreibe den Verlauf der vier Funktionsgraphen und vergleiche jeweils mit dem Verlauf des Graphen von $y = x^2$.
Was bewirkt der jeweilige Faktor vor x^2?

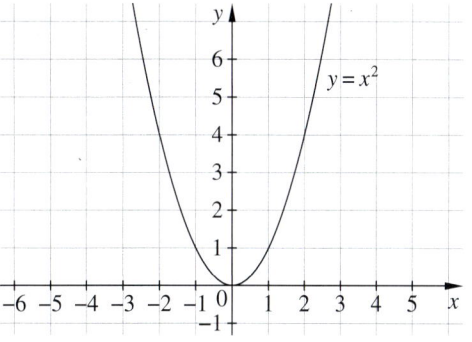

3 Ordne Funktionsgleichung und Graph einander zu und begründe deine Entscheidung.

$y_1 = \frac{1}{4}x^2$ $\qquad$ $y_2 = 4x^2$ $\qquad$ $y_3 = -4x^2$ $\qquad$ $y_4 = -\frac{1}{4}x^2$

① 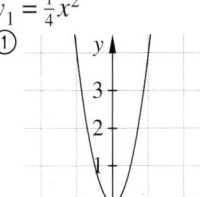   ② 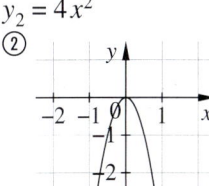   ③ 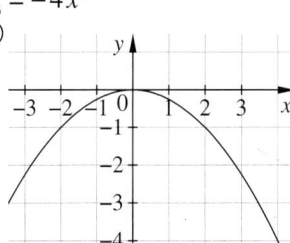   ④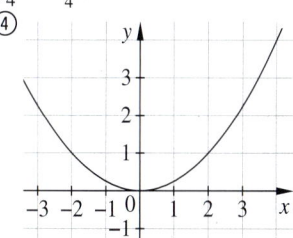

4 👥 Christoph behauptet, dass in der Zeichnung rechts der Graph der Funktion $y = x^2$ dargestellt wird. Das könne er mithilfe der Koordinaten eines einzigen Punkts bestätigen.

a) Prüft Christophs Behauptung. Nutzt dazu arbeitsteilig die Koordinaten der Punkte A, B, C und D. Beschreibt, wie ihr vorgegangen seid.

b) Stellt Vermutungen über die zugehörige Funktionsgleichung an, wenn der Graph einer quadratischen Funktion durch den Ursprung und durch folgende Punkte verlaufen soll:
$E(1|3)$ $\quad$ $F(2|12)$ $\quad$ $G(-1|3)$ $\quad$ $H(-2|12)$

c) Überprüft euer Ergebnis durch eine Zeichnung oder benutzt einen Funktionenplotter.

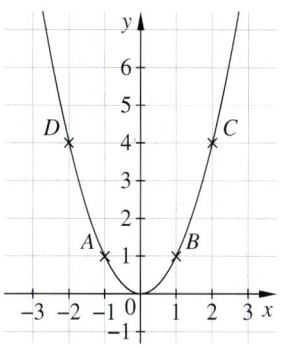

Verstehen

Tim und Luca bereiten ein Referat über berühmte Brücken vor, die annähernd die Form einer **Parabel** haben. Ihr Verlauf kann durch die Funktionsgleichung $y = ax^2$ beschrieben werden. Tim wählt die Golden Gate Bridge in San Francisco aus.

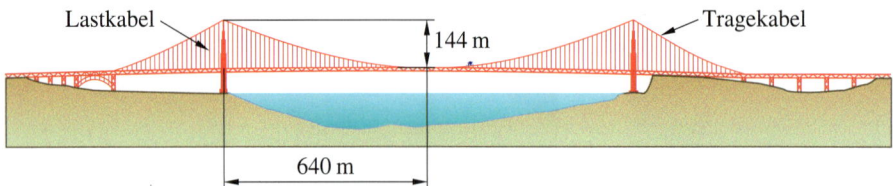

Die beiden Stützpfeiler sind 1 280 m voneinander enfernt. Am Stützpfeiler ist das Tragekabel in einer Höhe von 144 m über der Fahrbahn befestigt.

Im Koordinatensystem legt Tim den tiefsten Punkt des Tragekabels in den Ursprung, die Koordinaten des Punkts $P(640\,|\,144)$ setzt er in die Gleichung $y = ax^2$ ein: $144 = a \cdot 640^2$

Auflösen der Gleichung ergibt $a = \frac{144}{640^2}$. Da a positiv ist, ist die Parabel nach oben geöffnet.

Mithilfe der Gleichung $y = \frac{144}{640^2}x^2$ kann Tim nun für jede beliebige Stelle auf der Brücke die Länge des Lastkabels berechnen.

Zur Berechnung des Funktionswertes an der Stelle $x = 100$ setzt er 100 in die Gleichung ein: $y = \frac{144}{640^2} \cdot 100^2 \approx 3{,}516$

Beispiel 1

Luca wählt die Müngstener Eisenbahnbrücke aus. Er legt den höchsten Punkt des Stützbogens in den Koordinatenursprung und berechnet mithilfe des Punkts $P(75\,|\,{-46{,}9})$ den Faktor a und erhält einen negativen Wert, da die Parabel nach unten geöffnet ist. Er erhält die Gleichung $y = -\frac{46{,}9}{75^2} \cdot x^2$.

Der Faktor a beeinflusst die Öffnungsrichtung und die Form der Parabel $y = ax^2$.

Beispiel 2

x	-2	-1	0	1	2	Form
$y_1 = x^2$	4	1	0	1	4	Normalparabel
$y_2 = -x^2$	-4	-1	0	-1	-4	gespiegelt
$y_3 = \frac{1}{2}x^2$	2	$\frac{1}{2}$	0	$\frac{1}{2}$	2	gestaucht
$y_4 = -\frac{1}{2}x^2$	-2	$-\frac{1}{2}$	0	$-\frac{1}{2}$	-2	gestaucht
$y_5 = 2x^2$	8	2	0	2	8	gestreckt
$y_6 = -2x^2$	-8	-2	0	-2	-8	gestreckt

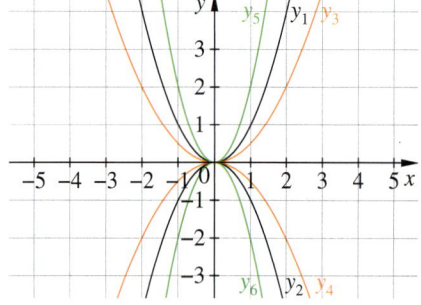

Merke Der Graph einer quadratischen Funktion mit der Funktionsgleichung $y = ax^2$ ist eine zur y-Achse symmetrische **Parabel**. Den tiefsten bzw. höchsten Punkt nennt man **Scheitelpunkt**. Er liegt bei quadratischen Funktionen der Form $y = ax^2$ im Punkt $S(0\,|\,0)$.
Der Faktor a bestimmt die Form und die Öffnungsrichtung einer Parabel:
Für $a = 1$ und $a = -1$ entsteht eine **Normalparabel**.
Für $a < 0$ ist die Parabel nach unten geöffnet, für $a > 0$ nach oben geöffnet.
Für $0 < |a| < 1$ entsteht eine **gestauchte Parabel**, für $|a| > 1$ eine **gestreckte Parabel**.

Üben und anwenden

1 Gegeben ist eine quadratische Funktion. Ist die Parabel nach oben oder nach unten geöffnet, gestreckt oder gestaucht?
a) $y = 2x^2$
b) $y = -7x^2$
c) $y = 1{,}1x^2$
d) $y = -2x^2$
e) $y = 0{,}7x^2$
f) $y = -\frac{1}{3}x^2$

2 Erstelle im Heft eine Wertetabelle von $x = -5$ bis $x = 5$. Berechne die Funktionswerte wie im Beispiel. Zeichne den Graphen.
Beispiel $y = 2x^2$; $y = 2 \cdot (-5)^2 = 50$
a) $y = 2x^2$
b) $y = -2x^2$
c) $y = 0{,}5x^2$
d) $y = -\frac{3}{4}x^2$

3 👥 Mit der Funktion $f(r) = \pi r^2$ lässt sich der Flächeninhalt eines Kreises in Abhängigkeit von seinem Radius r beschreiben.
a) Erstelle eine Wertetabelle von $r = -5$ bis $r = 5$ mit einer Schrittweite von 1.
b) Skizziere den Funktionsgraphen.
c) Beschreibe den Verlauf des Funktionsgraphen und gib den Definitions- und Wertebereich für wirkliche Kreise an.

4 Überprüfe durch eine Rechnung, ob der Punkt auf der Normalparabel $y = x^2$ liegt.
Beispiel $P(2|4)$; $y = 2^2 = 4$ *Ja, der Punkt liegt auf der Normalparabel.*
a) $(0|0)$
b) $(-1|1)$
c) $(0|4)$
d) $(-1|-1)$
e) $(-4|-16)$
f) $(0{,}4|1{,}6)$

5 Gegeben sind die Funktionen $y_1 = x^2$ (Normalparabel), $y_2 = \frac{1}{4}x^2$ und $y_3 = 4x^2$.
a) Erstelle eine Wertetabelle von $-2{,}5$ bis $2{,}5$ mit der Schrittweite $0{,}5$.
b) Stelle die Funktionsgraphen in einem gemeinsamen Koordinatensystem dar ($1\,\text{cm} \,\hat{=}\, 1\,\text{LE}$).
c) Vergleiche die Graphen von y_2 und y_3 mit der Normalparabel y_1.

6 Zeichne jeweils den Graphen und gib an, ob es sich um eine quadratische Funktion handelt.

a)

x	−3	−2	−1	0	1	2	3
y	−5	−3	−1	1	3	5	7

b)

x	−3	−2	−1	0	1	2	3
y	8	3	0	−1	0	3	8

---

1 Gegeben ist der Faktor a einer quadratischen Funktion $y = ax^2$.
Beschreibe die Form und Öffnungsrichtung der Parabel.
a) $a = 2{,}5$
b) $a = \frac{2}{5}$
c) $a = -\frac{1}{7}$
d) $a = -3{,}2$
e) $a = \frac{5}{3}$
f) $a = -0{,}1$

HINWEIS
Parabeln können gestreckt oder gestaucht sein, egal ob sie nach oben oder unten geöffnet sind.

2 Berechne die fehlenden Werte im Heft.

x	−3	−2,5	−2	−1	0	1	2	2,5	3
$y = 2{,}4x^2$									
$y = -3x^2$									
$y = 0{,}2x^2$									
$y = -\frac{3}{5}x^2$									

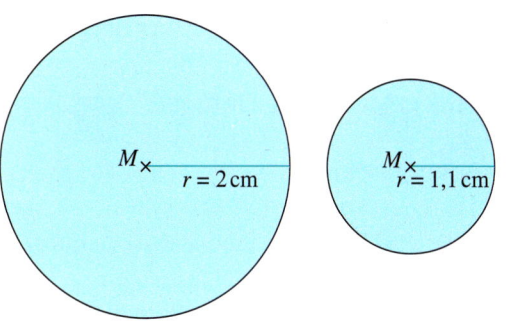

4 Überprüfe, ob der Punkt auf der Normalparabel $y = x^2$ liegt.
Beispiel $P(1|2)$; $y = 1^2 \neq 2$ *Nein, der Punkt liegt nicht auf der Normalparabel.*
a) $(1|-1)$
b) $(-1|-1)$
c) $(-\frac{1}{2}|\frac{1}{4})$
d) $(-4|16)$
e) $(0{,}2|0{,}4)$
f) $(0{,}1|0{,}01)$

6 Zeichne jeweils den Graphen und gib an, ob es sich um eine quadratische Funktion handelt.

a)

x	−3	−2	−1	0	1	2	3
y	−3,6	−1,6	0,4	0	0,4	1,6	3,6

b)

x	−3	−2	−1	0	1	2	3
y	0,6	0,4	0,2	0	−0,2	−0,4	−0,6

Methode: Parabeln untersuchen und zeichnen

Jonas hat für die Berechnung der Funktionswerte und für die grafische Darstellung von Funktionen der Form $y = a x^2$ ein Tabellenblatt vorbereitet. Damit kann er den Graphen zeichnen, wenn nur ein einziger Punkt bekannt ist.

Die Koordinaten des Punkts $P(75 \mid -46,9)$ setzt er zur Berechnung von a in die Gleichung $y = a x^2$ ein: $-46,9 = a \cdot 75^2$, also gilt $a = -\frac{46,9}{75^2}$.

	A	B	C	D	E	F	G	H
	D1		f_x	=B4/B3^2				
1	$f(x) = a\,x^2$		$a =$	-0,0083				
2								
3	x	75,00	50,00	30,00	0,00	-30,00	-50,00	-75,00
4	$f(x)$	-46,90	-20,84	-7,50	0,00	-7,50	-20,84	-46,90

In die Zelle D1 setzt Jonas die Formel = B4/B3^2 zur Berechnung von a ein.

Für die Berechnung des Funktionswerts für $x = 50$ gilt:

$$y = -\frac{46,5}{75^2} \cdot 50^2.$$

Mithilfe der Formel =$D$1*C3^2 berechnet er den Wert $-20,84$ in Zelle C4. Die weiteren Tabellenwerte erhält er durch die Anwendung der Funktion **AutoAusfüllen**.

Den Graphen erstellt er mithilfe der Diagrammfunktion unter dem Menüpunkt **Einfügen**.

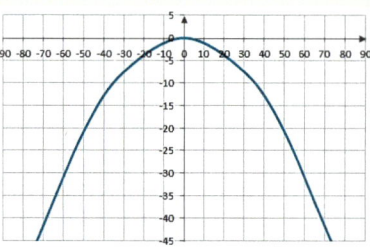

1 Jeder der Punkte liegt auf einem Graphen einer quadratischen Funktion der Form $y = a x^2$:
$A(1 \mid 1,7)$, $B(1 \mid -1,5)$, $C(2 \mid 2,4)$, $D(3 \mid -22,5)$, $E(-2 \mid 9,6)$, $F(-4 \mid -3,2)$, $G(-3 \mid 0,18)$
Erstelle mithilfe eines Tabellenkalkulationsprogramms ein Tabellenblatt zur Berechnung der verschiedenen Funktionsgleichungen.

a) Übertrage die Tabelle. Ergänze die Formel in den Zellen **B1** und **E1**.

b) Bestimme die übrigen Funktionsgleichungen, ergänze die Tabellenwerte und zeichne die Graphen.

	A	B	C	D	E	F	G	H	I	J	K	L
1	$f(x) =$	1,7000	x^2		$a =$	1,7000						
2												
3	x		-5,0	-4,0	-3,0	-2,0	-1,0	0,0	1,0	2,0	3,0	4,0	5,0
4	$f(x)$								1,7				
5												

2 Analysiere die Tabelle.

	A	B	C	D	E	F	G	H
1	$f(x) = a\,x^2$		$a =$	-0,0118				
2								
3	x	75,00	-75,00	50,00	-50,00	30,00	-30,00	0,00
4	$f(x)$	-66,50	-66,50	-29,56	-29,56	-10,64	-10,64	0,00

a) Welche Funktion ist in der Tabelle dargestellt?

b) Erkläre, wie es zur Darstellung des Graphen kommt.

c) Korrigiere den Fehler und zeichne den Graphen.

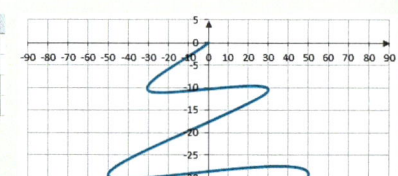

3 Überprüfe durch Rechnung und Zeichnung, ob die Wertetabellen zu quadratischen Funktionen der Form $y = a x^2$ gehören. Gib jeweils die Funktionsgleichung an und ergänze falls möglich die Tabellenwerte.

a)

x	−5	−4	−3	−2	−1	0	1	2	3	4	5
y						0	2	8	18	32	50

b)

x	−5	−4	−3	−2	−1	0	1	2	3	4	5
y						0	2	4	6	8	10

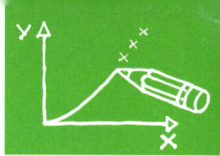

Kai nutzt einen **Funktionenplotter**, um die Graphen der Funktionen vergleichen und untersuchen zu können. Im Algebrafenster werden die Funktionsgleichungen in der Form $y = ax^2$ angezeigt, die Kai vorher in die Eingabezeile eingegeben hat.

Die Punkte A und B hat er mit dem Werkzeug **Neuer Punkt** auf die Graphen gesetzt. Da der Punkt exakt auf einem Graphen liegt, wird er im Algebrafenster als abhängiges Objekt aufgeführt. Ein Punkt neben dem Graphen wird als freies Objekt angezeigt.

Im Algebrafenster kann man die Koordinaten der Punkte ablesen. Unter dem Menüpunkt **Einstellungen** kann man festlegen, auf wie viele Dezimalstellen alle Werte gerundet werden sollen.

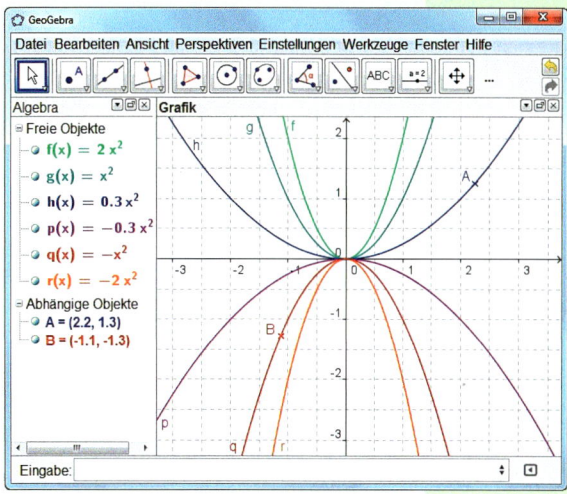

Zur besseren Unterscheidung der Funktionsgraphen lässt Kai sie in unterschiedlichen Farben darstellen. Über die rechte Maustaste kann man die Eigenschaften der Objekte bearbeiten.

4 Zeichne mithilfe eines Funktionenplotters die Graphen der Funktionen in ein Koordinatensystem. Schreibe dort 2.4 statt 2,4. Verwende für die Graphen unterschiedliche Farben.

a) $y_1 = 2{,}4x^2$ **b)** $y_2 = -9{,}3x^2$ **c)** $y_3 = -\frac{3}{7}x^2$ **d)** $y_4 = 8\frac{2}{3}x^2$

5 Zeichne den Graphen der angegebenen Funktionen. Markiere jeweils den Punkt mit der x-Koordinate gleich 1 und gib beide Koordinaten in der Form $(1\,|\,\blacksquare)$ an. Was fällt dir auf?

a) $y_1 = 1{,}8x^2$ **b)** $y_2 = -0{,}49x^2$ **c)** $y_3 = 0{,}55x^2$ **d)** $y_4 = -1{,}25x^2$

6 Experimentiere mit dem Funktionenplotter und zeichne …

a) eine möglichst stark gestauchte Parabel.   b) eine möglichst stark gestreckte Parabel.

Für die Normalparabel $y = x^2$ wird im Handel eine Schablone aus Kunststoff angeboten. Die unterschiedlichen Lagemöglichkeiten einer Normalparabel im Koordinatensystem können mit der Schablone zeitsparend gezeichnet werden.

Beachte beim Zeichnen folgende Schritte.

1. Zeichne ein Koordinatensystem, in dem auf beiden Achsen die Längeneinheit 1 cm beträgt.
2. Markiere den Scheitelpunkt, z. B. $S(0|0)$.
3. Lege die Schablone so an, dass ihre Symmetrieachse parallel zur y-Achse verläuft.
4. Zeichne die Normalparabel entlang der Schablone.

7 Zeichne eine Normalparabel mit dem Scheitelpunkt $S(0|0)$. Gibt es nur eine Möglichkeit?

8 Zeichne vier nach oben geöffnete Normalparabeln mit den Scheitelpunkten $S_1(0|0)$, $S_2(-3|0)$, $S_3(1{,}5|-6{,}75)$ und $S_4(-4{,}5|-6{,}75)$. Markiere den Schnittpunkt der Graphen. Prüfe, ob du genau gezeichnet hast: Schneiden sich die Graphen im Punkt $A(-1{,}5|2{,}25)$?

7 Gegeben ist die Funktion $y = 3x^2$.

a) Bestimme die fehlende Koordinate der Punkte $A_1(\ |12)$ und $A_2(-\ |12)$.

b) Erkläre, weshalb bei Funktionen der Form $y = ax^2$ jeweils zwei Punkte denselben Funktionswert haben.

c) Ergänze $B_1(\ |27)$ und $B_2(\ |27)$.

7 Gegeben ist die Funktion $y = -4x^2$.

a) Bestimme die fehlende Koordinate der Punkte $A_1(\ |-36)$ und $A_2(\ |-36)$.

b) Erkläre, weshalb bei Funktionen der Form $y = ax^2$ jeweils zwei Punkte denselben Funktionswert haben.

c) Ergänze $B_1(\ |-81)$ und $B_2(\ |-81)$.

8 Gegeben ist ein Punkt einer Parabel mit der Funktionsgleichung $y = ax^2$.
Bestimme den Faktor a, indem du die Parabel mit der Normalparabel $y = x^2$ vergleichst.
Beispiel $P(2|12)$ ist gegeben. Zur Normalparabel gehört der Punkt $P(2|4)$. Da die y-Koordinate sich verdreifacht hat, ist $a = 3$.

a) $A(1|3)$ b) $B(3|18)$ c) $C(2|8)$
d) $D(4|64)$ e) $E(1,5|6,75)$ f) $F(2,5|2,5)$

8 Bestimme den Faktor a in der Funktionsgleichung $y = ax^2$. Vergleiche dazu den y-Wert mit dem entsprechenden y-Wert der Normalparabel $y = x^2$.
Beispiel Der Punkt $P(2|-12)$ ist gegeben. Daraus ergibt sich $a = -3$, denn $-12 = -3 \cdot 2^2$.

a) $A(3|-3,6)$ b) $B(1,2|-1,728)$
c) $C(0,3|-0,072)$ d) $D(4,5|50,625)$
e) $E(-2,8|-7,056)$ f) $F(-0,7|-0,882)$

9 Welcher Graph gehört zu welcher Funktionsgleichung?

a) $y = x + 1$ b) $y = x^2$
c) $y = -2x - 2$ d) $y = -x^2 + 2$

HINWEIS
Überprüfe deine Vermutung, indem du die Koordinaten eines Punkts des Graphen in die Funktionsgleichung einsetzt.

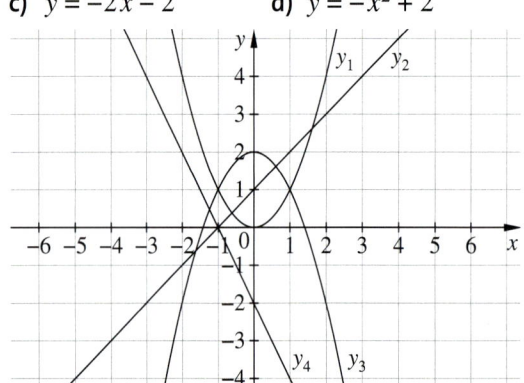

9 Gib jeweils die zugehörige Funktionsgleichung an.

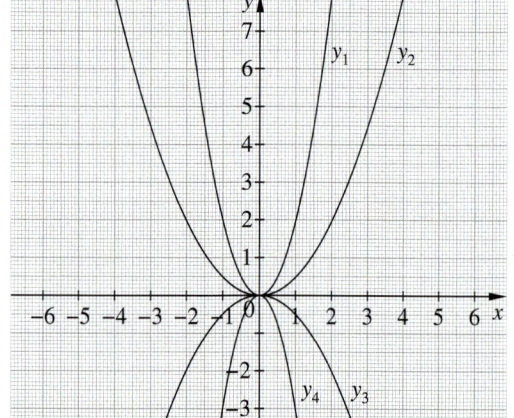

10 Für den Stadtgarten wird eine kleine Jump-ramp geplant.
Die Krümmung des Skatingbodens soll aus 56,25 cm Höhe über eine Strecke von 150 cm verlaufen. Die Träger werden im Abstand von 25 cm aufgestellt.

a) Bestimme die Funktionsgleichung in der Form $y = ax^2$, mit der die einzelnen Trägerlängen berechnet werden können.

b) Skizziere die Jump-ramp im Maßstab $1:10$.

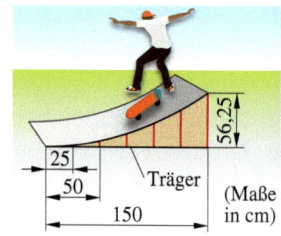

11 Untersuche die Funktion $y = 0,6x^2$.

a) Berechne jeweils die fehlende Koordinate der folgenden Punkte.

$A_1(\ |0,6)$ und $A_2(\ |0,6)$ $B_1(\ |2,4)$ und $B_2(\ |2,4)$
$C_1(2,2|\ )$ und $C_2(-2,2|\ )$ $D_1(\ |12,15)$ und $D_2(\ |12,15)$

b) Erstelle eine Wertetabelle von -5 bis 5. Zeichne den Graphen.

c) Überprüfe mit der Wertetabelle deine Lösung zu Aufgabe a).

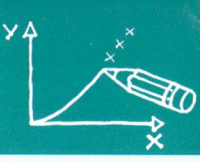

Scheitelpunktform quadratischer Funktionen

Entdecken

1 Untersuche die abgebildeten Graphen.

①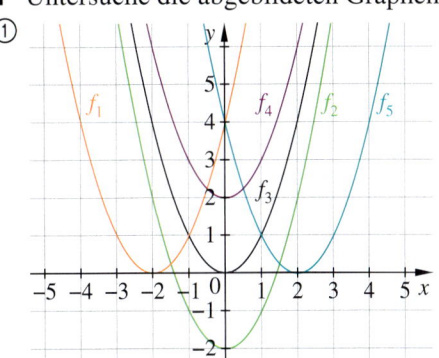

②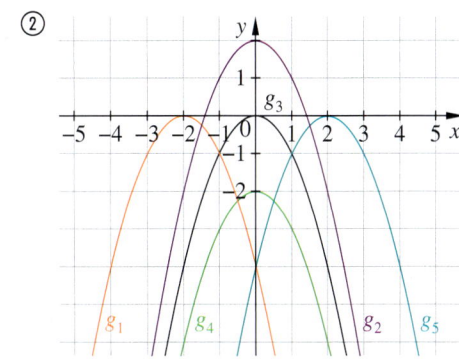

a) Notiere die Koordinaten der Scheitelpunkte. Entscheide, ob der Scheitelpunkt der höchste oder niedrigste Punkt der Parabel ist und gib an, ob der Faktor a positiv oder negativ ist.

b) Lies mindestens zwei weitere Punkte auf jeder Parabel ab. Beschreibe, wie man ausgehend vom Graphen f_3 bzw. g_3 zu den anderen Parabeln kommt.

2 Welcher Graph gehört zu welcher Funktion? Könnt ihr den fehlenden Graphen ergänzen? Überlege zuerst alleine.

🏿🏿 Diskutiert dann zu zweit darüber, wie ihr vorgehen könnt, um Funktionen und Graphen einander zuordnen zu können.
Präsentiert eure Überlegungen in der Klasse.

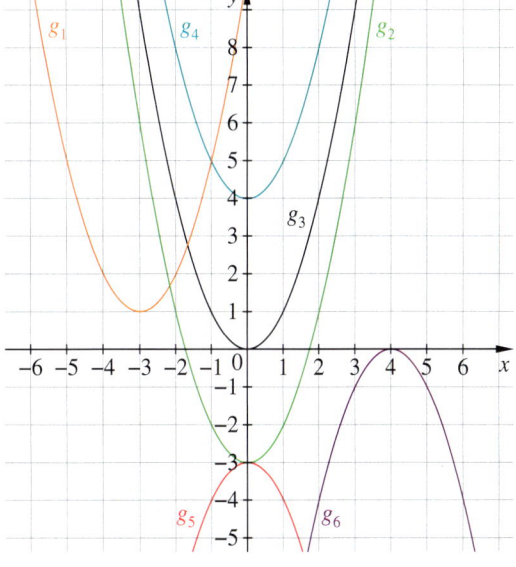

$$y_1 = x^2$$

$$y_2 = x^2 - 3$$

$$y_3 = x^2 + 4$$

$$y_4 = -x^2 - 4$$

$$y_5 = -(x - 4)^2$$

$$y_7 = -x^2 - 3$$

$$y_6 = (x + 3)^2 + 1$$

3 🏿🏿 Betrachtet die Parabeln.

a) Findet jeweils Funktionsgleichungen zu den beiden Parabeln mit dem Scheitelpunkt:
① $S_1(0|-3)$ ② $S_2(-4|0)$
③ $S_3(0|3)$ ④ $S_4(4|0)$

b) Überprüft eure Ergebnisse mithilfe von zwei Punkten auf den Graphen.

c) Handelt es sich um Normalparabeln? Begründet.

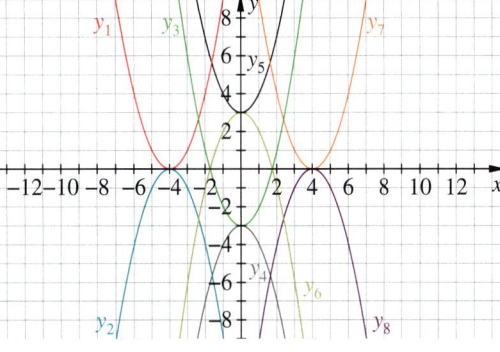

Verstehen

Leonie sucht die Funktionsgleichungen zu Parabeln, die wie die Normalparabel $y = x^2$ verlaufen, deren Scheitelpunkt aber nicht im Koordinatenursprung $S(0|0)$ liegen.
Sie zeichnet deshalb Graphen, deren Scheitelpunkte auf der y-Achse, auf der x-Achse oder in einem der vier Quadranten liegen.

Beispiel 1

Der rote Graph schneidet die y-Achse bei $y = 2$.
Leonie vergleicht die Funktionswerte der beiden Graphen.

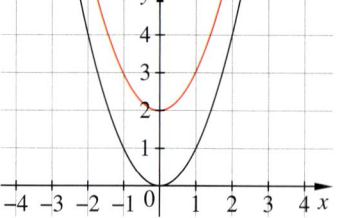

x	−4	−3	−2	−1	0	1	2	3	4
y mit $S(0\|0)$	16	9	4	1	0	1	4	9	16
y mit $S(0\|2)$	18	11	6	3	2	3	6	11	18

Sie stellt fest, dass die Funktionswerte der Funktion mit dem Scheitelpunkt bei $S(0|2)$ mit der Funktionsgleichung $y = x^2 + 2$ berechnet werden können. Bei einer Verschiebung um e entlang der y-Achse gilt: $y = x^2 + e$.

Beispiel 2

Der rote Graph schneidet die x-Achse bei $x = 3$.

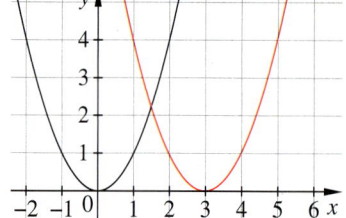

x	−1	0	1	2	3	4	5	6	7
y mit $S(0\|0)$	1	0	1	4	9	16	25	36	49
y mit $S(3\|0)$	16	9	4	1	0	1	4	9	16

Sie stellt fest, dass die Funktion mit dem Scheitelpunkt bei $S(3|0)$ mit der Funktionsgleichung $y = (x - 3)^2$ beschrieben werden kann. Bei einer Verschiebung um d entlang der x-Achse gilt: $y = (x - d)^2$.

Beispiel 3

Die Scheitelpunkte der roten Graphen liegen bei $S_1(3|2)$ und $S_2(-3|2)$.

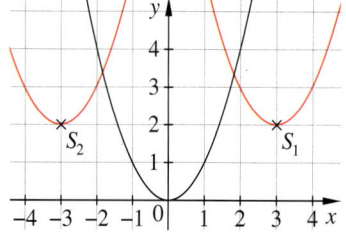

x	−1	0	1	2	3	4	5	6	7
y mit $S(0\|0)$	1	0	1	4	9	16	25	36	49
y mit $S(3\|2)$	18	11	6	3	2	3	6	11	18
y mit $S(-3\|2)$	6	11	18	27	38	51	66	83	102

Die Funktionswerte des verschobenen Graphen mit $S(3|2)$ können mit der Funktionsgleichung $y = (x - 3)^2 + 2$ berechnet werden.
Die Funktionswerte des verschobenen Graphen mit $S(-3|2)$ können mit der Funktionsgleichung $y = (x + 3)^2 + 2$ berechnet werden.

Allgemein gilt: $y = (x - d)^2 + e$.

> **Merke** Der Graph einer quadratischen Funktion mit der Funktionsgleichung (in **Scheitelpunktform**) $y = a(x - d)^2 + e$ ist eine um den Wert d in Richtung der x-Achse und um den Wert e in Richtung der y-Achse verschobene Parabel. Ihr Scheitelpunkt ist $S(d|e)$.
> Für $d > 0$ gilt: Die Parabel ist **nach rechts** verschoben.
> Für $d < 0$ gilt: Die Parabel ist **nach links** verschoben.
> Der Faktor a bestimmt die Form und die Öffnungsrichtung der Parabel.

Üben und anwenden

1 Untersuche die drei symmetrisch zur y-Achse liegenden Normalparabeln.

a) Notiere die Koordinaten der Scheitelpunkte S_1, S_2 und S_3.

b) Gib die drei Funktionsgleichungen in der Form $y = x^2 + e$ an.

c) Vergleiche die Werte der drei Funktionen für $x = 1$ und $x = -1$.

d) Übertrage die Wertetabelle ins Heft und ergänze sie.

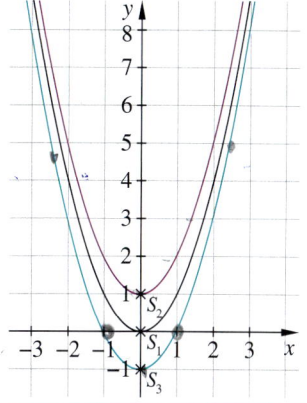

x	−5	−4	−3	−2	−1	0	1	2	3	4	5
$y_1 = \ldots$	25	16	9	4	1	0	1	4	9	16	25
$y_2 = \ldots$	26	17	10	5	2	1	2	5	10	17	26
$y_3 = \ldots$	24	15	8	3	0	−1	0	3	8	15	24

2 Gib den Scheitelpunkt und die Öffnungsrichtung der Parabel an.

a) $y = x^2 + 4$ b) $y = -x^2 + 4$

c) $y = 2x^2 - 3$ d) $y = -3x^2 - 2$

e) $y = x^2 + 4,5$ f) $y = 4,5x^2$

2 Eine nach oben offene, verschobene Normalparabel hat den Scheitelpunkt $S(0|-4)$. Gib die Funktionsgleichung an. Nenne die Koordinaten von vier weiteren Punkten, die auf der Parabel liegen.

3 Bestimme mithilfe des gegebenen Punkts die Funktionsgleichung in der Form $y = x^2 + e$.

Beispiel $3 = (-1)^2 + e$, also $e = -4$

a) $A(-1|-3)$ b) $B(2|3,7)$

c) $C(-0,4|-3,24)$ d) $D(0,75|0,5)$

3 Eine quadratische Funktion der Form $y = x^2 + e$ ist eine entlang der y-Achse verschobene Normalparabel.

a) Stimmt die Aussage? Begründe.

b) Gib die Koordinaten des Scheitelpunkts an.

4 Untersuche die drei zum Teil verschobenen Normalparabeln, deren Scheitelpunkte auf der x-Achse liegen.

a) Notiere die Koordinaten der Scheitelpunkte S_1, S_2 und S_3.

b) Gib die Funktionsgleichungen in der Form $f(x) = (x - d)^2$ an.

c) Vergleiche die Werte $f(1)$ und $f(-1)$ der drei Funktionen.

d) Ergänze die Wertetabelle im Heft.

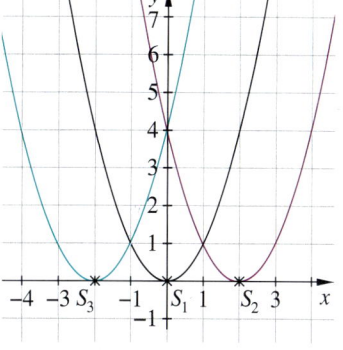

x	−5	−4	−3	−2	−1	0	1	2	3	4	5
$f_1(x)$											
$f_2(x)$											
$f_3(x)$											

5 Gib den Scheitelpunkt und die Öffnungsrichtung der Parabel an.

a) $y = (x + 4)^2$ b) $y = (x - 4)^2$

c) $y = -(x + 3)^2$ d) $y = -(x - 3)^2$

e) $y = 2(x - 3)^2$ f) $y = -2(x + 3)^2$

5 Eine nach oben offene, verschobene Normalparabel hat den Scheitelpunkt $S(-4|0)$. Gib die Funktionsgleichung an. Nenne die Koordinaten von vier weiteren Punkten, die auf der Parabel liegen.

6 Die nach oben geöffnete und verschobene Normalparabel hat den Scheitelpunkt $S(2|0)$. Gib die Funktionsgleichung an. Bestimme die fehlende y-Koordinate ▮.

a) $P(3| \ )$ b) $Q(-3| \ )$ c) $R(1| \ )$

6 Bestimme mithilfe des angegebenen Punkts die beiden möglichen Funktionsgleichungen in der Form $y = (x - d)^2$.

a) $U(2|9)$ b) $V(-1|2,25)$

c) $W(-0,4|0,25)$ d) $X(-7,2|16)$

*HINWEIS ZU **6***
$x^2 = 9$ führt zum Ergebnis $x = 3$ und $x = -3$, aber $\sqrt{9}$ führt nur zum Ergebnis 3.

7 Untersuche die drei Parabeln, deren Scheitelpunkte bei $S(d|e)$ liegen.
a) Notiere die Koordinaten der Scheitelpunkte S_1, S_2 und S_3.
b) Gib die Funktionsgleichung in der Form $y = (x - d)^2 + e$ für die drei Graphen an.
c) Übertrage die Wertetabelle ins Heft und ergänze sie.

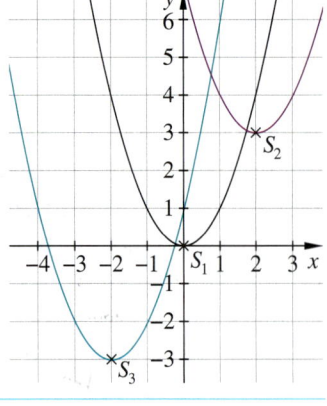

x	−5	−4	−3	−2	−1	0	1	2	3	4	5
y_1											
y_2											
y_3											

HINWEIS ZU 9
Setzt man die Koordinaten des Punkts $P(1|2)$ in die Gleichung $y = (x - d)^2 + e$ ein, so erhält man die Gleichung $2 = (1 - d)^2 + e$. Wähle einen Wert für d oder e und bestimme den jeweils anderen.

8 Zeichne die Normalparabel mit dem gegebenen Scheitelpunkt und gib mögliche Funktionsgleichungen an.
a) $S(1|5)$ b) $S(1|-3)$
c) $S(2,4|-1,5)$ d) $S(-2,5|-1)$

8 Welche Funktionsgleichung hat als Graph eine verschobene Normalparabel mit dem Scheitelpunkt $S(-3|-2,5)$?
Gib vier weitere Punkte an, die auf der Parabel liegen.

9 Sally meint: „In der Funktion $y = (x - 3)^2 + 2$ liegt der Scheitelpunkt bei $S(-3|2)$." Hat sie recht? Begründe. Tipp: Setze den Scheitelpunkt in die Gleichung ein.

9 Bestimme mithilfe des angegebenen Punkts je zwei Funktionsgleichungen in der Form $y = (x - d)^2 + e$ (siehe Randspalte).
a) $K(2|9)$ b) $L(-1|2)$ c) $M(-4|-5)$

10 Untersuche die in der Randspalte abgebildete Parabel der Form $y = a(x - d)^2 + e$.
a) Notiere die Koordinaten des Scheitelpunkts S.
b) Notiere die Koordinaten der Punkte A und B.
c) Erkläre die Gleichungen $y = a(0 - d)^2 + e = 5$ und $y = a(2 - d)^2 + e = 5$.
d) Setze die Koordinaten des Scheitelpunkts $S(d|e)$ in die beiden Gleichungen aus Teilaufgabe c) ein und bestimme den Faktor a.
e) Prüfe, ob die Punkte $C(4|21)$ und $D(-2|21)$ auf dem Graphen liegen.

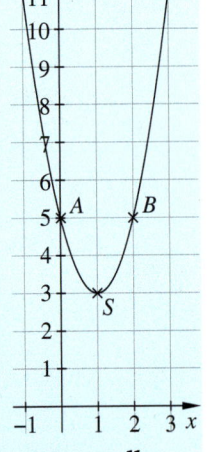

11 Für welche Werte von x steigt der Graph der Funktion?

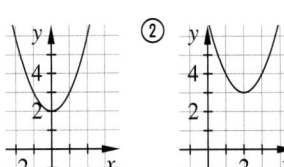

11 Für welche Werte von x steigt der Graph der Funktion?
a) $y = (x + 2)^2 + 3$
b) $y = -(x - 3)^2 + 4$
c) $y = -x^2 + 3$
d) $y = -2(x + 1)^2$

HINWEIS ZU 11
Graphen können steigen und fallen, z. B. fällt der Graph von $y = x^2$ für $x < 0$ und steigt für $x > 0$.

12 Ein Torbogen hat die Form einer Parabel. Der Bogen hat eine Spannweite von 4 m und eine Höhe von 3 m.
a) Fertige eine Skizze an und gib die Funktionsgleichung für den Verlauf des Bogens in Scheitelpunktform an.
b) Wie hoch ist der Torbogen über dir, wenn du 1 m vom rechten Rand entfernt stehst?

12 Welche Verkehrsschilder gehören an einen zweispurigen Straßentunnel mit parabelförmiger Öffnung? Der Tunnel ist 5 m breit und 6 m hoch. Die Fahrbahn hat auf jeder Seite einen 0,5 m breiten Randstreifen.

Nullstellen quadratischer Funktionen

Entdecken

1 🏃🏃 In einem Berliner Erholungspark sind Gärten aus aller Welt angelegt. Im arabischen Garten gibt es viele hintereinander angeordnete Springbrunnen mit jeweils einem einzelnen, bogenförmigen Strahl.
Skizziert einen Wasserstrahl im Koordinatensystem. Schätzt dabei mithilfe des Fotos die maximale Höhe des Wasserstrahls.
Welche Breite überspannt der Wasserstrahl?

2 Untersuche die beiden Graphen.

a) Notiere die Koordinaten der vier vorgegebenen Punkte.

b) Gib die Funktionsgleichungen der beiden Graphen an.

c) Kann man bereits an der Funktionsgleichung erkennen, ob und wo die Funktion die x-Achse schneidet?

d) Beschreibe den Zusammenhang, der zwischen der x-Koordinate des Scheitelpunkts und den x-Koordinaten der Schnittpunkte mit der x-Achse besteht.

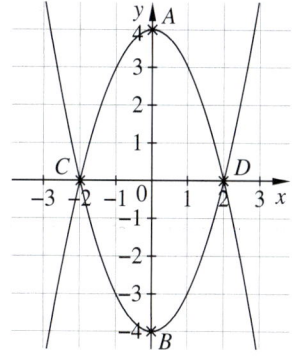

3 Eigenschaften von quadratischen Funktionen untersuchen

a) Stelle Vermutungen an, wie oft die folgenden Funktionen die x-Achse schneiden.

① $y_1 = x^2 + 4$

② $y_2 = -x^2 - 4$

③ $y_3 = (x + 4)^2$

④ $y_4 = (x - 4)^2$

⑤ $y_5 = (x + 4)^2 + 4$

⑥ $y_6 = (x - 4)^2 - 4$

⑦ $y_7 = -(x + 4)^2 + 4$

⑧ $y_8 = -(x - 4)^2 - 4$

b) Überprüfe deine Ergebnisse dann mithilfe einer Zeichnung.

4 Erkunde durch Zeichnungen, welche Funktionsgleichung eine quadratische Funktion hat, die diese Bedingungen erfüllt. Gibt es mehrere Lösungen? Vergleicht untereinander.

① Die Funktion schneidet die x-Achse bei $x = 1$ und $x = 3$ und hat ihren Scheitelpunkt bei $S(2|1)$.

② Die Funktion schneidet die x-Achse nicht. Sie schneidet die y-Achse bei $y = 6$ und ihr Scheitelpunkt liegt bei $S(1|5)$.

③ Die Funktion berührt die x-Achse nur in einem Punkt. Sie geht durch die Punkte $A(1|5)$ und $B(5|5)$.

5 🏃🏃 Arbeitet zu zweit.

a) Zeichnet mithilfe der Schablone für Normalparabeln verschiedene Funktionsgraphen so in ein Koordinatensystem, dass der Graph die x-Achse …

① gar nicht schneidet,

② in einem Punkt schneidet oder

③ in zwei Punkten schneidet.

b) Notiert die Funktionsgleichungen $y = (x - d)^2 + e$ zu den Parabeln.

c) Wie kann man an der Funktionsgleichung erkennen, wie viele Schnittpunkte der Funktionsgraph mit der x-Achse hat?

HINWEIS
Du kannst einige Aufgaben auch mit einem Funktionenplotter oder einem grafikfähigen Taschenrechner lösen bzw. überprüfen.

Verstehen

Jan möchte über das Hamburger Bürogebäude namens „Berliner Bogen" einen Kurzvortrag halten.

Er hat recherchiert, dass der obere Parabelbogen des Gebäudes 36 m hoch ist und dass die Funktionsgleichung $y = -0,03\,x^2 + 36$ näherungsweise den Verlauf des oberen Parabelbogens beschreibt.

Jan möchte wissen, wie breit das Gebäude ist. Dazu bestimmt er die Spannweite des Bogens am Boden.

Er zeichnet mit einem Funktionenplotter den Graphen der Funktion $y = -0,03\,x^2 + 36$. Die Länge der Strecke $\overline{AB}$ auf der x-Achse kann er jedoch nur ungefähr ablesen.

Er vermutet, dass das Gebäude ungefähr 70 m breit ist.

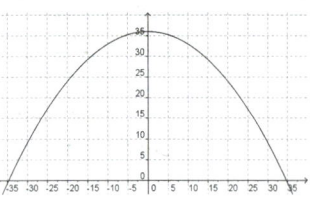

Man kann die x-Koordinaten der Punkte auf der x-Achse mithilfe verschiedener Rechenverfahren bestimmen. Immer setzt man für y den Wert null ein.

Beispiel 1

$$0 = -0,03\,x^2 + 36 \quad | -36$$
$$-36 = -0,03\,x^2 \quad | :(-0,03)$$
$$1\,200 = x^2 \quad | \sqrt{}$$
$$\sqrt{1\,200} = x$$
$$x_1 \approx 34,64 \quad \text{und} \quad x_2 \approx -34,64$$

Das Gebäude ist somit 69,28 m breit.

Beispiel 2

$$0 = -0,03\,x^2 + 36 \quad | -0,03 \text{ ausklammern}$$
$$0 = -0,03\,(x^2 - 1\,200) \quad | \text{3. binom. Formel}$$
$$0 \approx -0,03\,(x + 34,64)(x - 34,64)$$

1. Fall   2. Fall
$$x + 34,64 \approx 0 \qquad x - 34,64 \approx 0$$
$$x_1 \approx -34,64 \quad \text{und} \quad x_2 \approx 34,64$$

Merke Da die y-Koordinaten der Punkte auf der x-Achse immer den Wert null haben, nennt man die x-Koordinaten der Punkte $(x\,|\,0)$ **Nullstellen**.

An der Lage des Scheitelpunkts und der Öffnungsrichtung der Parabel kann man die Anzahl der Nullstellen einer quadratischen Funktion erkennen:

$y = x^2 + 1$: keine Nullstelle $y = x^2 + 2x + 1$: eine Nullst. $y = x^2 + 2x - 3$: zwei Nullst.

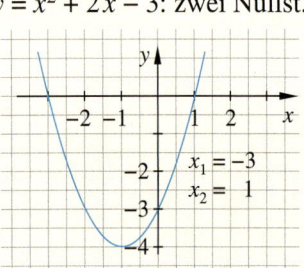

– Parabeln der Form $y = a(x - d)^2$ haben immer eine Nullstelle, da der Scheitelpunkt auf der x-Achse liegt.

– Parabeln der Form $y = a(x - d)^2 + e$ haben keine Nullstelle oder zwei Nullstellen.
  Keine Nullstelle gibt es, wenn gilt: $e > 0$ und $a > 0$ oder $e < 0$ und $a < 0$.
  Zwei Nullstellen gibt es, wenn gilt: $e > 0$ und $a < 0$ oder $e < 0$ und $a > 0$.

In der **Produktform** $y = a(x - x_1)(x - x_2)$ kann man die Nullstellen direkt ablesen.

Beispiel 3

$$y = x^2 + 2x - 3 = (x - 1)(x + 3) \quad x_1 = 1 \text{ und } x_2 = -3$$
Achte auf die Vorzeichen von x_1 und x_2.

Üben und anwenden

1 Die Wertetabelle gehört zu einer verschobenen Normalparabel.

x	−7	−6	−5	−4	−3	−2	−1	0	1	2	3	4	5	6	7
y			5	0	−3	−4	−3	0	5	12					

a) Nenne die Koordinaten des Scheitelpunkts.
b) Gib die Nullstellen an.
c) Zeichne den Funktionsgraphen und bestimme die Funktionsgleichung.
d) Ergänze die Tabelle im Heft.

2 Lies die Nullstellen der Funktion ab. Überprüfe dein Ergebnis rechnerisch.

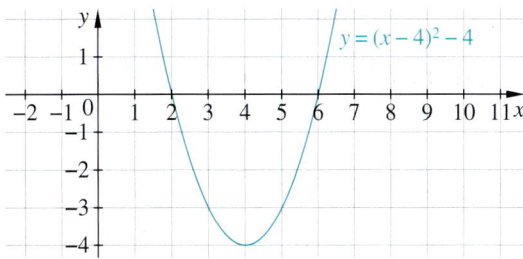

2 Überprüfe, ob die angegebenen Stellen Nullstellen der Funktion sind. Korrigiere, falls nötig.
a) $y = x^2 - 6{,}25$ $\quad x_1 = 2{,}5; x_2 = -2{,}5$
b) $y = -x^2 + 9$ $\quad x_1 = 3; x_2 = 6$
c) $y = (x - 2{,}5)^2 - 0{,}25$ $\quad x_1 = 2; x_2 = 4$
d) $y = (x + 2{,}5)^2$ $\quad x_1 = x_2 = 2{,}5$
e) $y = -(x - 4)^2 + 1$ $\quad x_1 = 3; x_2 = 5$
f) $y = \left(x - \frac{11}{4}\right)^2 - \frac{81}{16}$ $\quad x_1 = 0{,}5; x_2 = 5$

3 Bestimme die Anzahl der Nullstellen der Funktion.
a) $y = x^2 + 9$ $\qquad$ **b)** $y = x^2 + 64$
c) $y = x^2 - 4$ $\qquad$ **d)** $y = x^2 - 8$

3 Bestimme die Anzahl der Nullstellen der Funktion.
a) $y = x^2 + 4{,}5$ $\qquad$ **b)** $y = -x^2 + 24$
c) $y = x^2 - 9$ $\qquad$ **d)** $y = \left(x - \frac{1}{2}\right)^2 + \frac{3}{4}$

4 Beschreibe den Graphen der Funktion, indem du den Scheitelpunkt und die Öffnungsrichtung angibst. Begründe, ob die Funktion keine, eine oder zwei Nullstellen besitzt.
a) $y = x^2 + 3$
b) $y = x^2 - 2$
c) $y = -0{,}5 x^2 - 7$
d) $y = -3 x^2 + 14$
e) $y = (x + 4)^2$
f) $y = -(x - 4)^2$
g) $y = 0{,}25 (x - 4)^2 - 3$
h) $y = -2 (x - 3)^2 + 2{,}25$

4 Bestimme den Scheitelpunkt S und die Öffnungsrichtung der Parabel. Zeichne den Graphen und berechne mögliche Nullstellen der zugehörigen Funktion.
a) $y = x^2 - 1$
b) $y = (x - 1)^2$
c) $y = -x^2 + 1$
d) $y = (x + 1)^2$
e) $y = -3 x^2 + 27$
f) $y = -7 (x + 3)^2$
g) $y = -3 (x^2 - 25)$
h) $y = 2 x^2 - 8$

5 Bestimme die Nullstellen. Setze jeweils einen Faktor gleich null.
a) $y = (x - 2)(x + 2)$
b) $y = (x - 2)(x - 2)$
c) $y = (x + 2)(x + 2)$
d) $y = (x - 7)(x - 1)$
e) $y = (x + 7)(x - 1)$
f) $y = (x + 7)(x + 1)$
g) $y = 2 (x + 4)(x - 3)$

5 Bestimme die Nullstellen und gib den Scheitelpunkt an.
Prüfe, ob für die x-Koordinate d des Scheitelpunkts gilt: $d = \frac{x_1 + x_2}{2}$.
Begründe.
a) $y = x^2 - 1{,}69$ $\qquad$ **b)** $y = (x - 1{,}69)^2$
c) $y = -3 (x - 1{,}69)^2$ $\qquad$ **d)** $y = (x - 2{,}5)(x + 2{,}5)$
e) $y = 4 x^2 - 64$ $\qquad$ **f)** $y = -\frac{1}{2}(x^2 + 18)$
g) $y = -(x + 4)(x - 3)$

6 Die Abbildung zeigt den Querschnitt eines Eisenbahntunnels. Der Querschnitt verläuft parabelförmig.
Entnimm alle nötigen Angaben der Zeichnung.

a) Erstelle eine Funktionsgleichung der Form $y = ax^2 + e$.

b) Wie breit ist der Tunnel?

6 Löse die Sachaufgaben.

a) Eine Wasserrinne, die im Querschnitt die Form einer Normalparabel hat, soll abgedeckt werden.
Wie breit muss die Abdeckung mindestens sein, wenn die Rinne 9 cm tief ist?

b) Eine Messehalle soll im Eingangsbereich von einem parabelförmigen Bogen mit der Gleichung $y = -0,5 x^2$ überspannt werden. Der Bogen soll 20 m hoch sein. Ermittle die Breite des Bogens.

7 👥 Arbeitet zu zweit.
Ein Werkstück hat einen parabelförmigen Querschnitt. Die Form des Werkstücks kann annähernd durch die Funktionsgleichung $y = -0,15625 x^2 + 3,6$ beschrieben werden (siehe Zeichnung; Angaben in Zentimetern).
Schätzt die Höhe und Breite des Wertestückes. Überprüft euer Ergebnis durch eine Rechnung.

8 Welche quadratische Funktion hat ihren Scheitelpunkt bei $S(2|3)$ und **keine** Nullstellen? Gibt es mehrere Möglichkeiten?

8 Welche quadratische Funktion hat ihren Scheitelpunkt bei $S(2|3)$ und ihre Nullstellen bei $x_1 = -1$ und $x_2 = 5$?

9 Ein Bauteil hat eine Krümmung in Form einer Normalparabel. Die Krümmung wird durch die Gleichung $y = x^2 - 81$ beschrieben (Maße in cm).

a) Bestimme die Anzahl der Nullstellen der Funktion.

b) Fertige eine Skizze des Graphen an.

c) Bestimme die Nullstellen.

d) Wie breit ist das Bauteil?

e) Beschreibe den Zusammenhang zwischen der Breite und den Nullstellen der Funktion.

9 Eine Leiste im Baumarkt hat einen parabelförmigen Querschnitt.
Die Parabel hat die Funktionsgleichung $y = (x - 2,5)^2 - 6,25$ (Maße in cm).

a) Zeichne den Graphen der Funktion.

b) Bestimme die Nullstellen anhand der Zeichnung.

c) Überprüfe die Nullstellen rechnerisch.

d) Bestimme die Breite der Leiste.

e) Beschreibe den Zusammenhang zwischen der Breite und den Nullstellen der Funktion.

10 Sarah hat in ihrem Lerntagebuch aufgeschrieben, wie sie die Nullstellen einer quadratischen Funktion berechnen kann.

a) Erkläre die einzelnen Schritte.

b) Überprüfe die Nullstellen durch Zeichnen.

c) Bestimme nach dem beschriebenen Verfahren die Nullstellen der Funktionen.
 ① $y = (x - 2)^2 - 9$
 ② $y = (x + 3)^2 - 1$
 ③ $y = (x - 5)^2 - 4$

Bei einer quadratischen Funktion, die in Scheitelpunktform gegeben ist, kann man die Nullstellen ganz einfach berechnen.
$y = (x - 1)^2 - 4$
$(x - 1)^2 - 4 = 0 \quad | +4$
$(x - 1)^2 = 4 \quad | \sqrt{\ }$
$x_1 - 1 = 2 \quad | +1 \qquad x_2 - 1 = -2 \quad | +1$
$x_1 = 3 \qquad\qquad x_2 = -1$
Es gibt zwei Nullstellen: $x_1 = 3$ und $x_2 = -1$.

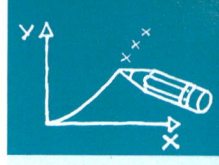

Allgemeine Form und Scheitelpunktform

Entdecken

1 Sarah hat mit einem Funktionenplotter verschiedene Parabeln dargestellt. Sie hat die Funktionsgleichungen in der Scheitelpunktform in die Eingabezeile eingegeben: $y = (x - 1)^2 - 3$. Im Algebrafenster wird die Funktion automatisch in der Form $y = x^2 - 2x - 2$ angegeben.

a) Beschreibe, wie die Gleichung in der Scheitelpunktform in die andere Form umgeformt werden kann.

b) Stelle für die drei anderen Parabeln die Scheitelpunktform auf und schreibe sie um.

c) Vergleiche die vier umgeformten Gleichungen. Worin unterscheiden sie sich?

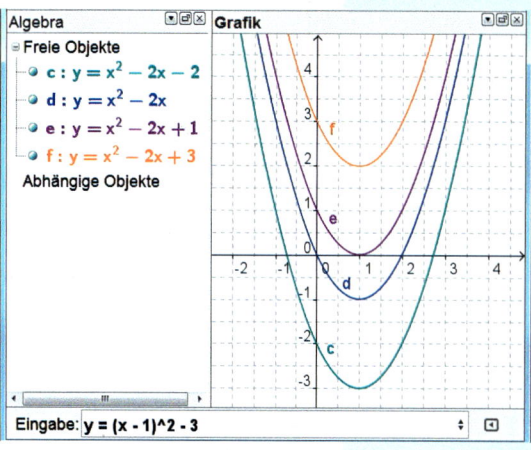

2 Übertrage den abgebildeten Funktionsgraphen ins Heft.

a) Beschreibe den Verlauf des Funktionsgraphen: Welche Koordinaten hat der Scheitelpunkt des Graphen? Handelt es sich um eine Normalparabel? Begründe. Wie lautet die Scheitelpunktform?

b) Ordne dem Funktionsgraphen die passende Funktionsgleichung zu.

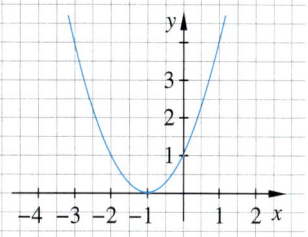

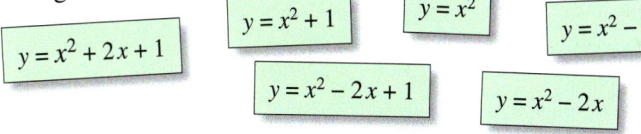

TIPP
Schlage die binomischen Formeln im Anhang nach.

$y = x^2 + 1$ $y = x^2$ $y = x^2 - 1$
$y = x^2 + 2x + 1$
$y = x^2 - 2x + 1$ $y = x^2 - 2x$

3 Die Flugkurve des Basketballs verläuft annähernd parabelförmig.

a) Welche Funktionsgleichungen beschreiben die Flugkurve des Basketballs? Begründe.
$y_1 = -0{,}25\,x^2 + x + 3$
$y_2 = -0{,}5\,(x - 2)^2 + 4$
$y_3 = -0{,}25\,(x - 2)^2 + 4$
$y_4 = -0{,}25\,x^2 + 4x + 1{,}75$

b) Welche Wege gibt es, um die maximale Höhe des Basketballs zu bestimmen?

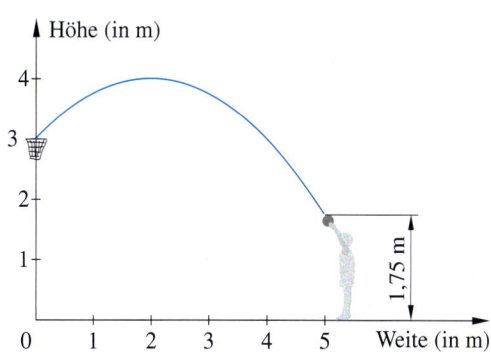

4 Gib zu den vorgegebenen Scheitelpunkten die Funktionsgleichungen zuerst in der Scheitelpunktform mit $a = 1$ an, löse dann die Klammer auf und schreibe sie als Summe.
$S_1(1|2)$ $S_2(2|1)$ $S_3(-1|2)$ $S_4(2|-1)$ $S_5(-1|-2)$ $S_6(-2|-1)$

5 Untersuche anhand der Funktionsgleichungen, ob man jede quadratische Funktion unmittelbar in der Scheitelpunktform $y = (x - d)^2 + e$ angeben kann.
① $y = x^2 + 4x + 4$ ② $y = x^2 + 2x$ ③ $y = x^2 - 10x + 20$ ④ $y = x^2 - 6x + 9$

a) Welche Funktionsterme lassen sich in die Scheitelpunktform umwandeln? Erkläre, wie du dabei vorgehst.

b) Für welche Funktionsterme funktioniert das nicht? Warum?

23

Verstehen

Herr Wendt möchte in seinem Garten einen Springbrunnen errichten lassen. Er hat sich ein rundes Becken mit einem Radius von 4 m ausgesucht. Die Fontänen befinden sich in einem Abstand von 1 m zum Beckenrand, spritzen bis in die Mitte und haben eine maximale Höhe von 2,25 m.

Den Bogen der Fontänen kann man durch eine Funktionsgleichung modellieren. Dazu setzt man die Nullstellen $x_1 = 1$ und $x_2 = 4$ in die Produktform $y = a(x - x_1)(x - x_2)$ ein.

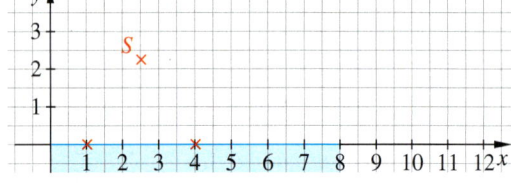

Beispiel 1

$y = a(x - 1)(x - 4)$ | ausmultiplizieren
$y = a(x^2 - 4x - 1x + 4)$ | zusammenfassen
$y = a(x^2 - 5x + 4)$

Den Faktor a bestimmt man mithilfe des Scheitelpunkts $(2,5 | 2,25)$, für x setzt man 2,5 ein.

$2,25 = a(2,5^2 - 5 \cdot 2,5 + 4)$ | ausmultiplizieren
$2,25 = a(6,25 - 12,5 + 4)$ | zusammenfassen
$2,25 = a(-2,25)$ | : $(-2,25)$
$a = -1$

Die Funktionsgleichung lautet $y = -(x^2 - 5x + 4)$. Auflösen der Klammer ergibt $y = -x^2 + 5x - 4$.

Werden Funktionsgleichungen in der allgemeinen Form $y = ax^2 + bx + c$ angegeben, dann kann man die Koordinaten des Scheitelpunkts nicht ablesen. Mithilfe der binomischen Formeln kann die Gleichung in die Scheitelpunktform umgeformt werden.

Beispiel 2

$y = -x^2 + 5x - 4$ | Faktor a $(= -1)$ ausklammern
$y = -(x^2 - 5x + 4)$ | Gleichung so ergänzen, dass die 2. binomische Formel angewandt werden kann

$y = -[(x^2 - 2 \cdot 2,5x + 2,5^2) - 2,5^2 + 4]$ | 2. binomische Formel anwenden
$y = -[(x - 2,5)^2 - 2,5^2 + 4]$ | zusammenfassen
$y = -[(x - 2,5)^2 - 2,25]$ | eckige Klammer auflösen
$y = -(x - 2,5)^2 + 2,25$ | Scheitelpunkt ablesen

Die Parabel hat den Scheitelpunkt $S(2,5 | 2,25)$.

Merke Jede quadratische Funktion in der **allgemeinen Form** $y = ax^2 + bx + c$ kann mithilfe der binomischen Formeln in die **Scheitelpunktform** $y = a(x - d)^2 + e$ umgeformt werden. Der Term, den man ergänzen muss, um die binomischen Formeln anwenden zu können, heißt **quadratische Ergänzung**. Um die Gleichheit beizubehalten, muss dieser Term gleichzeitig subtrahiert werden.
Ist $a = 1$, gilt $y = x^2 + bx + c = \left(x + \frac{b}{2}\right)^2 - \left(\frac{b}{2}\right)^2 + c$.

Üben und anwenden

1 Forme die Funktionsgleichung in die Form $y = x^2 + bx + c$ um.

a) $y = (x - 3)^2$ b) $y = (x + 4)^2$

c) $y = (x + 1,5)^2$ d) $y = (x - 2)^2 - 4$

e) $y = (x + 2)^2 - 4$ f) $y = (x + 6)^2 - 6$

g) $y = (x + 1,2)^2 - 4$

h) $y = (x + 12)^2 - 12$

1 Forme die Funktionsgleichung in die allgemeine Form $y = ax^2 + bx + c$ um.

a) $y = 2(x + 3)^2$ b) $y = -(x + 3)^2$

c) $y = 0,5(x + 2,1)^2$ d) $y = -4(x - 1,5)^2$

e) $y = 2(x - 4)^2 + 1$ f) $y = 9(x - 3)^2 + 5$

g) $y = 5(x + 1,5)^2 + 8$

h) $y = -(x - 2)^2 + 4$

2 Gib zuerst den Scheitelpunkt an und bestimme dann die Funktionsgleichung in der Form $y = x^2 + bx + c$.

a) $y = (x - 1)^2$ b) $y = (x - 1)^2 - 1$

c) $y = (x + 1)^2 - 2$ d) $y = x^2 + 4$

2 Bestimme die Funktionsgleichung in der Form $y = x^2 + bx + c$, wenn die zugehörige Normalparabel den Scheitelpunkt S hat.

a) $S(2|4)$ b) $S(-1|-5)$ c) $S(0|3)$

d) $S(3|-9)$ e) $S(5|0)$ f) $S(-3|4)$

3 Forme die Terme mithilfe der binomischen Formeln um.

a) $x^2 + 8x + 16$ b) $x^2 - 10x + 25$ c) $x^2 - 16x + 64$ d) $x^2 - 18x + 81$

e) $x^2 + 14x + 49$ f) $x^2 + 12x + 36$ g) $x^2 + 9x + 20,25$ h) $x^2 - 5x + 6,25$

4 Welche Zahl muss addiert werden, damit die Summe als Quadrat geschrieben werden kann? Übertrage in dein Heft und ergänze.

a) $x^2 + 8x + \blacksquare = (x + \blacksquare)^2$

b) $x^2 - 18x + \blacksquare = (x - \blacksquare)^2$

c) $x^2 + 5x + \blacksquare = (x + \blacksquare)^2$

d) $x^2 + 13x + \blacksquare = (x + \blacksquare)^2$

e) $x^2 - 14x + \blacksquare = (\blacksquare - \blacksquare)^2$

f) $x^2 + 7x + \blacksquare = (\blacksquare + \blacksquare)^2$

g) $x^2 + x + \blacksquare = (\blacksquare + \blacksquare)^2$

h) $x^2 - x + \blacksquare = (\blacksquare - \blacksquare)^2$

4 Bestimme die quadratische Ergänzung und schreibe als Quadrat eines Binoms.

a) $x^2 + 10x + \blacksquare$

b) $a^2 + 12a + \blacksquare$

c) $x^2 - 24x + \blacksquare$

d) $m^2 - 12m + \blacksquare$

e) $y^2 - 7y + \blacksquare$

f) $x^2 + 9x + \blacksquare$

g) $4x^2 - 12x + \blacksquare$

h) $25x^2 + 30x + \blacksquare$

i) $16x^2 + 8xy + \blacksquare$

5 Bestimme die quadratische Ergänzung wie im Beispiel. Gib die Scheitelpunktform und den Scheitelpunkt an.

Beispiel $y = x^2 + 10x$
$\qquad y = x^2 + 10x + 5^2 - 5^2$
$\qquad y = (x + 5)^2 - 25$, also $S(-5|-25)$

a) $y = x^2 + 5x$ b) $y = x^2 + 12x$

c) $y = x^2 - 14x$ d) $y = x^2 - 7x$

5 Gib die Scheitelpunktform und den Scheitelpunkt wie im Beispiel an.

Beispiel $y = x^2 + 10x + 15$
$\qquad y = x^2 + 10x + 5^2 - 5^2 + 15$
$\qquad y = (x + 5)^2 - 10$, also $S(-5|-10)$

a) $y = x^2 + 4x - 8$ b) $y = x^2 - 3x + 9$

c) $y = x^2 - 5x - 10$

d) $y = x^2 + 3,6x + 1,8$

6 Einzelne Schülerinnen und Schüler haben noch Probleme beim Umwandeln in die Scheitelpunktform. Überprüfe ihre Rechnungen.

Caroline
$y = x^2 + 8x + 17$
$y = (x^2 + 8x + 4) + 17$
$y = (x + 4)^2 + 17$
$S(-4|17)$

Dominik
$y = x^2 + 8x + 17$
$y = (x^2 + 8x + 4) - 4$
$y = (x + 4)^2 + 13$
$S(-4|13)$

Annika
$y = x^2 + 8x + 17$
$y = (x^2 + 8x + 4^2) - 4^2 + 17$
$y = (x + 4)^2 + 1$
$S(-4|1)$

HINWEIS
Überlege zunächst, auf welcher Höhe der Schlauch gehalten wird.

7 Die Gleichung $y = -0{,}1x^2 + 0{,}5x + 1{,}5$ beschreibt den Verlauf eines Wasserstrahls aus einem Gartenschlauch.
a) Forme in die Scheitelpunktform um.
b) Bestimme die größte Höhe, die der Wasserstrahl erreicht.
c) Wie weit spritzt der Gartenschlauch? Vergleiche die Weite mit einem Wasserstrahl, dessen Verlauf durch die Gleichung $y = -0{,}25x^2 + x + 1{,}6$ beschrieben werden kann.
Schätze zuerst.

8 An welcher Stelle hat die Funktion ihren höchsten bzw. ihren niedrigsten Punkt? Forme um in die Scheitelpunktform.
a) $y = x^2 + 2x + 2$
b) $y = -x^2 - 2x - 1$
c) $y = x^2 + 4x + 7$
d) $y = -x^2 + 8x + 1$

8 An welcher Stelle hat die Funktion ihren höchsten bzw. ihren niedrigsten Punkt?
a) $y = 2x^2 + 8x + 3$
b) $y = 4x^2 - 4x - 3$
c) $y = 5x^2 - 30x + 55$
d) $y = -\frac{1}{4}x^2 + x + 1$
e) $y = 0{,}4x^2 - 5x + 3$

9 Gegeben ist die quadratische Funktion $y = x^2 - 2x - 3$.
a) In welchem Bereich ist der Graph der Funktion steigend?
b) In welchem Bereich liegen die Funktionswerte unterhalb der x-Achse?

9 Gegeben ist die quadratische Funktion $y = 2x^2 + 6x - 4$.
a) In welchem Bereich ist der Graph der Funktion steigend?
b) In welchem Bereich liegen die Funktionswerte unterhalb der x-Achse?

10 Der Bogen einer Fontäne, die vom Brunnenrand bis zur Brunnenmitte spritzt, kann mit der Funktion $y = -1{,}5x^2 + 3x + 0{,}3$ modelliert werden.
a) Berechne die größte Spritzhöhe.
b) In welchem Abstand von der Düse am Rand wird die maximale Höhe erreicht?
c) Über welche Entfernung spritzt die Fontäne?

11 Bestimme zu Scheitelpunkt und Faktor a die zugehörige Funktionsgleichung in der allgemeinen Form $y = ax^2 + bx + c$.
a) $S(1|1)$; $a = 2$
b) $S(-2|0)$; $a = -1$
c) $S(0|-2)$; $a = \frac{1}{2}$
d) $S(-1|-1)$; $a = -2$

11 Bestimme zu jedem Scheitelpunkt zwei Funktionsgleichungen, die die Nullstellen $x_1 = -3$ und $x_2 = 1$ besitzen.
a) $S_1(-1|-2)$
b) $S_2(-1|2)$
c) $S_3(-1|4)$
d) $S_4(-1|-4)$

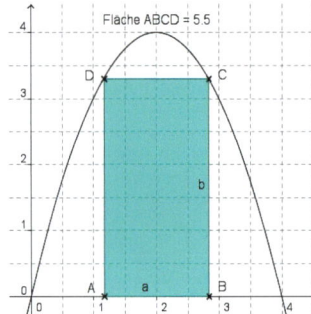

12 Innerhalb der Parabel mit der Funktionsgleichung $y = -x^2 + 4x$ soll das einbeschriebene Rechteck möglichst groß sein. Karl hat ein Tabellenblatt angelegt.
a) Gib die Seitenlängen und den Flächeninhalt des größtmöglichen Rechtecks an.
b) Gib die Formeln für die Zellen D5, F5 und H5 an.

Thema: Allgemein quadratische Funktionen untersuchen

Die Schülerinnen und Schüler der Informatik-AG planen ein Tabellenblatt, um quadratische Funktionen der Form $y = ax^2 + bx + c$ untersuchen zu können.
Sie erarbeiten in drei Gruppen Lösungen zu den einzelnen Aufträgen.

Gruppe 1 erstellt eine flexible Wertetabelle, bei der die Schrittweite und der Startwert beliebig verändert werden können.
Die Funktionswerte werden nach Eingabe beliebiger Variablen berechnet und der Graph wird gezeichnet.

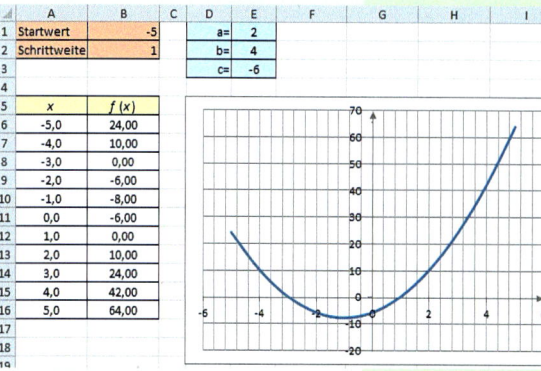

1 Ordne die Formeln den jeweiligen Zellen zu.

① = B1 ② = A6+$B$2
③ = A10+$B$2 ④ = $E$1*A6^2+$E$2*A6+$E$3

2 Erstelle selbst das Tabellenblatt, variiere die Eingaben und zeichne den Graphen.

Für die Berechnung von d und e formt **Gruppe 2** die Funktionsgleichung in der allgemeinen Form in die Scheitelpunktform um.

$y = ax^2 + bx + c$	$\mid a$ ausklammern
$y = a\left(x^2 + \frac{b}{a}x + \frac{c}{a}\right)$	$\mid$ quadratisch ergänzen
$y = a\left[x^2 + \frac{b}{a}x + \left(\frac{b}{2a}\right)^2 - \left(\frac{b}{2a}\right)^2 + \frac{c}{a}\right]$	$\mid$ binomische Formel anwenden
$y = a\left[\left(x + \frac{b}{2a}\right)^2 - \left(\frac{b}{2a}\right)^2 + \frac{c}{a}\right]$	$\mid$ Klammer auflösen
$y = a\left(x + \frac{b}{2a}\right)^2 - a\left(\frac{b}{2a}\right)^2 + c$	$\mid$ zusammenfassen
$y = a\left(x + \frac{b}{2a}\right)^2 - \frac{b^2}{4a} + c$	$\mid d$ und e bestimmen

$d = -\frac{b}{2a}$ und $e = c - \frac{b^2}{4a}$; $S\left(-\frac{b}{2a} \mid c - \frac{b^2}{4a}\right)$

3 👥 Überprüft die einzelnen Rechenschritte. Überlegt dann, welche Formeln zur Berechnung von d und e in den Zellen **F2** und **H2** eingegeben wurden.

	A	B	C	D	E	F	G	H	I	J
1	$y = ax^2 + bx + c$			$y =$	2	$x^2 +$	4	$x +$	-6	Scheitelpunkt
2	$y = a(x - d)^2 + e$			$y =$	2	$(x -$	-1	$)^2 +$	-8	S (-1 | -8)

4 👥 Erstellt selbst das Tabellenblatt.
a) Verwendet bei der Eingabe der Formeln in den Zellen **F2** und **H2** Klammern.
b) Die Formel in Zelle **J2** lautet =VERKETTEN("S (";F2;" | ";H2;")").
Findet heraus, wofür die einzelnen Formelbestandteile stehen.

Gruppe 3 erstellt die Formeln zur Berechnung der Nullstellen mithilfe der Scheitelpunktform.

$$y = a(x - d)^2 + e \qquad \mid y = 0$$
$$0 = a(x - d)^2 + e \qquad \mid -e$$
$$-e = a(x - d)^2 \qquad \mid :a$$
$$-\frac{e}{a} = (x - d)^2 \qquad \mid \sqrt{}$$
$$\pm\sqrt{-\frac{e}{a}} = x - d \qquad \mid +d$$
$$x_1 = d + \sqrt{-\frac{e}{a}} \quad \text{oder} \quad x_2 = d - \sqrt{-\frac{e}{a}}$$

	A	B	C	D	E	F	G	H	I	J
1	$y = ax^2 + bx + c$			$y =$	2	$x^2 +$	4	$x +$	-6	Scheitelpunkt
2	$y = a(x - d)^2 + e$			$y =$	2	$(x -$	-1	$)^2 +$	-8	S (-1 | -8)
3										
4	$x_1 =$	1								
5	$x_2 =$	-3								

5 Wie lauten die Formeln in **B4** und **B5**?

Klar so weit?

→ Seite 10

Rein quadratische Funktionen

1 Entscheide zuerst, ob die Parabel gestreckt oder gestaucht ist. Gib dann die Öffnungsrichtung an.

a) $y = 2,5x^2$ b) $y = -\frac{2}{5}x^2$ *[handschriftlich: nicht unten, gestaucht]*

c) $y = 0,25x^2$ *[gestaucht]*   d) $y = -\frac{5}{2}x^2$ *[gestreckt, unten]* *[nach oben]*

2 Gib die zugehörige Funktionsgleichung an.

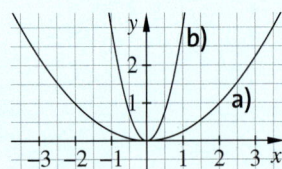
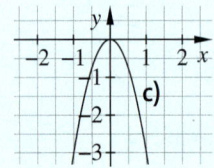

3 Überprüfe durch Rechnung, auf welchem Graphen einer der Punkte $P_1(-1|2)$, $P_2(2|4)$, $P_3(-1|-2)$ oder $P_4(-1|-1)$ liegt.

a) $y_1 = 2x^2$ b) $y_2 = -2x^2$

c) $y_3 = -x^2$ d) $y_4 = x^2$

1 Bestimme zu $y = ax^2$ den Faktor a mithilfe des angegebenen Punkts. Gib die Öffnungsrichtung an und entscheide, ob die Parabel gestreckt oder gestaucht ist.

a) $(2|16)$ b) $(2|-16)$ c) $(2|1)$ d) $(2|-1)$

2 Erstelle für die Funktionen eine Wertetabelle von -3 bis 3 mit einer Schrittweite von $0,5$. Stelle die Funktionsgraphen in einem Koordinatensystem dar.

a) $y_1 = 2x^2$ b) $y_2 = -2x^2$

c) $y_3 = \frac{1}{2}x^2$ d) $y_4 = -\frac{1}{2}x^2$

3 Berechne jeweils die fehlende Koordinate der Punkte zur Funktion $y = 1,2x^2$.

a) $A_1(2|\blacksquare)$, $A_2(-2|\blacksquare)$ und $B_1(\blacksquare|0,3)$, $B_2(\blacksquare|0,3)$

b) $C_1(0,1|\blacksquare)$, $C_2(-0,1|\blacksquare)$ und $D_1(\blacksquare|1,2)$, $D_2(\blacksquare|1,2)$

→ Seite 16

Scheitelpunktform quadratischer Funktionen

4 Notiere den Scheitelpunkt und gib die Funktionsgleichung an.

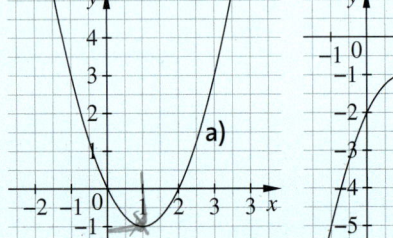

[handschriftlich am Rand: Formel von quadratischen Funktion $y = a(x-d)^2 + e$]

5 Gib den Scheitelpunkt $S(d|e)$ an.

a) $y = (x - 1,5)^2$ b) $y = (x + 1,5)^2$ *[$S(1,5|0)$]*

c) $y = -\left(x - \frac{1}{2}\right)^2 - 2$ d) $y = \left(x - \frac{1}{2}\right)^2 + 1$ *[$S(\frac{1}{2}|1)$]*

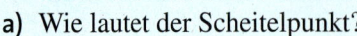

[handschriftlich am Rand: $S(-1,5|0)$ $S(-\frac{1}{2}|1)$]

4 Gegeben sind die Scheitelpunkte $S_1(0|2)$, $S_2(2|0)$, $S_3(2|2)$ und $S_4(-2|-2)$.

a) Markiere die Scheitelpunkte in einem Koordinatensystem.

b) Gib die Funktionsgleichungen der
 – nach oben und
 – nach unten
 geöffneten Normalparabeln an, die durch diese Scheitelpunkte verlaufen.

c) Zeichne die Funktionsgraphen.

5 Eine verschobene Normalparabel hat den Scheitelpunkt $S(0|2)$. Bestimme $\blacksquare$.

a) $P_1(3|\blacksquare)$ b) $P_2(-3|\blacksquare)$ c) $P_3(\blacksquare|18)$

6 Der Delfin springt auf einer annähernd parabelförmigen Sprungbahn aus dem Wasser. Der Ursprung des Koordinatensystems soll dort liegen, wo der Delfin aus dem Wasser auftaucht.

a) Wie lautet der Scheitelpunkt?

b) Gib die Funktionsgleichung für die Sprungbahn an.

c) Berechne die Sprunghöhe für $x = 2\,\text{m}$ und $x = 5\,\text{m}$.

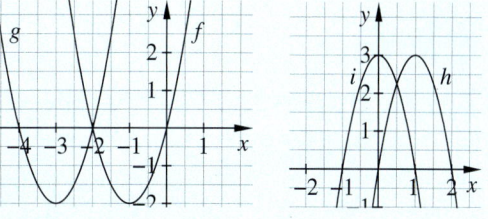

Nullstellen quadratischer Funktionen

→ Seite 20

7 Bestimme die Anzahl der Nullstellen.
a) $y = x^2 - 9$ b) $y = x^2 + 1$
c) $y = -(x - 4)^2 + 3$ d) $y = (x + 1)^2$

7 Berechne die Nullstellen.
a) $y = x^2 - 4$ b) $y = -x^2 - 1$
c) $y = -(x - 3)^2 + 4$ d) $y = (x + 2)^2$

8 Betrachte die Funktionsgraphen.
a) Lies jeweils den Scheitelpunkt und die Nullstellen ab.
b) Berechne den Faktor a.
c) Gib die Funktionsgleichung in der Form $y = a(x - d)^2 + e$ an.

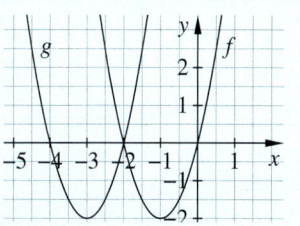

9 Ein Brückenbogen kann durch die Funktionsgleichung $y = -\frac{1}{9}x^2 + 4$ beschrieben werden.
a) Welche Höhe hat die Brücke?
b) Welche Spannweite hat der Bogen?
c) An welcher Stelle ist der Bogen genau 3 m hoch?
d) Berechne die Länge einer zur Fahrbahn parallelen Strebe, 2,20 m über der Fahrbahn (gestrichelte Linie).

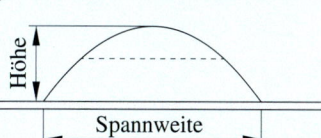

Allgemeine Form und Scheitelpunktform

→ Seite 24

10 Forme in die Form $y = ax^2 + bx + c$ um.
a) $y = (x - 3)^2 + 2$ b) $y = 2(x - 2)^2 + 1$
c) $y = -(x + 1)^2 - 2$ d) $y = \frac{1}{2}(x - 2)^2 + 4$

10 Forme in die allgemeine Form um.
a) $y = 2(x - 2)^2 + \frac{1}{2}$ b) $y = -4(x - 4)^2$
c) $y = \frac{2}{3}(x + 3)^2 - 6$ d) $y = -0{,}2(x + 4)^2$

11 Bestimme die Scheitelpunktform und berechne die Nullstellen.
a) $y = x^2 + 4x$
b) $y = (x + 2)(x - 2)$
c) $y = x^2 + 2x - 15$

11 Bestimme die Scheitelpunktform und berechne die Nullstellen.
a) $y = 2x^2 + 4x + 2$
b) $y = -3x^2 + 9x + 12$
c) $y = \frac{1}{2}x^2 + 3x$

12 Für welche Werte von x steigt der Graph der Funktion?
a) $y = x^2 + 8x + 16$
b) $y = x^2 + 6x + 11$
c) $y = -x^2 + 5x - 6{,}25$
d) $y = -x^2 + 3x - 3{,}25$

12 Ein Abwasserkanal hat einen parabelförmigen Querschnitt. Gib die Funktionsgleichung an, wenn der Scheitelpunkt im Koordinatenursprung liegt.

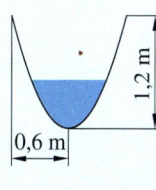

1,2 m
0,6 m

13 Das Dach der Kölner Lanxess-Arena wird von einem Parabelbogen aus Stahlbeton getragen. Die Unterkante des Bogens erreicht eine maximale Höhe von 73 m.
Ein Punkt $P(88{,}23 | 5{,}82)$ liegt symmetrisch zur Mitte. Die Koordinaten des Punkts sind in Metern angegeben.
Berechne die Spannweite des Bogens. Bestimme dazu die Funktionsgleichung in der Form $y = ax^2 + b$. Runde a auf zwei Dezimalstellen.

Vermischte Übungen

1 Den Bremsweg s eines Autos kann man mit der Faustformel $s = 0,1 \cdot v^2$ berechnen. Dabei steht v für die Geschwindigkeit. Als Info: $10\frac{m}{s}$ entsprechen $36\frac{km}{h}$. Fülle die Wertetabelle im Heft aus. Zeichne den Graphen.

v in $\frac{m}{s}$	5	10	15	20	25	30
s in m	$0,1 \cdot 5^2 = 2,5$					

2 Forme in die Scheitelpunktform um, gib den Scheitelpunkt an und berechne, wenn möglich, die Nullstellen.
a) $y = x^2 - 4x - 5$
b) $y = 2x^2 + 4x + 8$
c) $y = -2x^2 + 6x - 10$
d) $y = 6x^2 - 24x + 24$

2 Bestimme die Funktionsgleichung der quadratischen Funktion mit dem vorgegebenen Scheitelpunkt und den beiden Nullstellen.
a) $S(-3|-1)$; $x_1 = -4$; $x_2 = -2$
b) $S(0|4)$; $x_1 = -2$; $x_2 = 2$
c) $S(-2|2)$; $x_1 = 0$; $x_2 = -4$
d) $S(0|-4)$; $x_1 = -4$; $x_2 = 4$

3 Ein Bogenschütze schießt einen Pfeil aus einer Höhe von 1,50 m ab. In einer Entfernung von 25 m hat der Pfeil seine größte Höhe von 32,75 m erreicht.
a) Bestimme die Funktionsgleichung der Parabel, mit der die Flugkurve des Pfeils beschrieben werden kann.
b) Wie weit fliegt der Pfeil ungefähr?

3 Bestimme die Gleichung der Flugkurve des Basketballs. Finde den ungefähren Abstand des Werfers vom Korb, wenn der Ball aus einer Höhe von 2,20 m abgeworfen wird.

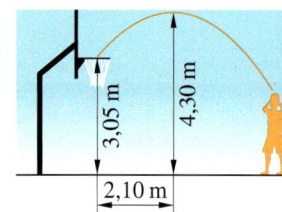

ERINNERE DICH
So werden die Quadranten bezeichnet.

II. Quadrant	I. Quadrant
III. Quadrant	IV. Quadrant

4 Untersuche die Funktionsgleichungen und beantworte die Fragen in einer Tabelle.
a) Ist der Graph gestreckt oder gestaucht?
b) Durch welche Quadranten verläuft der Graph?
c) In welche Richtung ist die Parabel geöffnet?
d) Wie viele Nullstellen hat die Funktion?

$y_1 = -0,08x^2$

$y_2 = 2,3x^2$

$y_3 = -2x^2 + 1$

$y_4 = 2,7x^2 - 4$

$y_5 = -(x - 2)^2$

$y_6 = 2(x + 3)^2$

$y_7 = 0,5(x + 2)^2 - 1$

$y_8 = -(x - 3)^2 + 2$

5 Ein Stein wird mit einer Anfangsgeschwindigkeit von $30\frac{m}{s}$ senkrecht nach oben geworfen. Seine Flughöhe lässt sich näherungsweise durch $y = -15x^2 + 30x$ berechnen (x: Zeit in Sekunden; y: Höhe in Metern).
a) Berechne die Höhe des Steins nach 0,5 s, 1 s und 2 s.
b) Bestimme den Zeitpunkt, an dem der Stein seine maximale Höhe erreicht hat. In welcher Höhe befindet er sich dann?

5 Die Flugbahnen der Kugeln von zwei Kugelstoßern wurden beim Training analysiert. Der eine Kugelstoßer stößt die Kugel aus einer Höhe von 1,70 m ab. Die parabelförmige Flugbahn seiner Kugel lässt sich mit der Gleichung $f = -\frac{5}{98}x^2 + x + 1,7$ beschreiben, die Flugbahn der Kugel des anderen Kugelstoßers durch $g = -\frac{5}{72}x^2 + x + 1,8$.
a) Welche Kugel fliegt weiter?
b) Welche Kugel fliegt höher?

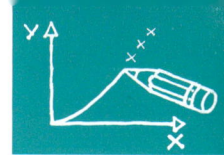

6 Die Öffnung eines einspurigen Tunnels hat einen parabelförmigen Querschnitt.
Mit der Funktionsgleichung $y = -0,8x^2 + 5$ (1 LE ≙ 1 m) lässt sich der Bogen der Öffnung beschreiben. Fertige eine Skizze an.
a) Wie groß ist die asphaltierte Fläche der Fahrbahn des 15 m langen Tunnels?
b) Wie hoch darf ein 2,10 m breites Fahrzeug für die Öffnung höchstens sein?

6 Der Parabelbogen einer Brücke lässt sich mit der Gleichung $y = -0,5x^2 + 2,5x$ beschreiben. Dabei steht x für den Abstand eines Punkts auf dem Bogen vom linken Brückenpfeiler und y für die Höhe.
a) Gib die maximale Brückenhöhe an.
b) Ein Lkw ist 2,40 m hoch und 2,20 m breit. Passt der Lkw mit einem rechteckigen Querschnitt unter der Brücke durch?

7 Die Storebælt-Brücke in Dänemark verbindet die großen Inseln Seeland und Fünen. Der Abstand zwischen den Brückenpfeilern beträgt 1 624 m. Die Tragseile der Hänge-brücke bilden eine Parabel.
Die Stahlbetonpfeiler ragen 254 m aus dem Wasser heraus. der tiefste Punkt des Tragseils befindet sich 77 m über dem Wasserspiegel.
Fertige eine Skizze an und bestimme die Gleichung der quadratischen Funktion $y = ax^2$, die den Verlauf des Trag-seils beschreibt.

8 Gib zu den Funktionsgleichungen die Koordinaten der Scheitelpunkte an und bestimme die Anzahl der Nullstellen.
a) $y = x^2 + 3,5$
b) $y = -x^2 + 1,2$
c) $y = (x - 2,8)^2$
d) $y = (x + 1,5)^2 - 4$
e) $y = (x + 3)^2 - 3$
f) $y = -(x - 1)^2 - 0$

8 Ein unbeladener Lkw, der mit $80\frac{km}{h}$ fährt, hat einen Bremsweg von 46 m. Bei Nässe er-höht sich der Bremsweg bei gleicher Ge-schwindigkeit sogar auf 82 m.
Stelle für trockene und nasse Fahrbahnen je-weils eine Funktionsgleichung für den Brems-weg auf.

HINWEIS ZU 8
Der Bremsweg lässt sich mit der Funktions-gleichung $y = ax^2$ berech-nen. Dabei ist a der Bremsfaktor und x gibt die Geschwindigkeit in $\frac{km}{h}$ an.

9 Der Parabelbogen einer Brücke kann mit der Funktionsgleichung $y = -\frac{1}{8}x^2 + 8$ beschrie-ben werden (Angaben in m).
a) Zeichne die Brücke im Koordinatensystem.
b) Wie hoch ist die Brücke an ihrem höchsten Punkt?
c) Welche Länge überspannt die Brücke?

9 Der Anhalteweg (in m) eines Pkw kann mit der Funktionsgleichung $y = 0,01x^2 + 0,3x$ näherungsweise beschrieben werden.
Berechne jeweils die gefahrene Geschwindig-keit zu dem gemessenen Anhalteweg.
a) 18 m   b) 33,75 m
c) 54 m   d) 108 m

10 Gegeben sind die Funktionen $y_1 = (x + 1)^2 - 4$ und $y_2 = -x^2 + 3x - 0,25$.
a) Von welcher Gleichung kann man leichter den Scheitelpunkt ablesen und warum?
b) Bei welcher Gleichung kann man leichter die Anzahl der Nullstellen erkennen und wie?
c) Gib Scheitelpunkt und Nullstellen der beiden Funktionen an.
d) Zeichne die Graphen der beiden Funktionen in ein Koordinatensystem.
e) In welchen Punkten schneiden sich die beiden Funktionsgraphen? Lies ab.
f) Überprüfe die Schnittpunkte aus e): Setze die ermittelten Koordinaten in y_1 und y_2 ein.
g) Liegen die Punkte $A(0|-3)$, $B(-4|-5)$, $C(5|-10)$ oder $D(-2|-3)$ auf den Graphen von y_1 oder y_2?

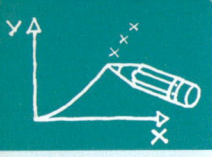

Beruf Beton- und Stahlbetonbauer/in

BETON- UND STAHLBETON-BAUER/IN

Die Ausbildung dauert 3 Jahre. Suche nach weiteren Informationen über den Beruf z. B. im Internet oder im BIZ.

Beton- und Stahlbetonbauer erstellen Konstruktionen für Gebäude oder Brücken. Sie sind zuständig für die Anfertigung von Stützgerüsten und Schalungen. Sie stellen Betonmischungen her, verarbeiten diese, behandeln Oberflächen und montieren Fertigteile.
An feuchten Wänden oder beschädigten Pfeilern führen sie Sanierungsarbeiten aus.
Meist arbeiten sie in Betrieben für Hoch- und Fertigteilbau oder bei Brücken- und Tunnelbauunternehmen.

11 Brückenbögen modellieren

Der Parabelbogen einer Brücke lässt sich annähernd mit der Gleichung $y = ax^2 + e$ beschreiben. Dabei gibt y die zum jeweiligen x-Wert zugehörige Brückenhöhe an.

a) Übertrage die Tabelle ins Heft und bestimme die fehlenden Werte.

Brücke	Faktor a	e	$y = ax^2 + e$	max. Höhe	$S(d\,|\,e)$	Nullstelle 1	Nullstelle 2	Spannweite
1	$-0{,}5$			6 m	$(0\,|\,6)$			
2		3						6 m
3	$-0{,}25$	4						

b) Skizziere die drei Brücken im Koordinatensystem. Berechne zunächst für jede Brücke die Länge der Stützpfeiler und fülle die Tabelle im Heft aus.

	x	$-0{,}6$	$0{,}6$	$-1{,}2$	$1{,}2$	$-1{,}8$	$1{,}8$	
Brücke 1	y							
Brücke 2	y							
Brücke 3	y							

c) Wie verändert sich der Faktor a, wenn die Höhe bzw. die Spannweite vergrößert wird?

d) Berechne die Höhe der Stützpfeiler, wenn sie in einem Abstand von 0,8 m (1 m) stehen.

12 Bewehrung (Verstärkung) einer Wand

HINWEIS

Ein *Lehrgerüst* ist eine Hilfskonstruktion zur Formgebung des Baustoffs.

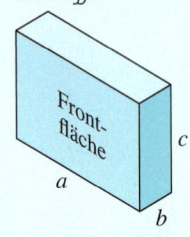

Vor der Anfertigung von Stützgerüsten und Schalungen wird der Materialbedarf ermittelt.

a) Übertrage die Tabelle ins Heft und berechne den Materialbedarf zur Erstellung eines Lehrgerüsts für eine rechteckige Wand.
Beachte, dass alle vier Seiten des Lehrgerüsts mit Eisenmatten bewehrt werden.

Wand	Länge a in m	Breite b in m	Höhe c in m	Frontfläche in m²	Holzbedarf in m²	Bewehrung in m²	Betonfüllung in m³
1	$1{,}5 \cdot c$	0,3		24			
2		0,4	$2 \cdot a$	18			
3		0,25	$\frac{a}{3}$	12			

b) Berechne die Kosten für die Fertigung der einzelnen Wände.
Schalbretter werden pro Quadratmeter zu 6,60 € angeboten, die Matten für die Bewehrung sind pro 100 m² zum Preis von 950 € im Angebot und für den Kubikmeter Beton werden 100 € berechnet. Für den Zuschnitt der Schalbretter werden 15 % Verschnitt einkalkuliert.

Zusammenfassung

Rein quadratische Funktionen

→ Seite 10

Der Graph einer **rein quadratischen Funktion** $y = ax^2$ ist eine Parabel. Den tiefsten bzw. höchsten Punkt nennt man **Scheitelpunkt** $S(0|0)$. Der Faktor a bestimmt die **Parabelform**.

Normalparabel: $a = 1$

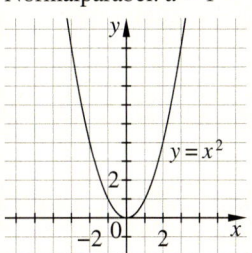

nach unten geöffnet: a ist negativ.

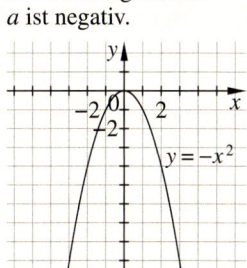

gestreckt: $|a| > 1$

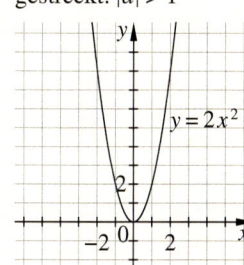

gestaucht: $|a| < 1$

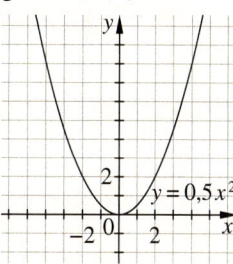

Scheitelpunktform quadratischer Funktionen

→ Seite 16

Die Koordinaten des **Scheitelpunkts** $S(d|e)$ kann man aus der **Scheitelpunktform** $y = a(x - d)^2 + e$ direkt ablesen.

Der Graph der quadratischen Funktion ist eine um den Wert d in Richtung der x-Achse und um den Wert e in Richtung der y-Achse verschobene Parabel.

$y = 2(x - 3)^2 - 1$
$d = 3$ und $e = -1$
Scheitelpunkt $S(3|-1)$

$d = 3$, also um 3 nach rechts verschoben
$e = -1$, also um 1 nach unten verschoben

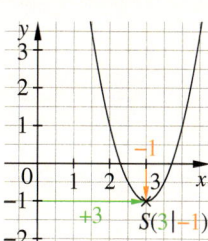

Nullstellen quadratischer Funktionen

→ Seite 20

Jeder Punkt $P(x|0)$ liegt auf der x-Achse. Die x-Koordinate von $P(x|0)$ nennt man **Nullstelle**. Eine quadratische Funktion hat zwei, eine oder keine Nullstellen.

An der Lage des Scheitelpunkts und je nach Öffnung kann man erkennen, wie viele Nullstellen eine quadratische Funktion hat.

In die **Produktform** $y = a(x - x_1)(x - x_2)$ werden die Nullstellen x_1 und x_2 eingesetzt.

$0 = -1(x + 3)^2$ $| \cdot (-1)$
$0 = (x + 3)^2$ $| \sqrt{}$
$0 = x + 3$ es gibt eine Nullstelle: $x = -3$

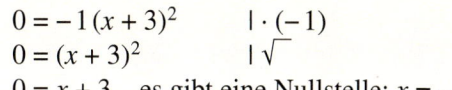

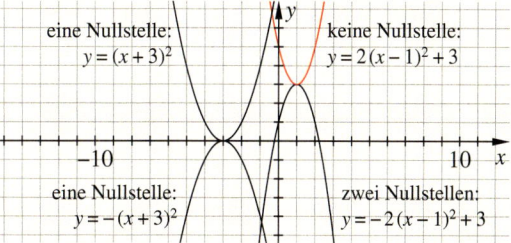

eine Nullstelle: $y = (x + 3)^2$
keine Nullstelle: $y = 2(x - 1)^2 + 3$
eine Nullstelle: $y = -(x + 3)^2$
zwei Nullstellen: $y = -2(x - 1)^2 + 3$

Allgemeine Form und Scheitelpunktform

→ Seite 24

Jede quadratische Funktion in der **allgemeinen Form** $y = ax^2 + bx + c$ kann mithilfe der **quadratischen Ergänzung** in die Scheitelpunktform $y = a(x - d)^2 + e$ umgeformt werden.

$y = 2x^2 - 12x + 2$ | Faktor ausklammern
$y = 2[x^2 - 6x + 1]$ | quadr. Ergänzung
$y = 2[x^2 - 2 \cdot 3x + 9 - 9 + 1]$ | zusammenfassen
$y = 2[(x - 3)^2 - 8]$ | Klammer auflösen
$y = 2(x - 3)^2 - 16$

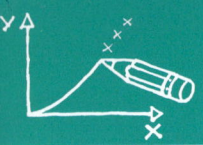

Teste dich!

1 Beschreibe den Verlauf des Graphen.
Gib an: Scheitelpunkt S
nach oben/nach unten geöffnet
normal/gestaucht/gestreckt
Anzahl der Nullstellen
a) $y_1 = (x - 3)^2 + 2$ b) $y_2 = -3(x + 2)^2$
c) $y_3 = 0,5 x^2 - 4$

1 Beschreibe den Verlauf des Graphen.
Mache Angaben zum Scheitelpunkt, zur Öffnungsrichtung, zur Form und zur Anzahl der Nullstellen.
a) $y_1 = -(x + 1,5)^2 + 1$ b) $y_2 = 2 x^2 - 5$
c) $y_3 = \frac{3}{4}(x - 2)^2 + 3$ d) $y_4 = -0,4(x + 5)^2$

2 Ein Rechteck hat die Länge x und die Breite $2x$. Für den Flächeninhalt gilt $y = 2 x^2$.
a) Fülle die Wertetabelle im Heft aus.

x	0	0,5	1	1,5	2	2,5
y				4,5		

b) Zeichne den Graphen.

2 Der Bremsweg s eines ICE wird nach der Formel $s = 0,0771 \cdot v^2$ berechnet.
a) Erstelle eine Wertetabelle in Schritten von $50 \frac{km}{h}$ für die Geschwindigkeit v von $0 \frac{km}{h}$ bis $250 \frac{km}{h}$.
b) Zeichne den Graphen.

3 Betrachte die drei Funktionsgraphen.
a) Bestimme die Scheitelpunkte der Graphen.

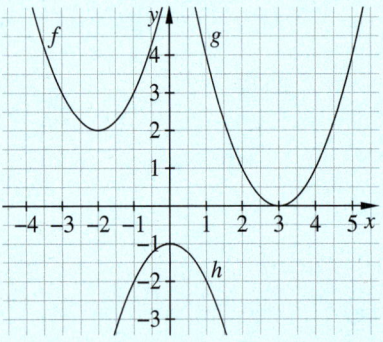

b) Gib die Funktionsgleichungen in der Scheitelpunktform $y = (x - d)^2 + e$ an.
c) Gib die Funktionsgleichungen in der allgemeinen Form $y = x^2 + bx + c$ an.

3 Bestimme die Funktionsgleichungen.
Gib sie in der Scheitelpunktform und in der allgemeinen Form an.

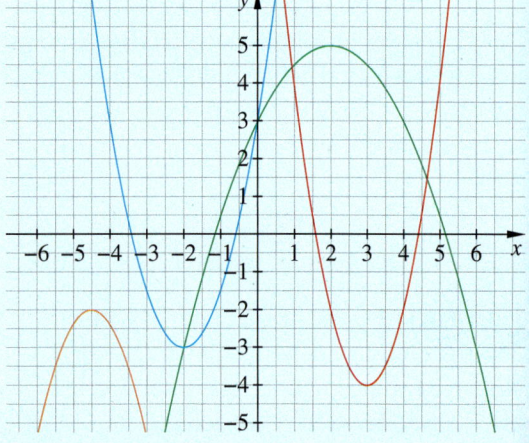

4 Überprüfe rechnerisch, ob es sich bei x_1 und x_2 um Nullstellen der Funktion handelt.
a) $y = (x - 3)^2$; $x_1 = 3$; $x_2 = -3$
b) $y = (x + 2)^2 + 5$; $x_1 = 2$; $x_2 = -2$
c) $y = (x - 4)(x + 2)$; $x_1 = 4$; $x_2 = 2$

4 Handelt es sich bei x_1 und x_2 um Nullstellen der Funktion?
a) $y = 0,7(x + 2,5)^2$; $x_1 = 2,5$; $x_2 = -2,5$
b) $y = -(x + 1)^2 + 0,25$; $x_1 = 0,5$; $x_2 = -0,5$
c) $y = x^2 + x - 6$; $x_1 = 2$; $x_2 = -3$

5 Die Flugbahn eines Golfballs wird beschrieben durch eine Parabel mit der Funktionsgleichung
$y = -0,0125 x^2 + 1,5 x$.
Dabei gibt x die Entfernung vom Abschlag in Metern und y die Höhe des Golfballs in Metern an.
a) Wie weit fliegt der Golfball?
b) Berechne die maximale Höhe des Golfballs.

Quadratische Gleichungen

Die Achterbahn stürzt auf ihrem Weg anfangs
im freien Fall in die Tiefe.
Der funktionale Zusammenhang zwischen
Höhe und Geschwindigkeit
kann mit einer quadratischen Gleichung
beschrieben werden.

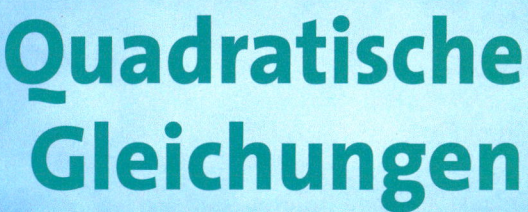

Noch fit?

Einstieg

1 Gleichungen lösen
Löse die Gleichungen.
a) $2x + 5 = 25$
b) $8x - 7 = 73$
c) $3(x - 4) = 0$
d) $10 - 3x = 5x - 14$
e) $-5x - 12 = -4$

2 Lösungen prüfen
Überprüfe, ob -2; 2; 1 oder $\frac{1}{2}$ Lösungen der Gleichungen sind. Bei manchen Aufgaben gibt es mehrere Lösungen. Woran liegt das?
a) $x - \frac{1}{2}x = 7 - 3x$ b) $x(x + 2) = 0$
c) $x \cdot x - 4 = 0$ d) $\frac{1}{x} + 1{,}5 = 1$

3 Ausklammern und ausmultiplizieren
Schreibe als Produkt bzw. als Summe.
a) $14a - 6b$ b) $64m^2 + 24m$
c) $20x^2 - 36x$ d) $(a + b)^2$
e) $(a - b)^2$ f) $(a - b)(a + b)$

Aufstieg

1 Gleichungen lösen
Löse die Gleichungen.
a) $-10x + 12 = 3x - 20{,}5$
b) $4(x - 5) = 2(x + 3)$
c) $10 - 7(x - 2) = 12x - 14$
d) $\frac{1}{2}(x - 8) = \frac{1}{4}(x - 12)$
e) $-\frac{1}{3}(x + 12) = (x - 8) \cdot 3$

2 Lösungen prüfen
Überprüfe, ob -2; 2; 1 oder $\frac{1}{2}$ Lösungen der Gleichungen sind. Bei manchen Aufgaben gibt es mehrere Lösungen. Woran liegt das?
a) $2x + 4 \cdot x^2 = 2$ b) $x^2 = 2x$
c) $(x + 1) \cdot (x - 1) = 3$
d) $\frac{(x + 1)}{(x - 1)} = \frac{1}{3}$; für $x \neq 1$

3 Ausklammern und ausmultiplizieren
Schreibe als Produkt bzw. als Summe.
a) $4t^2 + 16t + 12$ b) $5y^2 - 15 + 20y$
c) $(x + 5)^2$ d) $0{,}25b^2 - 0{,}5b + 2$
e) $(x - 7)(x + 7)$ f) $(y - 4)^2$

4 Lineare Funktionen
Welche linearen Funktionen wurden hier gezeichnet?

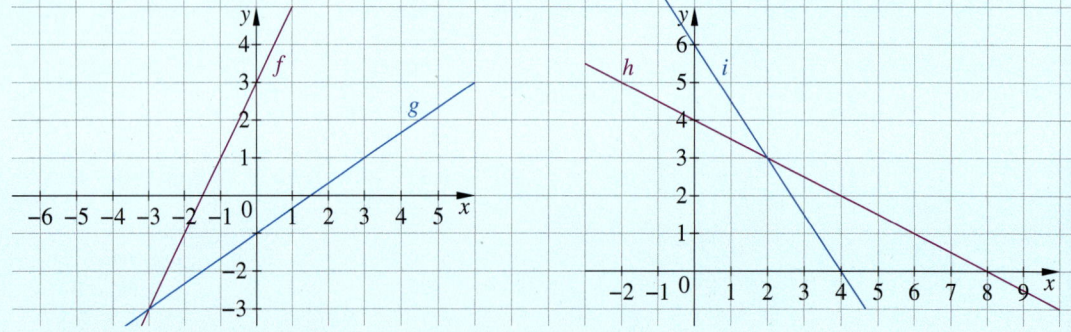

a) Gib die Funktionsgleichungen der vier Funktionen an.
b) Gib die Nullstellen der Funktionen an.
c) Bestimme rechnerisch den Schnittpunkt der Funktionsgraphen und überprüfe zeichnerisch.

5 Wurzeln
Berechne die Wurzeln ohne Taschenrechner.
a) $\sqrt{144}$ b) $\sqrt{64}$ c) $\sqrt{225}$
d) $\sqrt{169}$ e) $\sqrt{2{,}25}$ f) $\sqrt{6{,}25}$

5 Wurzeln
Für welche Werte von a lässt sich die Wurzel berechnen? Begründe.
a) $\sqrt{a}$ b) $\sqrt{a + 1}$ c) $\sqrt{a^2}$
d) $\sqrt{a^2 + 1}$ e) $\sqrt{a^2 - 4}$ f) $\sqrt{\frac{1}{a}}$

Lösungen ab Seite 176

Einfache quadratische Gleichungen

Entdecken

1 Mit dieser Faustregel kannst du schätzen, wie tief ein Brunnen ist:

Lass einen Stein in den Brunnen fallen. Zähle die Sekunden bis zum Aufprall. Multipliziere diese Zahl mit sich selbst und mit 5. Das ergibt die Tiefe des Brunnens in Metern.

a) Wie tief ist der Brunnen, wenn die Zeit bis zum Aufprall drei Sekunden beträgt?

b) Gib die zum Text passende Funktionsgleichung an.

c) Der abgebildete Brunnen hat eine Tiefe von 85 m. Wie lange dauert es ungefähr, bis ein Stein auf dem Grund des Brunnens aufprallt, wenn der Brunnen kein Wasser enthält?

d) Führt selbst einen ähnlichen Versuch durch. Lasst z. B. einen Softball aus dem obersten Stock eures Schulgebäudes fallen und stoppt die Zeit bis zu seinem Auftreffen auf dem Schulhof. Wie hoch ist das Gebäude an dieser Stelle?

2 👥 Arbeitet in Gruppen.

a) Ordnet den Zahlenrätseln eine passende Gleichung zu und überprüft, welche der angegebenen Zahlen Lösungen der Gleichungen sind.

b) Die Gleichungen der lila Kärtchen können alle in die Form $x^2 = d$ umgeformt werden, wobei d eine beliebige Zahl ist. Wie viele Lösungen kann eine quadratische Gleichung dieser Form haben? Unter welchen Umständen hat sie gar keine Lösung?

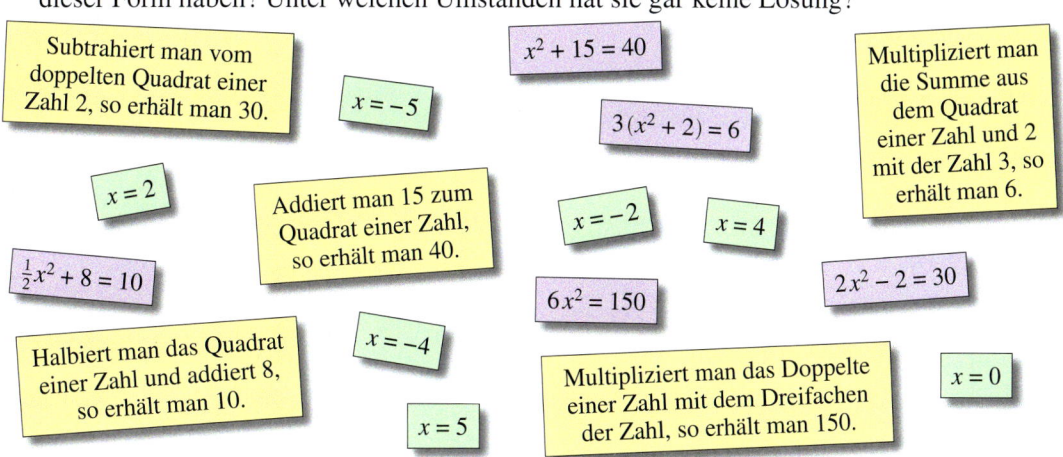

Subtrahiert man vom doppelten Quadrat einer Zahl 2, so erhält man 30.

$x = -5$

$x^2 + 15 = 40$

$3(x^2 + 2) = 6$

Multipliziert man die Summe aus dem Quadrat einer Zahl und 2 mit der Zahl 3, so erhält man 6.

$x = 2$

Addiert man 15 zum Quadrat einer Zahl, so erhält man 40.

$x = -2$ $x = 4$

$\frac{1}{2}x^2 + 8 = 10$

$2x^2 - 2 = 30$

$6x^2 = 150$

Halbiert man das Quadrat einer Zahl und addiert 8, so erhält man 10.

$x = -4$

Multipliziert man das Doppelte einer Zahl mit dem Dreifachen der Zahl, so erhält man 150.

$x = 0$

$x = 5$

3 Lina und Jonas sollen die quadratische Gleichung $x^2 - 6x = 0$ lösen.

a) Erläutere die Lösungsschritte.

b) Vergleiche die beiden Lösungswege.

c) Löse die Gleichung $x^2 + 4{,}5x = 0$ mit einem Verfahren deiner Wahl. Vergleicht eure Lösungen untereinander.

Lina rechnet:
$x^2 - 6x = 0$
$x(x - 6) = 0$
$x_1 = 0$ und $x_2 = 6$

Jonas rechnet so:
$x^2 - 6x = 0$
$x^2 - 2 \cdot 3x = 0$
$x^2 - 2 \cdot 3x + 3^2 = 3^2$
$(x - 3)^2 = 9$
$x - 3 = 3$ oder $x - 3 = -3$
$x_1 = 0$ und $x_2 = 6$

Verstehen

Im Jahr 1770 erschien von Leonhard Euler, einem berühmten Mathematiker, die „*Vollständige Anleitung zur Algebra*". Darin stellte er das folgende Zahlenrätsel:

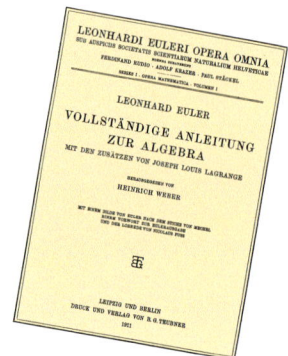

Es wird eine Zahl gesucht, deren Hälfte mit ihrem dritten Theil multipliciret 24 ergebe.

Viele Zahlenrätsel führen auf **quadratische Gleichungen**. Das sind Gleichungen, in denen die Variable in der zweiten Potenz (x^2), aber in keiner höheren Potenz vorkommt.

Beispiel 1

Wenn man im Zahlenrätsel die gesuchte Zahl x nennt, dann ist die Hälfte der Zahl $\frac{1}{2}x$ und der dritte Teil der Zahl $\frac{1}{3}x$. Wenn man beides multipliziert, so erhält man die Gleichung $\frac{1}{2}x \cdot \frac{1}{3}x = 24$, also $\frac{1}{6}x^2 = 24$.

Probe

Quadratische Gleichung: $\frac{1}{6}x^2 = 24$ $| \cdot 6$

$$x^2 = 144$$

$x_1 = 12$ und $x_2 = -12$ lösen diese Gleichung.

$x_1 = 12$
$\frac{1}{2} \cdot 12 \cdot \frac{1}{3} \cdot 12 = 24$
$6 \cdot 4 = 24$
$24 = 24$

$x_2 = -12$
$\frac{1}{2} \cdot (-12) \cdot \frac{1}{3} \cdot (-12) = 24$
$(-6) \cdot (-4) = 24$
$24 = 24$

ERINNERE DICH
Der Graph einer quadratischen Funktion ist eine Parabel. Die dazugehörige Funktionsgleichung $y = ax^2 + bx + c$ ist eine quadratische Gleichung.

> **Merke** Wenn in einer quadratischen Gleichung die Variable ausschließlich in der zweiten Potenz vorkommt, dann nennt man diese Gleichung **rein quadratische Gleichung**: $x^2 = d$.

Die Anzahl der Lösungen einer rein quadratischen Gleichung $x^2 = d$ hängt von der Zahl d ab.

Beispiel 2
$x^2 = 144$ $| \sqrt{}$
Es ist $d > 0$, es gibt zwei Lösungen $\sqrt{d}$ und $-\sqrt{d}$:
$x_1 = 12$ und $x_2 = -12$

Beispiel 3
$4x^2 + 12 = 12$ $| -12$
$\quad\quad 4x^2 = 0$ $| : 4$
$\quad\quad\ x^2 = 0$ $| \sqrt{}$
Es ist $d = 0$, es gibt genau eine Lösung: $x = 0$

Beispiel 4
$-2x^2 = 128$ $| : (-2)$
$\quad x^2 = -64$
Es ist $d < 0$, es gibt keine Lösung, da das Quadrat einer Zahl niemals negativ ist.

Rein quadratische Gleichungen können auch grafisch gelöst werden. Die Lösungen sind die Nullstellen der entsprechenden Funktion.

Beispiel 5
$x^2 - 4 = 0$
$x^2 = 4$
$x_1 = 2$
$x_2 = -2$

Beispiel 6
$4x^2 = 0$
$x^2 = 0$
$x = 0$

Beispiel 7
$x^2 + 4 = 0$
$x^2 = -4$
Es gibt keine Nullstelle.

> **Merke** **Gemischt quadratische Gleichungen** haben die Form $x^2 + px = 0$. Sie lassen sich durch Faktorisieren lösen, da ein Produkt null ergibt, wenn mindestens ein Faktor null ist.

Beispiel 8
$x^2 + 6x = 0$ $| x$ ausklammern $x \cdot (x + 6) = 0$ $x_1 = 0$ und $x_2 = -6$

Üben und anwenden

1 Bei welcher der Gleichungen handelt es sich um eine quadratische Gleichung?
a) $x^2 + 4x - 13 = 0$ b) $0x^2 - 5x + 12 = 0$
c) $1,5x + 2 = 0$ d) $245 + 443 = 23$
e) $8 + 2,5x^2 - x = 0$ f) $x^3 + 4x^2 + 8x = 0$

1 Bei welcher der Gleichungen handelt es sich um eine quadratische Gleichung?
a) $x^2 + 3x = 0$ b) $x^3 - 10 = 0$
c) $7x^{\frac{1}{3}} + 14x - 9 = 0$ d) $x^2 + 2x = -12$
e) $5x - 8x + 11 = 0$ f) $(x - 1)(x + 6) = 0$

2 Löse die rein quadratische Gleichung.
a) $x^2 = 36$ b) $x^2 = 121$
c) $y^2 = 0,64$ d) $x^2 = -9$
e) $x^2 = 8$ f) $q^2 = 40$

2 Löse die rein quadratische Gleichung.
a) $x^2 = 169$ b) $x^2 = -100$
c) $z^2 = 0,09$ d) $x^2 = 110$
e) $x^2 = \frac{36}{49}$ f) $p^2 = \frac{289}{441}$

3 Gib die Anzahl der Lösungen an, ohne zu rechnen.
a) $x^2 = 1$ b) $x^2 = -6$
c) $x^2 = 2,5$ d) $x^2 = 0$
e) $x^2 - 25 = 0$ f) $x^2 + 9 = 0$

3 Bestimme die Lösungsanzahl. Begründe mit einer Rechnung oder mit einer Zeichnung.
a) $x^2 - 3 = 0$ b) $x^2 + 2 = 0$
c) $-x^2 + 8 = 0$ d) $x^2 + 6 = 0$
e) $-x^2 = 0$ f) $x^2 - 5 = 0$

4 Forme die quadratischen Gleichungen in die Form $x^2 = d$ um und löse sie.
a) $2x^2 = 50$ b) $3x^2 = 48$
c) $3x^2 = 27$ d) $5x^2 = 245$
e) $2,5x^2 = 302,5$ f) $\frac{4}{9}x^2 = 16$

4 Forme die quadratischen Gleichungen in die Form $x^2 = d$ um und löse sie.
a) $11x^2 = 176$ b) $1,5x^2 = 253,5$
c) $\frac{3}{4}x^2 = 36,75$ d) $\frac{7}{6}x^2 = 42$
e) $-5x^2 = 4x^2 - 81$ f) $9 = 2x^2 + 1$

5 Stelle zu jedem Zahlenrätsel eine quadratische Gleichung auf und löse sie.
a) Addiert man 15 zum Quadrat einer Zahl, so erhält man 240.
b) Multipliziert man eine Zahl mit sich selbst und addiert zu diesem Produkt 65, so erhält man 690.

5 Stelle zu jedem Zahlenrätsel eine quadratische Gleichung auf und löse sie.
a) Subtrahiert man 17 vom Vierfachen des Quadrats einer Zahl, so erhält man 239.
b) Dividiert man das Dreifache des Quadrats einer Zahl durch 12 und subtrahiert von diesem Quotienten 24, so erhält man 57.

6 Forme die rein quadratischen Gleichungen in die Form $x^2 = d$ um und löse sie.
a) $x^2 + 18 = 99$ b) $x^2 + 252 = 877$
c) $x^2 - 24 = 172$ d) $x^2 + 145 = 266$
e) $x^2 - 66 = 295$ f) $x^2 - 321 = 208$

6 Forme die rein quadratischen Gleichungen in die Form $x^2 = d$ um und löse sie.
a) $2x^2 + 13 = 31$ b) $3x^2 - 25 = 50$
c) $1,5x^2 + 12 = 36$ d) $7x^2 - 120,5 = 222,5$
e) $4x^2 + 16,3 = 41,3$ f) $0,25x^2 + 3 = 67$

7 Die Seite eines Quadrats ist 7 cm lang. Wie lang ist seine Diagonale? Stelle eine quadratische Gleichung auf und löse diese.

7 Die Diagonale eines Quadrats ist 162 cm lang. Wie lang sind seine Seiten? Begründe, warum es für die Seitenlänge des Quadrats nur eine Lösung gibt.

8 Eine 45,6 m² große Terrasse wird mit 285 quadratischen Steinplatten ausgelegt.
a) Welche Länge hat eine Steinplatte? Zwischen den Steinplatten sollen keine Fugen entstehen.
b) Für den gleichen Preis könnten 200 quadratische Platten mit 50 cm Länge gekauft werden. Ergibt sich dadurch ein Preisvorteil? Diskutiert eure Überlegungen untereinander.

Thema: **Tempo**

Um festzustellen, wie sich bei Zusammenstößen die
Autos und die Insassen verhalten, führen Automobil-
hersteller und Forschungsinstitute Crashtests durch.
Die Insassen werden dabei durch Dummys, das sind
Puppen mit eingebauter Mikroelektronik, simuliert.
Zu diesen Tests gehören Aufpralltests gegen eine
Wand. Die Konstrukteure wollen dadurch erfahren,
wie die Aufprallenergie des Fahrzeugs das Material verformt und welche möglichen Verlet-
zungen den Insassen drohen. Aus diesen Erkenntnissen entwickeln sie dann Maßnahmen, die
den Schutz der Insassen verbessern sollen.

1 Erstelle eine Tabelle, aus der man bei den genannten
Fahrzeugen die Aufprallenergie bei den Geschwindigkeiten
$30 \frac{km}{h}$, $50 \frac{km}{h}$, $70 \frac{km}{h}$, $100 \frac{km}{h}$ und $130 \frac{km}{h}$ ablesen kann.

Masse verschiedener Auto-typen in t (Leergewicht)	
Ford Fiesta	0,750 t
BMW 116	1,370 t
Sprinter CDI	2,235 t
SCANIA P280	18,000 t

> Die Aufprallenergie E wird mit der Formel
> $E = \frac{1}{2}m \cdot v^2$ berechnet.
>
> Bedeutung der Formelzeichen:
> E Aufprallenergie in Nm (Newtonmeter)
> m Masse des aufprallenden Teils in kg
> v Geschwindigkeit beim Aufprall in $\frac{m}{s}$

v in $\frac{km}{h}$	m in kg	E in Nm	h in m
30	65	2 257	3,54
50	65		
80	65		
100	65		

2 Wenn ein 65 kg schwerer Mensch mit einer
Geschwindigkeit von $30 \frac{km}{h}$ auf ein Hindernis
aufprallt, dann beträgt seine Aufprallenergie
etwa 2 257 Nm. Das entspricht einem Sturz aus
etwa 3,5 m Höhe. Zur Berechnung der Fallhöhe
gilt die Formel: $h = v^2 : 19,62 \frac{m}{s^2}$ (v in $\frac{m}{s}$).

a) Berechne die Fallhöhen zu den angegebenen Geschwindigkeiten in der Tabelle.
b) Stelle den Zusammenhang zwischen Geschwindigkeit v und Fallhöhe h grafisch dar.
   Begründe, dass dieser Zusammenhang weder proportional noch antiproportional ist.

Nicht allein der Bremsweg, auch der Anhalteweg (Reaktionsweg plus Bremsweg) ist bei $30\frac{km}{h}$ nur etwa halb so lang wie bei $50\frac{km}{h}$. Wenn ein Kind 15 m vor dem Fahrzeug auf die Straße läuft, kann der Fahrer mit $30\frac{km}{h}$ noch rechtzeitig anhalten. Das Kind wird nicht einmal berührt. Mit Tempo 50 kommt es an dieser Stelle trotz sofortiger Vollbremsung zu einem Aufprall mit kaum verringerter Geschwindigkeit. Der Bremsweg ist abhängig vom Untergrund. Er wird mit der Formel $s_b = \frac{1}{2b}v^2$ berechnet. Für die Bremsverzögerung b gelten die Werte in der Tabelle in Abhängigkeit vom Untergrund.

Untergrund	b in $\frac{m}{s^2}$
Glatteis	1,0–1,5
Neuschnee	2,5–3,0
Asphalt nass	5,0–6,5
Asphalt trocken	6,5–7,0

Bremsweg
Anhalteweg 27,7 m

Vorteil Tempo 30
Bei Tempo 30 statt 50 nimmt die Wahrscheinlichkeit, dass es bei einem Unfall zu tödlichen Verletzungen kommt, um 50 % ab. (Dieser Wert ist bezogen auf Unfälle mit erwachsenen Fußgängern.)

Bremsweg 13,3 m

25,0 m
20,0 m
15,0 m
10,0 m
25,0 m
20,0 m
15,0 m

3 Falls keine andere Richtgeschwindigkeit vorgegeben ist, darf innerhalb von Ortschaften höchstens mit $50\frac{km}{h}$ gefahren werden. Zeige durch mehrere Beispielrechnungen, dass jeder Fahrer trotzdem die Geschwindigkeit seines Fahrzeugs den Witterungs- und Straßenverhältnissen anpassen muss. Nutze die Tabelle oben.

Die Länge des Anhaltewegs eines Autos ist von der Geschwindigkeit v abhängig. Zur Berechnung des Anhaltewegs auf trockener und ebener Fahrbahn lernt man in den Fahrschulen die **Faustformel**:

Reaktionsweg in m: $s_r = 0{,}3\,v$
Bremsweg in m: $s_b = \left(\frac{v}{10}\right)^2$
Anhalteweg in m: $s_a = s_r + s_b$
$s_a = 0{,}3\,v + \left(\frac{v}{10}\right)^2$
Dabei wird v in $\frac{km}{h}$ angegeben.

Beispiel
für $v = 50\frac{km}{h}$
$s_a = 0{,}3 \cdot 50 + \left(\frac{50}{10}\right)^2$
$s_a = 15 + 25$
$s_a = 40$
Der Anhalteweg ist 40 m lang.

4 Fülle die Tabelle im Heft aus und begründe damit, dass die Funktion *Anhalteweg → Geschwindigkeit* nicht linear ist.

v in $\frac{km}{h}$	30	60	80	100	120	150	180
s_a in m							

5 Der Kraftstoffverbrauch nimmt bei jedem Pkw etwa quadratisch mit der Geschwindigkeit zu. Für einen Golf Diesel wurde folgende Gleichung ermittelt:
$y = 0{,}000\,49\,x^2 + 0{,}029\,4\,x + 3{,}44$, wobei x die Geschwindigkeit in $\frac{km}{h}$ und y den Verbrauch in Litern pro 100 km angibt.
a) Bei welcher Geschwindigkeit verbraucht der Golf Diesel rechnerisch genau 5 l pro 100 km?
b) Betrachte dein Ergebnis aus a) im Zusammenhang mit den tatsächlichen Gegebenheiten.

9 Löse die Gleichung durch Faktorisieren.
a) $x^2 + 2x = 0$
b) $x^2 - 4x = 0$
c) $x^2 + 36x = 0$
d) $x^2 - 36x = 0$

9 Stelle um und berechne die Lösungen.
a) $-3x + x^2 = 0$
b) $4x - x^2 = 0$
c) $-9x - x^2 = 0$
d) $-12x + 3x^2 = 0$

10 Forme die gemischt quadratische Gleichung um und löse sie durch Faktorisieren.
a) $x^2 = 9x$
b) $x^2 = 14x$
c) $x^2 = -30x$
d) $x^2 = 2,25x$

10 Stelle die Gleichung sinnvoll um und berechne die Lösungen.
a) $-x^2 = 1,21x$
b) $x^2 = -2,75x$
c) $x^2 = 0,81x$
d) $x^2 = -1,44x$

11 Forme die gemischt quadratische Gleichung um und löse sie.
a) $5x^2 - 10x = 0$
b) $8x^2 - 32x = 0$
c) $10x^2 + 90x = 0$
d) $2x^2 - 72x = 0$
e) $3x^2 = 27x$
f) $5x^2 = -125x$
g) $6x^2 = -24x$
h) $8x^2 = 32x$

11 Fasse vor dem Lösen zusammen.
a) $-5x^2 + 0,1x = 3x^2 - 0,9x$
b) $9x - x^2 = 8x - 4x^2$
c) $-1,2x^2 + 1,5x = -3,2x^2 + 1,5x$
d) $-2x^2 + 12x + 10,5 - 16x = -12 - 4x + 8x^2$
e) $12 + 2(2x^2 - 5) = 3x^2 + 5$

12 Addiert man zu einer Zahl x die Zahl 6 und multipliziert die Summe mit dem Vierfachen der Zahl, so erhält man 0.

12 Zu einer Quadratzahl x^2 wird die Zahl x addiert.
Der Wert der Summe ist 0.

13 Subtrahiert man von einer Zahl x die Zahl 4 und multipliziert diese Differenz mit der Zahl x, so erhält man 0.

13 Addiert man zu der Hälfte des Quadrats der Zahl x das 0,8-Fache der Zahl x, so erhält man 0.

14 Paul löst die rein quadratische Gleichung $x^2 = 5$, indem er eine Normalparabel und eine Gerade zeichnet:

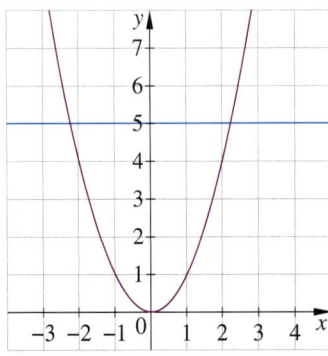

a) Erkläre, wie Paul vorgegangen ist.
   Tipp: Löse dazu die Gleichung erst rechnerisch und überlege dann, wo man die Lösung ablesen kann.
   Beschreibe dein Vorgehen einem Partner.
b) Löse auf die gleiche Weise:
   ① $x^2 = 2$
   ② $-x^2 = -4$
   ③ $x^2 - 1,5 = 0$
   ④ $-x^2 - 3 = 0$

14 Die Schüler der Klasse 10c sollen die folgenden Gleichungen zeichnerisch lösen:

Ⓐ $-\frac{1}{2}x^2 + 2 = 0$ Ⓑ $2x^2 - 2 = 0$

a) Ordne Lenas Graphen jeweils die richtige Gleichung zu. Gib ihre Lösungen an.

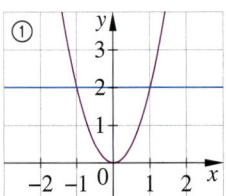 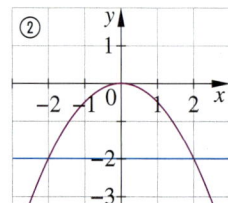

b) Till hat andere zeichnerische Lösungen gefunden. Vergleiche beide Lösungswege.

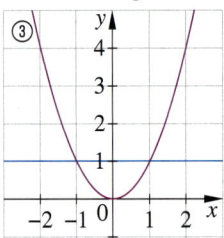 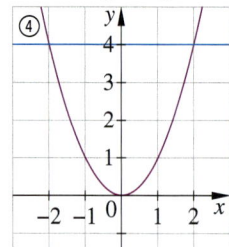

c) Löse $-3x^2 + 48 = 0$ und $\frac{1}{4}x^2 - 9 = 0$ mit einem der beiden Verfahren.

Allgemein quadratische Gleichungen

Entdecken

1 Der arabische Mathematiker Ibn Musa Al-Khwarizmi (ca. 780–850 n. Chr.) beschäftigte sich mit quadratischen Gleichungen und schrieb darüber das Lehrbuch „*Ein kurz gefasstes Buch über die Rechenverfahren durch Ergänzen und Ausgleichen*". Dort stellt er die Grundzüge der Algebra mit praktischen Anwendungen dar und deutet sie geometrisch.
Die Abbildung zeigt die geometrische Lösung der Gleichung $x^2 + 6x = 16$ nach Al-Khwarizmi.

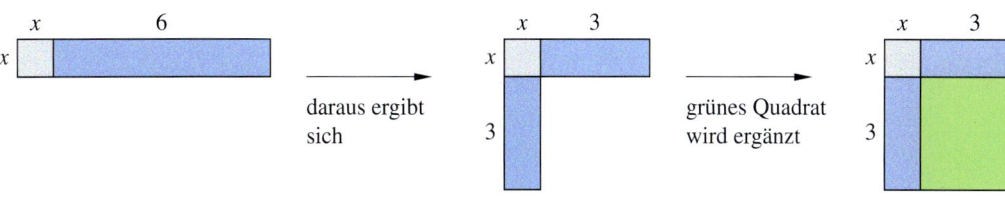

a) Ordne den Zeichnungen eine bzw. zwei der folgenden Gleichungen zu und erläutere das Verfahren von Al-Khwarizmi.

① $(x + 3)^2 = 25$ ② $x^2 + 2 \cdot 3x + 3^2 = 16 + 3^2$ ③ $x^2 + 2 \cdot 3x = 16$ ④ $x^2 + 6x = 16$

b) Wie groß ist x in diesem Beispiel? Orientiere dich an der rechten Zeichnung.

c) Mit diesem Verfahren gewinnt man nur eine Lösung der quadratischen Gleichung. Zeige, dass auch $x = -8$ eine Lösung der Gleichung ist.

d) Stelle die Gleichung $x^2 + 4x = 32$ geometrisch dar und löse sie wie Al-Khwarizmi. Finde auch hier eine zweite Lösung.

2 Der Mathematiker Leonhard Euler beschäftigte sich mit der Lösung von allgemein quadratischen Gleichungen und verfasste das Buch „Vollständige Anleitung zur Algebra" (1770).

Darin beschreibt er zunächst die Umformung einer allgemein quadratischen Gleichung.

①
Da nun (in einer quadratischen Gleichung) alle Glieder auf eine Seite des Zeichens = gebracht werden können, so wird die Form dieser Gleichung sein: $ax^2 + bx + c = 0$.

Eine solche Gleichung kann durch Theilung (durch a) also eingerichtet werden, daß das erste Glied blos allein das reine Quadrat der unbekanten Zahl x^2 enthalte: hernach laße man das zweyte Glied auf eben der Seite, wo x^2 steht …

Im folgenden Abschnitt beschreibt er die Entwicklung der Lösungsformel.

Solcher Gestalt wird unsere Gleichung diese Form bekommen:
$$ax^2 + bx + c = 0$$
$$x^2 + \frac{b}{a}x + \frac{c}{a} = 0$$
$$x^2 + px + q = 0$$

a) Erläutere die einzelnen Schritte, die zur Lösungsformel führen.

b) Löse die Gleichung $x^2 + 4x + 3 = 0$, indem du die Lösungsformel von Euler benutzt.
Tipp: Überlege zuerst, welchen Wert du für die Variablen p und q einsetzen musst.

②… wo p und q bekante Zahlen, sowohl positive als auch negative andeuten: und jetzo kommt alles darauf an, wie der wahre Werth von x gefunden werden soll … Wir können den Werth von x bestimmen:

$$x^2 + px + q = 0$$
$$x^2 + px = -q$$
$$x^2 + 2 \cdot \frac{p}{2}x = -q$$
$$x^2 + 2 \cdot \frac{p}{2}x + \left(\frac{p}{2}\right)^2 = -q + \left(\frac{p}{2}\right)^2$$
$$\left(x + \frac{p}{2}\right)^2 = -q + \left(\frac{p}{2}\right)^2$$
$$x_1 + \frac{p}{2} = \sqrt{-q + \left(\frac{p}{2}\right)^2}; \quad x_2 + \frac{p}{2} = -\sqrt{-q + \left(\frac{p}{2}\right)^2}$$

In dieser Formel ist nun die Regel enthalten, nach welcher alle Quadratgleichungen aufgelößt werden können, und damit man nicht immer nöthig habe, die obigen Operationen von neuem anzustellen, so ist genug, daß man den Inhalt dieser Formel dem Gedächtnis wohl einpräge.

Verstehen

Miriam hat entlang der Hauswand einen Auslauf für ihre Kaninchen gebaut. Der Auslauf hat einen Flächeninhalt von 48 m². Die Länge des Zauns beträgt 20 m. Welche Seitenlängen hat der Auslauf?

Beispiel 1

Auslaufbreite: x 1. Sachangaben notieren
Auslauflänge: $20 - 2x$
Fläche: 48 m²
Flächeninhalt: $x \cdot (20 - 2x)$ [in m²]
Gleichung: $x \cdot (20 - 2x) = 48$ 2. quadratische Gleichung aufstellen
               $20x - 2x^2 = 48$ $| -48$ 3. ordnen, höchste Potenz nach vorne
       $-2x^2 + 20x - 48 = 0$ $| : (-2)$ 4. Gleichung durch den Faktor vor x^2 teilen
Normalform: $x^2 - 10x + 24 = 0$

Jede quadratische Gleichung lässt sich in die **Normalform $x^2 + px + q = 0$** umformen. Zum Lösen einer allgemein quadratischen Gleichung in Normalform hat der Mathematiker Euler eine Lösungsformel entwickelt. Diese Lösungsformel wird **p-q-Formel** genannt.

> **Merke** Quadratische Gleichungen in der Normalform $x^2 + px + q = 0$ haben die Lösungen:
>
> $x_1 = -\frac{p}{2} + \sqrt{\left(\frac{p}{2}\right)^2 - q}$ und $x_2 = -\frac{p}{2} - \sqrt{\left(\frac{p}{2}\right)^2 - q}$ kurz gefasst: $x_{1/2} = -\frac{p}{2} \pm \sqrt{\left(\frac{p}{2}\right)^2 - q}$

Beispiel 2

Lösung mit der p-q-Formel: Lösung mit quadratischer Ergänzung:

$x^2 - 10x + 24 = 0$, also $p = -10$, $q = 24$ $x^2 - 10x + 24 = 0$

$\quad x_{1/2} = -\frac{-10}{2} \pm \sqrt{\left(\frac{-10}{2}\right)^2 - 24}$ $(x^2 - 2 \cdot 5x + 5^2) - 5^2 + 24 = 0$

$\quad x_{1/2} = 5 \pm \sqrt{25 - 24}$ $(x - 5)^2 - 1 = 0$ $| + 1$

$\quad x_{1/2} = 5 \pm \sqrt{1}$ $(x - 5)^2 = 1$ $| \sqrt{}$

$\quad x_1 = 6; x_2 = 4$ $x - 5 = \pm 1$ $| + 5$

                                         $x_1 = 6; x_2 = 4$

ERINNERE DICH
Der Ausdruck unter dem Wurzelzeichen heißt Radikand.

Die Lösungen sind $x_1 = 6$ und $x_2 = 4$. Der Auslauf ist 6 m breit und 8 m lang oder 4 m breit und 12 m lang. In beiden Fällen beträgt der Flächeninhalt 48 m².

> **Merke** Den Radikanden $\left(\frac{p}{2}\right)^2 - q$ nennt man **Diskriminante D**. Aus D kann die Anzahl der Lösungen abgelesen werden. Es gibt drei mögliche Fälle.

ERINNERE DICH
Aus einer negativen Zahl kann keine Wurzel gezogen werden. Daher haben quadratische Gleichungen mit $D < 0$ keine Lösungen.

$D > 0$: zwei Lösungen $D = 0$: eine Lösung $D < 0$: keine Lösung

Beispiel 3
$x^2 - 10x - 11 = 0$,
also $p = -10$, $q = -11$
$x_{1/2} = -\frac{-10}{2} \pm \sqrt{\left(\frac{-10}{2}\right)^2 + 11}$
$x_{1/2} = 5 \pm \sqrt{25 + 11}$
$x_{1/2} = 5 \pm \sqrt{36}$ $(D = 36)$
$x_1 = 11$ und $x_2 = -1$

Beispiel 4
$x^2 + 4x + 4 = 0$,
also $p = 4$, $q = 4$
$x = -2 \pm \sqrt{4 - 4}$
$x = -2 \pm \sqrt{0}$ $(D = 0)$
$x = -2$

Beispiel 5
$x^2 + 6x + 10 = 0$,
also $p = 6$, $q = 10$
$x_{1/2} = -\frac{6}{2} \pm \sqrt{\left(\frac{6}{2}\right)^2 - 10}$
$x_{1/2} = -3 \pm \sqrt{9 - 10}$
$x_{1/2} = -3 \pm \sqrt{-1}$ $(D = -1)$
      ist nicht definiert

Üben und anwenden

1 Löse die quadratische Gleichung mithilfe der p-q-Formel. Mache die Probe.
a) $x^2 + 4x - 12 = 0$ b) $x^2 + 6x - 55 = 0$
c) $x^2 - 12x - 108 = 0$ d) $x^2 - 18x + 17 = 0$
e) $x^2 + 8x + 15 = 0$ f) $x^2 + 2x - 8 = 0$

1 Nutze die p-q-Formel. Forme erst in die Normalform um, wenn nötig (mit Probe).
a) $x^2 + 4x - 77 = 0$ b) $x^2 + 12x - 85 = 0$
c) $x^2 - 6x = -5$ d) $x^2 - 8x = -15$
e) $47 + 46x = x^2$ f) $2x^2 + 4x = 16$

2 Forme in die Normalform um, bestimme p und q und löse mithilfe der p-q-Formel.
a) $x^2 + 6x = 27$ b) $x^2 + 18x = 40$
c) $x^2 - 48x = -135$ d) $x^2 + 2x = 8$
e) $3x^2 + 12x = 36$ f) $2x^2 - 36x = -34$
g) $5x^2 - 50x = -80$ h) $3x^2 + 18x = 165$

2 Löse die quadratische Gleichung mithilfe der p-q-Formel. Forme zuerst um.
a) $0,5x^2 - 0,6x = 1,1$ b) $-0,1x^2 + 1,4x = 1,3$
c) $2,5x^2 - 3,75x = 17,5$ d) $2x^2 - 20x + 50 = 32$
e) $0,4x^2 + 2x = 20$ f) $0,8x^2 - 2,4x = 3,2$
g) $x^2 + 3,2x = 22,44$ h) $x^2 - 4,4x = 11,16$

3 Bestimme die Anzahl der Lösungen der quadratischen Gleichungen.
a) $x^2 + 0,4x = 5,25$ b) $x^2 - 3,2x = -1,75$ c) $x^2 - 1,6x = -2$
d) $x^2 + 7,4x = -5,85$ e) $x^2 + 4,2x = 7,84$ f) $x^2 - 5,2x = -2,35$

4 Nutze die quadratische Ergänzung. Forme zuerst um, wenn nötig. Rechne die Probe.
a) $x^2 + 2,4x = 7,56$ b) $x^2 + 7,8x = -15,21$
c) $x^2 - 5,4x = 8,71$ d) $x^2 - 1,6x = -0,64$

4 Nutze die quadratische Ergänzung (Probe!).
a) $x^2 - \frac{4}{9}x = -\frac{4}{81}$ b) $x^2 + \frac{6}{13}x = \frac{160}{169}$
c) $x^2 + \frac{12}{15}x = -\frac{36}{225}$ d) $x^2 = -\frac{36}{5}x - \frac{315}{25}$

5 Forme in die Normalform um und löse dann. Runde auf eine Nachkommastelle.
a) $3x^2 + 12x - 33 = 0$
b) $+15x + 105 + 5x^2 = 0$
c) $16x + 4x^2 = -4$
d) $0,5x^2 + 2,5x + 4 = 0$
e) $\frac{1}{3}x^2 + 2x = 10$ss

5 Forme die Gleichungen in die Normalform um und bestimme anschließend p und q.
a) $\frac{1}{2}x^2 - 18x = -17$
b) $0,2x^2 - 34x + 0,8 = -145$
c) $2x + \frac{1}{7}x^2 + 14 = 0$
d) $3x^2 - 12x + 20 = 2x^2 - 26x$
e) $x^2 - 7x = 2,5x - 17,5$

6 Sandra ist zwei Jahre älter als Lisa. Multipliziert man das Alter der beiden, so erhält man 168. Forme erst in Normalform um.

6 Louis löst die Gleichung $-26x^2 = -169x$. Er dividiert beide Seiten durch x und erhält $x = 6,5$ als Lösung. Nimm dazu Stellung.

7 Eine quadratische Tischdecke wird an zwei gegenüberliegenden Seiten mit einem bunten Stoff um jeweils 10 cm verlängert. Der Flächeninhalt der neuen Tischdecke beträgt 1,1 m².
a) Welche Maße hatte die alte Tischdecke?
b) Wurde der Flächeninhalt um mehr als 15 % vergrößert? Begründe.

7 Für einen Park wird ein kreisrundes Blumenbeet geplant. Im Endausbau wird der Durchmesser des Beets um 4 m vergrößert. Die Beetfläche ist nun 3 500 m² groß.
a) Welcher Radius war zuerst geplant?
b) Um wie viel Prozent wurde die ursprüngliche Fläche vergrößert?

8 Ein Rechteck hat einen Flächeninhalt von 28 cm² und einen Umfang von 23 cm. Wie lang sind die Seiten des Rechtecks? Tipp: Löse die zweite Gleichung nach b auf…

8 In einem rechtwinkligen Dreieck ist das Hypotenusenquadrat 400 cm² groß. Eine Kathete ist 4 cm kürzer als die andere. Berechne die Längen der Katheten.

9 Finde und korrigiere Kevins Fehler.

1) $x^2 - 8x + 15 = 0$

$x_1 = -\frac{8}{2} + \sqrt{\left(\frac{8}{2}\right)^2 - 15}$

$= -4 + \sqrt{16 - 15}$

$= -4 + 1$

$= -3$

$x_2 = -4 - 1 = -5$

2) $x^2 + 5x - 14 = 0$

$x_1 = -\frac{5}{2} + \sqrt{\left(\frac{5}{2}\right)^2 - 14}$

$= -\frac{5}{2} + \sqrt{\frac{25}{4} - 14}$

$= -\frac{5}{2} + \sqrt{-\frac{31}{4}}$

$D < 0$, also hat die Gleichung keine Lösung

9 Bestimme den Abstand x des inneren Rechtecks zum äußeren Rechteck. Rechne die Probe.

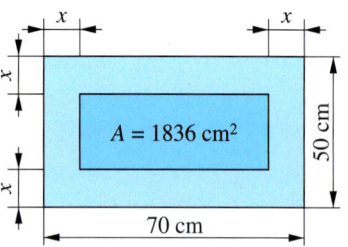

10 Der Umfang eines rechteckigen Feldes beträgt 1 034 m. Die Entfernung von einer Ecke zur diagonal gegenüberliegenden Ecke beträgt 407 m. Wie lang ist jede Seite?

10 Die Diagonale eines Rechtecks ist 7,5 cm lang. Sein Umfang beträgt 21 cm. Berechne die Seitenlängen des Rechtecks.

11 Quadratische Gleichungen, die in der Form $(x + d)^2 = e$ gegeben sind, lassen sich leichter durch Wurzelziehen lösen. Dabei muss man beachten, dass sich durch das Wurzelziehen zwei Terme mit unterschiedlichen Vorzeichen ergeben.
Löse die quadratischen Gleichungen wie im **Beispiel**: $(x + 4)^2 = 36$ | Wurzelziehen

$$x_1 + 4 = 6 \text{ und } x_2 + 4 = -6$$
$$x_1 = 2 \quad \text{ und } \quad x_2 = -10$$

a) $(x + 7)^2 = 225$

b) $(x - 6)^2 = 81$

c) $(x - 9)^2 = 196$

d) $(x + 4)^2 = 256$

e) $(x - 1,6)^2 = 0,81$

f) $(x + 0,2)^2 = 5,29$

12 Stelle die Gleichung in die Form $(x + d)^2 = e$ um und löse durch Wurzelziehen.

a) $(x - 8)^2 - 25 = 0$

b) $(x + 6)^2 - 144 = 0$

c) $(a + 5)^2 - 81 = 0$

d) $(b - 4)^2 - 121 = 0$

e) $(x + 1)^2 = 0$

f) $(z - 6)^2 - 576 = 0$

g) $(c - 2)^2 - 400 = 0$

h) $(y + 3)^2 - 324 = 0$

12 Forme um und löse durch Wurzelziehen.

a) $(x - 0,8)^2 - 3,61 = 0$

b) $(y + 7)^2 + 39 = 39$

c) $(f - 3,5)^2 - 25 = 17,25$

d) $(g + 2,5)^2 + 17,5 = 47,75$

e) $(z + 0,7)^2 - 3,2 = 4,09$

13 Forme um und löse durch Wurzelziehen.

a) $5(x + 3)^2 = 5$

b) $2(x - 6)^2 = 18$

c) $-4(x - 7)^2 = -16$

d) $8(x - 1,5)^2 - 50 = 0$

e) $-\frac{1}{3}(x - 9)^2 + 363 = 0$

f) $7(x - 1,4)^2 - 126 = 217$

13 Forme die linke Seite der Gleichung in ein Binom um und löse die Gleichung.

a) $x^2 + 14x + 49 = 121$

b) $x^2 - 10x + 25 = 144$

c) $x^2 + 8x + 16 = 25$

d) $x^2 - 10x + 25 = 225$

e) $x^2 - 8,4x + 17,64 = 289$

14 Eine Seite eines Quadrats wird um 5 cm verkürzt.
Der neue Flächeninhalt beträgt nun 354,75 cm².

5 cm

a) Welche Seitenlänge hatte das Quadrat?

b) Wurde der Flächeninhalt um mehr als 20 % verkleinert?

14 Ein Quader mit quadratischer Grundfläche hat eine Körperhöhe von 15 cm. Eine Seite der Grundfläche wird um 2,5 cm verlängert. Das neue Volumen beträgt jetzt 2415 cm³.
Fertige eine Skizze an.
Berechne für beide Quader die Seitenlängen der Grundflächen.

15 Finde den einfachsten Lösungsweg.
a) $(x - 9)^2 = 0$
b) $(m - 4)^2 = 4$
c) $x^2 + 8x = 14{,}25$
d) $(x - 3{,}5)(x + 7) = 0$

15 Finde den einfachsten Lösungsweg.
a) $(x + 12)^2 - 27 = 457$
b) $(n + 17)^2 + 16 = 16$
c) $13{,}64x - 23{,}56 = -8{,}68 - 6{,}2x^2$
d) $(x + 2{,}4)x + 0{,}63 = 0$

16 Stelle zu jedem Zahlenrätsel eine Gleichung auf. Finde den einfachsten Lösungsweg.
a) Quadriert man die Summe aus einer Zahl und 9, so erhält man 49.
b) Die Summe aus dem Quadrat einer Zahl und 25 ergibt 146.
c) Multipliziert man den Vorgänger einer Zahl mit sich selbst, so erhält man 225.
d) Multipliziert man den Vorgänger und Nachfolger einer Zahl, so erhält man 168.

17 👥 Daniela und Marvin haben die Gleichung $x^2 - \frac{1}{2}x - 1{,}5 = 0$ zeichnerisch gelöst. Dazu haben sie einen Funktionenplotter genutzt.

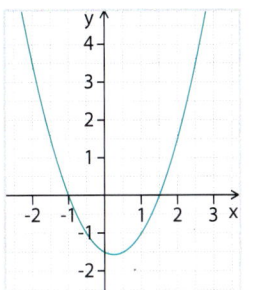
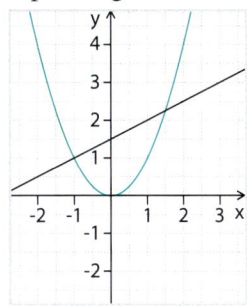

a) Vergleicht zu zweit die Zeichnungen. Erklärt die beiden Lösungswege und lest die Lösung aus der Zeichnung ab.
b) Löst durch eine geeignete Zeichnung:
   ① $x^2 - 3{,}5x + 3 = 0$
   ② $-x^2 + x + 6 = 0$
   ③ $x^2 - 4{,}5x + 4{,}5 = 0$
c) Warum hat die Gleichung $x^2 = -\frac{1}{2}x - 4$ keine Lösung? Begründet zeichnerisch.

18 Thomas meint, dass man die Lösung von vielen quadratischen Gleichungen in der Form $x^2 + px + q = 0$ auch „raten" kann, wenn man sich p und q ansieht.

Gleichung	p	q	x_1	x_2
$x^2 - 12x + 32 = 0$	-12	32	4	8
$x^2 + 2x - 15 = 0$	2	-15	3	-5
$x^2 - 9x + 18 = 0$	-9	18	6	3

a) Welche Zusammenhänge bestehen zwischen p und q und den Lösungen x_1 und x_2? Betrachte dazu die Summe, die Differenz, und das Produkt von x_1 und x_2.
b) Bestimme die Lösungen der Gleichungen mit diesem Verfahren. Überprüfe deine Lösungen durch eine Probe.
   ① $x^2 - 15x + 56 = 0$ ② $x^2 - 7x - 44 = 0$
   ③ $x^2 - 13x + 36 = 0$ ④ $x^2 + 15x + 50 = 0$

18 👥 Der Franzose François Viète (meist Vieta genannt, 1540 bis 1603) untersuchte die Zusammenhänge zwischen der quadratischen Gleichung $x^2 + px + q = 0$ und ihren Lösungen x_1 und x_2.
Er stellte fest, dass gilt:
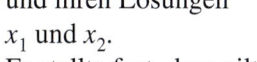
$x^2 + px + q = 0 = (x - x_1)(x - x_2)$.
Diese Darstellung heißt **Linearfaktorform**.
a) Begründet, warum x_1 und x_2 Lösungen der Gleichung $(x - x_1)(x - x_2) = 0$ sind.
b) Zeigt durch Umformen der Gleichung $x^2 + px + q = (x - x_1)(x - x_2)$, dass 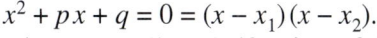 $x_1 + x_2 = -p$ und $x_1 \cdot x_2 = q$ gilt.

19 Gib eine quadratische Gleichung in Normalform an, die die folgenden Lösungen hat:
a) $x_1 = 12$ und $x_2 = -12$
b) $x_1 = 0$ und $x_2 = 7$
c) $x = 8$
d) keine Lösung

19 Gib eine quadratische Gleichung in Normalform an, die die folgenden Lösungen hat:
a) $x_1 = 9$ und $x_2 = 12$
b) $x_1 = 0$ und $x_2 = 9$
c) $x_1 = 12$
d) x_1 ist doppelt so groß wie x_2.

Klar so weit?

→ Seite 38

Einfache quadratische Gleichungen

1 Welche Gleichungen sind quadratische Gleichungen?
a) $x^2 = 9$
b) $2x + 5 = 0$
c) $x^2 - 2x = 4$
d) $x \cdot x = 25$
e) $4x + 4x^2 + 2 = 0$
f) $a^3 - a = 16$

1 Welche Gleichungen sind quadratische Gleichungen?
a) $16 + 3a^2 - a = 0$
b) $r \cdot 2 + r = 36$
c) $(x + 1)(x - 2) = 5$
d) $y + y - y^2 = 4$
e) $t^2 = -100$
f) $3v^3 - v = v^2$

2 Forme die quadratischen Gleichungen in die Form $x^2 = d$ um.
a) $3x^2 = 60$
b) $1{,}5x^2 = -75$
c) $\frac{1}{2}x^2 = 5$
d) $-x^2 = -100$
e) $x^2 + 8 = 24$
f) $x^2 - 50 = 3{,}5$
g) $2x^2 + 4{,}4 = 16{,}4$
h) $\frac{1}{4}x^2 - 0{,}4 = 7{,}6$

2 Forme die quadratischen Gleichungen in die Form $x^2 = d$ um.
a) $12x^2 = 240$
b) $-5x^2 = -5{,}5$
c) $9x^2 + 9 = 90$
d) $4{,}5x^2 + 3{,}5 = 35$
e) $\frac{1}{5}x^2 + 6 = 10$
f) $\frac{2}{3}x^2 - \frac{1}{2} = 8$
g) $x^2 - 6{,}8 + x^2 = 9{,}2$
h) $4{,}5 - 10a^2 = -0{,}7$

3 Gib, ohne zu rechnen, die Anzahl der Lösungen an.
a) $x^2 = -100$
b) $x^2 = 9$
c) $x^2 = 0$

3 Gib je eine Gleichung der Form $x^2 = d$ mit der angegebenen Anzahl Lösungen an.
a) zwei
b) eine
c) keine

4 Gib eine quadratische Gleichung der Form $x^2 = d$ an, die keine Lösung hat. Begründe.

4 Gib eine quadratische Gleichung der Form $x^2 = d$ an, die die Lösungen $x_1 = 0{,}8$ und $x_2 = -0{,}8$ hat.

5 Löse die quadratischen Gleichungen.
a) $x^2 = 49$
b) $x^2 = 144$
c) $x^2 = 2{,}89$
d) $x^2 = -25$
e) $y^2 - 9{,}61 = 0$
f) $7s^2 = 0$
g) $b^2 + 625 = 0$
h) $-4a^2 = -784$

5 Löse die quadratischen Gleichungen.
a) $x^2 = 324$
b) $x^2 - 10 = 90$
c) $\frac{9}{121} - x^2 = 0$
d) $5{,}5 + 1{,}5x^2 = 19$
e) $7a^2 = 1\,014 + a^2$
f) $-b^2 + 3{,}2 = 82{,}5$
g) $-3{,}5a^2 = -2{,}24$
h) $-c^2 = 3721$

6 Eine quadratische Tischplatte hat eine Seitenlänge von 80 cm.
Wie lang ist die Diagonale des Tisches? Schätze zuerst.

6 Ein Prisma mit einer quadratischen Grundfläche ist 7 cm hoch. Der Oberflächeninhalt beträgt 64 m². Berechne die Seitenlänge der quadratischen Grundfläche.

7 Multipliziert man eine natürliche Zahl mit ihrem Fünffachen, so erhält man 180. Bestimme die natürliche Zahl.

7 Ein runder Teppich hat einen Flächeninhalt von 7 m². Passt der Teppich auf eine 3 m × 3 m große Fläche? Begründe.

8 Löse die gemischt quadratische Gleichung durch Faktorisieren. Forme um, wenn nötig.
a) $x^2 + 3x = 0$
b) $-12x + x^2 = 0$
c) $x^2 = 1{,}5x$
d) $5{,}5x = x^2$

8 Löse die gemischt quadratische Gleichung durch Faktorisieren.
a) $x^2 - 7{,}2x = 0$
b) $-16x + 2x^2 = 0$
c) $0{,}9x^2 = 5{,}4x$
d) $-5x = 4x^2$

9 Stelle eine Gleichung auf und löse: Wenn man die Summe aus x und der Zahl 7 mit der Zahl x multipliziert, dann erhält man null.

9 Stelle eine Gleichung auf und löse: Wenn man das Doppelte einer Zahl x mit dem Nachfolger von x multipliziert, so ergibt sich null.

Allgemein quadratische Gleichungen

→ Seite 44

10 Löse mithilfe der p-q-Formel. Forme, falls nötig, zuerst in die Normalform um. Mache die Probe.

a) $x^2 - x - 6 = 0$
b) $x^2 + 3x + 2{,}25 = 0$
c) $x^2 + 2x = 48$
d) $5x^2 - 20x + 20 = 125$
e) $2y^2 + 4y - 30 = 0$
f) $9t^2 + 3t = 20$

11 Betrachte die Gleichung $x^2 + 2x - 12 = 0$.

a) Bestimme die Diskriminante D.
b) Gib, ohne zu rechnen, die Anzahl der Lösungen der Gleichung an.

12 Welche Lösungen gehören zu welchen Gleichungen? Ordne zu.

Ⓐ $x_1 = 5$; $x_2 = -3$
Ⓑ $x_1 = 1$; $x_2 = 4$
Ⓒ $x_1 = 5$; $x_2 = 3$
Ⓓ $x_1 = -5$; $x_2 = -3$

① $x^2 - 5x + 4 = 0$
② $x^2 - 8x + 15 = 0$
③ $x^2 - 2x - 15 = 0$
④ $x^2 + 8x + 15 = 0$

13 Löse die Gleichungen.

a) $(a + 2{,}5)^2 = 100$
b) $(y - 19)^2 = 225$
c) $(z - 4)^2 - 40 = -36$
d) $(4 + x)^2 - 53 = 28$
e) $-4(y + 1{,}5)^2 = -361$

14 Wie viele Lösungen haben die quadratischen Gleichungen? Begründe und gib die Lösungen der Gleichungen an.

a) $(a + 12)^2 - 27 = 457$
b) $(y - 14)^2 + 45 = 25$
c) $(z - 4)^2 - 40 = -36$
d) $(b + 15)^2 + 12 = 12$

15 Karina ist vier Jahre jünger als ihr Freund Tom. Multipliziert man das Alter der beiden miteinander, so erhält man 357. Wie alt sind die beiden?

10 Löse mithilfe der p-q-Formel. Mache die Probe.

a) $x^2 - x - 3{,}75 = 0$
b) $x^2 + 0{,}4x = 5{,}25$
c) $3y^2 - 15y = -15{,}75$
d) $0{,}48z^2 = 9{,}6z$
e) $-\frac{1}{2}v^2 + 2v + 16 = 0$
f) $-4s^2 + 16s = 16$

11 Gegeben ist die Gleichung $ax^2 - ax + 1 = 0$.

a) Bestimme die Diskriminante D.
b) Für welche Werte von a besitzt die Gleichung keine, eine oder zwei Lösungen?

12 Welche quadratische Gleichung hat die folgenden Lösungen?

a) $x_1 = 7$ und $x_2 = 3$
b) $x_1 = -5$ und $x_2 = 6$
c) $x_1 = -4$ und $x_2 = 12$
d) $x_1 = 8$ und $x_2 = -4$

13 Löse die Gleichungen.

a) $(m - 1)^2 + 35 = 179$
b) $\left(\frac{1}{2}s + 29\right)^2 - 42 = 127$
c) $(0{,}25u - 12)^2 = 0$
d) $(1{,}4 + 3v)^2 + 2 = 66$
e) $-11(t + 18)^2 = -3971$

14 Wie viele Lösungen haben die quadratischen Gleichungen? Begründe und gib die Lösungen der Gleichungen an.

a) $(u - 1)^2 - 60 = 84$
b) $(17 + n)^2 + 16 = 33 - 17$
c) $\left(\frac{1}{2}p + 29\right)^2 - 70 = -74$
d) $(0{,}25u - 16)^2 = 0$

15 Verlängert man den Radius eines Kreises um 15 cm, so verdoppelt sich der Flächeninhalt des Kreises. Wie lang war der ursprüngliche Radius des Kreises?

Vermischte Übungen

1 Löse, wenn möglich, die folgenden Gleichungen mittels:
① Faktorisieren ② quadratischer Ergänzung
③ binomischer Formel und Wurzelziehen ④ p-q-Formel
Begründe, welche Methode du für die Lösung der Aufgabe bevorzugst.
a) $x^2 + 6x = 0$
b) $(x + 3)^2 = 0$
c) $(x - 4)^2 = 0$
d) $3x^2 - 48 = 0$
e) $2x^2 + 6x - 20 = 0$
f) $(x - 7)^2 - 16 = 0$

2 Bestimme die Lösungen. Begründe, wenn eine Aufgabe nicht zu lösen ist.
a) $2x^2 + 7 = 169$
b) $3x^2 - 145 = 287$
c) $0,25x^2 - 4 = -35,6$

2 Bestimme die Lösungen. Begründe, wenn eine Aufgabe nicht zu lösen ist.
a) $3x^2 + 12x + 12 = 0$
b) $-2x^2 + 4x - 5 = 0$
c) $2x^2 - 12x + 20 = 0$

3 Zur Finanzierung des Kanalisationsbaus erheben die Kommunen Abwassergebühren. Fast alle Städte und Gemeinden erheben auch für Regenwasser Gebühren.
Die Gemeinde, in der Bauer Peters wohnt, verlangte im Jahr 2018 bei bebauten Flächen 1,78 € pro m² und bei unbebauten Flächen 1,37 € pro m².
Bauer Peters hat auf seiner rechteckigen Wiese eine Scheune gebaut. Die Scheune ist 2,5-mal so lang wie breit. Die Gesamtfläche des Grundstücks beträgt 793,5 m².

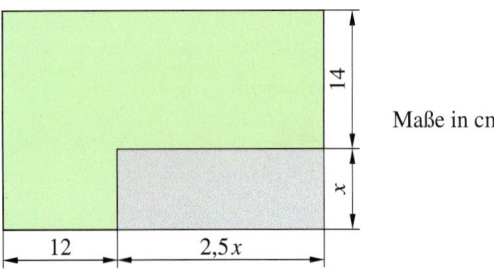

Maße in cm

a) Berechne Länge und Breite der Scheune.
b) Gib den Flächeninhalt der bebauten Fläche an und berechne den Inhalt der unbebauten Fläche.
c) Wie hoch waren im Jahr 2018 die Abwassergebühren, die Bauer Peters für sein Grundstück bezahlen musste?

3 Ein Industriegebäude soll mit einem Sägezahndach aus Glas versehen werden.

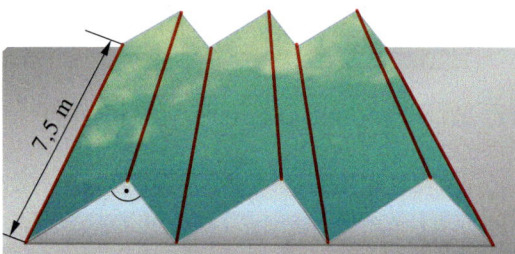

7,5 m

Die zu erwartenden Kosten für das Glasdach sollen überschlagen werden. 1 m² Sicherheitsglas kostet einschließlich Zuschnitt, Montage und Mehrwertsteuer etwa 375 €. Die Metallsparren, die das Glas tragen, braucht man zunächst nicht zu berücksichtigen. Jede Stirnfläche hat die Form eines rechtwinkligen Dreiecks. Eine Kathete dieses Dreiecks ist um 1 m, die andere um 0,5 m kürzer als die Hypotenuse.
a) Berechne die Länge der Hypotenuse und der Katheten.
b) Bestimme den Flächeninhalt einer dreieckigen Stirnfläche.
c) Wie viel m² Glas werden für das gesamte Dach geplant? Verwende das Maß aus der Grafik oben.
d) Wie hoch sind die etwa zu erwartenden Kosten für das Glasdach?

HINWEIS
zu Aufgabe 4
Das Kapital K_0 wächst um Zins und Zinseszins in zwei Jahren auf $K_2 = K_0 (1 + \frac{p}{100})^2$.

4 Pit bringt zum Jahresbeginn 1 200 € zur Bank. Nach genau zwei Jahren erhält er mit Zinsen 1 273,08 €.
Wie hoch ist der Zinssatz? Recherchiere, wie hoch der Zinssatz heute ist und berechne die Zinsen für zwei Jahre.

4 Bei einem Schachturnier mit n Teilnehmern soll jeder gegen jeden spielen.
Wie viele Spiele gibt es, wenn 6 (10, 15) Teilnehmer anwesend sind?

5 Berechne das Volumen der Regentonne.

a) Gib an, wie viel Liter Regenwasser in die Tonne passen.

b) Da die bisherige Tonne zu wenig Regenwasser auffangen kann, wird sie durch eine neue ersetzt, die bei gleicher Höhe das doppelte Fassungsvermögen hat.
Wie groß ist der Durchmesser der neuen Tonne?

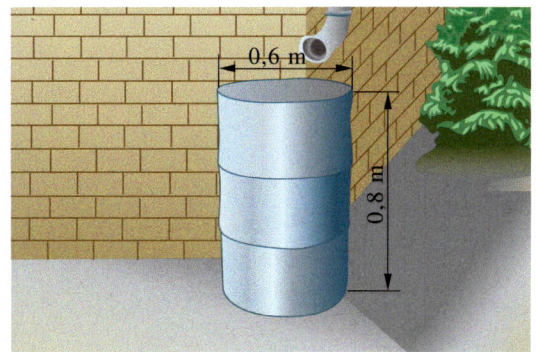

6 Louis stößt bei seiner Hausaufgabe auf einen Widerspruch.
Er löst die Gleichung $-\frac{1}{4}x^2 - 2 = 0$ wie folgt:

$$-\frac{1}{4}x^2 - 2 = 0 \qquad | \cdot 4$$
$$x^2 - 8 = 0 \qquad | \text{ p-q-Formel}$$
$$x_{1/2} = \pm\sqrt{8} \approx \pm 2{,}83$$

Louis erhält rechnerisch *zwei* Lösungen.
Zur Probe verwendet er einen Funktionenplotter und gibt die Funktionsgleichungen $y = -\frac{1}{4}x^2$ und $y = 2$ ein. Louis erhält zeichnerisch *keine* Lösung. Prüfe Louis Arbeitsschritte, finde den Fehler und korrigiere seine Hausaufgabe.

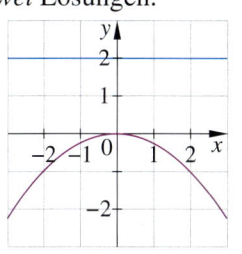

7 Die Länge eines rechteckigen Reitplatzes für Turnierpferde ist doppelt so lang wie seine Breite. Der Reitplatz hat eine Fläche von $242\,\text{m}^2$. Bestimme die Länge der Seiten des Reitplatzes. Stelle dazu eine quadratische Gleichung auf und löse sie.

5 Die Summe der ersten n Zahlen, die nach einem bestimmten Muster gebaut sind, lässt sich mithilfe einer quadratischen Gleichung berechnen.

a) Ordne Summen und Terme einander zu.

© $n^2 + n$

① $1 + 3 + 5 + 7 + 9 + \dots$ Ⓐ n^2 Ⓑ $2n^2 + 2n$

② $2 + 4 + 6 + 8 + 10 + \dots$ ③ $4 + 8 + 12 + 16 + 20 + \dots$

b) Wie viele gerade Zahlen muss man addieren, um 240 zu erhalten?

c) Wie viele ungerade Zahlen muss man addieren, um als Summe 144 zu erhalten?

d) Gibt es eine Summe der Vielfachen von 4, die den Wert 1 000 annimmt?

e) Finde einen Term für die Summe aus $2 + 6 + 10 + 14 + \dots$ und bestimme eine Anzahl von Summanden, sodass die Summe 450 ergibt.

6 Timo löst mit einer Tabellenkalkulation quadratische Gleichungen.

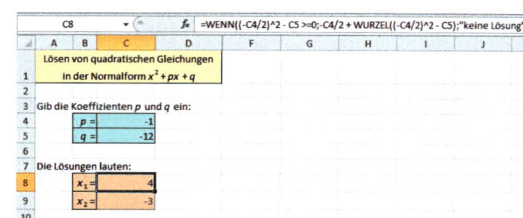

a) In Zelle **C8** benutzt er die **WENN**-Funktion für eine Fallunterscheidung. Erkläre den Aufbau des Befehls: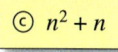

b) Erläutere die Terme, die er innerhalb der **WENN**-Funktion benutzt.

c) Gib die Formel für Zelle **C9** an, um gegebenenfalls eine zweite Lösung berechnen zu lassen.

d) Erstelle selbst ein Tabellenblatt, mit dem die Lösungen berechnet werden.

e) Erstelle ein Tabellenblatt für die Lösung einer quadratischen Gleichung der Form $ax^2 + bx + c = 0$.

7 Vergrößert man den Radius eines Kreises um $2\,\text{cm}$, so entsteht ein Kreis, dessen Flächeninhalt dreimal so groß ist wie der des ersten Kreises. Bestimme den alten Radius.

HINWEIS
Beim Einfügen der WENN-Funktion wird folgende Erläuterung angezeigt:

Wenn(Prüfung; [Dann_Wert]; [Sonst_Wert])

51

Beruf Touristikkauffrau/-mann

Touristikkaufleute planen Abläufe von Reisen aller Art. Sie organisieren, ermitteln Reiseverbindungen und Übernachtungsangebote. Sie kalkulieren Reisepreise, erstellen Angebote und Rechnungen, nehmen Kundenbuchungen entgegen und reservieren entsprechend nach Terminwünschen. Außerdem überwachen sie Zahlungseingänge, Stornierungen und Reklamationen, planen Marketingmaßnahmen und deren Umsetzung.
Touristikkaufleute arbeiten meist in Reisebüros und bei Reiseveranstaltern.

8 Eine Rundreise planen

Eine Reisegesellschaft bietet im Rahmen einer Rundreise ein Zusatzprogramm an, an dem maximal 160 Reisende teilnehmen können. Der Preis ist mit 300 € kalkuliert. Acht Wochen vor Reisebeginn liegen erst 98 Buchungen vor. Die Reisegesellschaft entschließt sich zu nebenstehender Werbeanzeige in einer Zeitung.
Wie sich der Preisnachlass auf den Einzelpreis und die Einnahmen der Reisegesellschaft auswirkt, kann man für einige Personenzahlen aus der Tabelle entnehmen.

*Preisnachlass
Normalpreis: 300 €. Wenn mehr als 100 Personen mitfahren, reduziert sich der Preis pro zusätzlichem Teilnehmer um 2 €. Bei z. B. 110 Teilnehmern zahlt jeder nur noch 280 €.*

Anzahl der Reisenden	Berechnung des Preises pro Person in €	Reisepreis pro Person in €	Berechnung der Einnahmen der Gesellschaft in €	Einnahmen der Gesellschaft in €
98	300	300	98 · 300	29 400
99	300	300	99 · 300	29 700
100	300	300	100 · 300	30 000
100 + 1	300 − 2 · 1	298	101 · 298	30 098
100 + 2	300 − 2 · 2	296	102 · 296	30 192
100 + 3	300 − 2 · 3	294	103 · 294	30 282
...				
100 + 50	300 − 2 · 50	200	150 · 200	30 000

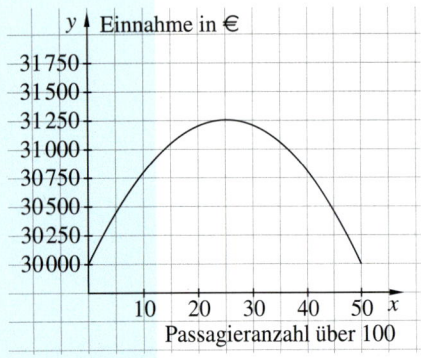

Passagieranzahl über 100

a) Bei welcher Anzahl von Teilnehmern kann das Charterunternehmen mit möglichst hohen Einnahmen rechnen?

b) Ab wie vielen Teilnehmern bringt die Werbekampagne keine zusätzlichen Einnahmen?
Übertrage die Tabelle ins Heft und berechne die fehlenden Werte.

Anzahl der Reisenden	100	110	120		140	
Einnahmen in €				31 200		30 000

c) Wie hoch ist der Verlust gegenüber den ursprünglich 98 Buchungen, wenn nun 160 Teilnehmer buchen würden?

Zusammenfassung

Einfache quadratische Gleichungen

→ Seite 38

Quadratische Gleichungen sind Gleichungen, in denen die Variable in der zweiten Potenz (x^2), aber in keiner höheren Potenz vorkommt:
$a\,x^2 + b\,x + c = 0$

$$2\,x^2 + 8\,x + 14 \doteq 0$$

Gleichungen, bei denen die Variable ausschließlich in der zweiten Potenz vorkommt, heißen **rein quadratische Gleichungen**. Sie lassen sich in die Form $x^2 = d$ bringen. Es gilt:
– $d > 0$: Die Gleichung hat zwei Lösungen.
– $d = 0$: Die Gleichung hat genau eine Lösung.
– $d < 0$: Die Gleichung hat keine Lösung.

$$\begin{aligned} 5\,x^2 - 20 &= 0 &&\mid :5 \\ x^2 - 4 &= 0 &&\mid +4 \\ x^2 &= 4 \end{aligned}$$

$d > 0$, es gibt zwei Lösungen:
$x_1 = 2$ und $x_2 = -2$

Gleichungen der Form $x^2 + p\,x = 0$ heißen **gemischt quadratische Gleichungen**.
Sie lassen sich durch Faktorisieren lösen, weil ein Produkt null wird, wenn ein Faktor null ist.

$$\begin{aligned} x^2 - 4\,x &= 0 \\ x(x - 4) &= 0 \\ x_1 = 0; \ x_2 &= 4 \end{aligned}$$

Allgemein quadratische Gleichungen

→ Seite 44

Jede quadratische Gleichung kann man in die **Normalform $x^2 + p\,x + q = 0$** umformen.

$$\begin{aligned} 2\,x^2 - 10\,x - 48 &= 0 \quad \mid :2 \\ x^2 - 5\,x - 24 &= 0, \ p = -5 \ \text{und} \ q = -24 \end{aligned}$$

Quadratische Gleichungen in Normalform können gelöst werden mit
– der **quadratischen Ergänzung**

$$\begin{aligned} x^2 - 5\,x - 24 &= 0 \\ x^2 - 2 \cdot 2{,}5\,x + (2{,}5)^2 - (2{,}5)^2 - 24 &= 0 \\ (x - 2{,}5)^2 - 30{,}25 &= 0 \quad \mid +30{,}25 \\ (x - 2{,}5)^2 &= 30{,}25 \quad \mid \sqrt{\ } \\ x - 2{,}5 &= \pm 5{,}5 \quad \mid +2{,}5 \\ x_1 = 8; \ x_2 &= -3 \end{aligned}$$

– mit der **p-q-Formel**
$$x_{1/2} = -\frac{p}{2} \pm \sqrt{\left(\frac{p}{2}\right)^2 - q}$$

$$\begin{aligned} x_{1/2} &= -\left(-\tfrac{5}{2}\right) \pm \sqrt{\left(-\tfrac{5}{2}\right)^2 - (-24)} \\ x_{1/2} &= \tfrac{5}{2} \pm \sqrt{\tfrac{25}{4} + 24} \\ x_{1/2} &= \tfrac{5}{2} \pm \sqrt{\tfrac{121}{4}} \\ x_{1/2} &= \tfrac{5}{2} \pm \tfrac{11}{2}; \ x_1 = 8, \ x_2 = -3 \end{aligned}$$

Der Radikand $\left(\frac{p}{2}\right)^2 - q$ heißt **Diskriminante D**. Es gibt drei mögliche Fälle, aus denen die Anzahl der Lösungen abgelesen werden kann.
– $D > 0$: Die Gleichung hat zwei Lösungen.
– $D = 0$: Die Gleichung hat eine Lösung.
– $D < 0$: Die Gleichung hat keine Lösung.

$$\begin{aligned} x^2 + 10\,x + 25 &= 0 \\ p = 10 \ \text{und} \ q &= 25 \\ x_{1/2} = -5 + \sqrt{25 - 25}&; \ x = -5 \end{aligned}$$

$$\begin{aligned} x^2 + 8\,x + 18 &= 0 \\ p = 8 \ \text{und} \ q &= 18 \\ x_{1/2} = -4 \pm \sqrt{16 - 18} &= -4 \pm \sqrt{-2} \end{aligned}$$

Es gibt keine Lösung, da $D < 0$ ist.

Teste dich!

3 Punkte | 3 Punkte

1 Löse die rein quadratische Gleichung.
a) $x^2 = 9801$
b) $y^2 + 67 = 409{,}25$
c) $x^2 + 15 = 2x^2 - 1$

1 Löse die rein quadratische Gleichung.
a) $5x^2 = 217{,}8$
b) $-11 + 4y^2 = 7{,}49$
c) $0{,}08x^2 = 0{,}032$

2 Punkte | 2 Punkte

2 Gib eine quadratische Gleichung an, die folgende Lösungen hat:
a) $x_1 = 5$ und $x_2 = -5$ b) $x = 0$

2 Gib eine quadratische Gleichung an, die folgende Lösungen hat:
a) $x_1 = 1$ und $x_2 = -2$ b) keine Lösung

4 Punkte | 4 Punkte

3 Löse die Gleichungen. Rechne anschließend die Probe.
a) $(x - 11) \cdot x = 0$ b) $x^2 + 3x = 0$

3 Löse die Gleichungen. Rechne anschließend die Probe.
a) $x^2 - 0{,}5x = 0$ b) $7 + 15x = 5x^2 + 7$

6 Punkte | 6 Punkte

4 Löse die quadratische Gleichung mit der p-q-Formel oder mit quadratischer Ergänzung.
a) $x^2 + 9x - 52 = 0$
b) $x^2 + x - 56 = 0$
c) $2x^2 + 4x = 30$

4 Löse die quadratische Gleichung mit der p-q-Formel oder mit quadratischer Ergänzung.
a) $x^2 + 21{,}5x - 102 = 0$
b) $x^2 + 0{,}75x - \frac{1}{4} = 0$
c) $28x - 12 = -5x^2$

4 Punkte | 4 Punkte

5 Gib alle Lösungen der Gleichung an.
a) $(a + 12)^2 = 484$
b) $(z - 36)^2 = 2025$

5 Gib alle Lösungen der Gleichung an.
a) $(y - 14)^2 + 45 = 301$
b) $(3{,}7s - 99)^2 = 1225$

3 Punkte | 4 Punkte

6 Ermittle die Anzahl der Lösungen, ohne die Gleichung zu lösen. Begründe mithilfe der Diskriminante D.
a) $x^2 + 4x + 29 = 0$
b) $x^2 - 14x + 45 = 0$
c) $x^2 - 18x + 81 = 0$

6 Ermittle die Anzahl der Lösungen, ohne die Gleichung zu lösen. Begründe.
a) $x^2 + 16x + 64 = 0$
b) $x^2 - 22x + 21{,}5 = 0$
c) $x^2 = -2{,}4x$
d) $x^2 - 3{,}6x + 3{,}5 = 0$

2 Punkte | 4 Punkte

7 Ein Baumstamm hat einen Durchmesser von 40 cm. Daraus soll ein Balken mit möglichst großem quadratischen Querschnitt geschnitten werden.
Welche Seitenlänge x hat der Querschnitt?

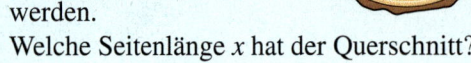

7 Die Hypotenuse eines rechtwinkligen Dreiecks ist 15 cm lang. Die Katheten unterscheiden sich um 3 cm.
Erstelle eine Skizze.
Berechne die Längen der beiden Katheten und den Flächeninhalt des Dreiecks.

3 Punkte

8 Ein rechteckiges Spielfeld hat einen Umfang von 400 m. Läuft man von einer Ecke zur diagonal gegenüberliegenden Ecke, so legt man 143 m zurück.
Wie lang und wie breit ist das Spielfeld? Stelle zwei Gleichungen auf, löse eine Gleichung nach einer Variablen auf und setze sie in die andere Gleichung ein.

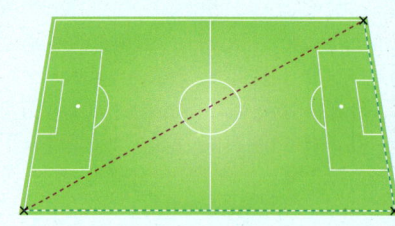

Potenzen und Wurzeln

Mit Elektronenmikroskop und Teleskop stößt der Mensch in unvorstellbar kleine und große Räume vor.

Bei elektronenmikroskopischen Aufnahmen von Viren sind Strukturen von 0,000 001 Millimeter noch sichtbar, und Teleskope blicken in Sternenwelten, die 280 000 000 000 000 000 und mehr Kilometer von uns entfernt sind. Wie kann man solche Größenangaben übersichtlich schreiben und mit Ihnen sinnvoll rechnen?

Noch fit?

Einstieg

1 Große Zahlen lesen
Lies die Zahlen in der Stellenwerttafel.

Milliarden			Millionen			Tausend					
10^{11}	10^{10}	10^9	10^8	10^7	10^6	10^5	10^4	10^3	10^2	10^1	10^0
							1	1	8	8	9
					9	9	8	7	3	4	7
1	1	1	5	0	3	0	0	2	3	8	6

2 Produkte als Potenzen schreiben
Schreibe vereinfacht als Potenz.

a) $x \cdot x$
b) $a \cdot a \cdot a \cdot a \cdot a$
c) $b \cdot b \cdot b \cdot b$
d) $i \cdot i \cdot i \cdot i \cdot i \cdot i \cdot i \cdot i$

3 Potenzen und Wurzeln berechnen
Setze ein und berechne im Kopf.

a) x^2 für $x = 1; 2; 5; \frac{1}{2}; -1; 0$
b) $\sqrt{x}$ für $x = 1; 4; 25; 100$

4 Flächeninhalt und Längen berechnen
a) Berechne den Flächeninhalt eines Quadrats mit einer Seitenlänge von 7 cm.
b) Wie lang ist die Seite eines Quadrats mit einem Flächeninhalt von 144 cm²?

5 Größenangaben vergleichen
Ordne die Angaben der Größe nach.

a)
```
5050 m²
   0,555 km²
50 000 mm²
   5,55 m²
```

b)
```
50 000 cm³
      64 dm³
   33,5 m³
2000 mm³
```

Aufstieg

1 Große Zahlen lesen
Lies die Zahlen in der Stellenwerttafel.

Milliarden			Millionen			Tausend					
10^{11}	10^{10}	10^9	10^8	10^7	10^6	10^5	10^4	10^3	10^2	10^1	10^0
						4	5	6	0	3	0
			8	0	9	0	3	0	2	0	5
3	0	1	7	0	0	4	0	0	0	6	0

2 Produkte als Potenzen schreiben
Schreibe vereinfacht als Potenz.

a) $z \cdot z \cdot z$
b) $m \cdot m \cdot m \cdot m \cdot m \cdot m$
c) $s \cdot s \cdot s \cdot t \cdot t$
d) $c \cdot c \cdot d \cdot d \cdot c \cdot d$

3 Potenzen und Wurzeln berechnen
Setze ein und berechne im Kopf.

a) x^3 für $x = 1; 2; 5; \frac{1}{2}; -1; 0$
b) $\sqrt[3]{x}$ für $x = 1; 8; 27; 1000$

4 Zeichnen und Längen berechnen
Überlege vorher genau. Zeichne …

a) ein Quadrat mit einem Flächeninhalt von $A = 25$ cm².
b) einen Kreis mit $A = 25$ cm².

5 Größenangaben vergleichen
Ordne die Angaben der Größe nach.

a)
```
500 m²
    505 ha
500 000 mm²
  5 m² 55 cm²
```

b)
```
0,07 m³
       0,000 12 km³
   4,5 dm³
   77 000 000 mm³
```

6 Aufbau des Zahlensystems
Die Grafik zeigt den Aufbau des Zahlensystems. Zeichne sie so ab, dass du Platz zum Eintragen der Zahlen hast:

$-4; \sqrt{5}; \frac{2}{3}; 0{,}75; 35; 0; \sqrt{4}; \frac{3}{8}; -0{,}001; 6{,}5; -11; \frac{8}{2}; \sqrt[3]{2}; -9$

Aber Vorsicht: Manche Größen lassen sich noch vereinfachen.

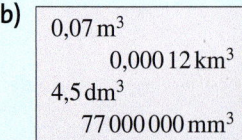

Natürliche Zahlen $\mathbb{N}$
Ganze Zahlen $\mathbb{Z}$
Rationale Zahlen $\mathbb{Q}$
Reelle Zahlen $\mathbb{R}$

7 Maßeinheiten ordnen
Kannst du die folgenden Maßeinheiten benennen und nach Längen-, Flächen- und Raummaßen ordnen? Lege eine Tabelle an.

cm; cm³; km²; dm³; a; m; mm²; dm; l; m³; ha; ml; cm²; mm³; km

7 Maßeinheiten ordnen
Sortiere die folgenden Maßeinheiten nach Art der Größen (z. B. Längenmaße; Zeiteinheiten usw.). Lege eine Tabelle an: s; l; g; cm²; m³; min; kg; dm²; mm; ha; mg; km²; m; h; cm³; t; km; a; ms; ml; m²; dm

Lösungen ab Seite 176

Der Potenzbegriff

Entdecken

1 Aus den Augenzahlen von drei Spielwürfeln soll eine möglichst große Zahl gebildet werden. Dabei sind alle Rechenoperationen und Kombinationen der Augenzahlen erlaubt. Im Beispiel sind folgende Kombinationen möglich: $6 \cdot 32$; $2 \cdot 6^3$; 623 usw.
a) Welches ist die größtmögliche Zahl, die man aus 3, 4, und 5 bilden kann?
b) Suche die größtmögliche Zahl, die aus drei Sechsen entstehen kann.
c) Vergleicht in der Klasse: Wer hat die höchste Zahl gebildet?

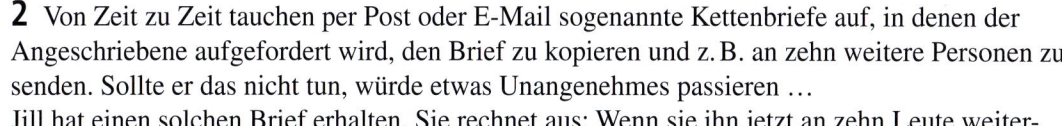

2 Von Zeit zu Zeit tauchen per Post oder E-Mail sogenannte Kettenbriefe auf, in denen der Angeschriebene aufgefordert wird, den Brief zu kopieren und z. B. an zehn weitere Personen zu senden. Sollte er das nicht tun, würde etwas Unangenehmes passieren …
Jill hat einen solchen Brief erhalten. Sie rechnet aus: Wenn sie ihn jetzt an zehn Leute weitersendet und jede dieser zehn Personen dasselbe tut usw., dann sind nach acht Runden theoretisch alle Bundesbürger (82,8 Mio.) erreicht. Stimmt das?

3 Besorge dir einen großen Bogen Papier, z. B. Zeitungspapier. Schätze, wie oft du ihn in der Mitte zusammenfalten kannst.
a) Probiere es aus und vergleiche mit deiner Schätzung.
b) Wie viele Papierschichten übereinander erhältst du nach dem 1., 2., 3., …, 10. Falten? Lege eine Tabelle an.
c) Suche einen Rechenterm für die Anzahl der Schichten nach der x-ten Faltung.

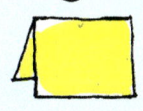

4 Ordne den Aussagen die gesuchten Zahlen zu.

Ⓐ Eine Zahl wird mit sich selbst 3-mal hintereinander multipliziert und das Ergebnis ist 216.

| 3 |
| 4 |

Ⓓ Eine Zahl wird mit sich selbst 4-mal hintereinander multipliziert und das Ergebnis ist 4 096.

Ⓑ Eine Zahl wird mit sich selbst 5-mal hintereinander multipliziert und das Ergebnis ist 1 024.

| 5 |
| 6 |

Ⓔ Eine Zahl wird mit sich selbst 8-mal hintereinander multipliziert und das Ergebnis ist 6 561.

Ⓒ Eine Zahl wird mit sich selbst multipliziert und das Ergebnis ist 49.

| 7 |
| 8 |

Ⓕ Eine Zahl wird mit sich selbst 6-mal hintereinander multipliziert und das Ergebnis ist 15 625.

5 Übertrage die Tabelle in dein Heft und versuche, die fehlenden Werte auszurechnen.

3^5	3^4	3^3	3^2	3^1	3^0	3^{-1}				
243	81	27	9							

: 3

a) Wie ändern sich die Werte in den beiden Tabellenzeilen von links nach rechts?
b) Schreibe die Werte, die zu den Potenzen mit negativen Exponenten gehören, als Brüche.

Verstehen

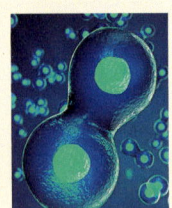

Bakterien vermehren sich durch Teilung. Manche Arten verdoppeln sich in nährstoffreicher Umgebung nach jeder Stunde. Auf welche Anzahl kann ein einzelnes Bakterium unter optimalen Bedingungen in 24 Stunden anwachsen?
Die Anzahl nach 24 Stunden kann man so berechnen:

Dauer in Std.		Anzahl Bakterien
Stunde 0		1
nach 1 Std.		2
nach 2 Std.		$2 \cdot 2 = 2^2 = 4$
nach 3 Std.		$2 \cdot 2 \cdot 2 = 2^3 = 8$
…	…	…

$$\underbrace{2 \cdot 2 \cdot 2 \cdot 2 \cdot 2 \cdot 2 \cdot 2 \cdot \ldots \cdot 2}_{24\text{-mal}} = 2^{24} = 16\,777\,216$$

Nach 24 Stunden sind ca. 16,8 Millionen Bakterien entstanden.

> **Merke** Ein Produkt aus gleichen Faktoren kann man verkürzt als **Potenz** schreiben.
> $$\underbrace{a \cdot a \cdot a \cdot a \cdot a \cdot \ldots \cdot a}_{n \text{ Faktoren}} = a^n \quad \text{(lies: } a \text{ hoch } n)$$
> Für alle $a, b \neq 0$ gilt: $a^0 = 1$; $\quad a^1 = a$; $\quad \left(\frac{a}{b}\right)^n = \frac{a^n}{b^n}$

Der Exponent (Hochzahl) gibt an, wie oft die Zahl mit sich selbst multipliziert wird.

$$a^n = c$$

Der Wert der Potenz ist das errechnete Produkt.

Die Basis (Grundzahl) gibt an, welche Zahl mit sich selbst multipliziert wird.

Beispiel 1

$3^5 = 3 \cdot 3 \cdot 3 \cdot 3 \cdot 3 = 243$

$\left(\frac{2}{9}\right)^4 = \frac{2}{9} \cdot \frac{2}{9} \cdot \frac{2}{9} \cdot \frac{2}{9} = \frac{16}{6\,561}$

$(10v)^6 = 10v \cdot 10v \cdot 10v \cdot 10v \cdot 10v \cdot 10v = 1\,000\,000\,v^6$

$(1,5\,\text{m})^3 = 1,5\,\text{m} \cdot 1,5\,\text{m} \cdot 1,5\,\text{m} = 3,375\,\text{m}^3$

Die Tabelle zeigt Potenzwerte von Potenzen, deren Basis negativ ist.

$(-2)^2 = (-2) \cdot (-2) = 4$	$(-2)^3 = (-2) \cdot (-2) \cdot (-2) = -8$
$(-2)^4 = (-2) \cdot (-2) \cdot (-2) \cdot (-2) = 16$	$(-2)^5 = (-2) \cdot (-2) \cdot (-2) \cdot (-2) \cdot (-2) = -32$
$(-2)^6 = (-2) \cdot (-2) \cdot (-2) \cdot (-2) \cdot (-2) \cdot (-2) = 64$	$(-2)^7 = (-2) \cdot (-2) \cdot \ldots \cdot (-2) = -128$

> **Merke** Bei **negativer Basis** ist der Potenzwert **positiv**, wenn der Exponent gerade ist.
> Der Potenzwert ist **negativ**, wenn der Exponent ungerade ist.

Beispiel 2

$(-4)^3 = (-4) \cdot (-4) \cdot (-4) = -64$

$\left(-\frac{2}{3}\right)^2 = \left(-\frac{2}{3}\right) \cdot \left(-\frac{2}{3}\right) = \frac{4}{9}$

$(-10)^5 = (-10) \cdot (-10) \cdot (-10) \cdot (-10) \cdot (-10) = -100\,000$

$(-0,1)^4 = (-0,1) \cdot (-0,1) \cdot (-0,1) \cdot (-0,1) = 0,0001$

aber $-0,1^4 = -0,1 \cdot 0,1 \cdot 0,1 \cdot 0,1 = -0,0001$

Es gibt auch Potenzen, bei denen der Exponent negativ ist (siehe Randspalte). Sie kommen beispielsweise zustande, indem man schrittweise mehrfach durch die Basis dividiert.

HINWEIS
Mehrfache Division von 16 durch 2 führt zu dieser Reihe:

$\ldots = 16$ ⟩:2
$2^3 = 8$ ⟩:2
$2^2 = 4$ ⟩:2
$2^1 = 2$ ⟩:2
$2^0 = 1$ ⟩:2
$2^{-1} = \frac{1}{2}$ ⟩:2
$2^{-2} = \frac{1}{4}$ ⟩:2
$2^{-3} = \ldots$

> **Merke** Eine Potenz mit **negativem Exponenten** kann man als den Kehrwert der Potenz mit positivem Exponenten schreiben.
> $$a^{-n} = \frac{1}{a^n} \quad \text{(mit } a \neq 0 \text{ und } n \text{ als ganze Zahl)}$$

Beispiel 3

$7^{-3} = \frac{1}{7^3} = \frac{1}{7 \cdot 7 \cdot 7} = \frac{1}{343}$

$\left(\frac{3}{4}\right)^{-2} = \left(\frac{4}{3}\right)^2 = \frac{4 \cdot 4}{3 \cdot 3} = \frac{16}{9}$

$(-5)^{-3} = \left(-\frac{1}{5}\right)^3 = \left(-\frac{1}{5}\right) \cdot \left(-\frac{1}{5}\right) \cdot \left(-\frac{1}{5}\right) = -\frac{1}{125}$

Üben und anwenden

1 Schreibe als Potenz.
a) $5 \cdot 5 \cdot 5 \cdot 5 \cdot 5 \cdot 5$
b) $\frac{1}{2} \cdot \frac{1}{2} \cdot \frac{1}{2} \cdot \frac{1}{2}$
c) $x \cdot x \cdot x \cdot x \cdot x \cdot x \cdot x \cdot x \cdot x$
d) $4a \cdot 4a \cdot 4a$
e) $0,1u \cdot 0,1u \cdot 0,1u \cdot 0,1u \cdot 0,1u$
f) $(-6) \cdot (-6) \cdot (-6)$

1 Schreibe als Potenz.
a) $12 \cdot 12 \cdot 12 \cdot 12 \cdot 12$
b) $\frac{5}{6} \cdot \frac{5}{6} \cdot \frac{5}{6} \cdot \frac{5}{6} \cdot \frac{5}{6} \cdot \frac{5}{6}$
c) $(-11) \cdot (-11) \cdot (-11) \cdot (-11)$
d) $(-7y) \cdot (-7y) \cdot (-7y) \cdot (-7y) \cdot (-7y)$
e) $0,15m \cdot 0,15m \cdot 0,15m \cdot 0,15m$
f) $3\frac{4}{7} \cdot 3\frac{4}{7} \cdot 3\frac{4}{7}$

2 Schreibe die Potenzen als Produkt.
a) 4^3 　　b) $(-5)^4$ 　　c) $\left(\frac{1}{3}\right)^6$
d) b^7 　　e) $(-a)^3$ 　　f) $(3v)^6$

2 Schreibe die Potenzen als Produkt.
a) 19^5 　　b) $(-y)^4$ 　　c) $\left(\frac{2}{7}\right)^2$
d) $2 \cdot a^3$ 　　e) $(2x)^2$ 　　f) $(-5ab)^6$

3 Berechne den Wert der Potenzen.
a) a^3 für $a = 1; 2; \dots; 10$
b) a^3 für $a = -1; -2; \dots; -10$
c) 2^n für $n = 0; 1; \dots; 10$
d) 1^n für $n = 0; 1; \dots; 10$

3 Berechne den Wert der Potenzen.
a) a^4 für $a = 1; 2; \dots; 6$
b) 3^n für $n = 0; 1; \dots; 6$
c) a^5 für $a = -1; -2; \dots; -5$
d) $(-1)^n$ für $n = 1; 2; \dots; 10$

4 Berechne mit dem Taschenrechner.
a) 4^4 　　b) 6^3 　　c) 5^4
d) $3,2^3$ 　　e) $0,1^5$ 　　f) $0,65^6$
g) $\left(\frac{3}{8}\right)^5$ 　　h) $\left(-\frac{3}{5}\right)^7$ 　　i) $(-1)^{17}$

4 Berechne. Nutze den Taschenrechner.
a) 2^7 　　b) 17^2 　　c) 7^5
d) $\left(\frac{3}{4}\right)^4$ 　　e) $(-2)^{17}$ 　　f) $(-1,75)^7$
g) $\left(-\frac{5}{9}\right)^6$ 　　h) $\left(-\frac{3}{10}\right)^5$ 　　i) $3,25^4$

5 Schreibe die Potenzen als Produkt und berechne. Worin liegt der Unterschied?
a) 　-3^4 und $(-3)^4$
b) 　$\frac{2^2}{3}$ und $\left(\frac{2}{3}\right)^2$
c) $4 \cdot 5^3$ und $(4 \cdot 5)^3$

5 Warum sind die Ergebnisse verschieden?
a) 　$4v^3$ und $(4v)^3$
b) $a \cdot 5^2$ und $(a \cdot 5)^2$
c) 　$-x^6$ und $(-x)^6$
d) 　$\frac{b^4}{3}$ und $\left(\frac{b}{3}\right)^4$

6 Schreibe mit negativem Exponenten.
a) $\frac{1}{4^2}$ 　b) $\frac{1}{12^4}$ 　c) $\frac{1}{3^5}$ 　d) $\frac{1}{5^6}$

6 Schreibe mit negativem Exponenten.
a) $\frac{1}{6^5}$ 　b) $\frac{1}{9^3}$ 　c) $\frac{1}{16}$ 　d) $\frac{5}{8}$

7 Schreibe ohne negativen Exponenten und berechne dann die Potenz.
a) 4^{-3} 　　b) 10^{-4} 　　c) $(-5)^{-2}$
d) $(-1)^{-9}$ 　　e) 3^{-4} 　　f) $(-2)^{-5}$

7 Schreibe ohne negativen Exponenten und berechne dann die Potenz.
a) 8^{-1} 　　b) 12^{-2} 　　c) $(-6)^{-3}$
d) $\left(\frac{3}{4}\right)^{-2}$ 　　e) $(3a)^{-5}$ 　　f) $2 \cdot 5^{-4}$

8 In jeder Zeile stehen gleichwertige Zahldarstellungen.
Übertrage die Tabelle ins Heft und ergänze.

10^{-3}	$\frac{1}{10^3}$	$0,001$
10^{-2}		
	$\frac{1}{10^5}$	
		$0,0001$
10^{-6}		
	$\frac{1}{10}$	

SCHON GEWUSST?
Taschenrechner haben häufig die **Potenztaste** $\boxed{x^y}$ *oder die Taste* $\boxed{\wedge}$ *für* **Exponenten**.

9 Bestimme das Vorzeichen des Ergebnisses, ohne den Wert zu berechnen. Begründe.

a) -15^7
b) $(-15)^8$
c) $(-12{,}55)^3$
d) $(-0{,}88)^6$
e) $-1{,}8^8$
f) $-0{,}003\,5^{100}$

9 Gib an, ob der Potenzwert positiv oder negativ ist. Begründe.

a) $-0{,}4^5$
b) $(-0{,}4)^5$
c) $(-0{,}4)^6$
d) $-0{,}4^6$
e) $-1{,}2^4$
f) $(-1{,}2)^3$
g) $-1{,}2^3$
h) $(-1{,}2)^4$

10 In einem alten orientalischen Märchen wird von einem Wunderbaum berichtet:

Der Baum hat sechs Äste. Jeder dieser Äste hat sechs Zweige. An jedem Zweig sind sechs Blüten und jede Blüte besteht aus sechs Blütenblättern. Wie viele Blütenblätter trägt der Wunderbaum insgesamt?

10 Berechne. Beachte: Potenzrechnung geht vor Strichrechnung.

a) $2 \cdot 3^4$
b) $7 \cdot 5^2$
c) $-5 \cdot 6^2$
d) $5 \cdot (-6)^2$
e) $3{,}2 \cdot 1{,}5^3$
f) $1{,}3 \cdot (-5)^2$
g) $-1{,}3 \cdot (-5)^2$
h) $-1{,}3 \cdot 5^2$

11 Setze die richtige Zahl bzw. das richtige Zeichen ($<$, $=$, $>$) ein. Suche nach verschiedenen Möglichkeiten und vergleiche.

a) $2^6 \,\blacksquare\, (-2)^6$
b) $2^5 \,\blacksquare\, (-2)^5$
c) $-2^3 \,\blacksquare\, (-2)^3$
d) $-3^2 \,\blacksquare\, (-3)^2$
e) $-5^4 \,\blacksquare\, -4^5$
f) $0{,}3 \cdot 5 \,\blacksquare\, (-0{,}3)^5$
g) $\left(-\frac{3}{4}\right)^3 \,\blacksquare\, \left(\frac{3}{4}\right)^3$
h) $-\frac{1}{2} \cdot 4 \,\blacksquare\, \left(-\frac{1}{2}\right)^4$
i) $(-4)^2 = (-\blacksquare)^4$
j) $(-5)^3 > (-3)^{\blacksquare}$
k) $-4^3 = -2^{\blacksquare}$
l) $-\blacksquare^{\blacksquare} = -729$
m) $(-4)^3 \,\blacksquare\, (-3)^4$
n) $(-2)^6 = \blacksquare^{\blacksquare}$
o) $(-\blacksquare)^{\blacksquare} = 1\,024$
p) $(-3)^4 = (-\blacksquare)^{\blacksquare}$

11 Berechne und vergleiche.

a) $(-4)^3$ und -4^3
b) $(-7)^2$ und -7^2
c) 2^4 und $(-2)^4$
d) $(-0{,}3)^5$ und $0{,}3^5$
e) $\frac{1}{2} \cdot 4$ und $\left(\frac{1}{2}\right)^4$
f) $(-2) \cdot 3$ und $(-2)^3$

12 Ordne die Potenzen. Beginne mit der Potenz, die den größten Wert hat.

a) 22^2; $(2^2)^2$; 2^{22}; $2^{(2^2)}$
b) 33^3; $(3^3)^3$; 3^{33}; $3^{(3^3)}$
c) 10^6; $(-10)^8$; 8^6; $(-6)^8$

12 Ordne den Umrechnungen eine passende Zehnerpotenz aus der Randspalte zu.

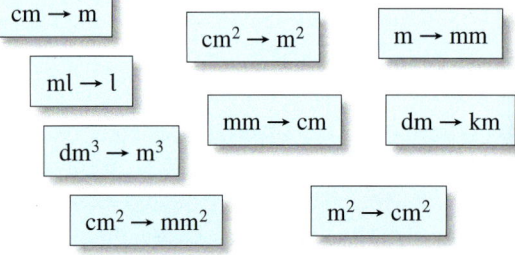

| 10^{-4} |
| 10^{-3} |
| 10^{-2} |
| 10^{-1} |
| 10^{2} |
| 10^{3} |
| 10^{4} |

13 Der Legende nach soll der Erfinder des Schachspiels als Belohnung für seine Idee beim König einen Wunsch frei gehabt haben. Er wünschte sich für das erste Feld des Schachbretts ein Reiskorn, für das zweite zwei Reiskörner, für das dritte vier, für das vierte acht usw., also auf jedes Feld immer die doppelte Menge des vorherigen Felds. Der König bewunderte diese Bescheidenheit …

a) Lege eine Tabelle für die Anzahl der Reiskörner auf den ersten 15 Feldern an.
b) Wie viele Körner müssten auf dem 64. und letzten Feld liegen?
c) Berechne das Gewicht der Reiskörner auf dem letzten Feld. 1000 Reiskörner wiegen ca. 30 g.

Zahlendarstellung in Zehnerpotenzschreibweise

Entdecken

1 Bearbeite diese Daten aus unserem Sonnensystem:

Oberfläche der Sonne:
6 Billionen km²

Entfernung Sonne – Saturn:
1,43 Milliarden km

Volumen des Mondes:
37 Millionen km³

Masse der Erde:
5,97 Trilliarden t

Umlaufzeit des Neptun
um die Sonne:
60 Tausend Tage

a) Schreibe alle Größenangaben als Zahlen aus und sortiere sie aufsteigend nach ihrer Größe.
b) Mache Vorschläge zur besseren Lesbarkeit solch großer Zahlen.

2 Rechne mit dem Taschenrechner und schreibe die im Display angezeigte Ergebnis auf:
a) $570\,000 \cdot 640\,000$ **b)** $0{,}04 \cdot 0{,}089$ **c)** $0{,}07^{11}$ **d)** 15^9
e) Versuche zu erklären, was die angezeigten Ergebnisse bedeuten. Rechne sie notfalls selber schriftlich aus.

3 Bei den folgenden Aufgaben sollst du herausfinden, ab welcher Zahlengröße dein Taschen-rechner die Darstellungsweise des Ergebnisses ändert.
a) Nimm fortgesetzt die Zahl 200 mit sich selber mal, notiere jedes Einzelergebnis und stelle fest, wann die Schreibweise des Ergebnisses „umspringt".
b) Verfahre genauso beim fortgesetzten Dividieren von 0,2 durch 10.
c) Addiere fortlaufend $9 + 1$; $99 + 1$; $999 + 1$ usw., notiere wie oben.
d) Rechne $1 - 0{,}1$; $0{,}1 - 0{,}01$; $0{,}01 - 0{,}001$ usw. und notiere die Ergebnisse.
e) Kannst du angeben, von welchen Zahlen an dein Taschenrechner die Darstellungsweise des Ergebnisses ändert? Vergleiche deine Erkenntnisse mit anderen in deiner Klasse.

4 In einem Artikel über Mikrochips kann man Folgendes lesen:

> **Neues Fertigungsverfahren ermöglicht ultradünne flexible Mikrochips:**
> **Stuttgarter Institut stellt erstmals Chips mit $2 \cdot 10^{-2}$ mm Dicke her. (…)**
> Der Trend in der Elektronikindustrie geht nicht nur zu immer kleineren Schaltungsstrukturen auf dem Chip, sondern auch zu immer dünneren Mikrochips. Die Größen der Strukturen auf heutigen Mikrochips bewegen sich längst im Bereich von 10^{-4} mm und weniger. Zum Vergleich: ein menschliches Haar besitzt einen Durchmesser von etwa $5 \cdot 10^{-2}$ mm (…). Bei der Dicke von Mikrochips sieht es gegenwärtig noch ganz anders aus. Typisch für Mikrochips ist eine Dicke von $4 \cdot 10^{-1}$ mm, dabei reicht die elektrisch aktive Zone nur etwa $5 \cdot 10^{-3}$ mm von der Chipoberfläche in die Tiefe. Der Grund für die erhebliche Dicke heu-tiger Mikrochips ist die notwendige Robustheit: die Chips werden aus großen Siliziumscheiben, den so-genannten Wafern hergestellt. Diese Scheiben besitzen Durchmesser von 15 bis 30 cm. Da sich Silizium ähnlich wie Glas verhält, sind die Wafer relativ zerbrechliche Gebilde (…).

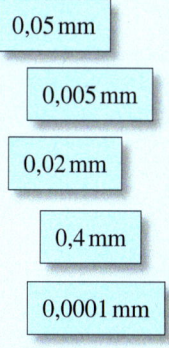

0,05 mm

0,005 mm

0,02 mm

0,4 mm

0,0001 mm

a) Schreibe alle Größenangaben in mm aus dem Text heraus. Was fällt dir daran auf?
b) Ordne die Angaben aus dem Text den Größenangaben in der Randspalte zu.
Wie bist du vorgegangen?

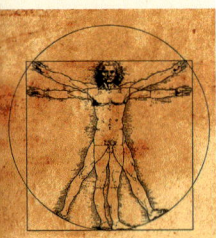

Verstehen

Ein erwachsener Mensch besteht aus etwa 100 000 000 000 000 Zellen.
Die kleinsten Zellen sind die roten Blutkörperchen mit einer Dicke von 0,000 001 m.
Die Gesamtlänge aller Nervenfasern eines Menschen beträgt ca. 780 000 000 m.
Ein DNA-Faden hat einen Durchmesser von 0,000 000 002 m.
Die Darstellung von sehr großen und sehr kleinen Zahlen wird schnell unübersichtlich.
Außerdem kann der Taschenrechner beim Eingeben nur eine begrenzte Anzahl von Stellen
aufnehmen. Deshalb ist bei diesen Größen die Zahlendarstellung mit Zehnerpotenzen sinnvoll.

Merke Sehr große und sehr kleine Zahlen kann man übersichtlich in der **Zehnerpotenzschreibweise** darstellen. Hierbei werden die Zahlen als Produkt geschrieben.
Der erste Faktor ist eine Zahl zwischen 1 und 10, der zweite Faktor eine Zehnerpotenz.
Bei Zahlen zwischen 0 und 1 ist der Exponent der Zehnerpotenz negativ.
Man nennt diese international vereinbarte Schreibweise auch „scientific notation".

Beispiel 1

Anzahl der Körperzellen eines Menschen:
$100\,000\,000\,000\,000 = 1 \cdot 10^{14}$
Dicke von roten Blutkörperchen:
$0,000\,001\,\text{m} = 1 \cdot 10^{-6}\,\text{m}$
Gesamtlänge der Nervenfasern eines Menschen: $780\,000\,000\,\text{m} = 7,8 \cdot 10^{8}\,\text{m}$
Durchmesser eines DNA-Fadens:
$0,000\,000\,002\,\text{m} = 2 \cdot 10^{-9}\,\text{m}$

HINWEIS
*Der Exponent der Zehnerpotenz gibt an, um wie viele Stellen das Komma des 1. Faktors verschoben wird.
positiv →
    nach rechts
negativ ←
    nach links*

Umgekehrt lassen sich Zahlen in Zehnerpotenzschreibweise ohne Zwischenschritt in normale Dezimalzahlen verwandeln, indem man das Komma verschiebt.

Beispiel 2

$8,42 \cdot 10^{7} = 84\,200\,000$ (Komma um 7 Stellen nach rechts verschoben)
$2,75 \cdot 10^{-4} = 0,000\,275$ (Komma um 4 Stellen nach links verschoben)

Je nach Taschenrechnerfabrikat gibt es verschiedene Tasten für die Eingabe von Zehnerpotenzen.

Beispiel 3

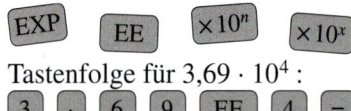

Tastenfolge für $3,69 \cdot 10^{4}$:

$\boxed{3}\ \boxed{.}\ \boxed{6}\ \boxed{9}\ \boxed{EE}\ \boxed{4}\ \boxed{=}$

Auch die Darstellung der Zehnerpotenzen ist je nach Fabrikat unterschiedlich.

Beispiel 4

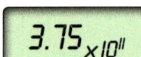

Manche Zehnerpotenzen tragen besondere Namen. Dann können Zehnerpotenzen durch **genormte Vorsätze** ersetzt werden.

SCHON GEWUSST?
*Hz (Hertz) ist eine Einheit für die Frequenz und gibt die Anzahl von Schwingungen pro Minute an.
B steht für Byte (Maßeinheit für eine Datenmenge von 8 Bit).*

Zehnerpotenz	Bezeichnung	Vorsatz	Beispiel
10^{-9}	Milliardstel	Nano (n)	$0,000\,000\,006\,\text{s} = 6 \cdot 10^{-9}\,\text{m} = 6\,\text{ns}$
10^{-6}	Millionstel	Mikro (µ)	$0,000\,008\,\text{m} = 8 \cdot 10^{-6}\,\text{m} = 8\,\mu\text{m}$
10^{-3}	Tausendstel	Milli (m)	$0,004\,\text{m} = 4 \cdot 10^{-3}\,\text{m} = 4\,\text{mm}$
10^{-2}	Hundertstel	Zenti (c)	$0,09\,\text{m} = 9 \cdot 10^{-2}\,\text{m} = 9\,\text{cm}$
10^{-1}	Zehntel	Dezi (d)	$0,35\,\text{m} = 3,5 \cdot 10^{-1}\,\text{m} = 3,5\,\text{dm}$
10^{2}	Hundert	Hekto (h)	$700\,\text{l} = 7 \cdot 10^{2}\,\text{l} = 7\,\text{hl}$
10^{3}	Tausend	Kilo (k)	$5\,600\,\text{g} = 5,6 \cdot 10^{3}\,\text{g} = 5,6\,\text{kg}$
10^{6}	Million	Mega (M)	$1\,800\,000\,\text{Hz} = 1,8 \cdot 10^{6}\,\text{Hz} = 1,8\,\text{MHz}$
10^{9}	Milliarde	Giga (G)	$7\,000\,000\,000\,\text{B} = 7 \cdot 10^{9}\,\text{B} = 7\,\text{GB}$
10^{12}	Billion	Tera (T)	$1\,500\,000\,000\,000\,000\,\text{B} = 1,5 \cdot 10^{12}\,\text{B} = 1,5\,\text{TB}$

Üben und anwenden

1 Setze die Tabelle im Heft bis 10^{-4} fort.

Potenz	Dezimalzahl	in Worten
10^4	10 000	zehntausend
10^3	1000	...
...	...	...

2 Berechne wie im Beispiel.
Beispiel $4 \cdot 10^2 = 4 \cdot 100 = 400$
a) $3 \cdot 10^3$ b) $5 \cdot 10^4$
c) $2 \cdot 10^3$ d) $4 \cdot 10^6$
e) $1,8 \cdot 10^4$ f) $2,3 \cdot 10^5$
g) $3,7 \cdot 10^7$ h) $0,5 \cdot 10^6$

3 Schreibe die Zahl ohne Zehnerpotenz und in Worten.
a) $2 \cdot 10^5$ b) $9 \cdot 10^6$
c) $3 \cdot 10^9$ d) $1,5 \cdot 10^{12}$
e) $3,7 \cdot 10^2$ f) $3,05 \cdot 10^7$

4 Schreibe die Zahlen in Zehnerpotenzschreibweise.
a) 3 000 000   b) 80 000 000 000
c) 7 400 000 000   d) 4 250 000
e) 86 300 000 000   f) 199 000 000 000

5 Übertrage und ergänze in deinem Heft. hilfe

10^{-3}	$\frac{1}{10^3}$	0,001
10^{-2}		
10^{-7}		
10^{-4}		
10^{-9}		
10^{-1}		
10^{-8}		

6 Schreibe als Dezimalzahl.
a) $3 \cdot 10^{-2}$ b) $7 \cdot 10^{-4}$
c) $5 \cdot 10^{-3}$ d) $2,7 \cdot 10^{-5}$
e) $1,8 \cdot 10^{-6}$ f) $3,25 \cdot 10^{-3}$

7 Schreibe in Zehnerpotenzschreibweise. Der erste Faktor ist eine Zahl zwischen 1 und 10.
a) 0,0006   b) 0,000005
c) 0,003   d) 0,0038
e) 0,000026   f) 0,00000036
g) 0,0004   h) 0,0000000048

1 Schreibe als Zehnerpotenz. Welchen Vorteil hat die Potenzschreibweise?
a) eintausend   b) 1 Million
c) 10 Milliarden   d) 100 Billionen
e) 0,1 Millionen   f) 0,001 Milliarden

2 Schreibe die Zahl ohne Zehnerpotenz.
a) $9 \cdot 10^6$ b) $6 \cdot 10^9$
c) $2 \cdot 10^4$ d) $2,4 \cdot 10^3$
e) $1,7 \cdot 10^5$ f) $3,14 \cdot 10^7$
g) $2,406 \cdot 10^8$ h) $1,0275 \cdot 10^6$
i) $0,00025 \cdot 10^{12}$ j) $0,000045 \cdot 10^{10}$

3 Schreibe die Zahl ohne Zehnerpotenz und in Worten.
a) $7 \cdot 10^9$ b) $5,3 \cdot 10^{15}$
c) $5 \cdot 10^{12}$ d) $1,2 \cdot 10^{10}$
e) $4,05 \cdot 10^7$ f) $6,7 \cdot 10^{13}$

4 Schreibe die Zahlen in Zehnerpotenzschreibweise.
a) 120 000   b) 5 700 000
c) 24 580 000   d) 4 509 000
e) 625 000 000   f) 120 030 000

5 Schreibe als Zehnerpotenz. Welche Aufgaben führen zum gleichen Ergebnis?
a) 0,001   b) 0,00001
c) 0,0000001   d) 0,000000001
e) 0,01   f) 0,000001
g) $\frac{1}{10}$ h) $\frac{1}{100}$
i) $\frac{1}{10000}$ j) $\frac{1}{1000000}$
k) $\frac{1}{1000}$ l) $\frac{1}{100000}$

6 Forme in Dezimalschreibweise um.
a) $5 \cdot 10^{-2}$ b) $7,98 \cdot 10^{-7}$
c) $5,1 \cdot 10^{-5}$ d) $3,1034 \cdot 10^{-4}$
e) $2,06 \cdot 10^{-9}$ f) $1,85 \cdot 10^{-6}$

7 Schreibe in Zehnerpotenzschreibweise.
a) 0,01   b) 0,0002
c) 0,000204   d) 0,09075
e) 0,000000032   f) 0,00000000201
g) $\frac{4}{100}$ h) $\frac{2}{100000}$

HINWEIS
Million: 10^6
Milliarde: 10^9
Billion: 10^{12}
Billiarde: 10^{15}
Trillion: 10^{18}

8 Überprüfe, wie dein Taschenrechner die Zehnerpotenzen darstellt.

a) Rechne dazu die Aufgabe $250\,000 \cdot 300\,000$ und mache dich mit der Schreibweise deines Taschenrechners vertraut.

b) Tonias Taschenrechner gibt bei dieser Aufgabe als Ergebnis im Display  an. Welche Zahl ist damit gemeint?

c) Welches Ergebnis erhältst du, wenn du $7{,}5^{10}$ mit der Tastenfolge $\boxed{7}$ $\boxed{.}$ $\boxed{5}$ $\boxed{x^y}$ $\boxed{10}$ eingibst? Warum ist das nicht dasselbe wie bei Aufgabe b)?

9 Arbeite mit dem Taschenrechner. Gib das Ergebnis in Zehnerpotenzschreibweise an.

a) $40\,000 \cdot 90\,000\,000$

b) $250\,000 \cdot 80 \cdot 78\,000$

c) $60\,000 \cdot 12\,000 \cdot 960\,000$

d) $0{,}000\,4 \cdot 0{,}000\,001 \cdot 0{,}003$

e) $10^4 \cdot 4000 \cdot 16\,000$

f) $0{,}000\,458 \cdot 0{,}001 \cdot \frac{1}{100}$

g) $\frac{13}{10\,000} \cdot 0{,}0005 \cdot \frac{4}{1000}$

9 Berechne mit dem Taschenrechner. Gib das Ergebnis in Zehnerpotenzschreibweise und als Dezimalzahl an.

a) $300 \cdot 26\,000 \cdot 350\,000$

b) $47 \cdot 618\,000 \cdot 4\,000\,000$

c) $0{,}000\,21 \cdot 0{,}000\,000\,6 \cdot 0{,}000\,01$

d) $10^7 \cdot 10^2 \cdot 10^{15} \cdot 2{,}05$

e) $10^{-2} \cdot 0{,}03 \cdot 10^{15} \cdot 2{,}71$

f) $10^{-7} \cdot \frac{6}{100\,000} \cdot 0{,}000\,006$

10 Gib die Aufgaben über die Zehnerpotenztaste in deinen Taschenrechner ein und notiere das Ergebnis.

a) $3 \cdot 10^4 + 5 \cdot 10^2$ b) $4 \cdot 10^3 + 8 \cdot 10^6$

c) $1{,}5 \cdot 10^3 + 2 \cdot 10^6$ d) $5 \cdot 10^2 + 1 \cdot 10^4$

e) $3 \cdot 10^{-5} + 2 \cdot 10^{-6}$ f) $2 \cdot 10^{-7} + 3 \cdot 10^{-2}$

g) $2{,}5 \cdot 10^{-3} + 1 \cdot 10^{-5}$ h) $7 \cdot 10^{-2} + 1{,}3 \cdot 10^{-4}$

10 Benutze den Taschenrechner und gib das Ergebnis sowohl in Zehnerpotenz- als auch in Dezimalschreibweise an.

a) $6 \cdot 10^7 + 3 \cdot 10^6$ b) $2{,}5 \cdot 10^6 + 3 \cdot 10^5$

c) $1{,}1 \cdot 10^3 + 3{,}6 \cdot 10^4$ d) $7 \cdot 10^4 + 1{,}3 \cdot 10^5$

e) $5 \cdot 10^{-4} + 7 \cdot 10^{-3}$ f) $4 \cdot 10^{-3} + 8 \cdot 10^0$

g) $1{,}1 \cdot 10^{-3} + 3{,}6 \cdot 10^{-4} + 9 \cdot 10^{-5}$

11 Welche Zahl ist größer? Trage < oder > ein.

a) $0{,}1 \,\blacksquare\, 0{,}01$ b) $0{,}002 \,\blacksquare\, 0{,}2$

c) $\frac{1}{1\,000} \,\blacksquare\, \frac{1}{10\,000}$ d) $\frac{1}{10} \,\blacksquare\, \frac{1}{100}$

e) $10^{-3} \,\blacksquare\, 10^{-1}$ f) $10^{-2} \,\blacksquare\, 10^{-4}$

g) $2 \cdot 10^{-3} \,\blacksquare\, 2 \cdot 10^{-4}$

h) $2{,}5 \cdot 10^{-3} \,\blacksquare\, 3 \cdot 10^{-3}$

i) $1{,}3 \cdot 10^0 \,\blacksquare\, 1{,}3 \cdot 10^{-1}$

11 Überprüfe mithilfe eines Taschenrechners, welche Aussagen wahr sind.

a) $5{,}6 \cdot 10^{-8} < 57{,}6 \cdot 10^{-9}$

b) $0{,}000\,438 = 4{,}38 \cdot 10^{-3}$

c) $7{,}34 \cdot 10^{-6} > 0{,}000\,007\,34$

d) $134{,}86 \cdot 10^{-3} = 1{,}348\,6 \cdot 10^{-5}$

e) $0{,}62 \cdot 10^{-4} < 62 \cdot 10^{-5}$

f) $7{,}1 \cdot 10^{-3} > 0{,}007$

12 Ein Gletscher hat eine durchschnittliche Fließgeschwindigkeit von $6{,}4 \cdot 10^{-6}\,\frac{\text{m}}{\text{s}}$. Berechne die Zeit, die ein Gletscher benötigt, um sich $100\,\text{m}$ weiter zu bewegen.

12 Ein Haar wächst etwa $3 \cdot 10^{-9}\,\frac{\text{m}}{\text{s}}$. Nach einer verlorenen Wette muss Andi seine Haare kahl rasieren. Wie lange dauert es, bis seine Haare wieder $5\,\text{cm}$ lang sind?

13 Ordne den normierten Einheiten die passenden Größen, Abkürzungen und Beschreibungen zu.

1 Nanosekunde	$1 \cdot 10^{-3}$	GB	Längeneinheit
1 Megahertz	$1 \cdot 10^2$	kJ	Zeiteinheit
1 Hektoliter	$1 \cdot 10^6$	ns	Volumeneinheit
1 Kilojoule	$1 \cdot 10^9$	µm	Wellenfrequenzeinheit
1 Mikrogramm	$1 \cdot 10^{-9}$	hl	Datenmengeneinheit
1 Millimeter	$1 \cdot 10^3$	MHz	Masseneinheit
1 Gigabyte	$1 \cdot 10^{-6}$	mm	Energieeinheit

Wurzeln

Entdecken

1 Die 2011 fertiggestellte Stuttgarter Stadtbibliothek ist ein würfelförmiges Gebäude mit einem Volumen von $85\,184\,\text{m}^3$.

a) Schätzt die Länge bzw. Höhe der Gebäudekanten. Orientiert euch dabei z. B. an Gegenständen in Gebäudenähe.

b) Versucht mithilfe des Taschenrechners einen Term zu finden, mit dem ihr das gegebene Volumen von $85\,184\,\text{m}^3$ errechnen könnt.

c) Findet jemand eine Taschenrechnerfunktion, mit der man vom Volumen ausgehend direkt die Kantenlänge berechnen kann?

2 Ordne den Kantenlängen von Würfeln das entsprechende Volumen zu.

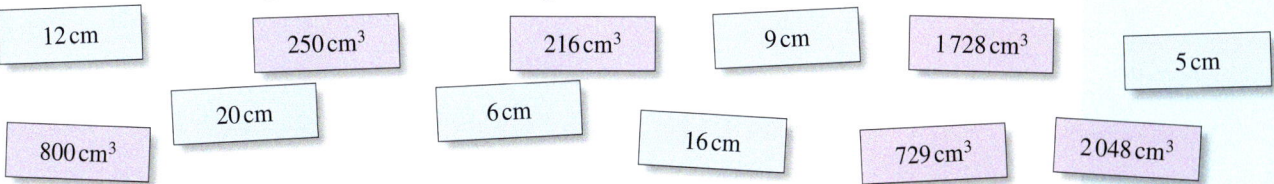

12 cm   250 cm³   216 cm³   9 cm   1 728 cm³   5 cm
20 cm   6 cm   800 cm³   16 cm   729 cm³   2 048 cm³

a) Welche Kärtchen gehören zusammen?

b) Je drei lilafarbene und blaue Kärtchen bleiben übrig. Kannst du die fehlenden Größen errechnen und die Kärtchen ergänzen? Welche Rechenschritte sind dazu erforderlich?

3 Berechne die Ketten bis zum Ziel.

a) Betrachte die Verläufe der einzelnen Ketten und vergleiche sie miteinander.

b) Nach wie vielen Schritten erreicht bzw. überschreitet man bei den einzelnen Ketten die Zahl 1 000?

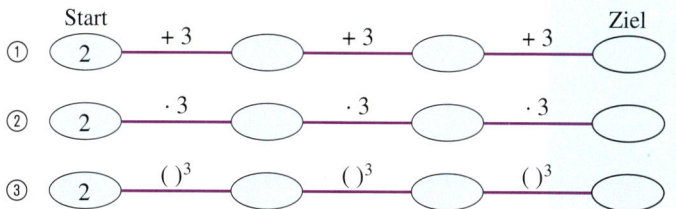

c) Finde für jede Kette eine neue Startzahl, mit der man nach drei Rechenoperationen die Zahl 1 000 genau oder annähernd erreicht.

d) Und jetzt umgekehrt: Mit welchen Zahlen muss man im letzten Kettenglied beginnen, um als Startzahl die 1 zu erhalten?

4 Gesucht ist die Lösung der Gleichung $x^3 = 100$. Das heißt: Wenn man die gesuchte Zahl x dreimal mit sich selbst multipliziert, erhält man 100. Probieren ergibt, dass x keine natürliche Zahl sein kann, denn $4^3 = 64$ und $5^3 = 125$. Nähere die Größe x schrittweise bis auf drei Nachkommastellen an. Nutze den Taschenrechner und fülle die Tabelle im Heft aus.

ERINNERE DICH
Diese Methode zur schrittweisen Annäherung an eine Größe nennt man **Intervallschachtelung***.*

Nachkommastellen	untere Näherungszahl	die gesuchte Zahl x liegt zwischen …	obere Näherungszahl
0	4; denn $4^3 = 64$	4 und 5	5; denn $5^3 = 125$
1	4,6; denn $4{,}6^3 = \dots$		
2			
3			

Verstehen

Ein Getränkehersteller plant die Produktion würfelförmiger Trinkpäckchen mit einem Fassungsvermögen von einem halben Liter.

Welche Kantenlänge hat ein solches Päckchen?

Für das Volumen gilt $V_{\text{Würfel}} = a \cdot a \cdot a$, also $V_{\text{Würfel}} = a^3$.

Andererseits gilt $V_{\text{Würfel}} = \frac{1}{2}\,l$, das heißt $V_{\text{Würfel}} = 500\,\text{cm}^3$.

Gesucht ist also die Zahl a, die dreimal mit sich selbst multipliziert 500 ergibt. Diese Zahl nennt man die dritte Wurzel aus 500 und schreibt dafür $\sqrt[3]{500}$.

Die Betätigung der entsprechenden Taschenrechnertaste ergibt $\sqrt[3]{500} \approx 7{,}94$.

Das Trinkpäckchen wird eine Kantenlänge von fast 8 cm haben.

ERINNERE DICH

Wurzelziehen wird auch **Radizieren** genannt (von lat. radix = Wurzel). Der Begriff gilt für alle Wurzelexponenten.

Merke Die **dritte Wurzel** aus a ist die Zahl x, die dreimal mit sich selbst multipliziert a ergibt. Sie heißt auch **Kubikwurzel** aus a.
Man schreibt: $\sqrt[3]{a} = x$, wenn $x \cdot x \cdot x = a$ ergibt (mit $a \geq 0$).
Das Radizieren ist die Umkehrung des Potenzierens.

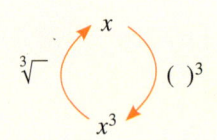

Beispiel 1

$\sqrt[3]{125} = 5$;   denn $5^3 = 5 \cdot 5 \cdot 5 = 125$ $\sqrt[3]{3{,}375} = 1{,}5$;   denn $1{,}5^3 = 3{,}375$

$\sqrt[3]{1\,000\,000\,a^3} = 100\,a$ $\sqrt[3]{\frac{8}{27}} = \frac{2}{3}$ $\sqrt[3]{5\,b^6} \approx 1{,}71\,b^2$

Möglich ist auch die Berechnung weiterer Wurzeln, z. B. $\sqrt[4]{16} = 2$; $\sqrt[5]{100\,000} = 10$ usw.
Gleichungen wie $x^8 = 256$ sind nur lösbar, wenn man die 8. Wurzel aus 256 berechnen kann. Allgemein bezeichnet man diese höheren Wurzeln als **n-te Wurzeln**, für n ist jede natürliche Zahl einsetzbar.

HINWEIS

Taschenrechner haben für die n-te Wurzel oft Tasten mit diesen Symbolen:

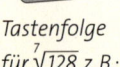

Tastenfolge für $\sqrt[7]{128}$ z.B.:

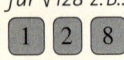

Merke Die **n-te Wurzel** aus a ist die Zahl x, die n-mal mit sich selbst multipliziert a ergibt.

Wurzelexponent $\quad \sqrt[n]{a} = x,$ wenn $\underbrace{x \cdot x \cdot x \cdot \ldots \cdot x}_{n \text{ Faktoren}} = a$ ergibt (mit $n > 0$ und $a \geq 0$)

Radikand   Wert der Wurzel

Beachte: Bei der Quadratwurzel fällt der Wurzelexponent weg. Man schreibt $\sqrt{x}$ statt $\sqrt[2]{x}$.

Beispiel 2

$\sqrt[7]{128} = 2$;   denn $2^7 = 128$ $\sqrt[5]{243} = 3$;   denn $3^5 = 243$

$\sqrt[4]{\frac{81}{625}} = \frac{3}{5}$;   denn $\left(\frac{3}{5}\right)^4 = \frac{81}{625}$ $\sqrt[6]{0{,}5} \approx 0{,}89$;   denn $0{,}89^6 \approx 0{,}5$

Man kann Wurzeln auch als Potenzen schreiben. Bisher wurden nur Potenzen mit ganzzahligen Exponenten benutzt. Nach der nebenstehenden Herleitung von Zweierpotenzen kann man auch zu gebrochenen Exponenten gelangen. Zieht man beispielsweise aus den Potenzwerten schrittweise die Wurzel, dann wird der jeweilige Exponent der Zweierpotenz halbiert. Somit gelangt man zu Potenzschreibweisen wie $2^{\frac{1}{2}}$ für $\sqrt{2}$, $2^{\frac{1}{4}}$ für $\sqrt[4]{2}$ usw.

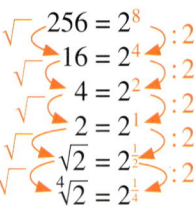

$256 = 2^8$: 2
$16 = 2^4$: 2
$4 = 2^2$: 2
$2 = 2^1$: 2
$\sqrt{2} = 2^{\frac{1}{2}}$: 2
$\sqrt[4]{2} = 2^{\frac{1}{4}}$

Merke Für die n-te Wurzel einer nicht negativen Zahl a gilt: $\sqrt[n]{a} = a^{\frac{1}{n}}$ (für $n > 1$).

Beispiel 3

$3^{\frac{1}{2}} = \sqrt{3}$ $7^{\frac{1}{5}} = \sqrt[5]{7}$ $27^{-\frac{1}{3}} = \frac{1}{27^{\frac{1}{3}}} = \frac{1}{\sqrt[3]{27}} = \frac{1}{3}$ $27^{\frac{2}{3}} = \left(\sqrt[3]{27}\right)^2 = 3^2 = 9$

Üben und anwenden

1 Löse durch Probieren und ordne richtig zu.

a) $\sqrt[3]{27}$ b) $\sqrt[3]{1\,000}$

c) $\sqrt[3]{512}$ d) $\sqrt[3]{1\,331}$

e) $\sqrt[3]{729}$ f) $\sqrt[3]{216}$

g) $\sqrt[3]{8}$

| 11 | 8 | 9 | 10 | 6 | 3 | 2 |

2 Potenziere den Wert der Wurzel und überprüfe somit, ob die Aufgabe stimmt. Korrigiere, falls nötig.

a) $\sqrt[3]{1\,728} = 12$ b) $\sqrt[3]{16} = 2$

c) $\sqrt[3]{0,625} = 0,5$ d) $\sqrt[3]{\frac{64}{729}} = \frac{4}{9}$

e) $\sqrt[3]{1\,000\,000} = 100$ f) $\sqrt[3]{0,004} = 0,2$

3 Setze im Heft <, > oder = ein.

a) $\sqrt[3]{635}$ 9   b) $\sqrt[3]{1\,000}$ 11

c) $\sqrt[3]{1\,000\,000}$ 110   d) $\sqrt[3]{1\,431}$ 11

e) $\sqrt[3]{15\,635}$ 15   f) $\sqrt[3]{8\,008}$ 20

4 Ein Würfel wurde im Schrägbild dargestellt. Berechne die Kantenlänge a des Würfels aus dem vorgegebenen Volumen.

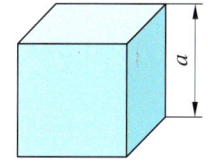

a) $V = 343\,\text{cm}^3$ b) $V = 27\,\text{cm}^3$

c) $V = 64\,\text{cm}^3$ d) $V = 1\,728\,\text{cm}^3$

e) $V = 3\,375\,l$ f) $V = 0,125\,\text{dm}^3$

5 Finde Beispiele und überprüfe daran, wann die folgende Aussage gilt.

„Die dritte Potenz einer Zahl ist immer größer als ihr Quadrat, weil der Exponent 3 größer ist als der Exponent 2."

6 Bestimme den Wert der Wurzel.

a) $\sqrt[4]{256}$ b) $\sqrt[5]{32}$

c) $\sqrt[4]{81}$ d) $\sqrt[6]{0,000\,064}$

e) $\sqrt[5]{0,000\,32}$ f) $\sqrt[7]{0,000\,000\,1}$

g) $\sqrt[5]{\frac{1}{243}}$ h) $\sqrt[8]{\frac{1}{256}}$

i) $\sqrt[5]{\frac{1\,024}{32}}$ j) $\sqrt[6]{\frac{64}{729}}$

Bestimme ohne Taschenrechner, zwischen welchen natürlichen Zahlen die 3. Wurzel liegt. Notiere wie im **Beispiel** für $\sqrt[3]{50}$:
$3^3 = 27$ und $4^3 = 64$, also $3 < \sqrt[3]{50} < 4$

a) $\sqrt[3]{10}$ b) $\sqrt[3]{100}$

c) $\sqrt[3]{0,5}$ d) $\sqrt[3]{480}$

e) $\sqrt[3]{2\,000}$ f) $\sqrt[3]{400}$

1 Überprüfe durch Potenzieren.

Beispiel $\sqrt[3]{\frac{1}{27}} = \frac{1}{3}$; $\frac{1}{3} \cdot \frac{1}{3} \cdot \frac{1}{3} = \left(\frac{1}{3}\right)^3 = \frac{1}{27}$

a) $\sqrt[3]{\frac{1}{8}} = \frac{1}{2}$ b) $\sqrt[3]{\frac{1}{27}} = 0,3$

c) $\sqrt[3]{0,000\,1} = 0,1$ d) $\sqrt[3]{0,125} = 0,5$

e) $\sqrt[3]{0,064} = 0,4$ f) $\sqrt[3]{8\,000} = 20$

g) $\sqrt[3]{\frac{1}{64}} = 4$ h) $\sqrt[3]{900} = 30$

2 Berechne. Mache die Probe.

a) $2 \cdot \sqrt[3]{64}$ b) $5 + \sqrt[3]{216}$

c) $\sqrt[3]{20 + 7}$ d) $\sqrt[3]{100 - 36}$

e) $\sqrt[3]{1} + \sqrt[3]{1\,000}$ f) $5 \cdot \sqrt[3]{8}$

g) $4 \cdot \sqrt[3]{27}$ h) $\frac{1}{7} \cdot \sqrt[3]{343}$

3 Bestimme die Kantenlänge a des Würfels. Beschreibe, wie du dabei vorgehst.

a) $V = 1\,\text{dm}^3$ b) $V = 800\,\text{cm}^3$

   $V = 10\,\text{dm}^3$ $V = 80\,\text{cm}^3$

   $V = 100\,\text{dm}^3$ $V = 8\,\text{cm}^3$

   $V = 1\,000\,\text{dm}^3$ $V = 0,8\,\text{cm}^3$

   $V = 10\,000\,\text{dm}^3$ $V = 0,008\,\text{cm}^3$

   $V = 100\,000\,\text{dm}^3$ $V = 0,000\,8\,\text{cm}^3$

4 Finde jeweils Regeln für Quadratwurzeln und Kubikwurzeln:
Für welche Zahlen erhält man beim Ziehen der Wurzel bzw. der dritten Wurzel …

a) eine kleinere Zahl?

b) eine größere Zahl?

5 Suche Fehler und korrigiere sie.

a) $\sqrt[3]{0,003} = 0,1$ b) $\sqrt[3]{64} = 8$

c) $\sqrt[5]{3\,125} = 5$ d) $\sqrt[4]{810\,000} = 9$

e) $\sqrt[3]{343} = 7$ f) $\sqrt[4]{4\,096} = 8$

g) $\sqrt[5]{320\,000} = 20$ h) $\sqrt[6]{64\,000\,000} = 30$

i) $\sqrt[9]{512} = 2$ j) $\sqrt[5]{0,000\,1} = 0,1$

BEISPIEL ZU 3
$3 \cdot \sqrt[3]{125} = 15$
Probe:
$15 : 3 = 5$ und
$5^3 = 125$

ERINNERE DICH
$1\,l = 1\,\text{dm}^3$
$1\,ml = 1\,\text{cm}^3$

7 Hier gibt es nichts zu rechnen. Begründe.
a) $\sqrt[3]{7^3}$ b) $\sqrt[3]{19^3}$ c) $\sqrt[3]{8^3}$ d) $\sqrt[3]{27^3}$

6 Warum musst du hier nicht rechnen?
a) $\sqrt[2]{11^2}$ b) $\sqrt[4]{8^4}$ c) $\sqrt[3]{0{,}6^3}$ d) $\sqrt[7]{9^7}$

8 Finde die vier falschen Gleichungen, indem du nur die Endziffern betrachtest.
a) $\sqrt{676} = 27$ b) $\sqrt{10{,}89} = 3{,}3$
c) $\sqrt[3]{9\,261} = 21$ d) $\sqrt[3]{2\,744} = 16$
e) $\sqrt[3]{512} = 24$ f) $\sqrt[3]{216} = 6$
g) $\sqrt[3]{649} = 8$ h) $\sqrt[5]{1024} = 4$

7 Korrigiere die Gleichung, wenn nötig. Gibt es mehrere Möglichkeiten?
a) $\sqrt{299} = 17$ b) $\sqrt{361} = 19$
c) $\sqrt[3]{343} = 7$ d) $\sqrt[3]{100} = 10$
e) $\sqrt[4]{650} = 5$ f) $\sqrt[4]{16} = 4$
g) $\sqrt[6]{64} = 4$ h) $\sqrt[5]{243} = 3$

ERINNERE DICH
*Ein Wurzelwert, der nicht als endlicher oder periodischer Dezimalbruch geschrieben werden kann, gehört nicht zu den rationalen Zahlen, sondern ist **irrational**. Rationale und irrationale Zahlen bilden zusammen die **reellen Zahlen**.*

9 Welcher Wurzelwert ist rational, welcher irrational?
Schätze zuerst, rechne dann mit dem Taschenrechner.
a) $\sqrt[6]{64}$ b) $\sqrt[4]{64}$ c) $\sqrt[3]{0{,}027}$ d) $\sqrt[5]{125}$ e) $\sqrt[9]{512}$
f) $\sqrt[4]{625}$ g) $\sqrt[3]{0{,}125}$ h) $\sqrt[5]{0{,}32}$ i) $\sqrt[3]{0{,}000\,1}$ j) $\sqrt[7]{132}$

10 Bestimme die Lösung.
a) $x^3 = 729$ b) $y^3 - 216 = 0$
c) $z^5 = 1\,024$ d) $(1 + x)^9 = 512$
e) $x^5 = 32^4$ f) $y^6 = 0{,}004\,096$
g) $\sqrt[3]{7 \cdot z} = 7$ h) $\sqrt[x]{32 \cdot 32} = 4$

10 Löse durch Probieren.
a) $\sqrt[x]{729} = 3$ b) $\sqrt[x]{256} = 2$
c) $\sqrt[x]{64} = 4$ d) $\sqrt[x]{1} = 1$
e) $\sqrt[5]{y} = 5$ f) $\sqrt[3]{y} = 0{,}2$
g) $\sqrt[4]{y} = 4$ h) $\sqrt[6]{y} = 2$

11 Schreibe die Potenzen als Wurzel und umgekehrt.
a) $3^{\frac{1}{4}}$ b) $5^{\frac{1}{2}}$ c) $10^{\frac{1}{3}}$ d) $100^{\frac{1}{5}}$ e) $\sqrt[3]{6}$ f) $\sqrt[2]{7}$ g) $\sqrt[5]{2}$ h) $\sqrt[4]{16}$

12 Berechne den Potenzwert. Welche Aufgaben schaffst du ohne Taschenrechner?
a) $8^{\frac{1}{3}}$ b) $81^{\frac{1}{2}}$
c) $4096^{\frac{1}{2}}$ d) $4096^{\frac{1}{3}}$
e) $1^{\frac{1}{8}}$ f) $729^{\frac{1}{2}}$
g) $729^{\frac{1}{3}}$ h) $16^{\frac{1}{4}}$
i) $(0{,}0625)^{\frac{1}{4}}$ j) $(1{,}728)^{\frac{1}{3}}$
k) $\left(\frac{1}{512}\right)^{\frac{1}{3}}$ l) $\left(\frac{1}{256}\right)^{\frac{1}{4}}$

12 Beginne mit dem Dominostein ❶ und gib an, in welcher Reihenfolge die anderen Steine rechts angelegt werden müssen.

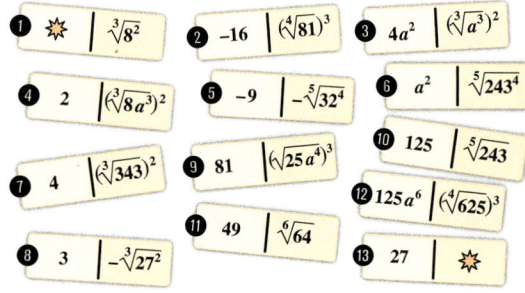

13 Ordne die gegebenen Zahlen richtig zu. Schätze zuerst.
a) $\blacksquare^{\frac{1}{2}} = 3$ b) $\blacksquare^{\frac{1}{4}} = 2$ c) $\blacksquare^{\frac{1}{2}} = 2$
d) $\blacksquare^{\frac{1}{2}} = 5$ e) $\blacksquare^{\frac{1}{3}} = 2$ f) $\blacksquare^{\frac{1}{3}} = 3$

 4   25   9   8   16   27

13 Für welche natürliche Zahl steht x?
Lösungen: 1, 3, 5, 8, 12, 25, 27, 32
a) $x^{\frac{1}{2}} = 5$ b) $x^{\frac{2}{3}} = 9$
c) $x^{\frac{5}{3}} = 9$ d) $x^{\frac{6}{6}} = 1$
e) $\sqrt[5]{x^3} = 8$ f) $\sqrt[3]{x^2} = 4$
g) $\sqrt{3x} = 6$ h) $\sqrt[3]{3 + x} = 2$

Potenzgesetze

Entdecken

1 👥 Jeweils drei blaue und zwei grüne Kärtchen gehören zu einer Fünfergruppe.

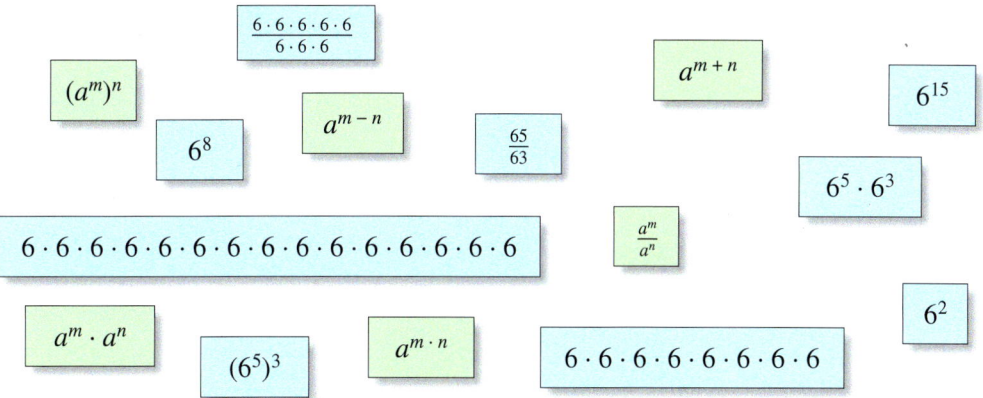

$\dfrac{6 \cdot 6 \cdot 6 \cdot 6 \cdot 6}{6 \cdot 6 \cdot 6}$

$(a^m)^n$

a^{m+n}

6^{15}

6^8

a^{m-n}

$\dfrac{65}{63}$

$6^5 \cdot 6^3$

$6 \cdot 6 \cdot 6 \cdot 6 \cdot 6 \cdot 6 \cdot 6 \cdot 6 \cdot 6 \cdot 6 \cdot 6 \cdot 6 \cdot 6 \cdot 6 \cdot 6$

$\dfrac{a^m}{a^n}$

$a^m \cdot a^n$

$(6^5)^3$

$a^{m \cdot n}$

$6 \cdot 6 \cdot 6 \cdot 6 \cdot 6 \cdot 6 \cdot 6 \cdot 6$

6^2

a) Findet die Fünfergruppen. Vergleicht eure Einteilungen untereinander und begründet eure Entscheidungen.

b) Hinter den drei grünen Paaren mit den Variablen stecken Gesetze. Erläutert sie mithilfe der zugeordneten Beispiele und fasst sie in eigene Worte.

2 Berechne mit Hilfe des Taschenrechners. Überprüfe, ob ein „=" gesetzt werden kann.

① $4^3 \cdot 5^3$ $4 \cdot 5^3$
② $6^4 \cdot 7^4$ $(6 \cdot 7)^4$
③ $10^2 \cdot 10^3$ 10^6

④ $2^5 \cdot 3^2$ $(2 \cdot 3)^7$
⑤ $5^4 \cdot 2^4$ $(5 + 2)^4$
⑥ $10^3 \cdot 10^5$ 10^8

❶ $\dfrac{6^5}{3^2}$ $\left(\dfrac{6}{3}\right)^3$
❷ $\dfrac{5^2}{7^2}$ $\dfrac{5}{7^2}$
❸ $\dfrac{10^4}{10}$ $\left(\dfrac{10}{10}\right)^3$

❹ $\dfrac{9^3}{6^3}$ $\left(\dfrac{9}{6}\right)^3$
❺ $\dfrac{8^2}{6^2}$ $(8-6)^2$
❻ $\dfrac{10^5}{10^2}$ 10^3

a) Überprüfe anhand weiterer Beispiele, ob Regeln vorliegen. Formuliert sie in eigenen Worten.

b) Erarbeite aus deinen Beobachtungen je eine Formel für die Multiplikation und die Division von Potenzen. Benutze in den Formeln die Variablen a und b.

BEACHTE
Summen, Differenzen, Produkte und Quotienten im Exponenten müssen bei der Eingabe in den Taschenrechner in Klammern gesetzt werden.
Bsp.: 10^{5+4} wird eingegeben als

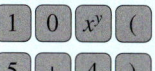

3 Berichtige die Fehler in deinem Heft und erkläre, was falsch gemacht wurde.

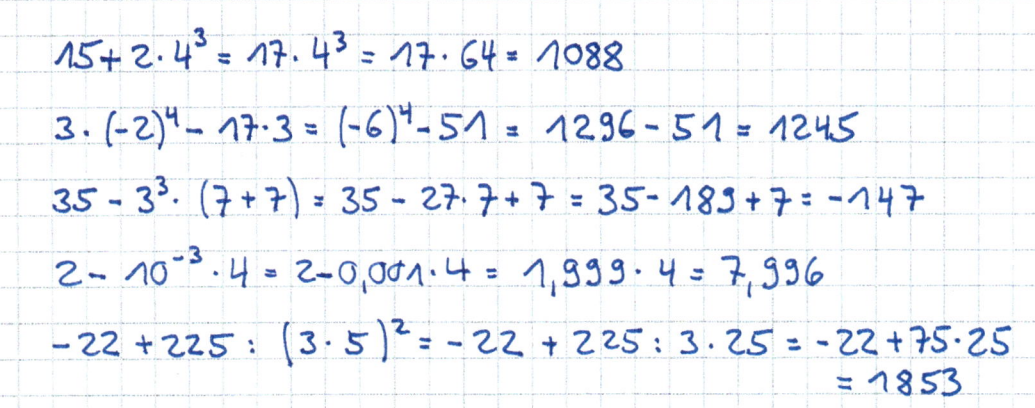

$15 + 2 \cdot 4^3 = 17 \cdot 4^3 = 17 \cdot 64 = 1088$

$3 \cdot (-2)^4 - 17 \cdot 3 = (-6)^4 - 51 = 1296 - 51 = 1245$

$35 - 3^3 \cdot (7+7) = 35 - 27 \cdot 7 + 7 = 35 - 189 + 7 = -147$

$2 - 10^{-3} \cdot 4 = 2 - 0{,}001 \cdot 4 = 1{,}999 \cdot 4 = 7{,}996$

$-22 + 225 : (3 \cdot 5)^2 = -22 + 225 : 3 \cdot 25 = -22 + 75 \cdot 25$
$= 1853$

Verstehen

Bei einer Hochzeit eröffnet das Brautpaar den Tanz. Dann werden die Gäste nach dem Schneeballprinzip auf die Tanzfläche geholt: In der zweiten Runde teilt sich das Brautpaar und jeder tanzt mit einem neuen Partner. Dann trennen sich diese Paare wieder usw. Nach drei Runden sind $2 \cdot 2 \cdot 2 = 2^3 = 8$ Leute auf der Tanzfläche. Nach weiteren zwei Runden sind es 32 Leute, denn $32 = 2 \cdot 2 \cdot 2^3 = 2^5$.

Gesetze für Potenzen mit gleicher Basis:

BEACHTE
$3 \cdot 3^4 = 3^1 \cdot 3^4$
$\quad = 3^{1+4} = 3^5$
$\quad = 243$

Merke Potenzen mit gleicher Basis werden **multipliziert**, indem man die Exponenten addiert und die Basis beibehält.
Es gilt $a^m \cdot a^n = a^{m+n}$.

Beispiel 1
$$5^3 \cdot 5^4 = \underbrace{5 \cdot 5 \cdot 5}_{3 \text{ Faktoren}} \cdot \underbrace{5 \cdot 5 \cdot 5 \cdot 5}_{4 \text{ Faktoren}} = 5^{3+4} = 5^7$$
$$= 78\,125$$

Potenzen mit gleicher Basis werden **dividiert**, indem man die Exponenten subtrahiert und die Basis beibehält.
Es gilt $a^m : a^n = \frac{a^m}{a^n} = a^{m-n}$ für $a \neq 0$.

Beispiel 2
$$8^5 : 8^3 = \frac{8 \cdot 8 \cdot 8 \cdot 8 \cdot 8}{8 \cdot 8 \cdot 8} = 8^{5-3} = 8^2$$
$$10^2 : 10^5 = 10^{2-5} = 10^{-3}$$

Potenzen werden **potenziert**, indem man die Basis mit dem Produkt der Exponenten potenziert. Es gilt $(a^m)^n = a^{m \cdot n}$.

Beispiel 3
$$(5^2)^4 = 5^2 \cdot 5^2 \cdot 5^2 \cdot 5^2 \qquad \overbrace{}^{2 \text{ Faktoren}}$$
$$= \underbrace{(5 \cdot 5) \cdot (5 \cdot 5) \cdot (5 \cdot 5) \cdot \overbrace{(5 \cdot 5)}}_{4 \text{ Faktoren}}$$
$$= 5^{4 \cdot 2} = 5^{2 \cdot 4} = 5^8$$

Gesetze für Potenzen mit gleichem Exponenten:

Merke Potenzen mit gleichen Exponenten werden **multipliziert**, indem man die Basen multipliziert und das Produkt mit dem Exponenten potenziert.
Es gilt $a^m \cdot b^m = (a \cdot b)^m$.

Beispiel 4
$$6^4 \cdot 7^4 = 6 \cdot 6 \cdot 6 \cdot 6 \cdot 7 \cdot 7 \cdot 7 \cdot 7$$
$$= 6 \cdot 7 \cdot 6 \cdot 7 \cdot 6 \cdot 7 \cdot 6 \cdot 7$$
$$= (6 \cdot 7)^4 = 42^4 = 3\,111\,696$$

Potenzen mit gleichen Exponenten werden **dividiert**, indem man die Basen dividiert und den Quotienten mit dem Exponenten potenziert.
Es gilt $a^m : b^m = \frac{a^m}{b^m} = \left(\frac{a}{b}\right)^m$ für $b \neq 0$.

Beispiel 5
$$6^5 : 3^5 = \frac{6 \cdot 6 \cdot 6 \cdot 6 \cdot 6}{3 \cdot 3 \cdot 3 \cdot 3 \cdot 3} = \frac{6}{3} \cdot \frac{6}{3} \cdot \frac{6}{3} \cdot \frac{6}{3} \cdot \frac{6}{3} = \frac{6^5}{3^5}$$
$$= \left(\frac{6}{3}\right)^5 = 2^5 = 32$$

Beim Rechnen mit Potenzen gelten die üblichen **Vorrangregeln**.

Merke Klammern werden zuerst berechnet oder aufgelöst.
Potenzrechnung geht vor Punktrechnung und Punktrechnung geht vor Strichrechnung.

Üben und anwenden

1 Schreibe das Produkt als eine Potenz.
a) $4^5 \cdot 4^6$ 　　　　b) $7^5 \cdot 7^2$
c) $(-3)^5 \cdot (-3)^2$ 　　d) $(-2{,}5)^3 \cdot (-2{,}5)^8$
e) $\left(\frac{1}{2}\right)^5 \cdot \left(\frac{1}{2}\right)^4$ 　　f) $\left(-\frac{1}{4}\right)^3 \cdot \left(-\frac{1}{4}\right)^3$

1 Schreibe das Produkt als eine Potenz.
a) $12^8 \cdot 12^3$ 　　　b) $(-9)^4 \cdot (-9)^5$
c) $\left(\frac{2}{3}\right)^5 \cdot \left(\frac{2}{3}\right)^{12}$ 　d) $(-17) \cdot (-17)^6$
e) $u^3 \cdot u^{15}$ 　　　f) $\left(\frac{2}{x}\right)^7 \cdot \left(\frac{2}{x}\right)^5$

2 Schreibe als Produkt zweier Potenzen.
a) 3^{2+4} 　　　　b) $(-7)^{5+2}$
c) $1{,}5^{3+7}$ 　　　d) 4^8
e) -2^6 　　　　f) $(-5)^9$

2 Schreibe als Produkt zweier Potenzen.
a) 22^{11+7} 　　　b) a^{x+y}
c) $(-5{,}4)^7$ 　　　d) a^{3n+1}
e) a^{4+x} 　　　　f) a^{11}

3 Berechne den Wert der Potenz im Kopf.
a) $2^3 \cdot 2^7$ 　　　b) $3^2 \cdot 3^3$
c) $5^4 \cdot 5^{-2}$ 　　d) $10^4 \cdot 10^3$
e) $0{,}1^5 \cdot 0{,}1^3$ 　　f) $3^{-2} \cdot 3^6$
g) $(-2)^2 \cdot (-2)^4$ 　h) $1{,}5^5 \cdot 1{,}5^{-3}$
i) $(-1)^2 \cdot (-1)^9$

3 Berechne den Wert der Potenz.
a) $4^3 \cdot 4^2$ 　　　b) $(-3)^4 \cdot (-3)^3$
c) $0{,}2 \cdot 0{,}2^5$ 　　d) $-11^{-2} \cdot 11^5$
e) $7^4 \cdot 7^{-7}$ 　　f) $(-9)^2 \cdot 9$
g) $(-2)^{-7} \cdot (-2)^4$ 　h) $2{,}5^6 \cdot 2{,}5^{-3}$
i) $\left(\frac{1}{2}\right)^{-1} \cdot \left(\frac{1}{2}\right)^{-2}$

HINWEIS
$9^1 = 9$, denn der Exponent 1 muss nicht mitgeschrieben werden.

4 Überprüfe anhand der folgenden Beispiele, ob die Regel $a^m \cdot a^n = a^{m+n}$ auch für mehr als zwei Faktoren gilt. Setze „=" oder „≠" ein und erkläre anschließend das Ergebnis.
a) $3^2 \cdot 3^5 \cdot 3^3$ 　　3^{10} 　　　b) $2^4 \cdot 2^2 \cdot 2^5$ 　　2^{11} 　　　c) $4^1 \cdot 4^3 \cdot 4^2 \cdot 4^5$ 　　4^{11}

5 Schreibe den Quotienten als Potenz.
a) $7^9 : 7^4$ 　　　b) $20^7 : 20^5$
c) $(-5{,}2)^8 : (-5{,}2)^3$ 　d) $\left(\frac{1}{2}\right)^6 : \left(\frac{1}{2}\right)^4$
e) $5^4 : 5^9$ 　　　f) $\frac{3^8}{3^5}$
g) $\frac{10^4}{10^3}$ 　　　h) $\frac{17^5}{17^5}$

5 Schreibe den Quotienten als Potenz.
a) $\frac{2^9}{2^5}$ 　　　b) $\frac{(-5)^4}{(-5)^2}$
c) $\left(\frac{2}{3}\right)^7 : \left(\frac{2}{3}\right)^4$ 　d) $\frac{8^x}{8^5}$
e) $2{,}3^u : 2{,}3^v$ 　　f) $\frac{a^{47}}{a^{36}}$
g) $\frac{2^3}{2^{-5}}$ 　　　h) $\frac{x^y}{x^{-y}}$

6 Berechne den Wert der Potenz im Kopf.
a) $5^7 : 5^5$ 　　　b) $10^8 : 10^5$
c) $0{,}1^5 : 0{,}1^1$ 　　d) $\left(\frac{1}{3}\right)^4 : \left(\frac{1}{3}\right)^2$
e) $(-3)^{10} : (-3)^6$ 　f) $\frac{8^7}{8^5}$
g) $\frac{10^3}{10^7}$ 　　　h) $\frac{7^5}{7^4}$

6 Berechne den Wert der Potenz.
a) $\frac{3^5}{3^3}$ 　　　b) $\frac{7^4}{7^2}$
c) $(-1{,}5)^7 : (-1{,}5)^6$ 　d) $4^2 : 4^{-3}$
e) $625 : 5^2$ 　　　f) $4^7 : 64$
g) $\left(\frac{2}{3}\right)^9 : \left(\frac{2}{3}\right)^6$ 　h) $5^3 : 5^5$

7 Überlege zuerst, ob der Wert der Potenz größer oder kleiner als 1 sein wird. Berechne dann mithilfe eines Potenzgesetzes.
a) $(2^2)^3$ 　　b) $(3^2)^2$ 　　c) $(10^2)^4$
d) $(-1^3)^5$ 　e) $(-2^2)^3$ 　f) $-(4^0)^5$
g) $(10^4)^{-2}$ 　h) $(5^3)^{-1}$ 　i) $(3^{-1})^2$

7 Überlege zuerst, ob der Wert der Potenz größer oder kleiner als 1 sein wird. Berechne dann.
a) $(2^3)^2$ 　　b) $-(2^4)^3$ 　　c) $(5^2)^2$
d) $((-3)^4)^2$ 　e) $(4^2)^{-3}$ 　f) $(-2^3)^{-4}$
g) $((-2)^3)^{-4}$ 　h) $(0{,}1^{-3})^2$ 　i) $(2^{-3})^{-2}$

8 Begründe, wo du Potenzgesetze anwenden kannst und wo nicht. Berechne dann.
a) $6^{10} : 6^7$ 　　　b) $3^4 \cdot 2^3$ 　　　c) $0{,}5^3 : 5^2$ 　　　d) $0{,}1^5 \cdot 0{,}1^2$
e) $(-4)^7 : (-4)^4$ 　f) $9^0 : 2^5$ 　　　g) $3^3 \cdot 0{,}5^2$ 　　　h) $\left(-\frac{1}{2}\right)^3 \cdot \left(-\frac{1}{2}\right)^3$

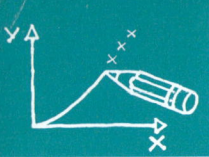

9 Berechne den Wert der Produkte mithilfe eines Potenzgesetzes.

a) $7^2 \cdot 2^2$
b) $5^4 \cdot 3^4$
c) $2^3 \cdot (-4)^3$
d) $(-6)^2 \cdot (-5)^2$
e) $0{,}1^3 \cdot 9^3$
f) $5^7 \cdot 0{,}02^7$
g) $5^{-4} \cdot 2^{-4}$
h) $10^{-2} \cdot 2^{-2}$

9 Berechne den Wert der Produkte mithilfe eines Potenzgesetzes.

a) $4^3 \cdot 3^3$
b) $(-2)^5 \cdot 3^5$
c) $0{,}1^4 \cdot (-0{,}2)^4$
d) $(-5)^3 \cdot \left(-\frac{1}{2}\right)^3$
e) $2{,}5^{-3} \cdot 2^{-3}$
f) $\left(-\frac{4}{3}\right)^{-5} \cdot 1{,}5^{-5}$
g) $4^2 \cdot 3^2 \cdot 2^2$
h) $\left(\frac{1}{8}\right)^4 \cdot 6^4 \cdot (-4)^4$

10 Berechne den Wert der Quotienten. In welchen beiden Teilaufgaben kannst du kein Potenzgesetz anwenden?

a) $4^2 : 2^2$
b) $\frac{15^3}{5^3}$
c) $33^5 : 11^4$
d) $\left(\frac{3}{4}\right)^4 : 3^4$
e) $100^{-6} : 10^{-6}$
f) $\frac{(-8)^5}{4^5}$
g) $(-2{,}5)^2 : (-0{,}5)^2$
h) $100^{-2} : 5^{-3}$

10 Berechne den Wert der Quotienten. In welchen Teilaufgaben kannst du kein Potenzgesetz anwenden?

a) $\frac{21^4}{7^4}$
b) $\frac{10^3}{(-4)^3}$
c) $(-0{,}15)^5 : 0{,}3^5$
d) $\left(\frac{1}{3}\right)^5 : \left(\frac{2}{3}\right)^6$
e) $6{,}25^{-2} : (-2{,}5)^{-2}$
f) $\frac{2^{-5}}{3^5}$
g) $17^{-3} : 5{,}1^{-4}$
h) $16^4 : (4^8 : 4^4)$

11 Ordne jeweils drei Kästchen einander zu.

$\boxed{\frac{1}{64}}$ $\boxed{-5{,}0625}$ $\boxed{729}$ $\boxed{3^3 \cdot 3^3}$ $\boxed{\left(\frac{1}{2}\right)^3 \cdot \left(\frac{1}{2}\right)^3}$ $\boxed{(-4)^3 \cdot (-2)^4}$ $\boxed{\frac{-3^4}{2^4}}$

$\boxed{189^3 : 21^3}$ $\boxed{15^{-6} : 7{,}5^{-6}}$ $\boxed{(-2{,}4)^5 : 0{,}6^5}$ $\boxed{-1024}$ $\boxed{-15^4 \cdot 10^{-4}}$

12 Berechne im Heft. Achte Vorrangregeln!

a) $2 \cdot 3^4$
b) $3 \cdot (-5)^3$
c) $27 - 3^2 \cdot 2$
d) $105 + 4^2 \cdot 1{,}5$
e) $288 \cdot 12^{-2} - 2{,}1$
f) $39 \cdot 13^{-1} + 11{,}7$
g) $3 - 6^2 \cdot 0{,}1$
h) $-50 + (-2)^5 \cdot 5$

12 Berechne ohne Taschenrechner.

a) $23 + 9 \cdot 2^4$
b) $78 - 2 \cdot 4^3$
c) $75 + (-3)^3 \cdot 2$
d) $0{,}5 \cdot 6^3 - 18$
e) $100 \cdot 20^{-2} + 1{,}5$
f) $-324 \cdot 3^{-4} - 0{,}5^2 \cdot 8$
g) $7 \cdot 0{,}1^3 - 0{,}2^3$
h) $96 \cdot 4^{-2} + 5^{-3} \cdot 625$

13 Berechne. Beachte die Vorrangregeln.

a) $750 : 5^3$
b) $-54 : (-3)^2$
c) $30{,}5 - 3^4 : 3$
d) $2 - 2^5 : 8$
e) $3 : (0{,}04 - 10^{-2})$
f) $722 : 19^{-2} + 5{,}5$
g) $(6^3 - 211)^4 : 25$
h) $(-12 + (-4)^3) : 4$

13 Berechne im Heft (ohne Taschenrechner).

a) $99 + 686 : 7^3$
b) $1 - (1{,}5 : 5)^2$
c) $3{,}5 + (-4)^3 : 2^4$
d) $(6^3 - 9^2)^0 : 20$
e) $(0{,}05 : 10^{-2}) : 5^2$
f) $3 : 2^{-4} - (-3^5 : 9)$
g) $-3{,}1 : (-1)^5 + 3^3$
h) $-2^{-2} + 2 \cdot 6^{-3} \cdot 3^3$

14 Stelle den Term auf und berechne.

a) Bilde die dritte Potenz von sechs.
b) Bilde die vierte Potenz von zwei und addiere die Zahl drei.
c) Multipliziere die dritte Potenz von vier mit dem Faktor fünf.
d) Subtrahiere zwanzigtausend von der fünften Potenz von zehn.
e) Bilde die vierte Potenz von drei und dividiere sie durch neun.
f) Formuliere selbst eine ähnliche Beschreibung. Tausche sie mit deinem Sitznachbarn aus. Kontrolliert gegenseitig eure Terme.

14 Berechne.

a) Potenziere sechs mit drei und multipliziere mit dem Faktor null Komma fünf.
b) Subtrahiere die vierte Potenz von fünf vom Siebenfachen der Zahl hundert.
c) Multipliziere die Summe aus fünfundvierzig und dem Quadrat von elf mit zwanzig.
d) Bilde den Quotienten aus der dritten Potenz von vier und der dritten Potenz von zwölf.
e) Formuliere selbst eine ähnliche Beschreibung. Tausche sie mit deinem Sitznachbarn aus. Kontrolliert gegenseitig eure Terme.

Potenzfunktionen

Entdecken

1 Im Koordinatensystem sind die Graphen der Funktionen $f(x) = x^{-1}$, $g(x) = x^{-2}$, $h(x) = x^2$ und $i(x) = x^3$ eingezeichnet.

a) Ordne den Funktionsgraphen die zugehörigen Funktionsgleichungen zu. Begründe deine Entscheidung.

b) Ergänze die Wertetabelle im Heft:

x	0	$\frac{1}{4}$	$\frac{1}{2}$	$\frac{3}{4}$	1	2	3
$f(x) = x^{-1}$	–		2				
$g(x) = x^{-2}$	–						
$h(x) = x^2$							
$i(x) = x^3$							

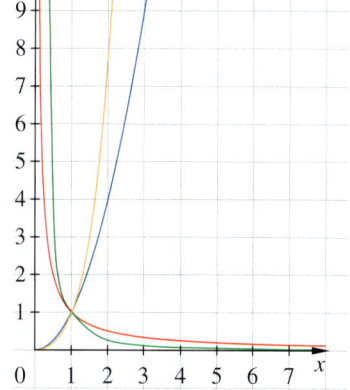

c) Julia behauptet, dass die Funktionswerte von $i(x) = x^3$ für positive x immer größer sind als die von $h(x) = x^2$. Ist Julias Aussage richtig? Begründe.

d) Zeichne die Graphen der Funktionen im Intervall zwischen -4 und 4 in dein Heft, ohne eine zusätzliche Wertetabelle für negative x zu erstellen.

e) Beschreibe den Verlauf der Graphen. Nenne Unterschiede und Gemeinsamkeiten.

BEACHTE
Das Intervall zwischen -4 und 4 umfasst alle Zahlen, die zwischen -4 und 4 liegen. Man schreibt dafür $[-4|4]$.

2 Ein Quadrat mit einem Flächeninhalt von $64\,\text{cm}^2$ soll in ein flächengleiches Rechteck verwandelt werden.

a) Zeichne zwei verschiedene Rechtecke (mit natürlichen Seitenlängen) mit einem Flächeninhalt von $64\,\text{cm}^2$. Vergleiche deine Lösungen mit deinem Nachbarn.
Wie viele unterschiedliche Rechtecke mit natürlichen Seitenlängen gibt es insgesamt?

b) Gib die Funktionsvorschrift für die folgende Zuordnung an:
Länge der einen Rechteckseite → Länge der zweiten Rechteckseite
Fertige eine Wertetabelle an und zeichne den Graphen der Funktion.

3 Untersuche mithilfe eines Funktionenplotters den Einfluss der Faktoren a und b auf die Graphen der Funktionen $f(x) = a \cdot x^3$ und $g(x) = b \cdot x^{-2}$.

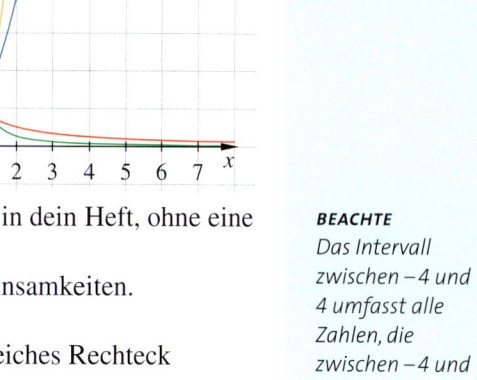

a) Beantworte die folgenden Fragen und formuliere Regeln.
– Wie muss a gewählt werden, damit der Funktionsgraph durch den Punkt $(1|3)$ bzw. durch den Punkt $(2|1)$ verläuft?
– Was geschieht, wenn für a eine negative Zahl eingesetzt wird?
– Wie muss b gewählt werden, damit der Funktionsgraph durch den Punkt $(2|1)$ verläuft?
– Was geschieht, wenn für b ein negativer Wert eingesetzt wird?

b) Mit einem Funktionenplotter wurde die Grafik rechts gezeichnet. Welche Funktionen wurden benutzt? Gib ihre Funktionsgleichungen an.

c) Zeichne mit einem Funktionenplotter Graphen von zwei Funktionen, die du frei wählst.

Verstehen

Mit einem Funktionenplotter kann beobachtet werden, wie sich der Verlauf des Graphen der Funktion $f(x) = a \cdot x^n$ ändert, wenn der Faktor a und der Exponent n geändert werden.
Dabei fällt auf, dass es einige immer wiederkehrende Formen von Graphen gibt.

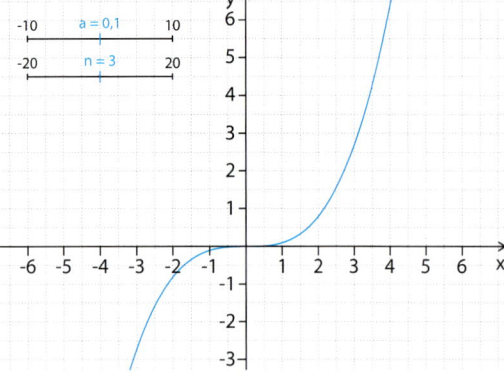

> **Merke** Funktionen der Form $f(x) = a \cdot x^n$ ($a \neq 0$) nennt man **Potenzfunktionen**. Dabei ist der Exponent n eine ganze Zahl und bestimmt den Verlauf des Funktionsgraphen.

HINWEIS
Der **Definitionsbereich** einer Funktion umfasst alle Zahlen, die für x eingesetzt werden dürfen.
Der **Wertebereich** besteht aus Werten, die y annehmen kann.

ERINNERE DICH
ℝ ist die Menge der reellen Zahlen, also die Menge der rationalen und irrationalen Zahlen.

Positiver Exponent ($n > 0$): Parabeln		Negativer Exponent ($n < 0$): Hyperbeln	
Gerader Exponent:	Ungerader Exponent:	Gerader Exponent:	Ungerader Exponent:
$f(x) = x^2$, $g(x) = x^{10}$	$f(x) = x^1$, $g(x) = x^9$	$f(x) = x^{-2}$, $g(x) = x^{-10}$	$f(x) = x^{-1}$, $g(x) = x^{-9}$
Definitionsbereich ℝ	Definitionsbereich ℝ	Definitionsbereich ℝ mit $x \neq 0$	Definitionsbereich ℝ mit $x \neq 0$
Wertebereich ℝ mit $y > 0$	Wertebereich ℝ	Wertebereich ℝ mit $y > 0$	Wertebereich ℝ mit $y \neq 0$
für $x < 0$ streng monoton fallend; für $x > 0$ streng monoton wachsend	streng monoton wachsend	für $x < 0$ streng monoton wachsend; für $x > 0$ streng monoton fallend	für $x \neq 0$ streng monoton fallend
achsensymmetrisch zur y-Achse	punktsymmetrisch zum Ursprung	achsensymmetrisch zur y-Achse	punktsymmetrisch zum Ursprung
keine Asymptoten		Beide Achsen sind **Asymptoten**, das heißt, die Graphen schmiegen sich an die Achsen an.	

Je nach Eigenschaft des Faktors a ändern sich Form und Richtung des Funktionsgraphen.

HINWEIS
Verläuft der Funktionsgraph enger an der x-Achse als der Graph der Funktion y = xⁿ, so ist er gestreckt, verläuft er weiter von der x-Achse, so ist er gestaucht.

> **Merke** Für $|a| > 1$ ist der Funktionsgraph gegenüber dem der Funktion $y = x^n$ senkrecht zur x-Achse **gestreckt**, für $0 < |a| < 1$ ist er senkrecht zur x-Achse **gestaucht**. Ist a negativ, so ist der Funktionsgraph zusätzlich an der x-Achse gespiegelt.

Beispiel 1

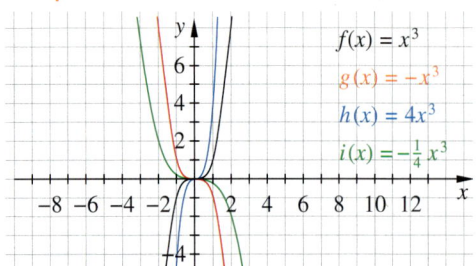

$f(x) = x^3$
$g(x) = -x^3$
$h(x) = 4x^3$
$i(x) = -\frac{1}{4}x^3$

Üben und anwenden

1 Welche der Funktionsgleichungen beschreiben Potenzfunktionen?

a) $f(x) = 7x^3$ b) $f(x) = \frac{1}{3}x^{-2}$

c) $f(x) = 4x^3 - 1$ d) $f(x) = x^{-1}$

e) $f(x) = \frac{1}{x}$ f) $f(x) = 8x - 9$

g) $f(x) = 2x$ h) $f(x) = \frac{1}{4x^2}$

2 Ergänze die Wertetabelle im Heft.

x	-3	-2	-1	0	1	2	3
$y = x^2$							
$y = x^3$							
$y = x^4$							

a) Zeichne die drei Graphen der Funktionen in ein gemeinsames Koordinatensystem.

b) Vergleiche die Graphen. Welche Unterschiede und Gemeinsamkeiten haben sie?

3 Zeichne die Graphen der Funktionen $y = x^2$ und $y = x^{-2}$ in ein gemeinsames Koordinatensystem.
Erstelle hierfür zuerst eine Wertetabelle. Finde Gemeinsamkeiten und Unterschiede.

4 Welche Aussagen passen zu den Graphen der folgenden Funktionen?

a) $y = x^{-1}$ b) $y = x^1$

c) $y = x^2$ d) $y = x^3$

I verläuft durch den Punkt $(1|1)$.

II verläuft durch den Punkt $(0|0)$.

III verläuft nicht durch den Koordinatenursprung.

IV verläuft durch den Punkt $(-1|1)$.

V verläuft durch den Punkt $(1|-1)$.

VI verläuft punktsymmetrisch zum Ursprung.

VII verläuft achsensymmetrisch zur y-Achse.

VIII schneidet keine Koordinatenachse.

1 Welche der Funktionsgleichungen beschreiben Potenzfunktionen?

a) $f(x) = 3x^5$ b) $f(x) = \frac{1}{2}x^{-6}$

c) $f(x) = \frac{-3}{x^2}$ d) $f(x) = x^2 + 4x - 1$

e) $f(x) = 2$ f) $f(x) = (2x)^3$

g) $f(x) = (4x)^{-1}$ h) $f(x) = (x-1)^2$

2 Zeichne die Funktionsgraphen von $y = x^3$ und $y = x^{-3}$ in ein gemeinsames Koordinatensystem.

a) Gib jeweils den Definitionsbereich und den Wertebereich an.

b) Welches Monotonieverhalten haben die beiden Graphen?

c) Beschreibe das Symmetrieverhalten der beiden Graphen.

d) Gibt es gemeinsame Punkte?

e) Hat einer der Graphen Asymptoten?

3 Zeichne die Graphen der Funktionen $f(x) = x^2$, $g(x) = x^4$; $h(x) = x^{-2}$ und $i(x) = x^{-4}$ in ein gemeinsames Koordinatensystem.
Erstelle hierfür zunächst eine Wertetabelle. Vergleiche die Graphen miteinander.

4 Untersuche die Eigenschaften der Potenzfunktion $y = a \cdot x^{-1}$.

a) Übertrage die Wertetabelle ins Heft und ergänze sie.

x	-3	-2	-1	0	1	2	2
$y = -2x^{-1}$							
$y = -x^{-1}$							
$y = -\frac{1}{2}x^{-1}$							
$y = \frac{1}{2}x^{-1}$							
$y = x^{-1}$							
$y = 2x^{-1}$							

b) Zeichne die Graphen der Funktionen in ein gemeinsames Koordinatensystem.

c) Vergleiche die Graphen. Beschreibe Gemeinsamkeiten und Unterschiede.

d) Welche Aussagen kannst du über die Auswirkungen des Faktors a in der Funktion $y = a \cdot x^{-1}$ machen?

HINWEIS
Die Funktion $y = a \cdot x^{-1}$ entspricht der Funktion $y = a \cdot \frac{1}{x} = \frac{a}{x}$.

5 Gegeben sind die Faktoren a einer Funktion $f(x) = a \cdot x^4$. Setze a ein und entscheide, ob gestauchte oder gestreckte Parabeln entstehen. In welche Richtung ist die Parabel jeweils geöffnet? Überprüfe zeichnerisch, wenn nötig.

a) $a = 2$ b) $a = -3$ c) $a = 0,5$
d) $a = -0,75$ e) $a = \frac{1}{2}$ f) $a = -\frac{2}{3}$

5 Gegeben sind die Faktoren a einer Funktion $f(x) = a \cdot x^n$ mit $n > 0$ und gerade. Setze a ein und entscheide, ob gestauchte oder gestreckte Parabeln entstehen. In welche Richtung ist die Parabel jeweils geöffnet? Begründe.

a) $a = 3$ b) $a = 0,5$ c) $a = -\frac{1}{3}$
d) $a = -0,75$ e) $a = -1,25$ f) $a = \frac{7}{6}$

6 Im Koordinatensystem sind Funktionsgraphen von Potenzfunktionen dargestellt.

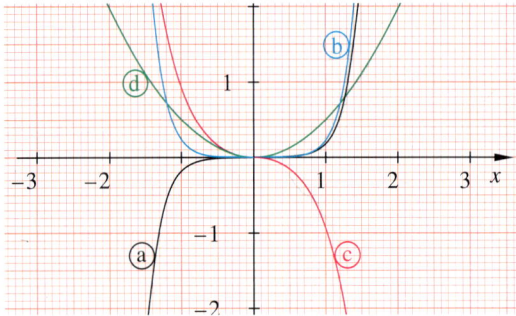

a) Ordne den Funktionsgraphen jeweils die zugehörige Funktionsgleichung zu.
① $f(x) = -x^3$
② $f(x) = -\frac{1}{4}x^6$
③ $f(x) = x^3$
④ $f(x) = -0,5x^2$
⑤ $f(x) = \frac{1}{4}x^6$
⑥ $f(x) = -x^5$
⑦ $f(x) = 3x^3$
⑧ $f(x) = \frac{1}{5}x^5$
⑨ $f(x) = 0,5x^2$
Begründe deine Zuordnung.

b) Skizziere die Funktionsgraphen der Funktionen, die nicht zuzuordnen sind.

6 Im Koordinatensystem sind Funktionsgraphen von Potenzfunktionen dargestellt.

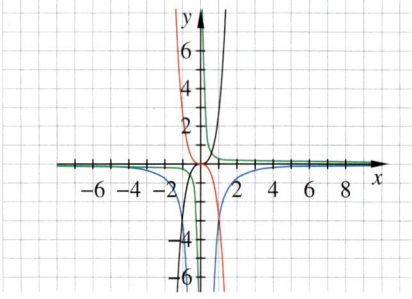

a) Ordne den Funktionsgraphen jeweils die zugehörige Funktionsgleichung zu.
① $f(x) = 3x^3$
② $f(x) = \frac{1}{3}x^3$
③ $f(x) = -3x^3$
④ $f(x) = 3x^{-1}$
⑤ $f(x) = \frac{1}{3}x^{-1}$
⑥ $f(x) = -3x^{-1}$
⑦ $f(x) = 3x^{-2}$
⑧ $f(x) = \frac{1}{3}x^{-2}$
⑨ $f(x) = -3x^{-2}$
Begründe deine Zuordnung.

b) Skizziere die Funktionsgraphen der Funktionen, die nicht zuzuordnen sind.

7 Betrachte die Funktionen
$f(x) = \frac{1}{2}x$,
$g(x) = \frac{1}{2}x^{-1}$ und
$h(x) = \frac{1}{2}x^{-2}$.

a) Zeichne die zugehörigen Graphen der Funktionen in ein gemeinsames Koordinatensystem.

b) Vergleiche die Graphen. Welche Unterschiede und Gemeinsamkeiten haben sie?

8 Beschreibe die Eigenschaften des Funktionsgraphen von $f(x) = 3 \cdot x^{-4}$.

7 Potenzfunktionen können wie quadratische Funktionen verschoben werden.

a) Zeichne die Graphen zu $f(x) = x^3 + 2$ und zu $g(x) = x^3$ in ein Koordinatensystem. Beschreibe wie der Graph von g gegenüber dem Graphen von f verschoben ist.

b) Zeichne die Graphen zu $f(x) = (x - 1,5)^{-4}$ und zu $g(x) = x^{-4}$ in ein Koordinatensystem. Beschreibe wie der Graph von g gegenüber dem Graphen von f verschoben ist.

8 Beschreibe die Verschiebungen der Graphen in Worten.

a) $f(x) = (x - 5)^{-2}$ b) $f(x) = x^3 + 2,4$
c) $f(x) = (x + 3)^5 + 9$ d) $f(x) = (x - 4)^{-4} - 1,6$
e) $f(x) = -(x - 1)^4 - 8$ f) $f(x) = 3(x + 2)^{-1} + 7$

Thema: Kennst du deinen Taschenrechner?

In den letzten Jahren ist dir dein Taschenrechner wohl zum ständigen Begleiter und Hilfsmittel im Mathematikunterricht geworden. Aber nutzt du seine vielen Funktionen auch wirklich aus? Diese Seite gibt dir Tipps, wie du noch effektiver mit ihm arbeiten kannst.

Da es hunderte unterschiedliche Taschenrechnertypen (verschiedene Hersteller/zahlreiche Modelle) und keine normierten Tastenbeschriftungen gibt, ist es wichtig, dass du dein eigenes Modell gut kennst.

TIPP
Unbedingt die Bedienungsanleitung deines Taschenrechners gründlich studieren und zum Nachschlagen bereithalten.

1 Lege eine Tabelle mit den wichtigsten Tasten deines Taschenrechners an.

2 Betrachte die einzeln hervorgehobenen Tasten der obigen Grafik.
a) Überprüfe, welche dieser Tasten auf deinem Rechner vorhanden sind.
b) Finde heraus, was sie errechnen bzw. wie sie funktionieren.
c) Ermittle durch Vergleiche mit deinen Mitschülern, welche Tasten abweichende Symbole haben.
d) Kennst du weitere Tasten und kannst deren Funktion erklären?

Für komplexere Aufgaben oder für Rechnungen mit immer wiederkehrenden Größen bietet sich die **Speicherfunktion** an, die jeder Rechner besitzt. Hierzu benötigst du mehrere Tasten.

M+	Memory plus	speichert den angezeigten Wert oder addiert zum bereits vorhandenen Speicherwert
M–	Memory minus	speichert den angezeigten Wert mit negativem Vorzeichen oder subtrahiert vom bereits vorhandenen Speicherwert
MR	Memory recall	ruft den gespeicherten Wert wieder auf
MC	Memory clear	löscht den gesamten Speicherinhalt
Min	Memory in	löscht den vorhandenen Speicherwert und speichert stattdessen den neu angezeigten Wert

3 Mache dich mit den Speichertasten vertraut, indem du Zwischenergebnisse abspeicherst oder änderst und später wieder aufrufst. Probiere es mit Aufgaben wie den folgenden aus.
a) Speicher als Konstante nutzen: ① $\sqrt{2}$ M+ $+ 5$ ② MR $+ \sqrt{6}$ ③ MR $+ \sqrt{7}$ ④ MR $+ \sqrt{8}$ ⑤ MC
b) Ergebnis als Speicher weiterverwenden: ① $24 + 42$ M+ ② $\sqrt[3]{512}$: MR ③ $6{,}4 \cdot 10^5$: MR ④ MC
c) Speicherwert überschreiben: ① $10^5 : 2^5$ M+ ② $\sqrt[7]{25} \cdot$ MR Min ③ $\sqrt{1{,}25} \cdot$ MR ④ MC

Klar so weit?

→ Seite 58

Der Potenzbegriff

1 Berechne den Wert der Potenzen.

a) 2^5 b) $(-1)^7$ c) $(-4)^4$

d) $0,5^3$ e) $\left(\frac{1}{2}\right)^4$ f) $\left(\frac{3}{5}\right)^2$

g) 5^{-3} h) $(-3)^{-5}$ i) $(-10)^{-4}$

1 Berechne den Wert der Potenzen.

a) 7^3 b) $(-3)^5$ c) $(-0,2x)^6$

d) $\left(\frac{1}{11}\right)^2$ e) 2^{-4} f) $(-7)^{-3}$

g) $0,1^{-2}$ h) $\left(\frac{2}{3}m\right)^4$ i) $\left(\frac{1}{2}\right)^{-3}$

2 Größer, kleiner oder gleich? Fülle im Heft aus, möglichst ohne zu rechnen.

a) 6^9 ■ 6^{10} b) 4^7 ■ 2^7

c) $(-5)^3$ ■ -5^3 d) -10^6 ■ $(-10)^6$

e) $\frac{1}{3^4}$ ■ $\left(\frac{1}{3}\right)^4$ f) $(4 \cdot 3)^2$ ■ $4 \cdot 3^2$

2 Vergleiche und erkläre gegebenenfalls, wie Unterschiede zustande kommen.

a) $(-12)^4$ und -12^4 b) $-4x^8$ und $(-4x)^8$

c) $(2b)^6$ und $22b^6$ d) $(0,5y)^2$ und $0,25y^2$

e) $\frac{3^4}{7}t^4$ und $\left(\frac{3}{7}t\right)^4$ f) $-\frac{1}{5^3}$ und $\left(-\frac{1}{5}\right)^3$

→ Seite 62

Zahlendarstellung in Zehnerpotenzschreibweise

3 Ordne die passenden Kärtchen einander zu. Zwei Größen bleiben übrig.

0,69	6,9 · 10⁴

$6,9 \cdot 10^{-1}$

$0,69$ $6,9 \cdot 10^4$ $6,9 \cdot 10^{-7}$ $69\,000\,000$ $0,000\,69$

$6,9 \cdot 10^2$ 690 $6,9 \cdot 10^{-3}$ $69\,000$ $6,9 \cdot 10^7$ $0,000\,000\,69$

4 Schreibe in Dezimalschreibweise.

a) $5 \cdot 10^3$ b) $1,7 \cdot 10^6$

c) $3 \cdot 10^{-4}$ d) $7,5 \cdot 10^{-5}$

4 Schreibe in Dezimalschreibweise.

a) $9,76 \cdot 10^6$ b) $5,001 \cdot 10^8$

c) $1,54 \cdot 10^{-4}$ d) $2,1045 \cdot 10^{-7}$

5 Stelle in Zehnerpotenzschreibweise dar.

a) $2\,800\,000\,000$ b) 8 Millionen

c) 91 Milliarden   d) $0,000\,004\,3$

e) $0,000\,000\,112$ f) $0,000\,000\,05$

5 Stelle in Zehnerpotenzschreibweise dar.

a) $63\,400\,000\,000$ b) 4 Trillionen

c) 5,8 Billiarden   d) $0,012\,08$

e) $0,000\,000\,084$ f) $0,000\,070\,50$

→ Seite 66

Wurzeln

6 Berechne die Wurzeln im Kopf.

a) $\sqrt{81}$ b) $\sqrt{16^2}$ c) $\sqrt{900}$ d) $\sqrt{0,36}$

e) $\sqrt[3]{216}$ f) $\sqrt[3]{0,027}$ g) $\sqrt[3]{8\,000}$ h) $\sqrt[3]{0,5^3}$

6 Berechne die Wurzeln im Kopf.

a) $\sqrt{289}$ b) $\sqrt{3,61}$ c) $\sqrt[3]{343}$

d) $\sqrt[3]{0,125}$ e) $\sqrt[4]{26^4}$ f) $\sqrt[5]{32}$

g) $\sqrt[3]{27\,000}$ h) $\sqrt[4]{0,0001}$

7 Berechne. Runde an der Tausendstelstelle.

a) $\sqrt[7]{4}$ b) $\sqrt[6]{243}$ c) $\sqrt{4^2} : \sqrt{6}$

d) $\sqrt[4]{7^2} \cdot \sqrt{3}$ e) $\sqrt[3]{\frac{1}{1296}}$ f) $\sqrt[5]{\frac{1}{343}}$

7 Berechne.

a) $\left(\frac{1}{81}\right)^{\frac{1}{4}}$ b) $\left(\frac{9}{4}\right)^{-\frac{1}{2}}$ c) $\left(\frac{121}{144}\right)^{-\frac{1}{2}}$

d) $\left(\frac{361}{484}\right)^{-\frac{1}{2}}$ e) $128^{-\frac{2}{7}}$ f) $243^{-\frac{3}{5}}$

8 Schreibe als Wurzel und rechne aus.

a) $16^{\frac{1}{4}}$ b) $729^{\frac{1}{3}}$ c) $10000^{\frac{1}{4}}$ d) $3125^{\frac{1}{5}}$

8 Schreibe als Wurzel.

a) $a^{\frac{7}{8}}$ b) $b^{\frac{4}{9}}$ c) $a^{-\frac{3}{4}}$ d) $a^{-\frac{3}{2}}$ e) $-a^{\frac{7}{3}}$

→ *Seite 70*

Potenzgesetze

9 Schreibe als eine Potenz und berechne.

a) $2^4 \cdot 2^3$ **b)** $(-1)^2 \cdot (-1)^5$

c) $\left(\frac{1}{4}\right)^3 \cdot \left(\frac{1}{4}\right)^2$ **d)** $25^7 \cdot 25^{-5}$

9 Schreibe als eine Potenz und berechne.

a) $2{,}5^2 \cdot 2{,}5^3$ **b)** $(-x)^3 \cdot (-x)$

c) $\left(\frac{b}{4}\right)^3 \cdot \left(\frac{b}{4}\right)^2$ **d)** $5^7 \cdot 5^{-3}$

10 Schreibe den Quotienten als eine Potenz und berechne. Welche Werte sind kleiner als 1?

a) $7^9 : 7^4$ **b)** $(-8)^8 : (-8)^5$

c) $\left(\frac{1}{2}\right)^8 : \left(\frac{1}{2}\right)^5$ **d)** $0{,}5^3 : 0{,}5^6$

10 Schreibe den Quotienten als eine Potenz. Welche Werte sind kleiner als 1?

a) $12^9 : 12^6$ **b)** $2^2 : 2^{-3}$

c) $\frac{7^6}{7^8}$ **d)** $5{,}5^{-7} : 5{,}5^{-8}$

11 Berechne mithilfe der Potenzgesetze.

a) $4^2 \cdot 3^2$ **b)** $(-2)^3 \cdot 0{,}5^3$ **c)** $198^2 : 11^2$

11 Berechne mithilfe der Potenzgesetze.

a) $\left(\frac{1}{x}\right)^3 \cdot (2x)^3$ **b)** $\frac{(-3)^4}{(0{,}5)^4}$ **c)** $(2a^2)^5 : (5a)^5$

12 Ordne die Werte der Potenzen der Größe nach.

$(5^2)^3$ $(6^2)^2$ $((-3)^4)^2$ $(4^2)^{-3}$ $(0{,}1^{-5})^{-1}$ $((-1)^3)^3$

15625   1296   6561   144

Potenzfunktionen

→ *Seite 74*

13 Betrachte die drei Funktionsgraphen.

a) Beschreibe jeweils, ob der Exponent positiv oder negativ (gerade oder ungerade) ist.

b) Liegt Punkt- oder Achsensymmetrie vor?

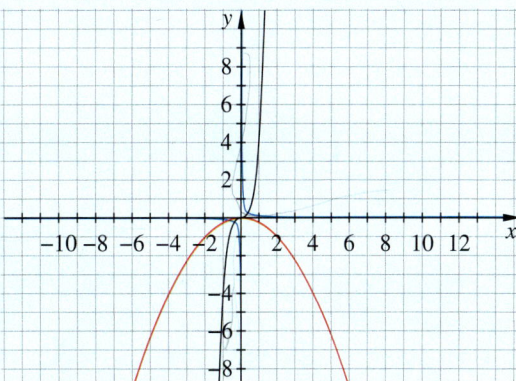

13 Beschreibe die Eigenschaften (Definitions-, Wertebereich, Monotonie-, Symmetrieverhalten, Nullstellen) der Potenzfunktionen.

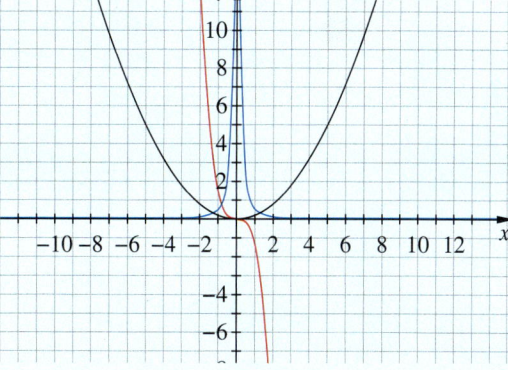

14 Ordne die Punkte den Funktionen zu, auf deren Graph sie liegen.

$f(x) = x^2$ $g(x) = 4x^{-1}$ $h(x) = \frac{1}{4}x^3$

$P(-2|-2)$ $Q(0|0)$ $R(0{,}2|20)$

$S(2|2)$ $T(-1|1)$ $U(0{,}5|0{,}25)$

14 Je drei Kärtchen gehören zusammen

| Der Funktionsgraph ist punktsymmetrisch. | $y = -8x^{-2}$ | $y = -x^2$ |

$Q(2|-2)$

$P(2|4)$ Der Funktionsgraph ist eine Hyperbel.

Die Parabel ist nach unten geöffnet.

$y = \frac{1}{2}x^3$ $R(2|-4)$

15 Zeichne die Graphen der Funktionen $f(x) = x^2$, $g(x) = x^3$ und $h(x) = x^{-1}$.

15 Zeichne die Graphen der Funktionen $f(x) = \frac{1}{2}x^2$, $g(x) = \frac{1}{2}x^{-1}$ und $h(x) = \frac{1}{2}x^{-2}$.

Vermischte Übungen

1 Schreibe als Potenz.
a) $8 \cdot 8 \cdot 8 \cdot 8$
b) $(-7) \cdot (-7) \cdot (-7) \cdot (-7) \cdot (-7) \cdot (-7)$
c) $7{,}5 \cdot 7{,}5 \cdot 7{,}5 \cdot 7{,}5 \cdot 7{,}5$
d) $(-12{,}9) \cdot (-12{,}9)$
e) $\frac{2}{5} \cdot \frac{2}{5} \cdot \frac{2}{5} \cdot \frac{2}{5} \cdot \frac{2}{5} \cdot \frac{2}{5} \cdot \frac{2}{5}$
f) $6x \cdot 6x \cdot 6x$
g) $1{,}5k \cdot 1{,}5k \cdot 1{,}5k \cdot 1{,}5k$

1 Schreibe als Potenz.
a) $3 \cdot 3 \cdot 3 \cdot 3 \cdot 3 \cdot 3 \cdot 3 \cdot 3$
b) $(-4b) \cdot (-4b) \cdot (-4b) \cdot (-4b)$
c) $0{,}1u \cdot 0{,}1u \cdot 0{,}1u$
d) $-9{,}2 \cdot 9{,}2 \cdot 9{,}2 \cdot 9{,}2 \cdot 9{,}2 \cdot 9{,}2$
e) $\frac{1}{4} \cdot \frac{1}{4} \cdot \frac{1}{4} \cdot \frac{1}{4} \cdot \frac{1}{4}$
f) $5 \cdot 5 \cdot x \cdot x \cdot 5 \cdot x$
g) $n \cdot 3 \cdot 3 \cdot n \cdot 3 \cdot 3 \cdot 3 \cdot n \cdot n \cdot n$

2 Finde durch Berechnen oder Ausprobieren die passenden Zahlen für x.
a) $\sqrt{25} = x$
b) $\sqrt[x]{27} = 3$
c) $\sqrt{x} = 12$
d) $3^x = 81$
e) $0{,}5^x = 0{,}0625$
f) $100^x = 1\,000\,000$
g) $x^3 = 0{,}008$
h) $x^2 = 169$

2 Finde durch Berechnen oder Ausprobieren die passenden Zahlen für x.
a) $\sqrt[3]{125} = x$
b) $\sqrt[4]{81} = x$
c) $\sqrt[x]{32} = 2$
d) $\sqrt[3]{x} = 5$
e) $\sqrt[x]{3\,125} = 5$
f) $2{,}4^x = 33{,}1776$
g) $x^3 = 42{,}875$
h) $\sqrt[x]{1\,771\,561} = 11$

3 Welche der Zahlen sind Kubikzahlen? Schreibe sie als Potenzen in der Form ▪³.

3 Ordne die Potenzen der Größe nach. Überprüfe danach mit dem Taschenrechner.

3^7 5^3 7^4 11^3 16^2 4^5 20^2 2^{10}

4 Ordne jeweils drei Kästchen einander zu. Sortiere dann der Größe nach.

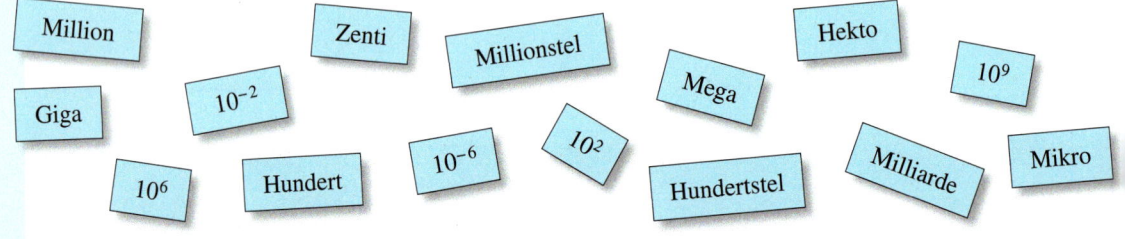

Million   Zenti   Millionstel   Hekto 10^9 Giga 10^{-2} Mega   Mikro 10^6 Hundert 10^{-6} 10^2 Hundertstel   Milliarde

5 Welche Zahl ist größer? Löse im Kopf.
a) 2^{10} oder 10^2
b) 5^0 oder 0^5
c) $(-7)^4$ oder $(-4)^7$
d) 3^{-1} oder 1^{-3}
e) $(-1)^6$ oder $(-6)^1$
f) 9^{-2} oder $(-2)^9$

5 Übertrage in dein Heft und setze $>$, $<$ oder $=$ passend ein.
a) 3^5 ▪ 5^3
b) 32^0 ▪ 0^{32}
c) $\left(\frac{2}{5}\right)^3$ ▪ $\frac{2^5}{3}$
d) $\left(\frac{1}{2}\right)^3$ ▪ $\left(\frac{1}{3}\right)^2$
e) $(-13)^4$ ▪ $(-4)^{13}$
f) $(-3)^{16}$ ▪ 16^{-3}

6 Schreibe ohne Zehnerpotenz bzw. in wissenschaftlicher Schreibweise.
a) $2{,}8 \cdot 10^2$
b) $3 \cdot 10^4$
c) $2{,}17 \cdot 10^3$
d) $8 \cdot 10^{-2}$
e) $3{,}45 \cdot 10^{-4}$
f) $5{,}6 \cdot 10^2$
g) $43\,200$
h) $5\,743\,000$
i) $1\,287$
j) $0{,}0002$
k) $0{,}00084$
l) $0{,}0268$

7 Schreibe als Potenzen und berechne mit dem Taschenrechner. Vereinfache falls möglich.

a) $\sqrt[3]{44^9}$　　b) $\sqrt[9]{44^3}$　　c) $\sqrt[5]{10^6}$　　d) $\sqrt[6]{2^{-7}}$　　e) $\sqrt{10^{10}}$　　f) $\sqrt[8]{5^{-4}}$

---

8 Schreibe die Potenzen als Produkt. Beschreibe, worin der Unterschied liegt.

a) $(2x)^3 =$　　und　　$2x^3 =$

b) $3y^2 =$　　und　　$(3y)^2 =$

c) $(-9)^4 =$　　und　　$-9^4 =$

d) $\left(\frac{2}{3}\right)^3 =$　　und　　$\frac{2^3}{3} =$

8 Worin liegt der Unterschied zwischen den beiden Ergebnissen?

a) $7a^4$　　und　　$(7a)^4$

b) $n \cdot 4^3$　　und　　$(n \cdot 4)^3$

c) $-b^8$　　und　　$(-b)^8$

d) $\frac{2}{x^5}$　　und　　$\left(\frac{2}{x}\right)^5$

---

9 Stelle die Zahlen in Zehnerpotenzschreibweise dar und ordne nach der Größe.

a) 4 Billionen　　　b) 368 Milliarden

c) 46 Millionen　　d) 0,000 008

e) 0,000 000 035　　f) 9 783 400 000 000

9 Stelle die Zahlen übersichtlich in Zehnerpotenzschreibweise dar.

a) 46 Billionen　　　b) 347 Milliarden

c) 5,8 Trilliarden　　d) 0,000 000 046 7

e) 1,65 Millionstel　　f) 936 Milliardstel

---

10 Rechne in die Einheit Byte um und stelle dann in Zehnerpotenzschreibweise dar.

a) 25 Gigabyte　　b) 1,5 Terabyte

c) 325 Kilobyte　　d) 0,8 Megabyte

10 Rechne die Größenangaben um.

a) 7 GWh = ⬜ Wh　　b) 0,5 ms = ⬜ s

c) 5 780 000 W = ⬜ MW　d) 23 MB = ⬜ B

e) 147 350 l = ⬜ hl　　f) 10^{20} Hz = ⬜ GHz

---

11 Berechne die Additionsaufgaben, indem du zunächst die Zahlen ausschreibst und dann berechnest.

Beispiel　$10^5 + 10^3 = 100\,000 + 1000$
$\qquad\qquad\qquad = 101\,000$

a) $10^6 + 10^5$　　b) $10^4 + 10^2$

c) $10^5 + 10^2$　　d) $10^6 + 10^2$

e) $10^3 + 10^6$　　f) $10^4 + 10^7$

g) $10^{-4} + 10^{-2}$　　h) $10^{-3} + 10^{-2}$

i) $10^{-3} + 10^{-4}$　　j) $10^{-3} + 10^{-5}$

11 Berechne und setze das richtige Zeichen (<; >; =) in die Lücke.

a) $5^3 \cdot 20^3$ ⬜ 10^4

b) $(2^{-3})^2$ ⬜ $(2^{-2})^3$

c) $4^{-3} \cdot 4^3$ ⬜ 20^0

d) 32^2 ⬜ 2^{11}

e) 100^{-3} ⬜ 10^2

f) $(4^2 \cdot 3^2)^3$ ⬜ 144^2

g) $24^2 : 6^2$ ⬜ $4^2 \cdot 2^0$

h) $-(2^4)^3$ ⬜ $((-2)^4)^{-3}$

---

12 Schreibe als Term und berechne. Gib das Ergebnis auch in Worten an.

a) Zehn hoch drei mal zehn hoch vier

b) Zehn hoch fünf geteilt durch zehn hoch drei

c) Die dritte Wurzel aus tausend wird mit zehn hoch drei multipliziert.

d) Zehntausend zum Quadrat

e) das Fünffache von zehn hoch drei

f) Die Quadratwurzel aus zehntausend wird durch zehn hoch eins dividiert.

12 Übersetze und berechne.

a) Potenziere die zweite Potenz von fünf mit drei.

b) Potenziere drei mit vier und teile das Ergebnis durch drei hoch fünf.

c) Multipliziere vier hoch vier mit dem Produkt aus – Klammer auf – zwei mal zwei – Klammer zu – hoch minus fünf.

d) Dividiere die dritte Wurzel aus hundertfünfundzwanzig durch zwei hoch zwei.

---

13 Berechne in der Tabelle die Potenzen $(a+a)^2$ und $(a \cdot a)^2$ für die gegebenen Werte. Formuliere eine Regel, für welche a der erste Term größer ist als der zweite.

	$a = 1$	$a = 0,5$	$a = -2$	$a = 10$
$(a+a)^2$				
$(a \cdot a)^2$				

14 Schreibe als eine Potenz und berechne.
a) $8^3 \cdot 8^2$
b) $-5^3 \cdot 5^1$
c) $0{,}1^{11} : 0{,}1^5$
d) $(-2)^7 \cdot (-2)^3$
e) $1{,}5^9 : 1{,}5^7$
f) $\left(-\frac{4}{3}\right)^5 : \left(-\frac{4}{3}\right)^2$

14 Schreibe als eine Potenz und berechne.
a) $3^{-6} \cdot 3^4$
b) $\left(\frac{1}{5}\right)^2 : \left(\frac{1}{5}\right)^{-2}$
c) $(-7)^{-3} : (-7)$
d) $-21^{-2} \cdot 21^4$
e) $1{,}2^{-1} \cdot 1{,}2^{-1}$
f) $3{,}45^{-5} : 3{,}45^{-5}$

15 Berechne die Potenzen mit gleichen Exponenten.
a) $4^2 \cdot 3^2$
b) $(-3)^3 \cdot \left(\frac{1}{2}\right)^3$
c) $(4^3)^2 \cdot 3^6$
d) $6^4 : 3^4$
e) $\frac{10^3}{5^3}$
f) $44^7 : 11^7$

15 Berechne.
a) $4^2 \cdot (-3)^2$
b) $0{,}01^3 \cdot 0{,}001^3$
c) $5^2 \cdot 0{,}1^2$
d) $3125 : 25^2$
e) $8^{-2} \cdot 4^{-2}$
f) $6^2 \cdot 4^{4-2}$
g) $4^5 \cdot 2^3 \cdot 2^2$
h) $16^5 : (4^{10} : 4^5)$

16 Sortiere die Ergebnisse der Größe nach. Beginne mit dem kleinsten Ergebnis.

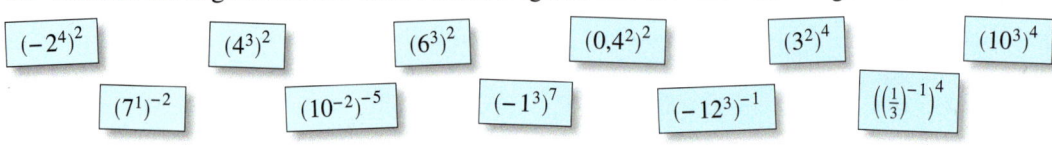

$(-2^4)^2$ $(4^3)^2$ $(6^3)^2$ $(0{,}4^2)^2$ $(3^2)^4$ $(10^3)^4$

$(7^1)^{-2}$ $(10^{-2})^{-5}$ $(-1^3)^7$ $(-12^3)^{-1}$ $\left(\left(\frac{1}{3}\right)^{-1}\right)^4$

17 Beachte die Regeln „Klammern zuerst" und „Potenz- vor Punkt- vor Strichrechnung".
a) $-7 + 2592 : 6^4$
b) $1 - (3{,}8 : 19)^3$
c) $25 + (-5)^7 : (-5)^4$
d) $(4^4 - 4^3)^2 : 8^3$

17 Berechne. Beachte die Vorrangregeln.
a) $3{,}5^8 : 3{,}5^6 + 1{,}5^2$
b) $(3^{-1})^2 \cdot (-2)^3 \cdot (-6)^3$
c) $(0{,}09 : 10^{-5}) : 30^2$
d) $-4 : 3^{-4} - (-2^5 : 8)$
e) $35^3 : (-7)^3 + 1^3$
f) $-3^{-2} + 3 \cdot 12^{-3} \cdot 4^3$

18 Finde durch Probieren die passende Zahl für x.
a) $x^3 = 27$
b) $x^4 = 1296$
c) $x^7 = 128$
d) $x^4 = 0{,}0001$
e) $x^5 = 0{,}00032$
f) $x^3 = -8$

18 Finde die passende Zahl für x. Eine Aufgabe hat keine Lösung. Warum?
a) $x^5 = 243$
b) $x^4 = 0{,}0001$
c) $x^6 = 0{,}000729$
d) $x^4 = -256$
e) $x^{-2} = \frac{4}{100}$
f) $x^{-1} = \frac{1}{10}$

19 Ordne jedem Graphen eine der Funktionsgleichungen zu.
a) $f(x) = x^3$
b) $g(x) = x^4$
c) $h(x) = x^8$
d) $k(x) = x^{11}$

19 Ordne jedem Graphen eine der angegebenen Funktionsgleichungen zu.
a) $f(x) = \frac{1}{2}x^{-2}$
b) $g(x) = -x^{-2}$
c) $h(x) = -2x^{-1}$
d) $k(x) = 3x^{-1}$

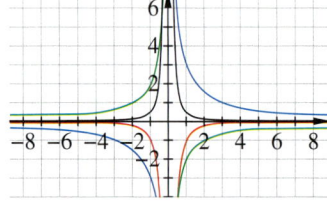

20 Ergänze die Wertetabelle im Heft und zeichne den Graphen. Beschreibe den Verlauf.
a)

x	-2	-1	$-0{,}5$	$0{,}5$	1	2
$y = \frac{1}{4}x^2$						

b)

x	-2	-1	$-0{,}5$	$0{,}5$	1	2
$y = \frac{1}{2}x^3$						

20 Zeichne die Graphen der Funktionen $y = \frac{1}{4}x^{-2}$ und $y = -\frac{1}{4}x^{-2}$ im Intervall von -2 bis 2 in ein gemeinsames Koordinatensystem. Beschreibe den Verlauf der Funktionsgraphen. Wie geht ein Graph aus dem anderen hervor?

21 Zeichne den Graphen von $f(x) = x^{-1}$. Beschreibe den Verlauf. Nenne besondere Punkte.

21 Zeichne den Graphen von $f(x) = x^{-2}$. Beschreibe den Verlauf. Nenne besondere Punkte.

22 Untersuche die Funktion $y = x^n$ für natürliche, gerade Exponenten n.

a) Ergänze die Wertetabelle im Heft.

x	-3	-2	-1	0	1	2
$y = x^2$						
$y = x^4$						
$y = x^6$						

b) Zeichne die Graphen der drei Funktionen in ein gemeinsames Koordinatensystem.

c) Welche Punkte haben die drei Potenzfunktionen gemeinsam?

d) Welches Symmetrieverhalten weisen die drei Funktionen auf?

e) Welche Funktion hat in der Nähe des Ursprungs die größten Werte? Übertrage dazu die Tabelle ins Heft und fülle sie aus.

x	0,1	0,3	0,5	0,7	0,9
$y = x^2$					
$y = x^4$					
$y = x^6$					

22 Untersuche die Funktion $y = x^n$ für natürliche, ungerade Exponenten n.

a) Ergänze die Wertetabelle im Heft.

x	-3	-2	-1	0	1	2	3
$y = x$							
$y = x^3$							
$y = x^5$							

b) Welche Punkte haben die drei Potenzfunktionen gemeinsam?

c) Welches Monotonie- und Symmetrieverhalten weisen die drei Funktionen auf?

d) Welche Funktion hat in der Nähe des Ursprungs die größten Werte? Übertrage die Tabelle ins Heft und fülle sie aus.

x	0,1	0,3	0,5	0,7	0,9
$y = x$					
$y = x^3$					
$y = x^5$					

e) Zeichne die Graphen der drei Funktionen in ein gemeinsames Koordinatensystem.

HINWEIS
Die Aufgaben 22 und 23 können arbeitsteilig in Kleingruppen gelöst werden. Stellt eure Ergebnisse in der Klasse vor. Welche Gemeinsamkeiten und welche Unterschiede fallen euch auf?

23 👥 Untersucht Funktionen der Form $y = x^n$ für natürliche, ungerade Exponenten n. Legt eine Wertetabelle an für $y = x$, $y = x^3$ und $y = x^5$. Geht weiter vor wie in Aufgabe 22.

23 👥 Untersucht Funktionen der Form $y = x^{-n}$ für natürliche Exponenten n. Legt eine Wertetabelle an für $y = x^{-1}$, $y = x^{-3}$, $y = x^{-2}$ und $y = x^{-5}$. Geht weiter vor wie in Aufgabe 22.

24 Zeichne den Graphen der Funktion $f(x) = x^3$ in ein Koordinatensystem. Lege dazu eine Wertetabelle an. Skizziere, ohne eine Wertetabelle anzulegen, die Graphen der Funktionen $g(x) = 2x^3$, $h(x) = 0,1\,x^3$ und $j(x) = -x^3$ in das gleiche Koordinatensystem.

24 Zeichne den Graphen der Funktion $f(x) = x^{-2}$ in ein Koordinatensystem. Skizziere, ohne eine Wertetabelle anzulegen, die Graphen der Funktionen $g(x) = 2x^{-2}$, $h(x) = 0,1\,x^{-2}$ und $j(x) = -x^{-2}$ in das gleiche Koordinatensystem.

HINWEIS
Der Faktor a einer Potenzfunktion $f(x) = a\,x^n$ wird Streckungsfaktor genannt.

25 Zeichne die Funktionsgraphen im Intervall von -2 bis 2 in ein gemeinsames Koordinatensystem. Beschreibe, woran man erkennt, ob die Graphen gestaucht oder gestreckt sind. Beschreibe das Monotonieverhalten.

a) $y = 2x^1$ b) $y = -x^2$

c) $y = 1,5x^2$ d) $y = -\frac{1}{4}x^{-1}$

25 Zeichne die Graphen der folgenden Funktionen im Intervall von -2 bis 2 in ein gemeinsames Koordinatensystem. Beschreibe die Eigenschaften der Funktionen.

a) $y = 0,5x^{-1}$ b) $y = \frac{1}{8}x^3$

c) $y = 1,5x^{-2}$ d) $y = -2x^2$

26 Der Oberflächeninhalt einer Kugel lässt sich mit $A_O = 4 \cdot \pi \cdot r^2$ berechnen.

a) Wird durch die Gleichung eine Potenzfunktion beschrieben? Begründe.

b) Stelle die Funktion grafisch dar.

26 Gib die Gleichung einer Funktion an, …

a) deren Graph punktsymmetrisch ist und die x-Achse im Ursprung schneidet.

b) deren Graph achsensymmetrisch ist und für negative x-Werte monoton wächst.

BIOLOGIE-
LABORANT/IN
Die Ausbildung
dauert $3\frac{1}{2}$ Jahre

Suche nach wei-
teren Informa-
tionen über den
Beruf z. B. im
Internet oder im
BIZ.

Beruf **Biologielaborant/in**

Biologielaborantinnen und Biologielaboranten
führen Experimente an lebenden Organismen wie
Pflanzen, Tieren, Mikroorganismen und Zellkul-
turen durch. Sie bereiten die Untersuchungen vor,
beobachten den Versuchsablauf, dokumentieren
die Ergebnisse und werten diese aus.
Solche Laboruntersuchungen dienen unter anderem der Erforschung des Verhaltens von Krank-

heitserregern oder zeigen mögliche Nebenwirkungen von Medikamenten auf. Beschäftigt werden Biologielaboranten in Forschungslaboratorien von Pharma- und Kosmetikunternehmen, bei
Herstellern von Lebens-, Futter- und Düngemitteln sowie wissenschaftlichen Instituten.

27 Kenntnisse über die Mikroskoparten

Das Auflösungsvermögen eines Lichtmikroskops liegt bei 0,2 μm, das eines hochentwickelten
Elektronenmikroskops beträgt etwa 0,1 nm.

a) Rechne beide Größen in mm um und benutze dann die Zehnerpotenzschreibweise.

b) Um das Wievielfache vergrößert ein Elektronenmikroskop stärker als ein Lichtmikroskop?

c) Die Dicke eines DNA-Strangs beträgt ca. 2 nm. Wie viele dieser Stränge müsste man neben-
einanderlegen, um einen Strang von 1 mm Dicke zu erhalten?

28 Medizinische Wirkstoffe verdünnen

In der Homöopathie werden Arzneisubstanzen oft extrem verdünnt. Dieses Verfahren nennt
man auch Potenzieren. Nach gängiger Vorstellung der Homöopathen werden dadurch die Nebenwirkungen einer Substanz verringert, nicht aber ihre Heilwirkung. Die Potenzstufen werden
mit D1, D2, D3 usw. bezeichnet. D2 beispielsweise bedeutet, einen reinen Extrakt (Urtinktur)
im Verhältnis $1:10^2$ zu verdünnen.

a) Ein Wirkstoff wird in einer D3-Potenz angeboten. Wie viel Prozent des Wirkstoffes ist in
der Lösung noch vorhanden?

b) 1 ml einer Urtinktur wird auf 0,5 l verdünnt. Berechne das Verdünnungsverhältnis.

c) Bei Arzneimitteln werden standardisierte Tropfenzähler eingesetzt, die 20 Tropfen pro ml
abgeben. Drei Tropfen einer Urtinktur sollen in D8-Potenz verdünnt werden. Wie viel Liter
Flüssigkeit ergibt das?

ZU AUFGABE 29

20μm

29 Größen von Mikroorganismen abschätzen

In einem rasterelektronenmikroskopischen Bild sind verschiedene Kieselalgen abgebildet.

a) Beschreibe einzelne Formen dieser Gebilde.

b) Welche ungefähren Größenmaße haben Kieselalgen? Orientiere dich an der beigefügten
Skala und rechne in mm um.

c) Wie viele der in der Bildmitte dargestellten Kieselalgen müsste man hintereinanderlegen,
um eine Kette von 1 m Länge zu erhalten?

30 Botox – ein Bakteriengift macht Karriere

Botulinumtoxin wird von bestimmten Bakterienarten ausgeschieden und ist eines der stärksten
in der Natur vorkommenden Gifte. In sehr starker Verdünnung wird es zu medizinischen Zwe-
cken eingesetzt. Dazu zählt auch das Botox, das in einer Verdünnung von $1 : (1,6 \cdot 10^6)$ zur
Faltenglättung verwendet wird. Berechne die Botoxmenge, die man aus 1 ml (5 ml; 20 ml) des
Gifts herstellen kann.

Zusammenfassung

Der Potenzbegriff

→ Seite 58

Ein Produkt aus gleichen Faktoren schreibt man verkürzt als **Potenz**. Die **Basis** gibt den Faktor a an, der **Exponent** die Anzahl der Faktoren.

$$\underbrace{a \cdot a \cdot \ldots \cdot a}_{n \text{ Faktoren}} = a^{n} \quad\begin{array}{l}\text{Exponent}\\ \text{Basis}\end{array}$$

$$a^0 = 1; \quad a^1 = a; \quad a^{-n} = \frac{1}{a^n} \quad (a \neq 0)$$

Zahlendarstellung in Zehnerpotenzschreibweise

→ Seite 62

Für die Darstellung in **Zehnerpotenzschreibweise** gilt: Der erste Faktor ist eine Zahl zwischen 1 und 10, der zweite Faktor eine Zehnerpotenz. Bei Zahlen zwischen 0 und 1 ist der Exponent der Zehnerpotenz negativ.

$$86\,000\,000\,000 = 8{,}6 \cdot 10^{10}$$
$$43 \text{ Milliarden} = 4{,}3 \cdot 10^{10}$$
$$0{,}000\,000\,000\,041\,2 = 4{,}12 \cdot 10^{-11}$$
$$\frac{1}{10\,000} = 10^{-4}$$

Wurzeln

→ Seite 66

Die Umkehrung des Potenzierens ist das Wurzelziehen.

Die n-**te Wurzel** aus einer nicht negativen Zahl a ist die Zahl x, die n-mal mit sich selbst multipliziert a ergibt.

Wurzeln kann man als Potenzen schreiben. Für die n-te Wurzel einer nicht negativen Zahl a gilt: $\sqrt[n]{a} = a^{\frac{1}{n}}$ $(n > 1)$.

$$\sqrt[n]{a} = x \text{ (mit } n > 0 \text{ und } a \geq 0)$$
$$\sqrt[3]{125} = 5, \text{ denn } 5^3 = 5 \cdot 5 \cdot 5 = 125$$
Statt $\sqrt[2]{a}$ schreibt man kurz $\sqrt{a}$.
$$\sqrt[3]{5} = 5^{\frac{1}{3}}; \quad 81^{\frac{3}{4}} = \sqrt[4]{81^3}$$

Potenzgesetze

→ Seite 70

Für $m, n \in \mathbb{Z}$ und $a \neq 0$ gilt:
Gesetze für Potenzen **mit gleicher Basis**: $\quad a^m \cdot a^n = a^{m+n} \qquad a^m : a^n = \frac{a^m}{a^n} = a^{m-n}$

So werden Potenzen potenziert: $\quad (a^m)^n = a^{m \cdot n}$

Gesetze für Potenzen **mit gleichen Exponenten**: $a^m \cdot b^m = (a \cdot b)^m \qquad a^m : b^m = \frac{a^m}{b^m} = \left(\frac{a}{b}\right)^m$

Potenzfunktionen

→ Seite 74

Funktionen der Form $f(x) = a \cdot x^n$ $(a \neq 0; n \text{ aus } \mathbb{Z})$ nennt man **Potenzfunktionen**.

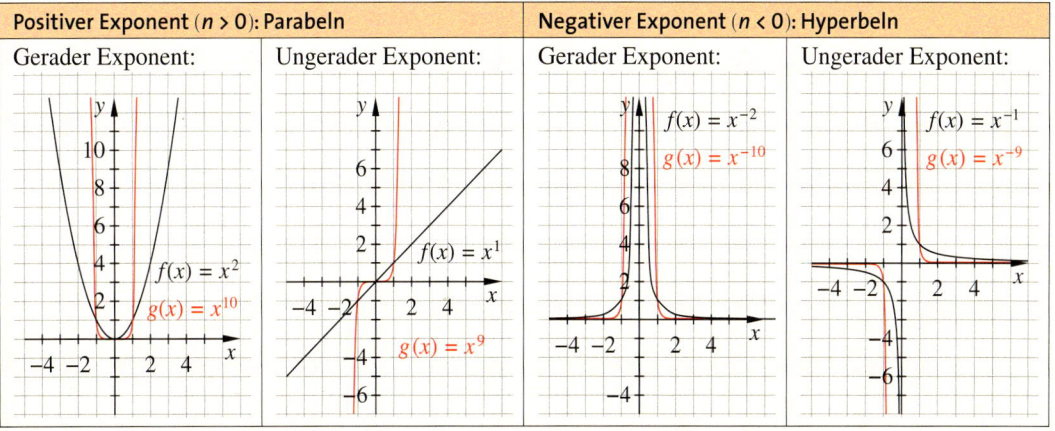

Positiver Exponent ($n > 0$): Parabeln		Negativer Exponent ($n < 0$): Hyperbeln	
Gerader Exponent:	Ungerader Exponent:	Gerader Exponent:	Ungerader Exponent:

$f(x) = x^2$, $g(x) = x^{10}$; $f(x) = x^1$, $g(x) = x^9$; $f(x) = x^{-2}$, $g(x) = x^{-10}$; $f(x) = x^{-1}$, $g(x) = x^{-9}$

Teste dich!

4 Punkte | 4 Punkte

1 Fasse zusammen. Berechne, falls möglich.
a) $3 \cdot 3 \cdot 3 \cdot 3 \cdot 3$
b) $x \cdot x \cdot x \cdot x \cdot x \cdot x \cdot x$
c) $(-4) \cdot (-4) \cdot (-4)$
d) $\frac{1}{2} \cdot \frac{1}{2} \cdot \frac{1}{2} \cdot \frac{1}{2}$

1 Fasse zusammen. Berechne, falls möglich.
a) $0,1 \cdot 0,1 \cdot 0,1 \cdot 0,1$
b) $(-1,8) \cdot (-1,8) \cdot (-1,8)$
c) $\left(-\frac{2}{5}\right) \cdot \left(-\frac{2}{5}\right) \cdot \left(-\frac{2}{5}\right) \cdot \left(-\frac{2}{5}\right) \cdot \left(-\frac{2}{5}\right)$
d) $4v \cdot 6 \cdot 4v \cdot 6 \cdot 4v \cdot 6$

6 Punkte | 6 Punkte

2 Schreibe die Zahlen als Potenz mit einer möglichst kleinen Basis.
a) 125 b) $1\,000\,000$ c) -32
d) $0,0016$ e) 196 f) -216

2 Schreibe die Zahlen als Potenz mit einer möglichst kleinen Basis.
a) 1024 b) $-10\,000\,000$ c) 729
d) $-0,000001$ e) 256 f) 2401

9 Punkte | 9 Punkte

3 Berechne den Wert der Potenzen im Kopf.
a) 2^3 b) $(-5)^2$ c) $0,1^4$
e) $\left(\frac{1}{4}\right)^5$ d) 2^{-1} f) 4^{-2}
g) -2^8 h) $125^{\frac{1}{3}}$ i) $0,01^{\frac{1}{2}}$

3 Berechne den Wert der Potenzen im Kopf.
a) 7^3 b) $(-6)^3$ c) $0,2^4$
d) $\left(\frac{3}{4}\right)^3$ e) 8^{-1} f) $2,5^{-3}$
g) $0,0001^{\frac{1}{2}}$ h) $32^{\frac{3}{5}}$ i) $81^{-\frac{3}{4}}$

6 Punkte | 6 Punkte

4 Berechne den Wert der Wurzeln. Runde auf zwei Nachkommastellen, falls nötig.
a) $\sqrt[3]{8}$ b) $\sqrt[3]{125}$ c) $\sqrt[3]{1}$
d) $\sqrt[4]{1296}$ e) $\sqrt[5]{200}$ f) $\sqrt[6]{432}$

4 Berechne den Wert der Wurzeln. Runde auf zwei Nachkommastellen, falls nötig.
a) $\sqrt[3]{27}$ b) $\sqrt[3]{64\,000}$ c) $\sqrt[3]{729}$
d) $\sqrt[7]{2187}$ e) $\sqrt[5]{30}$ f) $\sqrt[5]{1025}$

4 Punkte | 4 Punkte

5 Schreibe die Zahlen aus bzw. in Zehnerpotenzschreibweise.
a) $2 \cdot 10^4$ b) $5 \cdot 10^{-6}$
c) $23\,400\,000\,000$ d) $0,002\,8$

5 Schreibe die Zahlen aus bzw. in Zehnerpotenzschreibweise.
a) $3,5 \cdot 10^7$ b) $1,2 \cdot 10^{-5}$
c) $77\,050\,000\,000$ d) $0,000\,001\,025$

2 Punkte | 4 Punkte

6 Die Erde bewegt sich mit einer Geschwindigkeit von $3 \cdot 10^4 \frac{\text{m}}{\text{s}}$ um die Sonne. Wie viele Kilometer legt die Erde in 365 Tagen zurück?

6 Ein Tropfstein wächst mit einer durchschnittlichen Geschwindigkeit von $1,4 \cdot 10^{-4}$ mm pro Stunde. Wie lange dauert es, bis der Tropfstein um 1 m gewachsen ist?

6 Punkte | 7 Punkte

7 Berechne. Wende Potenzgesetze und Vorrangregeln an.
a) $1,5^{-2} \cdot 1,5^4$ b) $9^8 : 9^5$
c) $2,5^3 \cdot 8^3$ d) $25^4 : 5^4$
e) $(3^2)^4$ f) $40 + (-6)^7 : (-6)^4$

7 Berechne den Wert der Potenz.
a) $-40^5 : 40^2$ b) $\left(\frac{1}{5}\right)^{-1} \cdot \left(\frac{1}{5}\right)^{-2}$
c) $6^3 \cdot 1,5^3$ d) $3^{-2} : (-0,2)^{-2}$
e) $\left((-2)^2\right)^3$ f) $(2^4 - 2^3)^2 : 4^3$
g) $-625 \cdot 5^{-3} - (-3^5 : 27)$

4 Punkte | 4 Punkte

8 Gib die Funktionsgleichung des Graphen in der Form $f(x) = \blacksquare\, x^{\blacksquare}$ an.

a)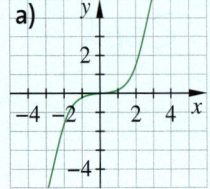
b)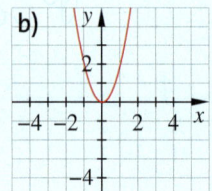

8 Gib die Funktionsgleichung des Graphen an.

a)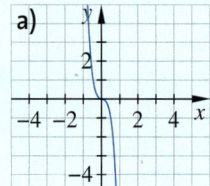
b)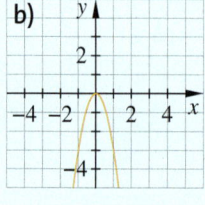

Gold: 42–44 Punkte, Silber: 41–38 Punkte, Bronze: 37–32 Punkte   Lösungen ab Seite 176

Wachstum und Exponentialfunktionen

Jedes Leben beginnt mit einer einzigen Zelle,
die sich nach und nach immer wieder teilt.
Beim Menschen beginnt die Zellteilung sofort
nach der Befruchtung der Eizelle.
Nach ca. 30 Stunden ist die erste Teilung abgeschlossen.
Aus den zwei Zellen entstehen vier,
nach ca. drei Tagen sind es bereits 16 Zellen.
So wächst das neu entstandene Leben immer weiter …

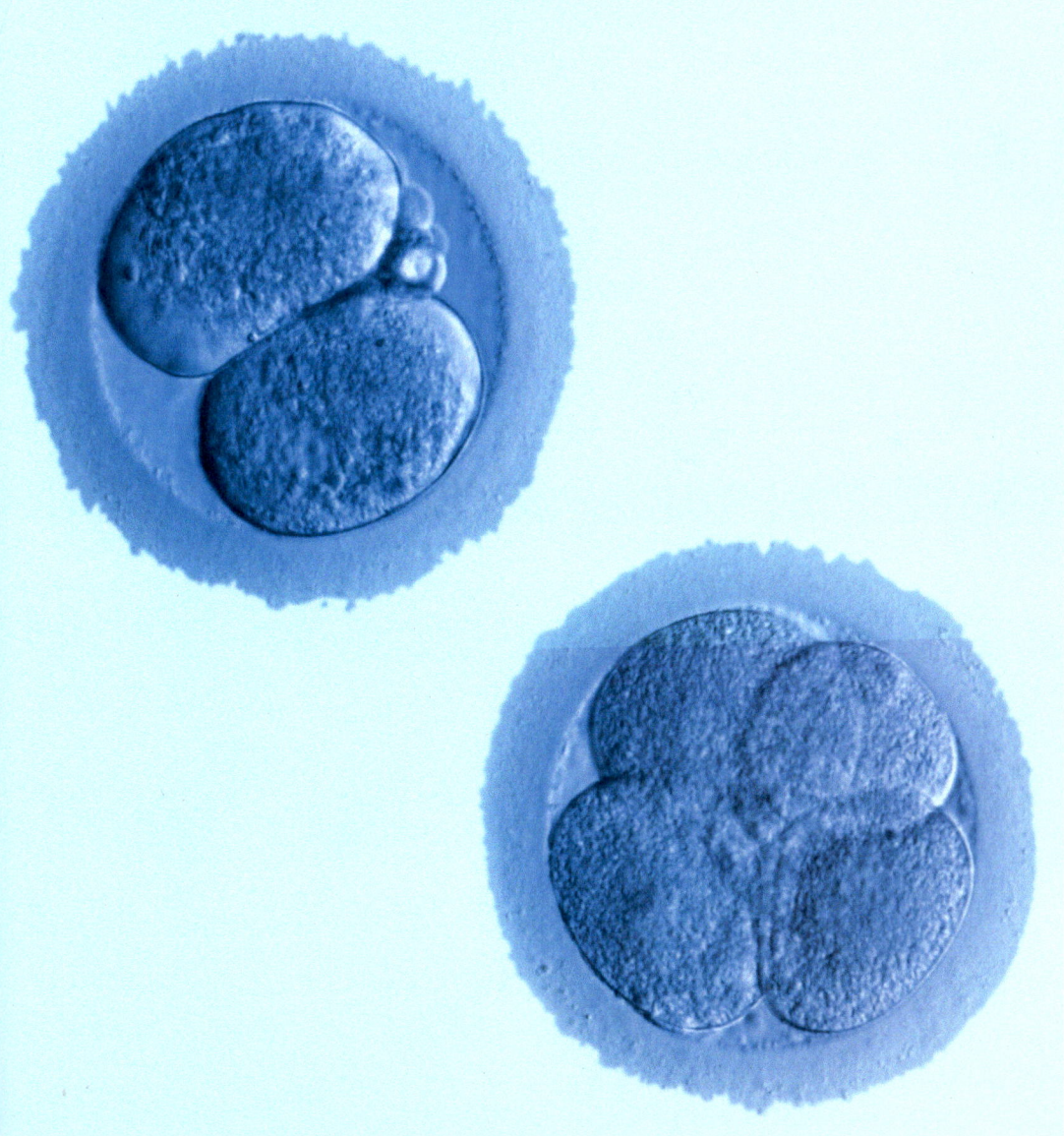

Noch fit?

Einstieg

Aufstieg

1 Lineare Funktionen

Betrachte die Funktionsgraphen.

a) Gib die allgemeine Funktionsgleichung einer linearen Funktion an. Erläutere sie.

b) Notiere je eine Funktionsgleichung zu den abgebildeten Graphen.

c) Welcher Graph hat die größte Steigung?

d) Woran ist die Steigung in der Gleichung ablesbar?

e) Welche Graphen haben eine negative Steigung? Wie ist das in der Zeichnung, woran in der Gleichung zu erkennen? Beschreibe.

f) Zeichne die Graphen zu folgenden Funktionsgleichungen in dein Heft:

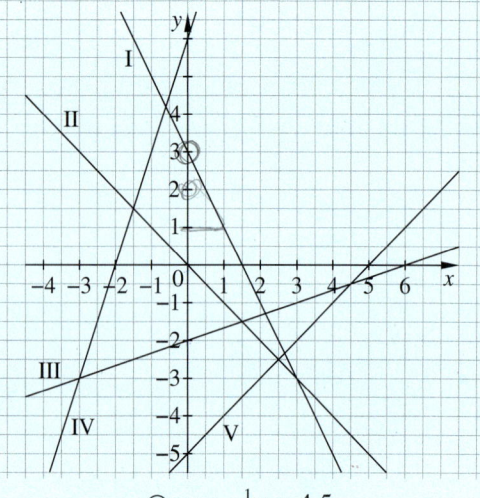

① $y = 2x + 5$ ② $y = 1,5x - 3$ ③ $y = -\frac{1}{2}x + 4,5$

2 Schreibweisen für Bruchteile

Schreibe als Prozentsatz, Bruch und Dezimalbruch.

	Beispiel	a)	b)	c)	d)	e)	f)	g)	h)
Prozentsatz	50 %	75 %	30%	95%	110%	200 %	120%	104%	88%
gekürzter Bruch	$\frac{1}{2}$	$\frac{3}{4}$	$\frac{3}{10}$	$\frac{19}{20}$	$\frac{11}{10}$	2	$\frac{6}{5}$	$\frac{26}{25}$	$\frac{22}{25}$
Hundertstel-Bruch	$\frac{50}{100}$	$\frac{75}{100}$	$\frac{30}{100}$	$\frac{95}{100}$	$\frac{110}{100}$	$\frac{200}{100}$	$\frac{120}{100}$	$\frac{104}{100}$	$\frac{88}{100}$
Dezimalbruch	0,50	0,75	0,30	0,95	1,1	2	1,1	1,04	0,88

3 Prozentrechnung

Die Winterkollektion wird im Februar 30 % billiger angeboten. Berechne die reduzierten Preise. Die ursprünglichen Preise lauten:

a) Jacke: 98 €   b) Mantel: 189 €

c) Skianzug: 235 €   d) Handschuhe: 8 €

3 Prozentrechnung

Beim Kauf eines Neuwagens erhält der Käufer 4 000 € Preisnachlass. Berechne den Preisnachlass in Prozent. Die alten Preise lauten:

a) Kombi: 28 500 €   b) Van: 32 400 €

c) Cabrio: 31 700 €

4 Zinsrechnung

Übertrage die Tabelle ins Heft und ergänze. Die Anlagedauer beträgt ein Jahr.

	Kapital K	Zinssatz p %	Zinsen Z
a)	612 €	9,5 %	58,14
b)	1080 €	35%	378 €
c)	2105	3,6 %	75,78 €

4 Zinsrechnung

Ergänze die Tabelle im Heft.

Zinssatz p %	Kapital K (alt)	Jahreszinsen Z	Kapital K (neu)
3,5 %	41,50 €	1,45	42,95
2,5%	6600 €	165 €	6765
12 %	1970	236,40 €	2206,4

5 Kurz und knapp

a) Berechne die Zweierpotenzen von 2^0 bis 2^{10}.

b) Starte bei 1 und halbiere sechsmal hintereinander.

c) Berechne den y-Wert der Funktion $y = x^2 + 3$ für $x = -2$ (0; 1; 5; 3; 6).

Lösungen ab Seite 176

Lineares Wachstum

Entdecken

1 Betrachte die Grafiken. Sie stellen verschiedene Entwicklungen dar.

Produktionszahlen einer Firma

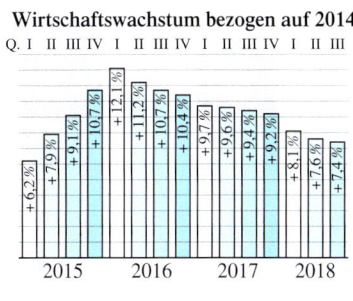

Wirtschaftswachstum bezogen auf 2014

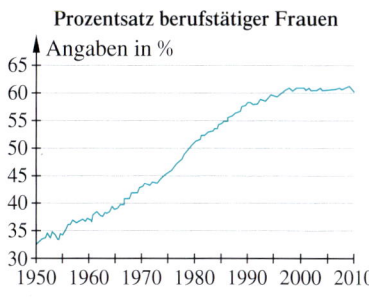

Prozentsatz berufstätiger Frauen

a) Beschreibe für jede einzelne Grafik die dargestellten Entwicklungen mit wenigen Worten. Benutze dabei die Begriffe Wachstum, Abnahme und Stagnation (= keine Veränderung).

b) Vergleiche die Grafiken miteinander. Was ist gleich, was unterscheidet sie?

c) Wage eine Prognose, wie die jeweilige Entwicklung in den nächsten drei Zeitabschnitten weitergeht. Vergleiche deine Prognose mit deinen Nachbarn.

d) Bei der linken Grafik ist dir bestimmt eine Hervorhebung aufgefallen. Was könnte sie beim Betrachter bewirken?

2 Informiere dich im Internet und im Lexikon über den Begriff „Wachstum".

a) In welchen Bereichen trifft man auf diesen Begriff?

b) Nenne verschiedene Beispiele für Wachstum. Ordne sie den genannten Bereichen zu.

c) Welche Arten von Wachstum gibt es in der Mathematik? Wähle zwei davon aus und beschreibe sie mit eigenen Worten.

d) Tragt eure Ergebnisse aus dem mathematischen Bereich zusammen und erstellt eine Übersicht, z. B. ein Plakat. Notiert dazu jeweils eine Situation, zu der ihr einen zugehörigen Funktionsgraphen angebt.

3 In der Grafik ist die Entwicklung des SMS-Versands in Deutschland für die Jahre 2006 bis 2016 dargestellt.

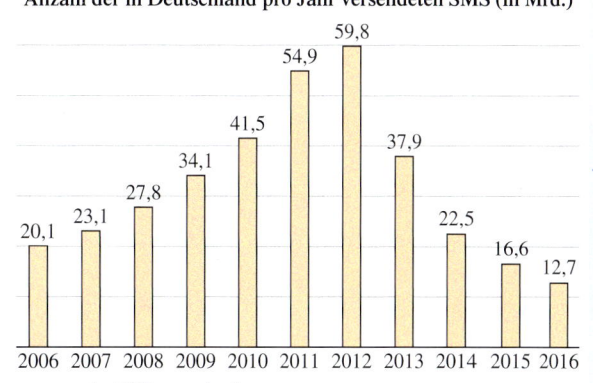

Anzahl der in Deutschland pro Jahr versendeten SMS (in Mrd.)

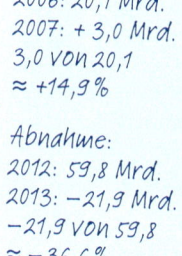

Zuwachs:
2006: 20,1 Mrd.
2007: + 3,0 Mrd.
3,0 von 20,1
≈ +14,9 %

Abnahme:
2012: 59,8 Mrd.
2013: −21,9 Mrd.
−21,9 von 59,8
≈ −36,6 %

a) In welchen Jahren gab es Zuwächse, wann waren Abnahmen zu verzeichnen?

b) In welchem Jahr liegt der zahlenmäßig größte Zuwachs vor?

c) Berechne ab 2007 Zuwachs bzw. Abnahme pro Jahr gegenüber dem Vorjahr zunächst in absoluten Zahlen, dann in Prozent (siehe Randspalte).

d) Diskutiert in der Klasse, welche Angaben aussagekräftiger sind: Zuwächse bzw. Abnahmen in absoluten Zahlen oder in Prozentsätzen?

e) Sucht im Internet nach den aktuellen Zahlen zum SMS-Versand.

f) Findet jemand eine Erklärung für die unerwartete Entwicklung ab dem Jahr 2013?

Verstehen

Eine Firma stellt ihre Jahresumsätze in einem Diagramm dar. Sie interessiert, wann sie Zuwächse, also positives Wachstum, und wann sie Abnahmen, also negatives Wachstum, zu verzeichnen hatte.

Im Diagramm wurden die absoluten Umsätze und damit das absolute Wachstum dargestellt. Das prozentuale Wachstum kann in diesem Fall aus den absoluten Werten berechnet werden.

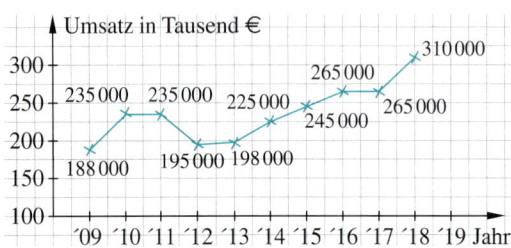

Beispiel 1

2009 bis 2010:	2011 bis 2012:	2010 bis 2011:
Zunahme um 47 Mio. €;	Abnahme um 40 Mio. €;	Der Umsatz blieb gleich
47 Mio. von 188 Mio. = 25 %	40 Mio. von 235 Mio. ≈ 17 %	(Stagnation).
positives Wachstum	**negatives Wachstum**	**Nullwachstum**

> **Merke** Man spricht von einer Zunahme einer Größe, auch **positives Wachstum** genannt, wenn in gleichen Zeitspannen der jeweils nachfolgende Wert größer ist als der vorherige. **Negatives Wachstum**, also eine Abnahme, liegt vor, wenn der jeweils nachfolgende Wert kleiner ist als der vorherige.
> Zu- bzw. Abnahme kann man in absoluten Zahlen oder prozentual ausdrücken.

HINWEIS

G_0 ist der Wert zu Beginn eines Wachstumsprozesses, G_n ist der Wert nach n Zeitspannen, **d** ist die Schrittweite (Änderungsrate).

Im Umsatzdiagramm oben liegt für die Jahre 2014/2015 und 2015/2016 ein gleichbleibendes Wachstum von jährlich 20 Mio. € vor. Eine solche gleichmäßige Zunahme bezeichnet man als **lineares Wachstum**.

Beispiel 2

Die Firma produziert zur Zeit 50 000 Fertigteile. Die Produktion soll von nun an jährlich um 3 000 Teile steigen.
Wie viele Teile werden im 4. Jahr gefertigt?
$$G_4 = G_0 + d \cdot n$$
$$G_4 = 50\,000 + 3\,000 \cdot 4 = 62\,000$$

Nach vier Jahren sind es 62 000 Teile.

Die Anzahl der Beschäftigten von zur Zeit 350 Arbeitskräften soll jährlich um zehn Mitarbeiter zurückgehen. Wie viele Mitarbeiter sind nach fünf Jahren noch beschäftigt?
$$G_5 = G_0 - d \cdot n$$
$$w_5 = 350 - 10 \cdot 5 = 300$$

Es sind noch 300 Mitarbeiter beschäftigt.

KURZ GESAGT

Der linearen Wachstumsgleichung $G_n = G_0 + d \cdot n$ entspricht die lineare Funktionsgleichung $y = mx + b$.

> **Merke** Nimmt in gleichen Zeitspannen der jeweils nachfolgende Wert G immer um den gleichen Betrag d zu oder ab, dann ist das **Wachstum linear**. Auch hier unterscheidet man zwischen positivem linearen Wachstum ($d > 0$) und negativem linearen Wachstum ($d < 0$). Für $d = 0$ spricht man von Stagnation.
> Den Wert nach n Zeitspannen berechnet man nach der Gleichung $G_n = G_0 + d \cdot n$.

Die Firma möchte im Jahr 2019 ein Wachstum von 3% erreichen. Ausgehend vom Jahresumsatz 2018 sind das 9,3 Mio. € Umsatzsteigerung (≙ 3% von 310 Mio €). Der Umsatz soll also auf das 1,03-Fache des Vorjahresumsatzes wachsen: 310 Mio. € · 1,03 = 319,3 Mio. €.

> **Merke** Unter der **Wachstumsrate $p\%$** versteht man die prozentuale Zu- oder Abnahme eines Wertes innerhalb einer Zeitspanne. Bei positivem Wachstum entspricht die Wachstumsrate dem Anteil über 100% (vermehrter Grundwert), bei negativem Wachstum dem Anteil unter 100% (verminderter Grundwert).
> Aus dem Grundwert von 100% und der Wachstumsrate $p\%$ ergibt sich der **Wachstumsfaktor q** mit $q = 100\% + p\% = 1 + \frac{p}{100}$.
> Den nachfolgenden Wert G_1 berechnet man mit der Gleichung $G_1 = G_0 \cdot q$.

TIPP
Aus altem und neuem Wert können $p\%$ und q auch direkt berechnet werden:
$p\% = \frac{G_1 - G_0}{G_0}$
$q = \frac{G_1}{G_0}$

Beispiel 3

Die Passagierzahlen einer Fluggesellschaft gehen innerhalb eines Jahres von 150 000 Fluggästen um 2,5% zurück.
$q = 1 - 2,5\% = 0,975$ $G_1 = 150\,000 \cdot 0,975 = 146\,250$
Die Anzahl der Passagiere liegt im Folgejahr bei 146 250.

Der Preis einer Ware wird innerhalb eines Jahres von 125 € auf 135 € erhöht. $q = \frac{135}{125} \approx 1,08$
Der Preis wurde um 8% erhöht.

Üben und anwenden

1 Betrachte die beiden Diagramme.

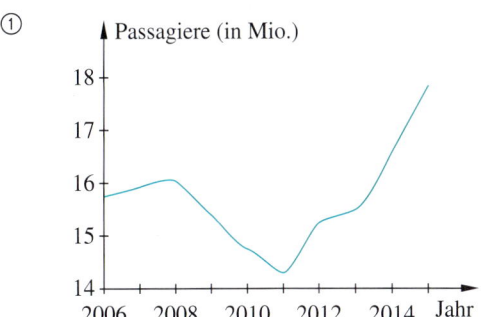

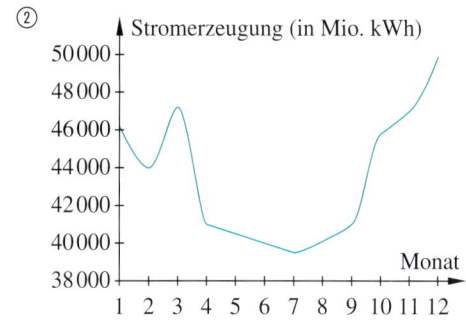

a) Beschreibe mit eigenen Worten den Verlauf der beiden Kurven.
b) Finde bei ① Ursachen für den Rückgang und den späteren Anstieg der Passagierzahlen und bei ② Ursachen für den Anstieg bzw. die Abnahme bei der Stromerzeugung.
   Stelle Vermutungen an, vergleiche mit deinen Mitschülern.
c) In welchen Zeitabschnitten lag positives, in welchen negatives Wachstum vor?
d) Prüfe, ob in Teilbereichen beider Diagramme lineares Wachstum vorliegt.

2 Die Entlassungszahlen der Erich-Kästner-Realschule wurden tabellarisch erfasst.

Jahr	2014	2015	2016	2017	2018
Abgänger	156	163	121	170	156

a) Stelle die Daten grafisch dar.
b) Für welche Zeitabschnitte liegt positives bzw. negatives Wachstum vor? Markiere.

2 In der Tabelle sind die Mitgliederzahlen eines Sportvereins pro Jahr für den Zeitraum von 2012 bis 2018 erfasst.

Jahr	2012	2013	2014	2015	2016	2017	2018
Mitglieder	355	401	432	410	456	456	472

a) Stelle die Daten grafisch dar.
b) Wo liegt welches Wachstum vor?

91

3 Betrachte die Grafik.

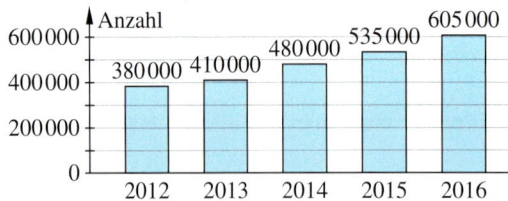

Absatz der E-Bikes in Deutschland

a) In welchem Jahr erreicht der Absatz gegenüber dem Vorjahr den höchsten bzw. niedrigsten Zuwachs …
  – in absoluten Zahlen?
  – prozentual?
b) Wie hoch ist der prozentuale Zuwachs von 2012 bis 2016?

4 Berechne den Faktor q.
a) $p\% = 4\%$ b) $p\% = 0,7\%$
c) $p\% = -2\%$ d) $p\% = -0,6\%$
e) $p\% = 1,5\%$ f) $p\% = 12\%$
g) $p\% = -1,25\%$ h) $p\% = -3,75\%$

5 Berechne die Wachstumsrate $p\%$.
a) $q = 1,04$ b) $q = 0,95$
c) $q = 1,15$ d) $q = 0,75$
e) $q = 1,005$ f) $q = 0,99$

6 Berechne q und $p\%$.
a) Die Produktionszahlen nahmen innerhalb eines Jahres von 13 000 Stück auf 14 000 Stück zu.
b) Ein Ballkleid wurde von 198 € um 50 € reduziert.
c) Ein Azubi verdient im 1. Ausbildungsjahr 565 €, im 2. Jahr 610 € und im 3. Jahr noch einmal 55 € mehr.

3 Verkehrstote in Deutschland

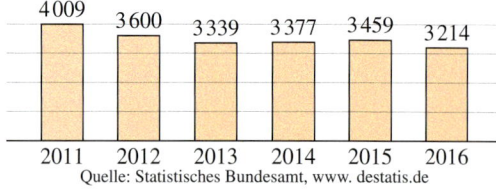

Quelle: Statistisches Bundesamt, www. destatis.de

a) Wann ist die Abnahme gegenüber dem Vorjahr am höchsten? Gib in absoluten Zahlen und prozentual an.
b) Um wie viel Prozent nimmt die Anzahl der Toten zwischen 2013 und 2015 wieder zu?
c) Wie hoch ist die prozentuale Abnahme zwischen 2011 und 2016 insgesamt? Wie viel wäre das durchschnittlich pro Jahr?

4 Berechne den Faktor q.
a) $p\% = 5\%$ b) $p\% = 1,125\%$
c) $p\% = 0,5\%$ d) $p\% = 4,125\%$
e) $p\% = 10,175\%$ f) $p\% = -4\%$
g) $p\% = -0,125\%$ h) $p\% = -13,05\%$

5 Gib die Wachstumsrate $p\%$ an.
a) $q = 1,05$ b) $q = 1,067$
c) $q = 1,206$ d) $q = 0,98$
e) $q = 0,905$ f) $q = 0,875$

6 Berechne jeweils den alten Wert G_0 bzw. den neuen Wert G_1.
a) Eine Aktie ist innerhalb eines Jahres um 15% auf 76,50 € gesunken.
b) Ein Unternehmen will durch Rationalisierungsmaßnahmen 6,75% der Produktionskosten einsparen. Das sind 155 Mio. €.
c) Preissturz! Ein Flachbildschirm kostet nur noch 129 €, der Kunde spart 25%.

TIPP
Beachte die Formeln in der Randspalte auf Seite 91.

7 Entwicklung der Einwohnerzahlen von fünf Großstädten in und um Rheinland-Pfalz:

	Koblenz	Ludwigshafen	Mainz	Saarbrücken	Trier
Einwohnerzahl 2014	110 643	161 518	204 268	177 201	
Einwohnerzahl 2015	111 434	163 832			108 472
Wachstumsrate $p\%$	0,72%	1,43		−0,16%	
Faktor q	1,0072	1,0143	1,013		·1,012

a) Fülle die restlichen Felder der Tabelle aus.
b) Lege eine Rangordnung fest: von der Stadt mit dem höchsten prozentualen Zuwachs bis zur Stadt mit dem höchsten Bevölkerungsrückgang.

Exponentielles Wachstum

Entdecken

1 Die Grafik zeigt die Entwicklung der Weltbevölkerung seit dem Jahr 1650.

a) In welchem Jahr lebten etwa 1 Mrd. Menschen? Wie lange dauerte es, bis sich diese Zahl verdoppelte?

b) Wann wurden die Grenzen zu 2, 3, 4 … Mrd. überschritten? Wie lange dauerte die Verdopplung von 2 Mrd. auf 4 Mrd. bzw. von 3 Mrd. auf 6 Mrd. Menschen? Vergleiche mit dem Ergebnis von a).

c) Erstelle eine Prognose für den Zeitraum von 2000 bis 2050. Vergleiche mit deinen Nachbarn und diskutiert darüber, wie zuverlässig solche Prognosen sein können. Informiere dich im Internet und im Lexikon über das Bevölkerungswachstum.

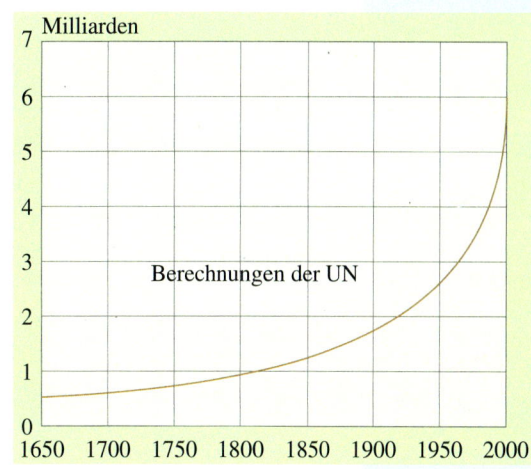

2 Der afrikanische Staat Angola hat mit 3,4 % jährlicher Zunahme ein sehr hohes Bevölkerungswachstum. Anfang 2017 lebten in Angola etwa 27,4 Mio. Einwohner.

a) Lege eine Excel-Tabelle wie im Beispiel an und berechne, nach wie vielen Jahren sich die Bevölkerungszahl verdoppelt haben wird.

	A	B	C	D
1		Einwohnerzahlen von Angola (in Mio.)		
2		zu Jahresbeginn	jährlicher Zuwachs	zum Jahresende
3	2017	27,4	0,9316	28,3316
4	2018	28,3316	0,9632744	29,2948744
5	2019			
6	…			

b) Hast du eine Idee, wie du die Rechnung vereinfachen kannst?

Tipp: Dir ist vielleicht aufgefallen, dass der jährliche prozentuale Zuwachs immer gleich ist. Folglich ist die Bevölkerungszahl am Jahresende immer 103,4 % gegenüber der Zahl zum Jahresbeginn, die Bevölkerungszahl steigt also auf das 1,034-Fache.

3 Bei einer Stiftung wird Geld zu einem bestimmten Zinssatz angelegt. Damit das Kapital erhalten bleibt, werden nur die Zinserträge für gemeinnützige Zwecke ausgegeben. Einer Schulstiftung stehen 50 000 € Kapital zur Verfügung. Das Geld soll zu einem Zinssatz von 4,5 % p. a. für fünf Jahre angelegt werden. Die Zinsen können jährlich ausgezahlt werden (①) oder erst nach Ablauf der fünf Jahre (②). Übertrage die Tabelle in dein Heft und fülle sie für beide Anlagemodelle aus.

a) Welcher Zinsgewinn steht der Stiftung nach fünf Jahren bei den beiden Anlagemodellen zur Verfügung?

b) Wie groß ist der Unterschied zwischen beiden Anlagemodellen nach zehn Jahren?

c) Wie sollte man mit diesem Geld nun verfahren? Diskutiert darüber und begründet eure Meinung.

Laufzeit (in Jahren)	① Kapital + Zinsen (in €)	② Gesamtkapital (in €)
0	50 000	50 000
1	52 250	52 250
2	…	…
3		
4		
5		
10		
Zinsgewinn nach 5 J.		
Zinsgewinn nach 10 J.		

HINWEIS
p. a. steht für „per anno" und bedeutet „pro Jahr".

4 In einer Thermoskanne befindet sich 90 °C heißer Kaffee. Stündlich nimmt die Temperatur um 10 % ab. Stelle die Entwicklung der Kaffeetemperatur für den Zeitraum von fünf Stunden als Tabelle und als Grafik dar.

Verstehen

Wissenschaftler erstellen jährlich Prognosen zur Bevölkerungsentwicklung. Dazu liegen ihnen Daten aus den vergangenen Jahren vor, auf die sie ihre Voraussagen stützen.
Im Jahr 2017 lebten auf der Erde ca. 7,56 Mrd. Menschen. Die
jährliche Zuwachsrate beträgt konstant 1,2 %. In Bulgarien lebten
2017 etwa 7,07 Mio. Einwohner, es besteht ein konstantes negatives Bevölkerungswachstum von $-0,7\,\%$.
Will man die Bevölkerungszahlen für die nächsten n Jahre ermitteln, muss man den Ausgangswert w_0 insgesamt n-mal mit dem
Faktor q multiplizieren, den man **Wachstumsfaktor** nennt. Die
Anzahl der Wachstumsfaktoren kann man verkürzt in der Potenz-
schreibweise darstellen: $G_n = G_0 \cdot \underbrace{q \cdot q \cdot q \cdot q \cdot q \cdot \ldots \cdot q}_{n\text{-mal}} = G_0 \cdot q^n$

Beispiel 1

Prognostizierte Entwicklung der Weltbevölkerung, $q = 1{,}012$

ERINNERE DICH
$q = 1 + p\,\%$

Jahr	2017	2018	2019	2020	...	2025	...	2035
Anzahl in Mrd.	7,56	7,65	7,74	7,84		8,32		9,37

2017	2035
7,56	9,37

$\cdot 1{,}012$ $\cdot 1{,}012$ $\cdot 1{,}012$ $\cdot 1{,}012^5$ $\cdot 1{,}012^{10}$ $\cdot 1{,}012^{18}$

Prognostizierte Bevölkerungsentwicklung in Bulgarien, $q = 0{,}993$.

Jahr	2017	2018	2019	2020	...	2025	...	2035
Anzahl in Mio.	7,07	7,03	6,99	6,95		6,76		6,40

2017	2035
7,07	6,40

$\cdot 0{,}993$ $\cdot 0{,}993$ $\cdot 0{,}993$ $\cdot 0{,}993^5$ $\cdot 0{,}993^{10}$ $\cdot 0{,}993^{18}$

KURZ GESAGT
*Der Exponential-
gleichung*
$G_n = G_0 \cdot q^n$
entspricht die
**Exponential-
funktion**
$f(x) = G_0 \cdot q^x$.

> **Merke** Bei einem konstanten **Wachstumsfaktor q** wächst bzw. sinkt eine Größe G_0 nach
> n gleichen Zeitspannen auf die Größe G_n. Dieser Vorgang wird beschrieben durch die
> Gleichung $\boldsymbol{G_n = G_0 \cdot q^n}$.
> Diese Gleichung nennt man **Exponentialgleichung**, da die Variable n im Exponenten steht.

Ausgehend von der Bevölkerungszahl im Jahr 2017 lassen sich die Werte auch für die Vergan-
genheit berechnen. Voraussetzung ist eine gleich bleibende Wachstumsrate $p\,\%$.

Beispiel 2

Bevölkerungszahlen in
Bulgarien vor dem Jahr
2017

Jahr	2013	2014	2015	2016	2017
Term	$G_0 \cdot q^{-4}$	$G_0 \cdot q^{-3}$	$G_0 \cdot q^{-2}$	$G_0 \cdot q^{-1}$	G_0
Anzahl in Mio.	7,23	7,19	7,15	7,11	7,07

$: 0{,}993$

Weltbevölkerung in früheren Jahren (in Mrd. Menschen)

Das Jahr 2017 wird als Ausgangsgröße G_0 angenommen: $G_0 = 7{,}56$ Mrd.; $p\,\% = 1{,}2\,\%$; $q = 1{,}012$	
Jahr 2000: $G_{-17} = 7{,}56 \cdot 1{,}012^{-17} \approx 6{,}09$	Jahr 1950: $G_{-67} = 7{,}56 \cdot 1{,}012^{-67} \approx 3{,}36$

> **Merke** Kennt man den Wachstumsfaktor q und war dieser auch in den zurückliegenden Jah-
> ren konstant, so lassen sich Werte aus der Vergangenheit ermitteln. In der Gleichung wird die
> Anzahl der zurückliegenden Jahre mit einem negativem Vorzeichen angegeben.

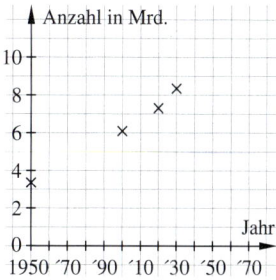

Üben und anwenden

1 Lege in Zehnjahresschritten eine Tabelle zur Entwicklung der Weltbevölkerung von 1950 bis 2050 an.

a) Nimm eine Wachstumsrate von 1,2 % an. Bestimme zuerst den Wachstumsfaktor q. Berechne dann die übrigen Größen nach der Formel $G_n = G_0 \cdot q^n$ und ergänze die Tabelle.

Jahr	1950	1960	1970	1980	1990	2000	...	2050
Anzahl in Mrd.	3,36					6,10		

b) Übertrage und ergänze die Grafik: trage alle Werte ein und verbinde die Punkte.

c) Nenne die typischen Merkmale einer solchen exponentiellen Kurve.

---

2 In einem See nimmt die Lichtintensität pro Tiefenmeter um 20 % ab.

a) Lege eine Tabelle an und berechne die prozentuale Lichtmenge bis 10 m Tiefe.

b) Zeichne dazu eine Grafik.

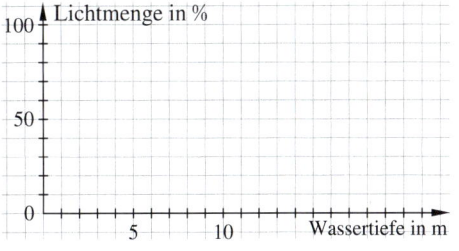

2 Überprüfe, ob bei der Kurve exponentielles Wachstum vorliegt. Wie gehst du dabei vor? Beschreibe und begründe.

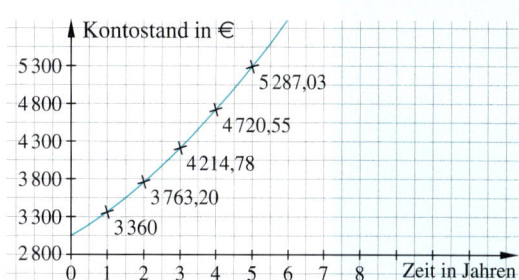

---

3 Im Jahr 2018 verdiente ein Unternehmen 368 000 €. Dann gingen die Gewinne um 2 % pro Jahr zurück.

a) Berechne den voraussichtlichen Gewinn für das Jahr 2028, falls q unverändert bleibt.

b) Stelle den Gewinn des Unternehmens grafisch dar.

---

4 Ein Stahlzylinder wurde zur Bearbeitung auf eine Temperatur von 950 °C erhitzt. Die Temperatur des Zylinders nimmt pro Stunde um etwa 18 % ab. Welche Temperatur besitzt der Zylinder noch nach acht Stunden?

---

3 2018 hat ein Zoo 1,76 Mio. Tickets verkauft, 40 % davon für Kinder. Bei einem geschätzten jährlichen Besucherrückgang von 2,3 % ist mit Mindereinnahmen zu rechnen. Diese sollen durch eine entsprechende Erhöhung der Eintrittspreise aufgefangen werden. Zur Zeit bezahlt ein Erwachsener 14,50 €, ein Kind 7 € für den Eintritt.

a) Berechne die voraussichtlichen Besucherzahlen in fünf und in zehn Jahren.

b) Wie steigen in den kommenden fünf Jahren die Eintrittspreise, wenn sie jährlich um 2,3 % erhöht werden?

---

4 Im Jahr 2016 wurden in Deutschland täglich etwa 15,3 Mio. Tageszeitungen verkauft, aber die Verkaufszahlen sind seit Jahren rückläufig. Die durchschnittliche jährliche Abnahme beträgt 2,5 %.

a) Wie viele Tageszeitungen wurden in den Jahren 2010, 2005, 2000 täglich verkauft?

b) Berechne die voraussichtlichen Verkaufszahlen für die Jahre 2020 und 2030.

c) Kannst du Gründe für den Rückgang nennen?

Thema: **Zinseszins**

Durch eine Erbschaft erhält Frau Mühlen 100 000 €. Das Geld möchte sie in fünf Jahren für eine Geschäftsgründung verwenden.
Bis dahin will sie das Geld bei einer Bank zu einem Zinssatz von 3,5 % anlegen. Nun überlegt sie, ob sie sich die Zinsen jährlich auszahlen lässt (Typ A) oder ob es günstiger ist, die Zinsen jährlich zum Kapital hinzuzufügen (Typ B).

Welche Anlageform wirft mehr Gewinn ab?

Typ A:

3,5 % von 100 000 € sind 3500 €	Zinsen für fünf Jahre: $5 \cdot 3500\,€ = 17\,500\,€$	Kapital + Zinsen 117 500 €

Typ B:

Kapital zum Jahresbeginn in €	jährlicher Zinssatz ($p\,\%$)	Zinsfaktor q	Anzahl der Zinsjahre (n)	Kapital zum Jahresende in €
100 000	3,5 %	1,035	1	103 500
103 500	3,5 %	1,035	2	107 122,50
107 122,50	3,5 %	1,035	3	110 871,79
110 871,79	3,5 %	1,035	4	114 752,30
114 752,30	3,5 %	1,035	5	118 768,63

Weil das Kapital fünf Jahre lang zu jedem Jahresende mit dem Zinsfaktor 1,035 multipliziert wird, kann man die Rechnung auch verkürzen: $100\,000\,€ \cdot 1,035^5 = 118\,768,63\,€$.

Auch beim Kapitalwachstum mit Zinseszins handelt es sich um exponentielles Wachstum.

In der Wachstumsformel wird die Größe G durch K (Kapital) ersetzt: $\boldsymbol{K_n = K_0 \cdot q^n}$

1 Viele Banken und Sparkassen bieten ein Anlageprodukt namens Zuwachssparen an, bei dem ein Stufenzins zum Einsatz kommt. Hierbei profitiert der Anleger von jährlich steigenden Zinssätzen (s. Zinstreppe). Der Sparer kann entscheiden, ob er sich die Zinsen jedes Jahr auszahlen lässt oder sie auf dem Konto ansammelt und am Ende der Laufzeit mit Zinseszinsen erhalten möchte.

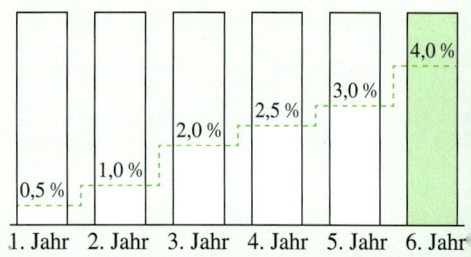

Stelle Berechnungen für eine Geldanlage von 10 000 € an.
a) Wie hoch ist der Zinsgewinn bei jährlicher Auszahlung?
b) Wie viel erhält der Sparer zusätzlich, wenn er die Zinsen auf dem Konto ansammelt?
c) Stelle zu beiden Varianten einen Term mit Zinsfaktoren auf, nach dem man die Zinsen in einem Schritt berechnen kann.

2 Zu ihrem 18. Geburtstag erhält Mia Zugang zu einem Sparkonto, das bei ihrer Geburt angelegt wurde. Eingezahlt wurden damals 700 €, der vereinbarte Zinssatz betrug 4,5 %. Mia will von dem Geld ihren Führerschein bezahlen, der 1500 € kosten wird. Reicht das Geld?

3 Autokredit: Eine Bank wirbt mit folgender Anzeige: „Wir leihen Ihnen 20 000 € für einen Autokauf, Sie zahlen uns in drei Jahren 25 000 € zurück".
Eine andere Bank wirbt: „Autokredit zu 8 % p. a., Laufzeit drei Jahre".
Welches Angebot ist günstiger?

4 Forme die Wachstumsformel $K_n = K_0 \cdot q^n$ passend um und gib Gleichungen an für …
a) K_0 **b)** q

5 Berechne die fehlenden Größen. Es erfolgt eine Verzinsung mit Zinseszinsen.

	a)	b)	c)	d)	e)	f)
Anfangskapital K_0	600 €	8500 €	300 €	12 000 €		
Zinssatz p %	2,8 %	5,75 %			3,25 %	7,5 %
Anzahl der Jahre n	4	9	2	5	3	6
Endkapital K_n			350 €	13 000 €	400 €	15 433 €

6 Felix findet ein altes Sparbuch, das seine Eltern zu seiner Einschulung vor zehn Jahren angelegt haben. Der gleichbleibende Zinssatz betrug damals 4 %. Es weist ein Guthaben von 1 000 € auf. Wie hoch war das Anfangskapital?

7 Betrachte die Bankenwerbung.
a) Wie hoch ist der Zinssatz?
b) In sechs Jahren beträgt der Gewinn durch Zinsen 1000 €. Wie hoch wäre der Zinsgewinn in zwölf Jahren?
c) Welches Kapital müsste man anlegen, um nach sechs Jahren 5000 € zu haben?

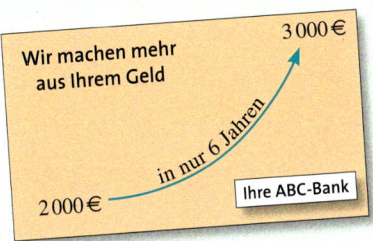

Wir machen mehr aus Ihrem Geld
3 000 €
in nur 6 Jahren
2 000 €
Ihre ABC-Bank

8 Angenommen, jemand hätte im Jahre 0 bei einer Bank 1 € zu einem Zinssatz von 1 % bei konstanter Verzinsung angelegt. Auf welchen Betrag wäre das Kapital bis heute gestiegen? Schätze erst, dann rechne.

9 In zehn Jahren geht Herr Fogg in den Ruhestand. Dann möchte er eine große Weltreise unternehmen, deren Kosten er mit 50 000 € veranschlagt. Seine Bank rät ihm dazu, jetzt Geld zu 4,5 % p. a. anzulegen, sodass der veranschlagte Betrag bei Reiseantritt komplett angespart ist. Welches Kapital muss Herr Fogg heute anlegen?

10 Nach wie vielen Jahren hat sich ein Kapital bei 7 % p. a. verdoppelt? Beachte die Randspalte.

ERINNERE DICH
Eine Faustformel zur Verdopplung des Kapitals lautet $\frac{70}{p} = n$ (Jahre).

11 Überprüfe bei Verzinsung mit Zinseszins, ob die folgenden Aussagen zutreffen. Wähle z. B. die Größen p % = 3 %; K_0 = 1000 € und n = 4 Jahre.
a) Wird die Laufzeit verdoppelt, so verdoppelt sich auch das Endkapital.
b) Wird das Anfangskapital verdoppelt, so verdoppelt sich auch das Endkapital.
c) Wird der Zinssatz verdoppelt, so verdoppelt sich auch das Endkapital.

12 Betrachte die Grafik.
a) Was wird in der Grafik dargestellt?
b) Wie hoch ist das Anfangskapital?
c) Lies K_5 und K_{10} für beide Zinssätze ab.
d) Nach welcher Zeit wird bei 4 % Verzinsung ein Zinsgewinn von 300 € erreicht?
e) Nach wie vielen Jahren hat sich die Geldanlage bei der 8 %-Verzinsung verdoppelt?
f) Liegen alle Punkte auf einer Geraden? Begründe.

ZU AUFGABE 6; 8
Wenn in einer Exponentialgleichung die Größe n gesucht wird, kann man die Aufgabe durch Probieren lösen. Dabei muss man q so oft mit sich selbst multiplizieren, bis $\frac{G_n}{G_0}$ erreicht oder überschritten wird. Die Anzahl der Faktoren ergibt dann die gesuchte Größe n.

5 Entscheide, ob in den Wertetabellen exponentielles Wachstum vorliegt.

a)
x	0	1	2	3
y	120	90	60	30

b)
x	−1	0	1	2
y	128	160	200	250

5 Liegt in den Wertetabellen exponentielles Wachstum vor? Begründe.

a)
x	−1	0	1	4
y	10000	12000	14400	20736

b)
x	0	1	2	3
y	1	2	4	6

6 Ausgangspunkt für diese Aufgaben ist eine Exponentialgleichung der Form $G_n = G_0 \cdot q^n$. Forme die Gleichung äquivalent nach den Größen G_0 und q um.
Berechne die fehlenden Größen im Heft. Beachte den Hinweis in der Randspalte.

	a)	b)	c)	d)	e)	f)	g)	h)
G_0		150	5000		4000	1	8000	500
G_n	16105		10368	80	3000		9261	163,84
$p\%$	10%	−4%					5%	
q				0,85		1,3		0,8
n	5	10	4	7	6	3		

7 In den letzten 30 Jahren ist aufgrund des Klimawandels die Fläche der Arktis, die von Eis bedeckt ist, auf eine Größe von 4,7 Mio. km² zurückgegangen. Das ist ein durchschnittlicher jährlicher Schwund von 1,7%. Wie groß war die Eisfläche noch vor 30 Jahren?

7 Die Bevölkerung Nordamerikas wächst seit Jahrzehnten stark an. Berechne für jedes Jahrzehnt das durchschnittliche Wachstum (Rate).

Bevölkerung Nordamerikas
Einwohner in Mio.
400 — 300 — 200 — 100
172 (1950), 204 (1960), 231 (1970), 255 (1980), 281 (1990), 313 (2000), 345 (2010)

8 Der aus Nordamerika stammende Waschbär wurde bei uns anfangs nur in Zuchtanlagen zur Pelzgewinnung gehalten. Ausgesetzte oder entkommene Tiere leben inzwischen wild und haben sich deutschlandweit stark verbreitet. Mittlerweile sollen in Deutschland mindestens 600000 Exemplare leben. Trotz intensiver Bejagung vermehrt sich ihr Bestand jährlich um etwa 8%.
In wie vielen Jahren wird die 1-Million-Grenze überschritten, falls keine weiteren Maßnahmen ergriffen werden? Beachte den Hinweis oben in der Randspalte.

9 Nach ihrer Ausbildung erhält Claudia ein monatliches Gehalt in Höhe von 1200 €. Ihr Arbeitgeber sichert ihr eine jährliche Lohnerhöhung von 4,6% zu.
a) Stelle einen Term zur Berechnung auf.
b) Nach wie viel Jahren wird ihr Gehalt 1500 € übersteigen?

9 Thomas wiegt 80 kg und will durch eine komplette Ernährungsumstellung abnehmen. Eine Werbebroschüre verspricht, bei konsequenter Einhaltung der Diätvorgaben wöchentlich 1% Gewicht zu verlieren. Wie lange muss Thomas die Maßnahme beibehalten, wenn er ein Gewicht von 70 kg erreichen will?

Wachstums- und Zerfallsprozesse

Entdecken

1 Schlage diejenigen Begriffe nach, die dir unbekannt sind.

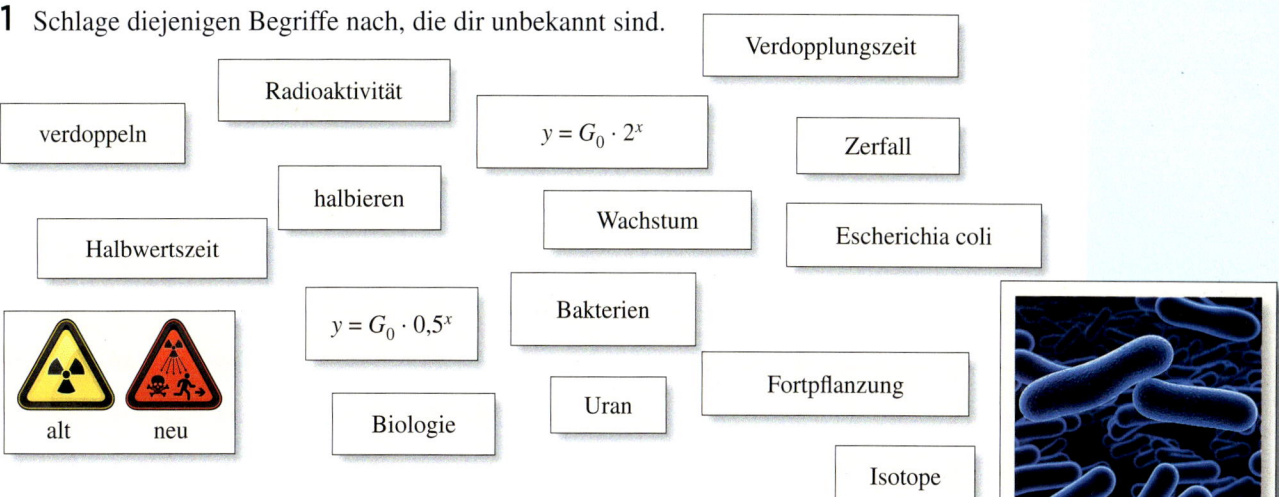

Verdopplungszeit

Radioaktivität

$y = G_0 \cdot 2^x$

verdoppeln

Zerfall

halbieren

Wachstum

Escherichia coli

Halbwertszeit

$y = G_0 \cdot 0{,}5^x$

Bakterien

alt   neu

Biologie

Uran

Fortpflanzung

Isotope

a) Ordne die Kärtchen in zwei Gruppen an.
b) Beschreibe die beiden Gruppen, die du gebildet hast. Versuche, die Zusammenhänge innerhalb der beiden Gruppen zu erklären.
c) Beschreibe, was die jeweilige Funktionsgleichung aussagt.

2 *Rätselfrage*: Auf einem See wachsen Seerosen, die ihre Anzahl jährlich verdoppeln. Nach acht Jahren ist der halbe See zugewachsen. Wie lange dauert es noch, bis der ganze See damit bedeckt ist? Die meisten Leute beantworten die Frage folgendermaßen: „In weiteren acht Jahren ist der See zugewachsen."
a) Wie lautet die richtige Antwort?
b) Wo ist der Denkfehler bei der oben genannten Antwort?
c) Gib eine Funktionsgleichung an, mit der dieses Phänomen berechnet werden kann. Zu Beginn soll $1\,m^2$ mit Seerosen bedeckt sein. Wofür stehen die Variablen?
d) Zu welchem Teil war der See nach drei Jahren bedeckt? Erläutere deinen Lösungsweg.
e) Zeichne ein Modell des Sees nach sechs Jahren. Das Modell soll die Fläche eines Kreises mit $r = 5\,cm$ haben. Wie groß ist der Mittelpunktswinkel der bewachsenen Fläche?

3 Bei der Nuklearkatastrophe im japanischen Fukushima im Jahre 2011 wurden große Mengen radioaktiv strahlender Stoffe freigesetzt, unter anderem das für Lebewesen gefährliche [137]Cäsium (lies: Cäsium 137). Dieser Stoff zerfällt innerhalb von 30 Jahren zur Hälfte, d.h., von 1000 Atomkernen sind nach 30 Jahren erst 500 zerfallen; nach weiteren 30 Jahren zerfällt die Hälfte der restlichen 500 Atomkerne, usw.

a) Lege eine Tabelle an, in der für 300 Jahre die Anzahl der restlichen Atomkerne angegeben wird; nimm 1 024 als Startzahl.
b) Zeichne dazu eine entsprechende Grafik.
c) Lies an der Grafik ab, nach welcher Zeit nur noch 10 %, 5 % und 1 % der ursprünglichen Menge vorhanden sind.
d) Findest du eine Exponentialgleichung, mit der du dieses Phänomen berechnen kannst?

Verstehen

Bei einer Infektion beispielsweise verdoppelt sich die Anzahl der Erreger in einer bestimmten Zeitspanne und radioaktive Stoffe zerfallen gleichmäßig in berechenbaren Zeitabständen. Solche Prozesse werden durch spezielle Exponentialfunktionen beschrieben.

Beispiel 1

Bakterien in einer Kultur verdoppeln sich alle zwei Stunden. Diese Zeitspanne bezeichnet man als **Verdopplungszeit** oder **Generationszeit**.
Am Anfang sind 10 Bakterien vorhanden. Wie viele sind es nach 12 Stunden?

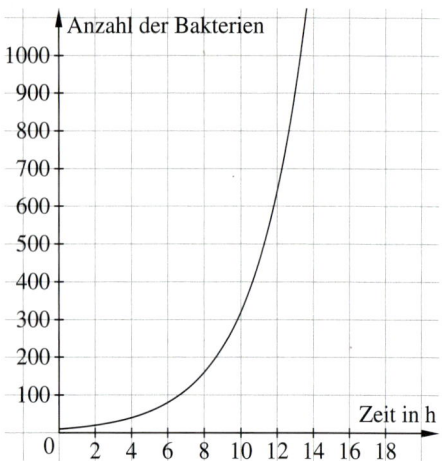

Wachstumsfaktor: $q = 1 + p\%$
$$= 1 + 100\%$$
$$= 1 + 1 = 2$$
Verdopplungszeiten: $n = \frac{12\,\text{h}}{2\,\text{h}}$, also $n = 6$
Exponentialgleichung: $G_n = G_0 \cdot q^n$
$$G_n = 10 \cdot 2^6 = 640$$
Nach 12 Stunden gibt es 640 Bakterien.

> **Merke** Das **Wachstum von Populationen** lässt sich durch die spezielle Exponentialgleichung $G_n = G_0 \cdot 2^n$ beschreiben, da der Wachstumsfaktor beim Verdoppeln $q = 2$ beträgt und n die Anzahl der Verdopplungszeiten angibt.

Die Lebensdauer radioaktiver Stoffe wird durch die sogenannte **Halbwertszeit** bestimmt. In einer solchen Zeitspanne sinkt die Anzahl der Atomkerne auf die Hälfte des ursprünglichen Wertes. Halbwertszeiten können Bruchteile von Sekunden oder auch viele Jahre dauern.

Beispiel 2

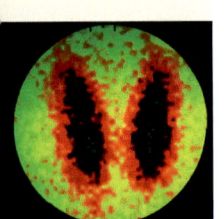

Zur Erstellung von Strahlungsbildern der Schilddrüse werden 6 g radioaktives Iod verwendet, das eine Halbwertszeit von etwa acht Tagen hat. Welche Menge an Jod ist nach 30 Tagen noch im Körper vorhanden?

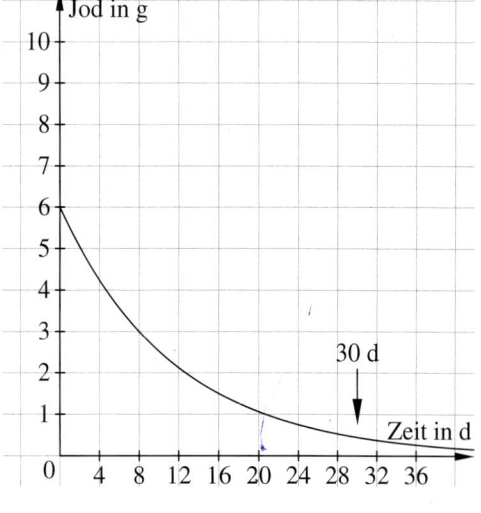

Wachstumsfaktor: $q = 1 - p\%$
$$= 1 - 50\%$$
$$= 1 - 0,5 = 0,5$$
Halbwertszeiten: $n = \frac{30\,\text{d}}{8\,\text{d}}$
$$n = 3,75$$
Exponentialgleichung: $G_n = G_0 \cdot q^n$
$$G_{3,75} = 6 \cdot 0,5^{3,75} = 0,446$$
Nach 30 Tagen sind noch knapp 0,5 g Jod im Körper vorhanden.

> **Merke** Der radioaktive **Zerfall** chemischer Stoffe lässt sich durch die spezielle Exponentialgleichung $G_n = G_0 \cdot 0,5^n$ beschreiben, da der Wachstumsfaktor beim Halbieren $q = 0,5$ beträgt und n die Anzahl der Halbwertszeiten angibt.

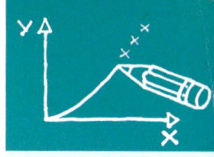

Üben und anwenden

1 Berechne die Anzahl der Verdopplungen beim Bakterienwachstum im Labor.
a) Verdopplungszeit 30 min; Dauer 2 h
b) Verdopplungszeit 1,5 h; Dauer 1 d
c) Verdopplungszeit 45 min; Dauer 5 h

1 Fülle die fehlenden Felder aus.

Verdopplungszeit	1 h 20 min	40 min	4 h	
Anzahl Verdopplungen			6	7,5
Versuchsdauer	1 d	3 h		60 h

2 Berechne die Anzahl der Bakterien nach der angegebenen Zeit. Bestimme zuvor, wie viele Verdopplungszeiten vorliegen.
a) $G_0 = 100$; Verdopplungszeit 1 h; Anzahl 5 Stunden nach Beginn?
b) $G_0 = 500$; Verdopplungszeit 20 min; Anzahl 4 Stunden nach Beginn?
c) $G_0 = 35$; Verdopplungszeit 40 min; Anzahl 3 Stunden nach Beginn?

2 Berechne die Anzahl der Bakterien zur angegebenen Zeit.
a) $G_0 = 3500$; Verdopplungszeit 45 min; 360 min nach Untersuchungsbeginn
b) $G_0 = 4400$; Verdopplungszeit 70 min; 3,5 h nach Untersuchungsbeginn
c) $G_0 = 5750$; Verdopplungszeit 12,25 h; 24 h nach Untersuchungsbeginn

3 Hefe kann man in Form eines Würfels Backhefe im Supermarkt kaufen. Hefe kommt aber auch auf Pflanzen und in Fruchtsaft vor. Zum Wachsen braucht Hefe Kohlenhydrate und eine passende Temperatur. Die Verdopplungszeit liegt bei ca. 120 Minuten. Wie viele Hefezellen sind nach 2 h (4 h; 6 h; 24 h) aus einer einzigen Hefezelle entstanden?

3 Milchsäurebakterien finden sich in Milchprodukten wie z. B. Joghurt oder Käse. Sie bewirken, dass die Milch sauer wird. Je nach Temperatur liegen ihre Verdopplungszeiten zwischen 20 min und 60 min. Wie viele Bakterien sind nach 2 h (4 h, 6 h, 12 h) aus einem Bakterium entstanden? Nimm eine Verdopplungszeit von 40 min an.

4 Da das Wachstum von Bakterien immer nach gleichen Gesetzmäßigkeiten verläuft, kann man auch ihre Anzahl vor dem Untersuchungsbeginn berechnen. Fülle die Tabelle im Heft aus. Nutze die Grafik rechts.

Zeit in min			− 20	0
Generationszeit x	− 3	− 2	− 1	0
Bakterienzahl y				120

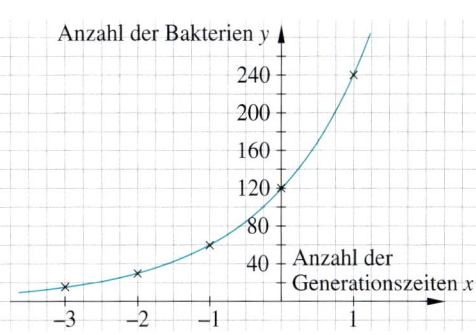

5 Nach wie vielen Halbwertszeiten hat sich ein Stoff folgendermaßen reduziert?
a) von 160 g auf 5 g   b) von 32 g auf 0,5 g

5 Nach n Halbwertszeiten sind von 64 g Radon noch 250 mg vorhanden. Wie lange hat dieser Prozess gedauert?

6 Wie viel Masse des radioaktiven Stoffes ist nach der angegebenen Zeitspanne noch vorhanden? Beachte die Randspalte.
a) anfangs 12 g Radon; nach 19 Tagen?
b) anfangs 80 g Kobalt; nach 14 Jahren?
c) anfangs 15 g Polonium; nach 1 Stunde?

6 Gegeben ist die Masse eines radioaktiven Stoffs zu Untersuchungsbeginn. Berechne seine Masse vor und nach der gegebenen Zeit.
a) 5 g Protactinium; 10 Minuten
b) 5 g Kobalt; 20 Jahren
c) 100 g Uran; 1 Mrd. Jahre
d) 4,5 g Iod; 30 Tagen

HINWEIS
Halbwertszeiten einiger radioaktiver Stoffe
^{131}*Iod:*
  8,06 d
^{60}*Kobalt:*
  5,6 a
^{218}*Polonium:*
  3,05 min
^{234}*Protactinium:*
  1 min
^{222}*Radon:*
  3,8 d
^{238}*Uran:*
  4,5 · 10^9 a

7 Die Lungenkrankheit Tuberkulose wird durch den Erreger *Mycobacterium tuberculosis* hervorgerufen.
Die Vermehrung dauert bei dieser Bakterienart relativ lange. Die Verdopplungszeit beträgt 18 Stunden.

a) In einer Probe wurden 44 Erreger gezählt. Lege eine Tabelle an und trage die Anzahl der Bakterien nach den ersten drei Verdopplungszeiten ein.

b) Wie viele Erreger enthielt die Probe zwei (fünf) Verdopplungszeiten vor Beginn der Messung?

c) Informiere dich über die Krankheit und ihre Verbreitung. In welchen Ländern tritt sie noch auf? Was wird getan, um eine Ausbreitung zu verhindern?

7 Das Bakterium *Escherichia coli*, kurz *E. coli* ist ein natürlicher Darmbewohner, der aber auch Erkrankungen hervorrufen kann.
E. coli verdoppelt sich nach 20 min. Eine Probe mit *E.-coli*-Bakterien wird im Labor untersucht.

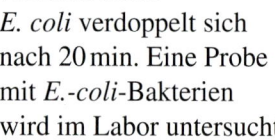

Nach drei Stunden befinden sich 768 000 Bakterien in der Probe.

a) Wie viele Bakterien waren es zu Beginn?

b) Wie viele Bakterien waren es $1\frac{1}{2}$ h vor (24 h nach) Untersuchungsbeginn?

c) Wie viel Zeit ist vergangen, wenn die Anzahl 10 000 überschreitet? Schätze ab.

8 Der Arzneistoff Ibuprofen wirkt fiebersenkend, schmerzstillend und entzündungshemmend. Ibuprofen hemmt ein körpereigenes Enzym, das bei Schmerz und Entzündungen eine wesentliche Rolle spielt.

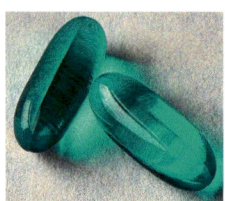

Nach Einnahme einer Tablette dauert es ungefähr eine halbe Stunde, bis der Wirkstoff im Blut aufgenommen ist. Danach wird das Ibuprofen im Körper abgebaut. Die biologische Halbwertszeit beträgt etwa 2,5 Stunden.

a) Wie viel Milligramm (mg) Ibuprofen sind drei Stunden nach der Einnahme einer 400-mg-Tablette noch im Körper enthalten?

b) Vor Einnahme einer weiteren Tablette sollte die Menge an Ibuprofen im Körper unter 100 mg gesunken sein. Nach wie viel Stunden ist das der Fall?

8 Eine kleine Tasse Espresso (30 ml) enthält etwa 40 mg Koffein. Nach 45 min ist das gesamte Koffein im Blut aufgenommen. Danach wird

es in Stoffwechselprozessen abgebaut. Die biologische Halbwertszeit von Koffein liegt bei gesunden Erwachsenen zwischen 2,5 Stunden und 4,5 Stunden.

a) Berechne die mittlere Halbwertszeit von Koffein im Blutkreislauf und nutze sie für die folgenden Teilaufgaben.

b) Wie viel Milligramm (mg) Koffein ist im Körper nach fünf Stunden noch enthalten?

c) Bis zu welcher Uhrzeit kann Espresso getrunken werden, wenn um 22 : 00 Uhr nur noch 10 mg (15 mg) Koffein im Blut enthalten sein sollen?

9 Setzt du in die Exponentialgleichungen zum Berechnen der Verdopplungs- und Halbierungszeiten den Anfangswert $G_0 = 1$, so erhältst du die Exponentialfunktionen $y_1 = 2^x$ und $y_2 = \left(\frac{1}{2}\right)^x$.

a) Erstelle jeweils eine Wertetabelle für den Bereich von -3 bis $+3$; runde die Funktionswerte auf die erste Dezimalstelle.

b) Zeichne die Funktionsgraphen in ein Koordinatenkreuz.

c) Beschreibe die beiden Kurven und vergleiche deren Verlauf. Was haben sie gemeinsam, was unterscheidet sie?

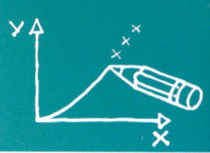

Die Exponentialfunktion

Entdecken

1 In einem Kaugummiautomaten sind rote, blaue und orange Kaugummikugeln.
Bei jedem Münzeinwurf erhält man genau eine Kugel.
Kai und Anke kaufen zwei Kugeln. Sie überlegen, dass es neun unterschiedliche Ergebnisse
gibt (links erste Kugel; rechts zweite Kugel):

a) Wie viele Möglichkeiten gibt es, wenn man nur eine Kugel kauft? Wie viele Möglichkeiten
   gibt es bei vier gekauften Kugeln?
   Übertrage und ergänze dazu die Tabelle im Heft.

Münzeinwürfe	1	2	3	4
Anzahl möglicher Ergebnisse		9		

b) Ergänze die Sätze: „Wenn eine Münze mehr eingeworfen wird, dann gibt es ▢-mal so viele
   mögliche Ergebnisse." „Wenn eine Münze weniger eingeworfen wird, dann gibt es nur noch
   ▢-mal so viele mögliche Ergebnisse."
c) Wie viele Ergebnisse müsste es bei 0 Münzeinwürfen geben, wenn man deine Sätze aus b)
   verwendet?
d) Stelle den Zusammenhang zwischen den Münzeinwürfen und der Anzahl möglicher
   Ergebnisse grafisch dar.

2 In der Wertetabelle soll der funktionale Zusammenhang $f(x) = 2^x$ dargestellt werden.

x	-3	-2	-1	0	1	2	3	4	5
2^x		$\frac{1}{4}$		1			8		
$m\,[x_1;\,x_2]$									

a) Übertrage die Wertetabelle ins Heft und ergänze sie.
b) Zeichne den Graphen der Funktion $f(x) = 2^x$ und beschreibe seinen Verlauf.
c) Berechne die mittlere Änderungsrate zwischen den benachbarten Werten der Wertetabelle
   und trage sie in die dritte Tabellenzeile ein. Was fällt dir auf?

3 Die drei Funktionsgraphen gehören zu den folgenden Funktionen:
① $f(x) = 0{,}5 \cdot 4^x$ ② $f(x) = 4^x$ ③ $f(x) = 2 \cdot 4^x$

a) Finde heraus, welcher Graph zu welcher Funktion gehört.
   Erkläre, wie du dabei vorgegangen bist.
b) Welche gemeinsamen Eigenschaften haben
   alle drei Graphen?
   Tipp: Es gibt mehrere.
c) Arbeite mit einer dynamischen Geometrie-
   Software. Finde heraus, ob diese Eigenschaften auch noch gelten, wenn man die
   Zahl 4 in der Funktionsgleichung durch
   andere positive Zahlen ersetzt.
   Untersuche auch, was passiert, wenn du
   den Faktor 0,5 bzw. 2 veränderst.

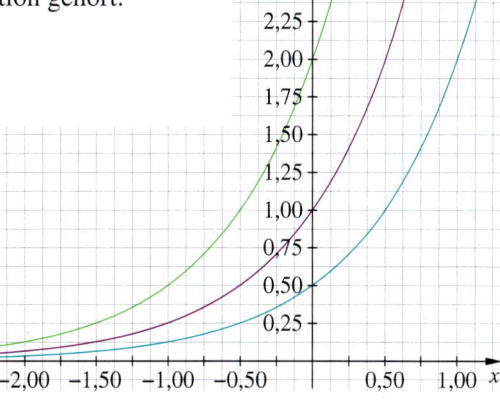

Verstehen

Heike filmt, wie ihre Katze vor dem Rennauto ihres Bruders flüchtet. Sie lädt das Video auf eine Internetplattform hoch und schaut sich täglich die Zahl der Klicks an.

Beispiel 1

Tag	1	2	3	4	5	6
Klicks	33	89	272	811	2 427	7 294
gerundet Klicks	30	90	270	810	2 430	7 290

Heike stellt fest, dass sich die Anzahl der Klicks täglich verdreifacht.
Die Klicks steigen entsprechend der Exponentialgleichung $y = 10 \cdot 3^x$ exponentiell an.

HINWEIS
*Der **Definitions-
bereich** einer
Funktion um-
fasst alle Zahlen,
die für x einge-
setzt werden
dürfen. Der
Wertebereich
besteht aus allen
Werten, die y an-
nehmen kann.*

Merke Funktionen, die sich auf eine Exponentialgleichung der Form $G_n = G_0 \cdot q^n$ zurückführen lassen, nennt man **Exponentialfunktionen**.
Sie haben die Form:
$f(x) = c \cdot a^x$, mit $c > 0$ und $a > 0$.
Für $a > 1$ ist der Graph steigend und verläuft oberhalb der x-Achse. Der Wertebereich umfasst also die positiven Zahlen.
Der Graph schneidet die y-Achse im Punkt $(0|c)$.

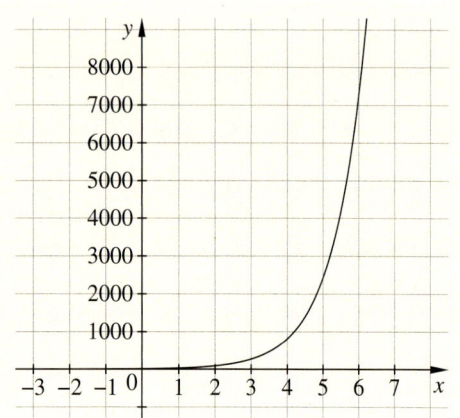

Beispiel 2

Timmi und Jan wollen wissen, wie schnell sich der Schaum in der Badewanne auflöst.
Sie füllen die Badewanne mit dem Zusatz „Schaum-Traum".
Nach 2 Minuten beginnen sie zu messen, wie sich die Schaumhöhe verändert.

Zeit in Minuten	0	1	2	3	4	5
Schaumhöhe in cm	6,4	3,2	1,6	0,8	0,4	0,2

Die Werte halbieren sich jede Minute. Es handelt sich also um eine exponentielle Abnahme.
Die zugehörige Funktion lautet $f(x) = 6{,}4 \cdot \left(\frac{1}{2}\right)^x$.

Die beiden möchten außerdem wissen, wie viel Schaum zu Beginn in der Wanne war, also vor 2 Minuten. Dazu setzen sie $x = -2$ in die Funktionsgleichung ein und erhalten den Wert 25,6 cm. Der Schaum ist also sehr schnell zerfallen.

Merke Für $0 < a < 1$ ist der Graph der Exponentialfunktion $f(x) = c \cdot a^x$ monoton fallend.
Für $0 < a < 1$ nähert sich die Exponentialfunktion der x-Achse an, ohne diese zu berühren. Man sagt daher: Die x-Achse ist die **Asymptote** der Exponentialfunktion.

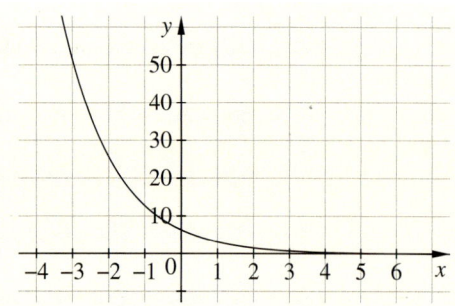

Üben und anwenden

1 Im Koordinatensystem sind die Graphen von vier unterschiedlichen Funktionen dargestellt.

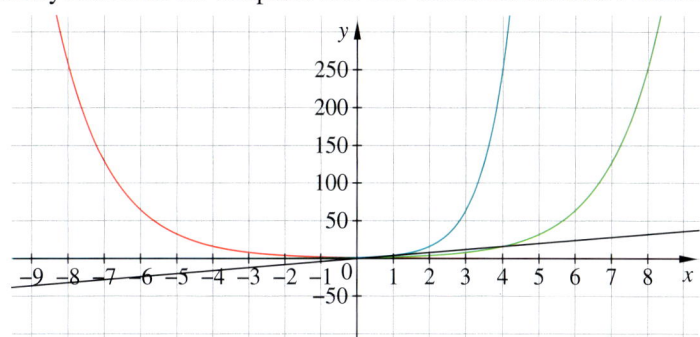

a) Beschreibe den Verlauf der Funktionsgraphen. Finde Gemeinsamkeiten und Unterschiede. Welche der Graphen gehören zu Exponentialfunktionen? Begründe.

b) Ordne die Funktionsgleichungen den Funktionsgraphen zu.
① $f(x) = 4^x$ ② $g(x) = \left(\frac{1}{2}\right)^x$ ③ $h(x) = 4x$ ④ $k(x) = 2^x$

c) Erstelle eine gemeinsame Wertetabelle für die rote und grüne Funktion in ganzzahligen Schritten von -4 bis 8. Welche Vor- und Nachteile hat diese Darstellung der Funktionen?

---

2 Entscheide, ob es sich um eine Exponentialfunktion handelt.

a) $f(x) = x^5$ **b)** $f(x) = 4^x$
c) $f(x) = 4 \cdot 2^x$ **d)** $f(x) = 4x + 2^x$
e) $f(x) = 0,5 \cdot \left(\frac{1}{3}\right)^x$ **f)** $f(x) = x^4 + 2$

2 Begründe, welche der angegebenen Funktionen keine Exponentialfunktionen sind.

a) $f(x) = -5x^5$ **b)** $f(x) = -0,2 \cdot 4^x$
c) $f(x) = x \cdot 6^3$ **d)** $f(x) = (-4)^x$
e) $f(x) = 9^x \cdot 5$ **f)** $f(x) = 1$

---

3 Ordne die Funktionsgleichungen zu.
① $f(x) = 3^x$ ② $g(x) = 6^x$ ③ $h(x) = \left(\sqrt{2}\right)^x$

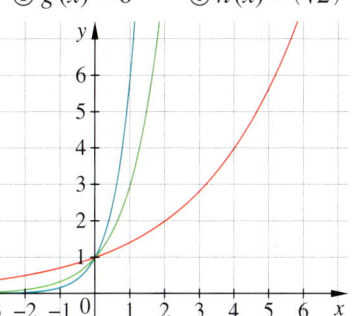

3 Beschreibe, wie du den Wert der Variablen a zu den dargestellten Graphen der Funktion $f(x) = a^x$ herausfinden kannst.

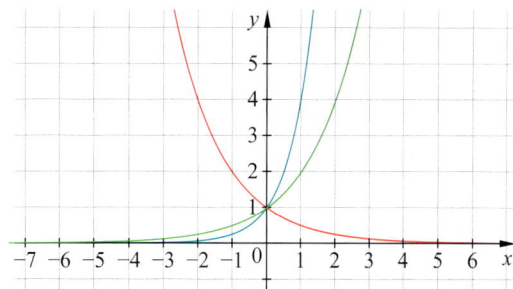

---

4 Ergänze im Heft. Nutze Beispiele.

a) Wenn man bei der Funktion $f(x) = 3^x$ das x um 2 vergrößert, dann wird der Funktionswert ▢-mal so groß.

b) Wenn man bei der Funktion $f(x) = 2^x$ das x um 3 vergrößert, dann wird der Funktionswert ▢-mal so groß.

c) Wenn man bei der Funktion $f(x) = 2^x$ das x um 3 verkleinert, dann wird der Funktionswert nur noch ▢-mal so groß.

4 Finde die Funktion $f(x) = a^x$, die die Aussage erfüllt.

a) Der Funktionswert vervierfacht sich, wenn man x um 2 vergrößert.

b) Der Funktionswert wird ein Neuntel so groß, wenn man x um 2 vergrößert.

c) Der Funktionswert wird ein Achtel so groß, wenn man x um 3 verkleinert.

d) Der Funktionswert wird 16-mal so groß, wenn man x um 2 verkleinert.

5 Ordne den geschilderten Vorgängen die passenden Funktionsgleichungen zu und stelle die Graphen der Funktionen mit einer dynamischen Geometriesoftware dar.

Ⓐ Anzahl der möglichen Ergebnisse beim x-fachen Münzwurf

Ⓑ Anzahl der Schnipsel nach x-fachem Dritteln eines Blattes Papier

Ⓒ Flächeninhalt eines Schnipsels nach x-fachem Halbieren eines Blattes Papier mit $A = 1\,m^2$

$f(x) = 3^x$

$g(x) = \left(\frac{1}{2}\right)^x$

$h(x) = \left(\frac{1}{3}\right)^x$

$i(x) = 2^x$

5 Finde heraus, welche Funktionsgleichungen die geschilderten Vorgänge beschreiben, und stelle die Funktionsgraphen mit einer dynamischen Geometriesoftware dar.

Ⓐ Anzahl möglicher Ergebnisse beim x-fachen Werfen eines Spielwürfels

Ⓑ Höhe eines Guthabens von $1000\,€$, welches x-mal $1,5$-fach so groß wird

Ⓒ Länge einer x-fach hintereinander geviertelten $5\,m$ langen Holzleiste

6 Zeichne die Graphen von $f(x) = 2^x$ und $g(x) = \left(\frac{1}{2}\right)^x$ in dasselbe Koordinatensystem. Überprüfe, ob f die Spiegelung von g an der x-Achse oder an der y-Achse ist.

6 Wähle ein $c > 1$ und zeichne dann sowohl $f(x) = c \cdot 2^x$ und $g(x) = c \cdot \left(\frac{1}{2}\right)^x$ in dasselbe Koordinatensystem. Ist f die Spiegelung von g an der y-Achse? Begründe.

7 Ergänze die Wertetabellen im Heft. Zeichne die Graphen und vergleiche sie.

x	-2	-1	0	1	2	3
$f(x) = 2^x$						
$g(x) = 2^x + 3$						
$h(x) = 2^{x+3}$						

7 Zeichne die Graphen in ein Koordinatensystem und vergleiche sie mit dem Graphen von $f(x) = 3^x$.
a) $g_1(x) = 3^x + 2$ und $g_2(x) = 3^x - 2$
b) $h_1(x) = 3^{x+2}$ und $h_2(x) = 3^{x-2}$
c) Formuliere Regeln für die Verschiebung der Graphen von Exponentialfunktionen.

8 Herr Koslowski will seine Nachkommen zu Millionären machen. Dazu legt er 1000 zu 3% Zinsen auf einem Sparbuch an.
Die Funktion $f(x) = 1000 \cdot 1{,}03^x$ beschreibt den Kontostand. Verwende einen Funktionenplotter und stelle die Funktion dar.
Beantworte dann die folgenden Fragen.
a) Schätze, welche Verwandten (Generation) von Herrn Koslowski Millionär werden.
b) Nach wie vielen Jahren ist der Kontostand bei etwa 1 Million?
c) Denkst du, dass dieser Plan in Wirklichkeit funktionieren würde?

8 Der Autor Andreas Eschbach erzählt in seinem Buch „Eine Billion Dollar" über jemanden, der 1 Billion $ erbt. Sein Vorfahr hatte angeblich nur 1000 $ angelegt. Die Funktion $f(x) = 1000 \cdot 1{,}05^x$ beschreibt, wie stark der Anfangsbetrag von 1000 $ anwächst, der mit 5% verzinst wird. Verwende einen Funktionenplotter und stelle die Funktion dar. Beantworte dann die folgenden Fragen.
a) Für wie lange wurde das Geld angelegt?
b) Wann hat der Vorfahre das Geld angelegt?
c) Wie lange hätte es gedauert, wenn das Geld mit 4% verzinst worden wäre?

9 Im Koordinatensystem wurden die Graphen der Funktionen $f(x) = \left(\frac{1}{4}\right)^x$ und $g(x) = 1{,}5^x$ dargestellt. Verwende die Grafik, um näherungsweise den Exponenten zu bestimmen.
a) $2 = \left(\frac{1}{4}\right)^x$
b) $1{,}75 = 1{,}5^x$
c) $2 = \left(\frac{1}{4}\right)^x + 1$
d) $6 = 2 \cdot 1{,}5^x$

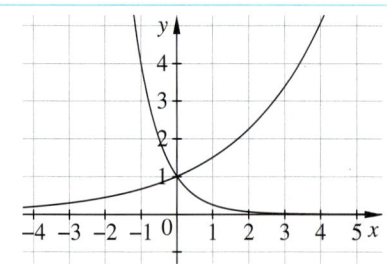

Logarithmus und Logarithmusfunktion

Entdecken

1 Übertrage die Tabelle ins Heft. log steht für Logarithmus.

2^3	2^5		2^{10}	
8		64		
$\log_2(8) = 3$				$\log_2(2048) = 11$

a) Fülle die Tabelle Spalte für Spalte aus.
b) Beschreibe, was der Logarithmus macht. Betrachte dazu z. B. die Gleichungen $2^3 = 8$ und $\log_2(8) = 3$. Was wird mit dem Logarithmus berechnet? Was steht wo beim Logarithmus?
c) Berechne $\log_3(27)$ und $\log_4(64)$. Schreibe dazu je eine Gleichung in der Form ☐ = ☐.

2 Jans Großvater möchte, dass Jan besser in der Schule wird. Deshalb verspricht er Jan für die erste Eins in einer Klassenarbeit 2 €. Für jede weitere Eins verdoppelt sich die Belohnung.
Jan rechnet aus: Bei drei Einsen bekommt er $2 \cdot 2 \cdot 2\,€ = 2^3\,€$. Das sind 8 €.

a) Jan schreibt 4-mal eine Eins. Berechne seine Belohnung wie im Beispiel oben.
b) Am Ende des Schuljahrs hat Jan 256 € von seinem Großvater bekommen. Wie oft hat er in einer Klassenarbeit eine Eins geschrieben? Finde die Lösung durch Probieren.
c) Stelle diesen Sachverhalt im Koordinatensystem dar. Lege dazu dein Heft quer. Wähle auf der x-Achse 1 cm für 10 € und auf der y-Achse 1 cm für 1 Eins. Überprüfe damit dein Ergebnis aus Teilaufgabe b). Beschreibe dein Vorgehen.

3 Exponentialfunktionen kann man umkehren, weil nicht nur jedem x-Wert eindeutig ein y-Wert bzw. Funktionswert $f(x)$ zugeordnet ist, sondern weil es zu jedem Funktionswert $f(x)$ auch genau einen x-Wert gibt.

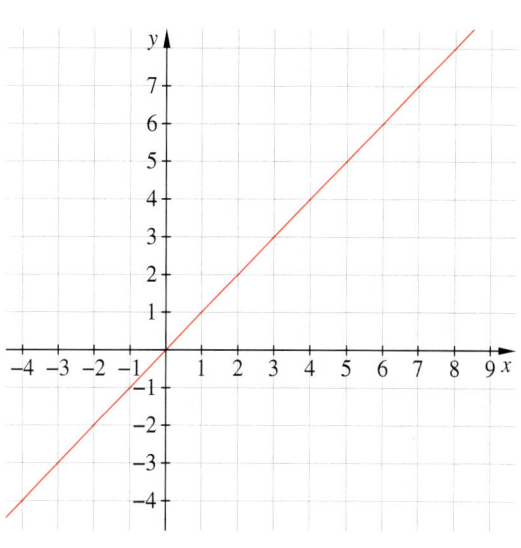

a) Zeichne den Graphen der Funktion $f(x) = 2^x$ in ein Koordinatensystem. Finde den Graphen g der Umkehrfunktion, indem du den Graphen von f an der Winkelhalbierenden $y = x$ spiegelst.
b) Wie muss die Funktionsgleichung der Umkehrfunktion lauten? Vertausche dazu die Variablen x und y in der Funktionsgleichung $y = 2^x$ und löse nach y auf. Nutze dazu den Logarithmus aus Aufgabe 1.

Verstehen

Der Speicherplatz eines Computers wird in Byte und Bit gemessen.
Ein Bit verfügt über die Informationsmenge 1 oder 0 (Ein oder Aus). Ein Byte ist eine Gruppe von acht Bit, mit diesen acht Bit kann man 2^8, also 256 unterschiedliche Kombinationen erzeugen.

Ein Wissenschaftler braucht Speicherplatz, um 131 072 Kombinationen zu erzeugen. Um herauszufinden, wie viele Bit er braucht, benutzt er den Logarithmus.

BEACHTE
Das Loga-rithmieren ist eine Umkehrung des Potenzierens, denn $a^x = b$ ist äquivalent zu $x = \log_a(b)$. Die andere Um-kehrung ist das Wurzelziehen, denn $a^x = b$ ist ebenfalls äquivalent zu $\sqrt[x]{b} = a$.

Merke Die Lösung der Gleichung $a^x = b$ mit $a, b > 0$ und $a \neq 1$ heißt Logarithmus von b zur Basis a. Man schreibt $x = \log_a(b)$.

$\log_a(b)$ ist die Zahl, mit der man a potenzieren muss, um b zu erhalten.

Beispiel 1
$2^x = 131\,072$
$x = \log_2(131\,072)$
$x = 17$, denn $2^{17} = 131\,072$
Der Wissenschaftler benötigt 17 Bit.

Die meisten Taschenrechner haben nur eine Taste für den Logarithmus zur Basis 10 (Zehner-logarithmus oder dekadischer Logarithmus). Anstatt $\log_{10}(b)$ schreibt man kurz $\lg(b)$.

Beispiel 2
$\log_{10}(1000)$ kann man berechnen mit ⌊ log ⌋⌊ 1 ⌋⌊ 0 ⌋⌊ 0 ⌋⌊ 0 ⌋ $= 3$, denn $10^3 = 1000$.

Merke Die Berechnung von Logarithmen zu anderen Basiszahlen lässt sich auf die Berechnung von Logarithmen zur Basis 10 zurückführen:
Die Gleichung $a^x = c$ lässt sich lösen durch $x = \log_a(c)$.
Es gilt gleichzeitig $x = \frac{\lg c}{\lg a}$ (für $a, c > 0$ und $a \neq 1$).

Beispiel 3
$5^x = 625$ lässt sich lösen durch $x = \log_5(625)$ und $x = \frac{\lg(625)}{\lg(5)}$.

Der Taschenrechner liefert als Ergebnisse $\lg(625) = 2{,}795\,88\ldots$ und $\lg(5) = 0{,}698\,97\ldots$
Nach Division erhält man $2{,}795\,88\ldots : 0{,}698\,97\ldots = 4$. Die Probe bestätigt: $5^4 = 625$.

Merke Beim Rechnen mit Logarithmen kann ein Logarithmengesetz helfen:
$\log_a(b^c) = c \cdot \log_a(b)$

Beispiel 4
$\log_3(9^7) = 7 \cdot \log_3(9)$
$\log_3(9^7) = 7 \cdot 2$, also $\log_3(9^7) = 14$

Merke Eine Funktion der Form $f(x) = \log_a(x)$ mit $a > 0$ heißt Logarithmusfunktion.
Alle Graphen von Logarithmusfunktionen verlaufen durch den Punkt $(1\,|\,0)$, denn $\log_a(1) = 0$ für alle $a > 0$.
Die Logarithmusfunktion ist die Umkehrung der Exponential-funktion. Wenn man den Graphen der Exponentialfunktion an der Winkelhalbierenden spiegelt, erhält man den Graphen der Logarithmusfunktion.

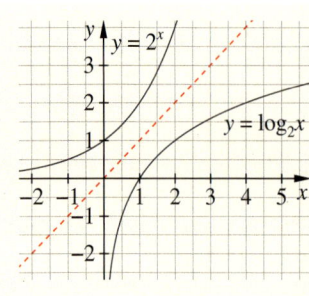

Üben und anwenden

1 Bestimme x im Kopf.

a) $2^x = 16$ b) $2^x = 32$ c) $3^x = 27$

d) $4^x = 64$ e) $2^x = 64$ f) $3^x = 81$

1 Bestimme x im Kopf.

a) $2^x = 128$ b) $5^x = 625$ c) $6^x = 216$

d) $9^x = 729$ e) $2^x = 1024$ f) $3^x = 243$

2 Berechne.

a) $\lg(100)$ b) $\lg(1000)$ c) $\lg(10)$

d) $\log_4(256)$ e) $\log_{13}(13)$ f) $\log_{13}(169)$

2 Berechne.

a) $\lg(10\,000)$ b) $\lg(1\,000\,000)$

c) $\log_5(125)$ d) $\log_{18}(324)$

3 Ein Restaurant bietet 625 verschiedene Kombinationsmöglichkeiten für ein Menü an. Jeder Gang besteht aus 5 Wahlmöglichkeiten. Aus wie vielen Gängen besteht das Menü? Begründe.

3 Uli würfelt mit einer bestimmten Anzahl von Würfeln. Dann legt er die Würfel alle hintereinander, so entsteht eine Zahl. Auf diese Art kann er 1296 verschiedene Zahlen bilden. Wie viele Würfel sind es?

4 Berechne mit dem Taschenrechner.

Beispiel $\log_7(59) = \frac{\lg(59)}{\lg(7)} \dots$

a) $\log_5(14)$ b) $\log_{12}(66)$ c) $\log_{14}(9)$

4 Bestimme x mit dem Taschenrechner.

a) $8^x = 45$ b) $12^x = 85$ c) $20^x = 405$

d) $44^x = 32$ e) $0{,}5^x = 7$ f) $1{,}7^x = 13$

5 Bilde jeweils die beiden Umkehraufgaben.

Potenz	$2^4 = 16$	$3^4 = \dots$
Wurzel	$\sqrt[4]{16} = 2$	$\sqrt[3]{64} = \dots$
log	$\log_2(16) = 4$	

5 Berechne. Bilde dann die beiden Umkehraufgaben, indem du einmal die Wurzel und einmal den Logarithmus nutzt.

Beispiel $2^3 = 8$; $\sqrt[3]{8} = 2$ und $\log_2(8) = 3$

a) 5^4 b) 6^3 c) 10^5 d) 1^9 e) 7^6

6 Schreibe in ein Produkt um und berechne.

Beispiel $\log_3(81^2) = 2 \cdot \log_3(81) = 2 \cdot 4 = 8$

a) $\log_2(32^3)$ b) $\log_5(25^4)$ c) $\log_4(64^4)$

d) Überprüfe deine Ergebnisse mit dem Taschenrechner, indem du zuerst die Klammer berechnest und dann den Logarithmus.

6 Schreibe in ein Produkt um und berechne.

a) $\log_5(25^8)$ b) $\log_2(128^3)$ c) $\log_3(81^6)$

d) Beweise das genutzte Logarithmengesetz: Gehe vom Potenzgesetz $(a^m)^c = a^{m \cdot c}$ aus. Logarithmiere beide Seiten zur Basis a. Nutze, dass $\log_a(a^x) = x$ ist. Ersetze a^m durch b und passend $m = \log_a(b)$.

7 Ordne Graphen und Funktionen zu:

$f(x) = \log_4(x)$, $g(x) = \log_2(x)$, $h(x) = \log_{0,5}(x)$

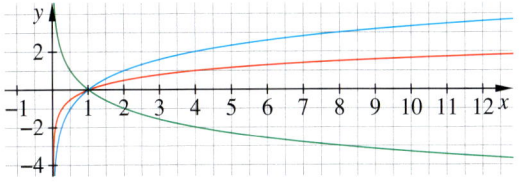

7 Vervollständige die gemeinsame Wertetabelle im Heft und zeichne die Graphen.

x	0,25	0,5	1	1,5	2	4
$f(x) = \log_3(x)$						
$g(x) = \log_5(x)$						
$h(x) = \log_{0,5}(x)$						

8 Oma Erna hat als junge Frau umgerechnet 11 320 € zu 2,375 % angelegt. Ein Endzeitpunkt wurde nicht vereinbart. In diesem Jahr hat sie ihre Geldanlage gekündigt und 29 634,46 € ausbezahlt bekommen. Wie lange war das Geld angelegt?

9 👥 Erkundigt euch entweder über die Dezibelskala oder über den PH-Wert oder über das Weber-Fechner'sche Gesetz. Erstellt zu eurem Thema ein Plakat. Wobei spielt der Logarithmus eine Rolle? Beschreibt die Gesetzmäßigkeiten.

Klar so weit?

→ Seite 90

Lineares Wachstum

1 Für ihren Enkel legt Frau Ernemann jede Woche 5 € in eine Spardose.
a) Ist das Wachstum positiv oder negativ?
b) Ist das Wachstum linear?
c) Wie viel Geld ist nach einem Jahr gespart? Nutze die Gleichung $G_n = G_0 + d \cdot n$.

1 Der Tank eines Autos ist mit sechs Litern Benzin gefüllt. An der Zapfsäule werden pro Sekunde 0,7 l dazu getankt.
a) Ist das Wachstum linear? Ist es negativ?
b) Stelle die Funktionsgleichung auf.
c) Zeichne ein passendes Diagramm.

2 Gib die Wachstumsrate $p\%$ bzw. den Wachstumsfaktor q an.
a) $p\% = 5\%$　　b) $p\% = -12\%$
c) $q = 1,2$　　d) $q = 0,93$

2 Gib die Wachstumsrate $p\%$ bzw. den Wachstumsfaktor q an.
a) $p\% = 3,5\%$　　b) $q = 1,025$
c) $p\% = -7\%$　　d) $q = 0,91$

3 Wie groß sind Wachstumsfaktor und Wachstumsrate?
a) von 500 € auf 650 €
b) von 40 kg auf 38 kg
c) von 12 m³ auf 12,6 m³
d) von 0,8 h auf 0,2 h

3 Ergänze die Tabelle im Heft.

	G_0	G_1	$p\%$	q
a)	40 km	65 km		
b)	3 000 €		−7,5 %	
c)		3 t		1,2

→ Seite 94

Exponentielles Wachstum

4 Die Tabellen zeigen exponentielles Wachstum. Berechne den fehlenden Wert.

a)

x	−1	0	1	2
y	300	306	312,12	

b)

x	−2	0	2	4
y	0,75	3	12	

4 Stellt das Diagramm ein exponentielles Wachstum dar? Begründe.

Werte: 2013: 1,8; 2014: 3,9; 2015: 7,8; 2016: 11,3; 2017: 15,2; 2018: 22,2

5 Im Jahr 2013 hatte ein Sportverein 1200 Mitglieder. Bis 2018 hat diese Zahl jährlich um durchschnittlich 5 % abgenommen.
a) Wie viele Mitglieder hatte der Verein 2018?
b) Berechne die voraussichtliche Mitgliederzahl für 2023, wenn die Abnahme gleichbleibt.
c) Zeichne ein Diagramm für die Zeit von 2013 bis 2023.

→ Seite 100

Wachstums- und Zerfallsprozesse

6 In einer Probe werden 120 Bakterien gezählt, die Verdopplungszeit beträgt 80 min.
a) Auf wie viele Bakterien ist die Probe nach 4 Stunden angewachsen?
b) Wie viele Bakterien waren 3 Stunden vor der Zählung vorhanden?

6 Berechne die Anzahl der Bakterien zur angegebenen Zeit.
a) $G_0 = 2\,480$; Verdopplungszeit 6,5 h; 3,2 h nach Untersuchungsbeginn
b) $G_0 = 875$; Verdopplungszeit 130 min; 10 h vor Untersuchungsbeginn

7 Das radioaktive Element Protactinium hat eine Halbwertszeit von ca. 1 min.
a) Wie groß ist die Wachstumsrate q pro Minute?
b) Stelle die Anzahl der radioaktiven Atomkerne in einem Diagramm dar. Beginne bei 512 Atomkernen.

7 Zu Beginn einer Messung liegen 5 g ^{223}Francium (Halbwertszeit 22 min) vor.
a) Wie viel Gramm radioaktives Francium enthält die Probe nach 110 Minuten?
b) Auf wie viel Gramm hat sich die Masse nach 5 Stunden reduziert?
c) Schätze ab, wann die Probe nur noch 1 g radioaktiver Masse enthält.

Die Exponentialfunktion

→ Seite 104

8 Bestimme aus der Wertetabelle die Funktionsgleichung der Exponentialfunktion mit der Gleichung $f(x) = a^x$.

a)

x	0	2	4	8
$f(x)$	1	9	81	6561

b)

x	-2	-1	0	3
$f(x)$	$\frac{4}{9}$	$\frac{2}{3}$	1	3,375

8 Bestimme aus der Wertetabelle die Funktionsgleichung der Exponentialfunktion mit der Gleichung $f(x) = a^x$.

a)

x	-2	-1	0	3
$f(x)$	4	2	1	0,125

b)

x	-2	-1	0	2
$f(x)$	25	5	1	0,04

9 Erstelle im Bereich $-3 \leq x \leq 3$ eine Wertetabelle. Zeichne den Graphen der Funktion in ein Koordinatensystem. (1 Einheit $\hat{=}$ 1 cm) Beschreibe den Graphen.
a) $f(x) = 1{,}5^x$ b) $f(x) = 1{,}5 \cdot 0{,}5^x$

9 Erstelle im Bereich $-3 \leq x \leq 3$ eine Wertetabelle. Zeichne den Graphen der Funktion in ein Koordinatensystem. (1 Einheit $\hat{=}$ 1 cm) Nenne Eigenschaften des Graphen.
a) $f(x) = 0{,}5 \cdot 1{,}5^x$ b) $f(x) = 1{,}5 \cdot 1{,}5^x$

Logarithmus und Logarithmusfunktion

→ Seite 108

10 Berechne.
a) $\log_8(512)$ b) $\log_{14}(196)$
c) $\log_5(3125)$ d) $\log_3(243)$
e) $\lg(1\,000\,000)$ f) $\lg(0{,}0001)$

10 Berechne.
a) $\log_6(216)$ b) $\log_7(2401)$
c) $\log_4(16\,384)$ d) $\lg(1\,000\,000\,000)$
e) $\lg(0{,}000\,001)$ f) $\log_3\left(\frac{1}{27}\right)$

11 Übertrage die Wertetabelle ins Heft.

x	0,25	0,5	0,75	1	1,5	2	2,5	3
$f(x)$								

a) Fülle die Tabelle für $f(x) = \log_2(x)$ aus.
b) Zeichne den zugehörigen Graphen.
c) Beschreibe den Graphen. Nutze die Begriffe Steigung, Nullstelle und Asymptote.

11 Untersuche die Logarithmusfunktionen $f(x) = \log_5(x)$ und $g(x) = \log_6(x)$.
a) Erstelle eine gemeinsame Wertetabelle.
b) Zeichne die zugehörigen Graphen.
c) Beschreibe und vergleiche die beiden Graphen. Benutze Fachbegriffe.

12 Ein Kapital von 4567 € wurde zu 1,035 % angelegt. Bei der Auszahlung bekam Frau Müller 6481,47 €. Bestimme die Laufzeit.

12 Oma Anita legte ein Kapital von 3578 € zu 1,027 % an. Nach fünf Jahren wurde der Zinssatz auf 1,039 % erhöht. Wie lange muss die Geldanlage insgesamt bestehen, damit das Kapital auf 4630,29 € anwächst?

Vermischte Übungen

1 Starte bei 20 und halbiere sechsmal hintereinander.
a) Welche Zahl wird erreicht?
b) Trage die Werte der einzelnen Schritte in ein Koordinatensystem ein und beschreibe den Kurvenverlauf.
c) Welche Art von Wachstum liegt vor?

1 Starte bei 3 und halbiere fünfmal hintereinander.
a) Zeichne den Funktionsgraphen.
b) Bestimme die Wachstumsart.
c) Starte bei 0,1 und verdopple zehnmal hintereinander. Zeichne auch den Funktionsgraphen und bestimme die Wachstumsart.

2 Ergänze die Tabelle so im Heft, dass bei y_1 lineares Wachstum und bei y_2 exponentielles Wachstum vorliegt.

x	1	2	3	4	5
y_1 linear	2	4			
y_2 exponentiell	2	4			

2 Ergänze die Tabelle so, dass bei y_1 lineares und bei y_2 exponentielles Wachstum vorliegt. Finde die passenden Funktionsgleichungen.

x	1	2	3	4	5
y_1 linear	10	100			
y_2 exponentiell	10	100			

3 Gib die fehlenden Größen $p\%$ bzw. q an.
a) $p\% = 3\%$
b) $q\% = 1{,}042$
c) $p\% = 3{,}6\%$
d) $q = 0{,}973$
e) $p\% = -3{,}6\%$
f) $q = 0{,}673$

3 Bestimme Wachstumsrate und -faktor.
a) Ein Warenpreis steigt von 15 € auf 16,50 €.
b) Ein Wasserbehälter von 250 l verliert durch eine undichte Stelle 7,5 l.
c) Eine Fahrtdauer von geplanten $2\frac{1}{2}$ Stunden wird durch Stau um eine $\frac{3}{4}$ Stunde länger.

4 Welche dieser Funktionen sind linear?
a) $y = 0{,}5x + 8$
b) $y = 60 - x$
c) $y = 12$
d) $y = 0{,}5x^2 + 3$
e) $y = -4 - 0{,}2x$
f) $y = 3x(2 + x)$

4 Bestimme die Funktionsarten.
a) $f(x) = (x - 3)^2 + 5$
b) $f(x) = 0{,}3^x$
c) $f(x) = 4 - 1{,}5^x$
d) $f(x) = x \cdot (x - 0{,}75)$
e) $f(x) = 12 \cdot 1{,}05^x$
f) $f(x) = 9 - x^2$

5 Eine Kerze brennt ab.
a) Lege eine Tabelle an.
b) Welche Art von Wachstum liegt vor?
c) Um wie viel cm und um wie viel % nimmt die Höhe pro Stunde ab?

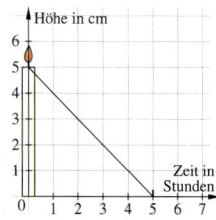

5 Welche Zahl erfüllt die Bedingungen?
a) Nach vier Verdopplungen wird 100 erreicht.
b) Nach nur drei Verdopplungen wird die Million um eins überschritten.
c) Nach fünf Halbierungen wird die 30 erreicht.

6 Ergänze die Tabelle mit …
a) einer exponentiellen Zunahme um 5 %.
b) einer exponentiellen Abnahme um 7 %.

	2015	2016	2017	2018
Anzahl	40 000			

6 Ergänze die Tabelle mit …
a) einer exponentiellen Zunahme um 2,5 %.
b) einer exponentiellen Abnahme um 0,4 %.

	2018	2019	2020	2021
Anzahl	25 000			

7 Zeichne die zugehörigen Graphen der Exponentialfunktionen im Bereich $-2 \le x \le 4$ in ein Koordinatensystem.
a) $f(x) = 1{,}1^x$
b) $f(x) = 3 \cdot 1{,}1^x$

7 Zeichne die zugehörigen Graphen der Exponentialfunktionen im Bereich $-2 \le x \le 4$ in ein Koordinatensystem.
a) $f(x) = 1{,}6^x$
b) $f(x) = 0{,}5 \cdot 1{,}6^x$

8 Beschreibe den Funktionsgraphen. Welche Art von Wachstum liegt vor?

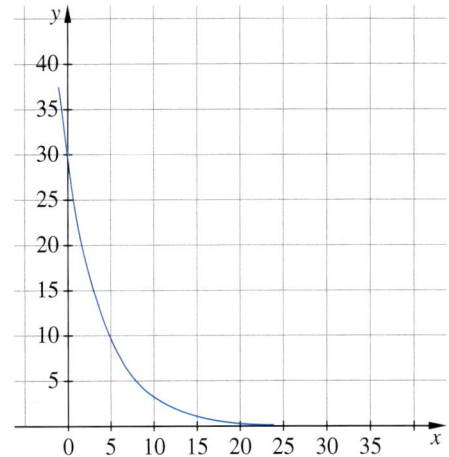

8 Ein Heizöltank ist mit 3000 Liter Öl gefüllt. Um zu heizen, werden täglich 22 Liter Öl verbrannt.

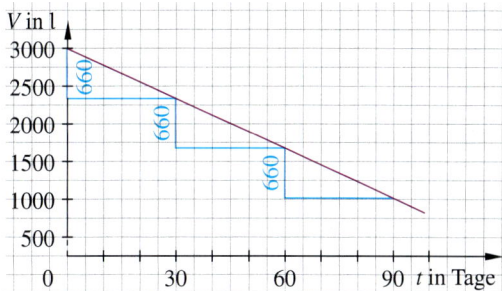

a) Welche Art von Wachstum liegt vor?
b) Nach wie vielen Tagen ist der Tank leer?
c) Welche Funktionsgleichung passt?
  ① $y = 22x$ ② $y = 3000 - 22x$
  ③ $y = 22x + 3000$

9 Löse mit Hilfe des Logarithmus nach x auf und berechne.
a) $5^x = 3125$
b) $7^x = 823\,543$
c) $2^x = 2048$
d) $15^x = 11\,390\,625$

9 Löse mit Hilfe des Logarithmus nach x auf und berechne.
a) $25^x = 9\,765\,625$
b) $91^x = 68\,574\,961$
c) $0,5^x = 0,0625$
d) $0^x = 0$

10 Berechne wie im Beispiel.
Beispiel $\log_6(7776) = \log_6(6^5) = 5\log_6(6)$
$= 5 \cdot 1 = 5$
a) $\log_4(4096)$ b) $\log_7(16\,807)$ c) $\log_8(4096)$

10 Berechne wie im Beispiel.
Beispiel $\log_5(15\,625) = \log_5(5^6) = 6\log_5(5)$
$= 6 \cdot 1 = 6$
a) $\log_{14}(2744)$ b) $\log_{0,5}(0,0625)$ c) $\log_{44}(1936)$

11 Eine Hähnchenprobe enthält 90 Salmonellen. Die Anzahl verdoppelt sich alle 20 min.
a) Zeichne den Graphen zum Anwachsen der Salmonellenzahl.
b) Wie viele Salmonellen enthielt die Probe drei Verdopplungszeiten zuvor? Wie viele sind es 2,5 Stunden danach?
c) Nach wie vielen Verdopplungszeiten (nach wie vielen Stunden) sind über 1 000 000 Salmonellen vorhanden?

11 Eine 11,5 cm hohe Pflanze verdoppelt zu Beginn ihres Wachstums alle 270 Stunden ihre Höhe. Wann hat sie eine Höhe von 123,4 cm?

12 Ein Medikamentenwirkstoff hat eine Halbwertszeit von 2 Stunden. Das heißt, innerhalb von 2 Stunden wird immer die Hälfte des Wirkstoffs im Körper abgebaut.
a) Zeichne den Graphen zum Abbauprozess.
b) Berechne und kontrolliere anhand des Graphen: Wie viel Prozent des Wirkstoffs sind nach 3 (5; 10) Stunden vorhanden?
c) Nach welcher Zeit sind noch 20 % (10 %; 5 %) des Wirkstoffs im Körper vorhanden?

12 Ein Körper hat eine Temperatur von 650 °C und kühlt bei Raumtemperatur ab. Jede Stunde halbiert sich seine Temperatur.
a) Stelle die zugehörige Funktionsvorschrift auf und zeichne den Graphen.
b) Berechne, nach wie vielen Stunden der Körper eine Temperatur von 250 °C hat.
c) Nach wie vielen Stunden hat der Körper eine Temperatur von 211,8 °C erreicht?

13 Zeige: die Exponentialgleichung $a^x = c$ ist äquivalent zu $x = \frac{\lg(c)}{\lg(a)}$ ($a, c > 0$; $a \neq 1$). Wende dazu den Logarithmus zur Basis 10 auf beide Seiten der Exponentialgleichung an und löse nach x auf.

113

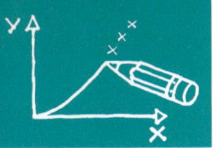

Beruf Altenpfleger/in

Altenpfleger kümmern sich um hilfsbedürftige ältere Menschen. Sie pflegen, betreuen und unterstützen sie im Alltag, begleiten bei Behördengängen oder Arztbesuchen. In der Behandlungspflege nehmen sie auch therapeutische und medizinisch-pflegerische Aufgaben wahr.

Altenpfleger arbeiten meist in Seniorenwohnheimen und Pflegeheimen, im Krankenhaus oder im ambulanten Pflegedienst.

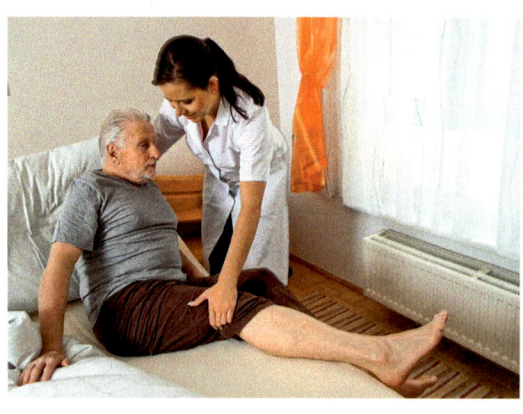

14 Pflegebedürftige Personen in Deutschland

Kerstin und Aaron interessieren sich für die Zukunftsaussichten von Pflegeberufen. Das Balkendiagramm zeigt die Anzahl von Pflegebedürftigen seit 2011. Berechne die jährlichen Wachstumsraten.

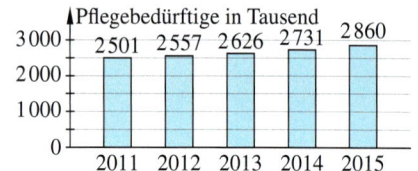

15 Pflegebedarfs-Prognose

Nach einer Prognose des Statistischen Bundesamtes wird auch in Zukunft der Pflegebedarf in Deutschland weiter steigen.

	2000	2015	2030	2045	2060
Pflegefälle (in 1000)	2027	2860	3621	4509	4816

a) Zeichne dazu eine Grafik.

b) Berechne die durchschnittliche Wachstumsrate je Zeitabschnitt (15 Jahre).

c) Im Jahr 2015 waren deutschlandweit ca. 68000 Jugendliche in der Altenpflege-Ausbildung. Wie müsste sich die Zahl der Auszubildenden für die Folgejahrzehnte verändern, damit sie im gleichen Maße steigt wie die Anzahl der Pflegefälle?

16 Abbau von Arzneiwirkstoffen

Eine Patientin möchte nach der Einnahme von Antibiotika wissen, wie lange das Medikament im Körper bleibt. Für das spezielle Präparat wird in der Arzneimittelbeschreibung eine Halbwertszeit von durchschnittlich zwölf Stunden angegeben. Wie viel Prozent des Wirkstoffs sind nach drei Tagen noch im Körper vorhanden?

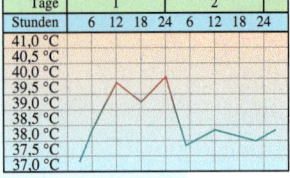

17 Fieberkurve beschreiben

Für die Beurteilung eines Krankheitsverlaufs ist die Anlage und Interpretation der Temperaturkurve hilfreich. Pflegeschüler Sandor soll einem Arzt telefonisch den Verlauf der Fieberkurve einer Patientin beschreiben. Wie kann er das mithilfe der Begriffe des mathematischen Wachstums ausdrücken?

18 Prognose zu Pflegekosten

Die Kosten für einen Platz in einem Pflegeheim richten sich u. a. nach der Pflegebedürftigkeit der Bewohner.
In Deutschland werden je nach Selbstständigkeit fünf Pflegegrade unterschieden.
Wie hoch sind die voraussichtlichen Kosten je Pflegegrad in den Jahren 2018, 2020 und 2030, wenn man von einer jährlichen Inflationsrate von 2% ausgeht?

Stand 2017	Kosten pro Monat
Pflegegrad 1	2038 €
Pflegegrad 2	2312 €
Pflegegrad 3	2799 €
Pflegegrad 4	3316 €
Pflegegrad 5	3529 €

Zusammenfassung

Lineares Wachstum

→ Seite 90

Lineares Wachstum liegt vor, wenn in gleichen Zeitspannen der nachfolgende Wert immer um den gleichen Betrag d zu- oder abnimmt. Den Wert G_n nach n Zeitspannen berechnet man mit $G_n = G_0 + d \cdot n$.

Ein Monatsgehalt von $1\,800\,€$ wird pro Jahr um $100\,€$ erhöht.
Wie hoch ist es nach drei Jahren?
$G_0 = 1800\,€; \quad d = 100\,€; \quad n = 3$
$G_3 = 1800\,€ + 100\,€ \cdot 3 = 2100\,€$

Die **Wachstumsrate $p\,\%$** gibt die prozentuale Änderung innerhalb einer Zeitspanne an.

Wachstumsrate $p\,\%$ im 1. Jahr:
$p\,\% = \frac{100}{1800} \approx 5{,}6\,\%$

Der Faktor q ergibt sich aus der Formel $q = 100\,\% + p\,\% = 1 + \frac{p}{100}$.

Faktor q im 1. Jahr:
$q \approx 100\,\% + 5{,}6\,\% = 1 + \frac{5{,}6}{100} = 1{,}056$

Für die Berechnung des nachfolgenden Wertes G_1 gilt die Gleichung $G_1 = G_0 \cdot q$.

Monatsgehalt nach einem Jahr:
$G_1 = 1800\,€ \cdot 1{,}056 \approx 1900\,€$

Exponentielles Wachstum; Wachstums- und Zerfallsprozesse

→ Seite 94, 100

Bei **exponentiellem Wachstum** ändert sich eine Größe in gleichbleibenden Zeitspannen um einen konstanten Wachstumsfaktor q.

Ein Monatsgehalt von $1\,800\,€$ wird pro Jahr um $2{,}5\,\%$ erhöht.
$G_3 = 1800\,€ \cdot 1{,}025^3 \approx 1\,938{,}40\,€$

Die **Exponentialgleichung $G_n = G_0 \cdot q^n$** gibt den Wert nach n Zeitabschnitten an.

$G_0 = 300\,000; \quad p\,\% = -1{,}4\,\%$
$G_5 = 300\,000 \cdot 0{,}986^5 = 279\,580$

Wachstumsprozesse (Verdopplungen) lassen sich durch die Gleichung $G_n = G_0 \cdot 2^n$ beschreiben.
Zerfallsprozesse (Halbierungen) lassen sich durch die Gleichung $G_n = G_0 \cdot 0{,}5^n$ beschreiben.

Die Exponentialfunktion

→ Seite 104

Funktionen zu Exponentialgleichungen der Form $G_n = G_0 \cdot q^n$ nennt man **Exponentialfunktion**. Sie haben die Form:
$f(x) = c \cdot a^x$, mit $c > 0$ und $a > 0$.
Für $a > 1$ ist der Graph der Exponentialfunktion $f(x) = c \cdot a^x$ steigend, für $0 < a < 1$ fallend. Für $0 < a < 1$ nähert sich die Exponentialfunktion der x-Achse an, ohne diese zu berühren: Die x-Achse ist die **Asymptote** der Exponentialfunktion.

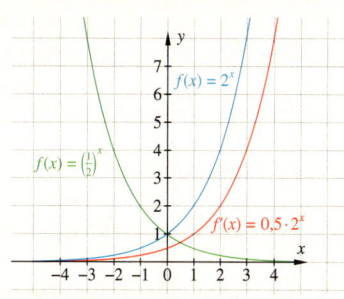

Logarithmus und Logarithmusfunktion

→ Seite 108

Die Lösung der Gleichung $a^x = b$ (mit $a, b > 0$ und $a \neq 1$) heißt Logarithmus von b zur Basis a. Man schreibt: $x = \log_a(b)$
$x = \log_a(b)$ ist die Zahl, mit der man a potenzieren muss, um b zu erhalten. Es gilt: $\log_a(b) = \frac{\lg(b)}{\lg(a)}$

Eine Funktion der Form $f(x) = \log_a(x)$ mit $a > 0$ heißt **Logarithmusfunktion**.

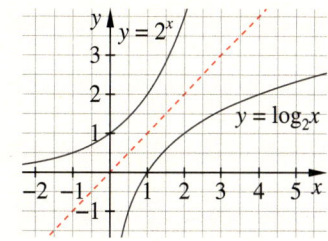

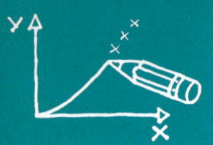

Teste dich!

4 Punkte

1 Ordne jedem Graphen die richtige Funktionsgleichung zu.

① $y_1 = \frac{1}{2} \cdot 85^x$ ② $y_2 = x^2 - 3$ ③ $y_3 = 85 \cdot 0{,}5^x$ ④ $y_4 = 5 + \frac{3}{4}x$ ⑤ $y_5 = -3x^2$ ⑥ $y_6 = 120 \cdot 2^x$

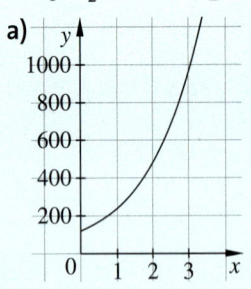 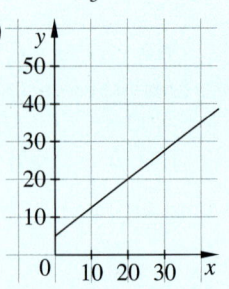 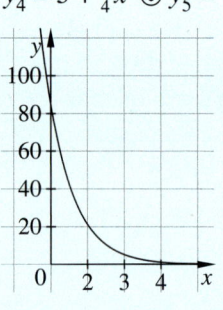 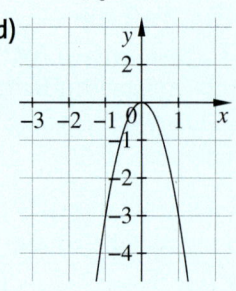

a) b) c) d)

---

6 Punkte | 6 Punkte

2 Berechne die fehlenden Größen. Nutze die Exponentialgleichung $G_n = G_0 \cdot q^n$.

	G_0	G_n	$p\%$	q	n
a)	1 200 €		8 %		3
b)		250 kg		0,97	6
c)	500 m			1,2	4

2 Berechne die fehlenden Größen. Nutze die Exponentialgleichung $G_n = G_0 \cdot q^n$.

	G_0	G_n	$p\%$	q	n
a)		400 g		1,06	4
b)	60 km	85 km			7
c)	100 h			0,85	5

---

3 Punkte | 4 Punkte

3 Brasilien hatte im Jahr 2016 ca. 206 Mio. Einwohner. Die Wachstumsrate beträgt 0,8 % pro Jahr.

a) Wie viele Einwohner wird Brasilien im Jahr 2026 haben?

b) Wie viele Menschen lebten in den Jahren 2000 und 1950 in Brasilien?

3 In einer kleinen Tasse Espresso sind 40 mg Koffein enthalten. Im Körper wird alle $3\frac{1}{2}$ Stunden die Hälfte des Koffeins abgebaut.

a) Wie viel Koffein ist nach 14 Stunden noch im Blutkreislauf enthalten?

b) Bis zu welcher Uhrzeit kann Herr Maier noch einen Espresso trinken, wenn um 23 Uhr höchstens 5 mg Koffein im Blutkreislauf sein sollen?

---

6 Punkte | 6 Punkte

4 Berechne möglichst im Kopf.

a) $\log_2(16)$ b) $\lg(1000)$ c) $\log_{11}(121)$

d) $\log_7(73)$ e) $\log_{0{,}5}(255)$ f) $\log_{0{,}01}(100)$

4 Berechne möglichst im Kopf.

a) $\log_6(216)$ b) $\lg(100\,000)$ c) $\log_1(1)$

d) $\log_9(9078)$ e) $\log_{0{,}02}(25)$ f) $\lg(0{,}001)$

---

6 Punkte

5 Vervollständige die Tabelle im Heft. Runde die Funktionswerte an der Zehntelstelle und zeichne den Graphen.

	−3	−2	−1	0	1	2	3
$f(x) = 1{,}5^x$							
$f(x) = 1{,}5^{-x}$							
$f(x) = 1{,}5^x + 2$							

---

3 Punkte | 5 Punkte

6 Der Schmelzpunkt von reinem Eisen liegt bei 1536 °C. Ein großes Stück Eisen wird zum Schmelzen gebracht. Danach kühlt seine Temperatur pro Stunde um 18 % ab.

a) Welche Temperatur besitzt das Eisenstück zehn Stunden nach dem Schmelzen?

b) Nach wie vielen Stunden ist das Eisenstück auf 95 °C abgekühlt?

5 Ein Gummiball fällt von 15 m Höhe nach unten. Nach jedem Aufprall erreicht der Ball nur noch die Hälfte der vorherigen Höhe.

a) Stelle den Sachverhalt im Koordinatensystem dar. Begründe, wieso du die Punkte nicht verbinden darfst.

b) Finde die passende Exponentialgleichung.

c) Wie oft muss der Ball auf den Boden aufprallen, bis er noch 0,9375 m hochspringt?

Gold: 29–31 Punkte, Silber: 24–28 Punkte, Bronze: 19–23 Punkte Lösungen ab Seite 176

Trigonometrie

Im Mittelalter zogen Seefahrer aus, um die Welt zu entdecken.
Sie orientierten sich an den Sternen und
bestimmten durch Winkelberechnungen ihre Position auf See.

Noch fit?

Einstieg

1 Sätze vervollständigen
Ergänze im Heft zu wahren Aussagen.
a) Die Winkelsumme in einem Dreieck ABC beträgt _____ .
b) Im Dreieck ABC liegt die Seite a dem Winkel _____ gegenüber.

2 Dreiecke konstruieren
Fertige eine Planskizze an und konstruiere die Dreiecke ABC.
a) $a = 6{,}5\,cm$, $b = 5{,}5\,cm$, $c = 10{,}5\,cm$
b) $a = 5\,cm$, $\beta = \gamma = 60°$

3 Rechtwinklige Dreiecke zeichnen
Zeichne mit dem Geodreieck ein rechtwinkliges Dreieck. Der rechte Winkel soll am Punkt C liegen.
Markiere die Hypotenuse mit Rot und die beiden Katheten mit Blau.

4 Satz des Pythagoras
Berechne am rechtwinkligen Dreieck mit $\gamma = 90°$ die fehlenden Größen.

	a	b	c	Flächeninhalt A
a)	3 cm	4 cm		
b)	5 cm		13 cm	

5 Rechtwinkligkeit prüfen
Ist das Dreieck rechtwinklig? Überprüfe rechnerisch.
a) $a = 3\,cm$, $b = 4\,cm$, $c = 5\,cm$
b) $a = 4\,cm$, $b = 6{,}5\,cm$, $c = 7\,cm$
c) $a = 11{,}7\,cm$, $b = 8\,cm$, $c = 7\,cm$

6 Strahlensätze anwenden
Berechne x mithilfe eines Strahlensatzes.

(Angaben in cm)

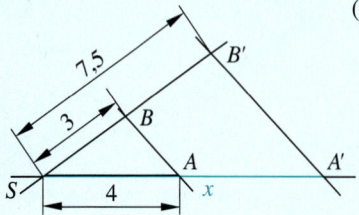

Aufstieg

1 Sätze vervollständigen
Ergänze im Heft zu wahren Aussagen.
a) Es gibt rechtwinklige Dreiecke, die _____ gleich lange Seiten haben.
b) Ein Dreieck ABC kann mehrere _____ Winkel haben.

2 Dreiecke konstruieren
Fertige eine Planskizze an und konstruiere die Dreiecke ABC.
a) $b = 4{,}5\,cm$, $c = 8{,}5\,cm$, $\alpha = 70°$
b) $a = 3\,cm$, $c = 5\,cm$, $\beta = 45°$

3 Rechtwinklige Dreiecke zeichnen
Zeichne ein rechtwinkliges Dreieck. Markiere die Hypotenuse mit Rot und die beiden Katheten mit Blau.
Benenne alle Punkte, Seite und Winkel und die Hypotenusenabschnitte p und q.

4 Berechne fehlende Seitenlängen und Flächeninhalt am Dreieck ABC mit $\gamma = 90°$.
a) $a = 7{,}5\,cm$; $b = 10\,cm$
b) $a = 250\,cm$; $c = 6{,}5\,m$
c) $b = 0{,}4\,m$; $A = 180\,cm^2$

5 Rechtwinkligkeit prüfen
Ist das Dreieck rechtwinklig? Beschreibe, wie du vorgehst.
a) $a = 3{,}5\,cm$, $b = 2\,cm$, $c = 4\,cm$
b) $a = 2{,}4\,m$, $b = 6{,}4\,m$, $c = 5\,m$
c) $a = 10{,}9\,cm$, $b = 91\,mm$, $c = 6{,}0\,cm$

6 Strahlensätze anwenden
Berechne x mithilfe eines Strahlensatzes.

(Angaben in cm)

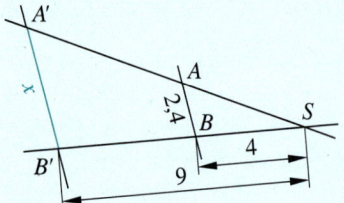

Lösungen ab Seite 176

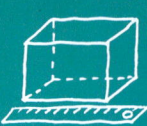

Seitenverhältnisse in rechtwinkligen Dreiecken

Entdecken

1 Ein großer Automobilkonzern hat für einen Werbespot sein neues Pkw-Top-Modell die Ski-Sprungschanze Pitkävuori im finnischen Kaipola mit etwa $60\,\frac{km}{h}$ hinauffahren lassen. Auf dem letzten Abschnitt der Schanze wurde eine Steigung von fast 80% bewältigt.

a) Erläutere mithilfe einer Skizze den Begriff Steigung. Verwende die Begriffe Höhenunterschied und Horizontalunterschied (am Boden, in waagerechter Richtung).

b) Erkläre, was unter 80% Steigung zu verstehen ist.

c) Kann es Steigungen geben, die größer als 100% sind? Können Steigungen beliebig groß werden? Begründe.

2 Konstruiere die folgenden Dreiecke.

③ $a = 5\,cm$, $b = 4\,cm$, $c = 6{,}4\,cm$

① $a = 3\,cm$, $b = 4\,cm$, $c = 5\,cm$

② $a = 4{,}5\,cm$, $b = 6\,cm$, $\gamma = 90°$

④ $\alpha = 37°$, $c = 8\,cm$, $\beta = 53°$

⑤ $a = 7\,cm$, $b = 5{,}6\,cm$, $\gamma = 90°$

a) Welche Eigenschaft haben alle fünf Dreiecke gemeinsam?

b) Miss in jedem Dreieck die fehlenden Seitenlängen.

c) Auf wie viele verschiedene Arten kann man aus den drei Seiten a, b, c ein Verhältnis zweier Seiten bilden? Notiere diese Seitenverhältnisse mithilfe der Variablen a, b, c.

d) Berechne für alle fünf Dreiecke die Seitenverhältnisse $\frac{a}{b}$; $\frac{a}{c}$; $\frac{b}{c}$. Was fällt dir auf? Finde eine Erklärung dafür.

3 Untersuche mit einer dynamischen Geometrie-Software unterschiedliche Seitenverhältnisse in einem rechtwinkligen Dreieck.

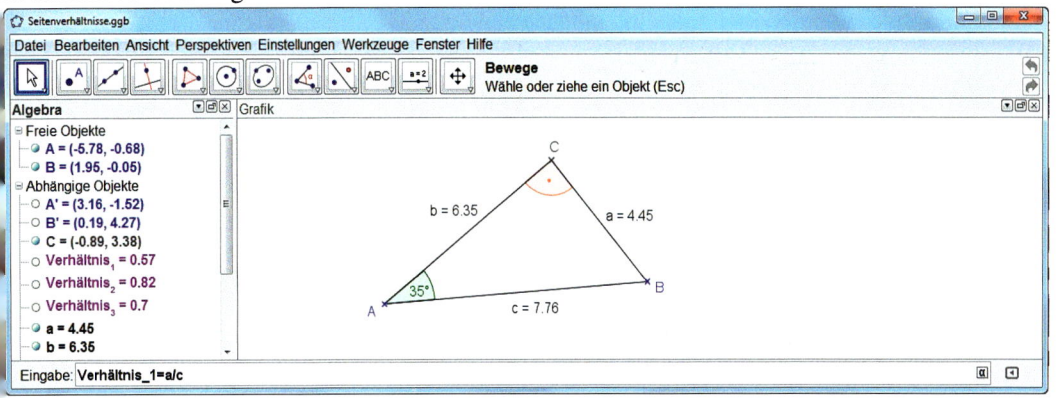

HINWEIS
Erstelle in Geo-Gebra Variablen, die jeweils ein Seitenverhältnis berechnen. In der Eingabezeile siehst du ein Beispiel für das Seitenverhältnis $\frac{a}{c}$.

a) Konstruiere ein rechtwinkliges Dreieck mit $\gamma = 90°$ und einem selbst festgelegten Winkel α. Verändere die Längen der Seiten, ohne den rechten Winkel oder den Winkel α zu verändern. Was stellst du für die Seitenverhältnisse $\frac{a}{c}$ und $\frac{b}{c}$ fest?

b) Verändere die Größe des Winkels α und beobachte dabei die Veränderungen bei den Dreiecksseiten und bei den Seitenverhältnissen $\frac{a}{b}$; $\frac{a}{c}$; $\frac{b}{c}$.

c) Verändere die Länge der Seite b. Beobachte, was passiert.

Verstehen

Ein Flugzeug hebt ab. Der Pilot muss darauf achten, dass nach dem Abheben eine Steigung von 18 % nicht überschritten wird. Das Flugzeug darf also pro 100 m zurückgelegter horizontaler Strecke (Horizontalunterschied) nicht mehr als 18 m in der Vertikalen (Höhenunterschied) steigen.

Merke   In jedem rechtwinkligen Dreieck entspricht die **Steigung *m*** dem Quotienten aus **Höhenunterschied** und **Horizontalunterschied**:

Steigung $m = \dfrac{\text{Höhenunterschied}}{\text{Horizontalunterschied}}$

Jeder Steigung *m* wird genau ein Steigungswinkel α zugeordnet.

Beispiel 1

Ist der Höhenunterschied einer Strecke 18 m und ihr Horizontalunterschied 100 m, so beträgt ihre Steigung 18 %.

$\dfrac{18\,\text{m}}{100\,\text{m}} = \dfrac{18}{100} = 0{,}18 = 18\,\%$

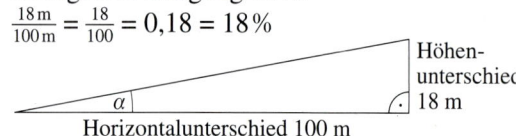

Für den weiteren Steigflug gelten folgende Werte:

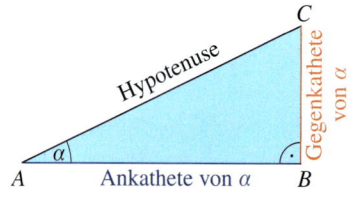

Die Steigung beträgt auch nach 400 m immer noch 18 %, denn $\dfrac{72\,\text{m}}{400\,\text{m}} = \dfrac{72}{400} = 0{,}18 = 18\,\%$.

Die Seitenverhältnisse sind in ähnlichen rechtwinkligen Dreiecken, also bei einem festen Steigungswinkel α, immer gleich.

Bei gegebenem spitzen Winkel α und dem Winkel β = 90° werden für die Seiten des rechtwinkligen Dreiecks die Bezeichnungen wie in der Abbildung verwendet.
Dabei liegt z. B. die Gegenkathete von α immer α gegenüber.

In rechtwinkligen Dreiecken tragen die Seitenverhältnisse (Quotienten) besondere Namen. Sie sind wichtig für Berechnungen am Dreieck.

HINWEIS
Die Formeln gelten genauso für β und γ (wenn sie nicht der rechte Winkel sind), z. B.:
sin β =
$\dfrac{\text{Gegenkathete von β}}{\text{Hypotenuse}}$

Merke   In einem rechtwinkligen Dreieck (γ = 90°) bezeichnet man den Quotienten aus …

der Gegenkathete und der Ankathete als **Tangens von** α, kurz **tan α**:

$\tan α = \dfrac{\text{Gegenkathete von α}}{\text{Ankathete von α}}$

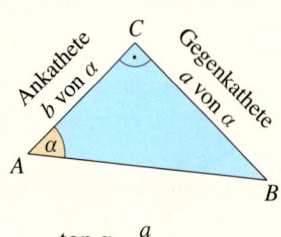

$\tan α = \dfrac{a}{b}$

der Gegenkathete und der Hypotenuse als den **Sinus von** α, kurz **sin α**:

$\sin α = \dfrac{\text{Gegenkathete von α}}{\text{Hypotenuse}}$

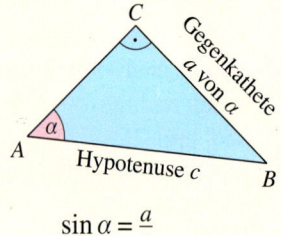

$\sin α = \dfrac{a}{c}$

der Ankathete und der Hypotenuse als den **Kosinus von** α, kurz **cos α**:

$\cos α = \dfrac{\text{Ankathete von α}}{\text{Hypotenuse}}$

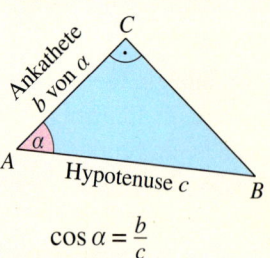

$\cos α = \dfrac{b}{c}$

Üben und anwenden

1 Simon fragt sich: „Die Gegenkathete eines Winkels zu finden ist einfach, sie liegt dem Winkel gegenüber. Aber welche der anderen beiden Seiten ist die Ankathete?"
Kannst du ihm helfen?

2 Wie heißt im Dreieck ABC ($\gamma = 90°$) …
a) … die Gegenkathete von α?
b) … die Hypotenuse?
c) … die Ankathete von β?
d) … die Gegenkathete von β?
e) … die Ankathete von α?

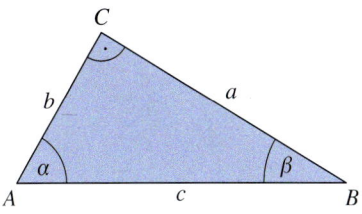

3 Bestimme Ankathete und Gegenkathete für jeden Winkel. Gib dann den Quotienten für den Tangens an.

a) 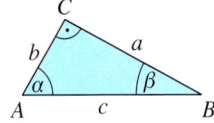 b)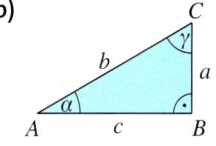

c) 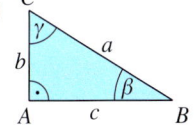 d)

4 Die Höhe h teilt das rechtwinklige Dreieck ABC in zwei rechtwinklige Dreiecke ADC und DBC. Gib jeweils zwei Quotienten für $\tan \alpha$ und für $\tan \beta$ an.

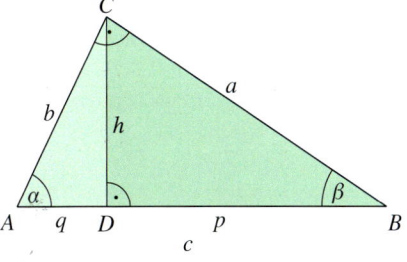

5 Fabian behauptet, dass der Tangens eines Winkels nicht größer als 100 werden kann. Stimmt das? Begründe deine Antwort.

2 Bestimme, falls möglich, bei den Dreiecken ① bis ④ die Hypotenuse sowie die Gegenkathete und die Ankathete …
a) … von α aus gesehen.
b) … von β aus gesehen.
c) Welche Eigenschaft muss ein Dreieck haben, sodass man Hypotenuse, Gegenkathete und Ankathete angeben kann?

① 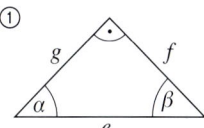   ②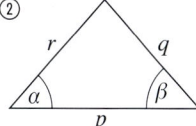

③ 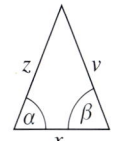   ④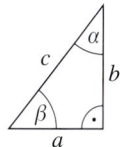

3 Wie werden $\tan \alpha$ und $\tan \beta$ berechnet? Gib jeweils den Quotienten an.

a) 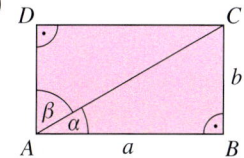   b)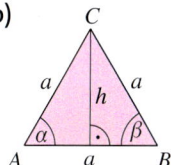

4 Das Rechteck wurde in drei rechtwinklige Dreiecke unterteilt.

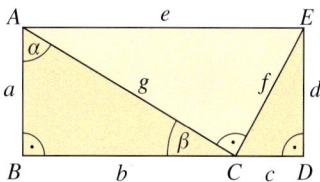

Gib jeweils zwei Quotienten für $\tan \alpha$ und für $\tan \beta$ an. Finde zueinander ähnliche Dreiecke.

5 Für welchen Winkel kann man den Tangenswert in jedem rechtwinkligen Dreieck genau angeben?

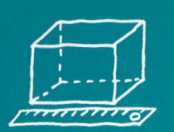

6 Gib jeweils die gesuchten Quotienten im rechtwinkligen Dreieck ABC an.
Bestimme zunächst die Ankathete und die Gegenkathete des jeweiligen Winkels und die Hypotenuse.

a) $sin\ β = \frac{?}{?}$ b) $sin\ α = \frac{?}{?}$ $cos\ α = \frac{?}{?}$

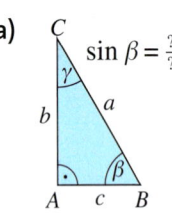
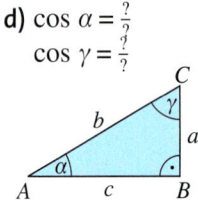

c) $sin\ α = \frac{?}{?}$ $sin\ γ = \frac{?}{?}$

d) $cos\ α = \frac{?}{?}$ $cos\ γ = \frac{?}{?}$

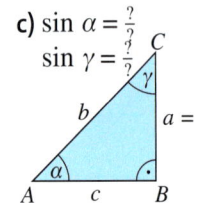

6 Gib jeweils die Quotienten für den Sinus und für den Kosinus der eingetragenen Winkel an.
Bestimme zunächst die Ankathete und die Gegenkathete des jeweiligen Winkels und die Hypotenuse.

a)   b)

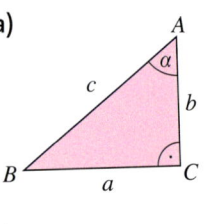
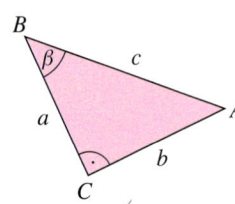

c)   d)

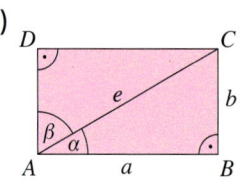
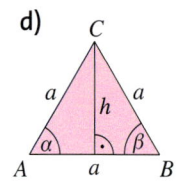

7 Begründe, warum der Sinuswert eines Winkels zwischen 0° und 90° immer kleiner als 1 ist.

8 Bestimme die Werte mit dem Taschenrechner. Runde auf vier Nachkommastellen.

a) $sin\ 6°; cos\ 6°$ b) $sin\ 12°; cos\ 12°$
c) $sin\ 23°; cos\ 23°$ d) $sin\ 46°; cos\ 46°$
e) $sin\ 65°; cos\ 65°$ f) $sin\ 83°; cos\ 83°$
g) $sin\ 0,5°; cos\ 0,5°$ h) $sin\ 12,5°; cos\ 12,5°$

8 Bestimme mit dem Taschenrechner die Werte für Sinus und Kosinus des Winkels. Runde auf vier Nachkommastellen.

a) 9°   b) 33°   c) 55°
d) 1,9°   e) 74,76°   f) 0,08°
g) 89,8°   h) 15,7°   i) 10,3°

9 Wie ändern sich in einem rechtwinkligen Dreieck ABC mit $β = 90°$ die Verhältnisse $\frac{a}{c}$ und $\frac{a}{b}$, wenn die folgenden Veränderungen an $α$ vorgenommen werden und die Länge der Ankathete von $α$ gleich bleibt?

a) $α$ wird verkleinert (vergrößert).
b) $α$ nähert sich der Winkelgröße 90°.

9 Arbeite mit einer dynamischen Geometrie-Software.
Zeichne ein rechtwinkliges Dreieck. Verändere das Seitenverhältnis von Gegenkathete und Hypotenuse in diesem rechtwinkligen Dreieck.
Wie ändert sich der zugehörige Winkel?

10 Vervollständige die Tabelle im Heft. Finde so einen Zusammenhang zwischen Sinus, Kosinus und Tangens.

$α$	$sin\ α$	$cos\ α$	$\frac{sin\ α}{cos\ α}$	$tan\ α$
0°				
15°				
30°				
45°				
...				
90°				

10 Bringe die Kärtchen in die richtige Reihenfolge. Zeige, dass $(sin\ α)^2 + (cos\ α)^2 = 1$.

$$\frac{a^2}{c^2} + \frac{b^2}{c^2} = 1$$

$$(sin\ α)^2 + (cos\ α)^2 = ■$$

Nach dem Satz des ■ gilt in einem rechtwinkligen Dreieck mit ■ = 90°:

$$\left(\frac{a}{c}\right)^2 + \left(\frac{b}{c}\right)^2 = 1$$

$$a^2 + b^2 = c^2\ |: ■$$

Strecken- und Winkelberechnungen mit sin, cos, tan

Entdecken

1 Eine Boeing 737-300 soll landen. Der letzte Teil des Landeanflugs beginnt 17 km entfernt vom Aufsetzpunkt. Die Boeing gleitet geradlinig mit einem Gleitwinkel von $\alpha = 3°$.

a) Kann es sein, dass der Landeanflug in ca. 890 m Höhe beginnt? Begründe.

b) Finde eine Möglichkeit, um allgemein die Höhe beim Landeanflug zu bestimmen.

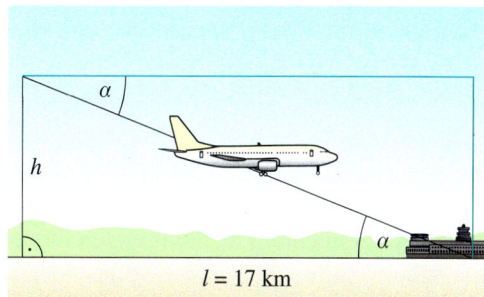

2 Die Abbildungen zeigen verschiedene rechtwinklige Dreiecke in unterschiedlichen Sachzusammenhängen.

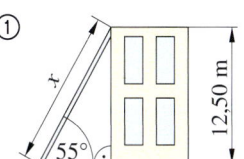   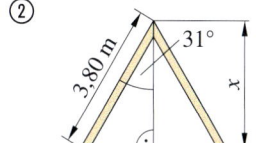   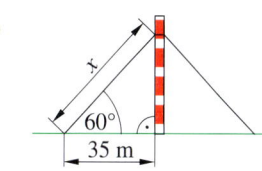

a) Beschreibe, was die Abbildungen darstellen und welche Längen gesucht sind.

b) Bisher kennst du die Möglichkeit, solche Aufgaben zeichnerisch zu lösen.
Berechne nun die fehlenden Längen x mithilfe von Sinus und Kosinus.
Überlege, welche Angaben gegeben und welche gesucht sind (Ankathete, Gegenkathete, Hypotenuse). Stelle den passenden Quotienten für sin oder cos auf und löse die Gleichung nach x auf. Berechne.

c) 👥 Vergleicht zu zweit eure Lösungen und Vorgehensweisen.

3 👥 Basketballspieler sollten wissen, wie groß der Einfallswinkel β beim Korbwurf mindestens sein muss, damit der Ball ohne Berührung des Korbrings und ohne Verwendung des Spielbretts ins Netz fallen kann.

a) Recherchiert den inneren Durchmesser des Korbrings und den Durchmesser eines Basketballs für Männer in der NBA.

b) Warum dürfen bei offiziellen Basketballwettkämpfen nur genormte Bälle eingesetzt werden?

c) Übertragt die Skizze unten ins Heft. Schätzt, wie groß der Einfallswinkel mindestens sein muss, damit der Ball im Korb landet, ohne den Korb oder das Brett zu berühren.

d) Findet eine Formel für den minimalen Einfallswinkel, bei dem der Ball im Korb landet. Berechnet den Winkel.

e) Stellt euer Ergebnis der Klasse vor.

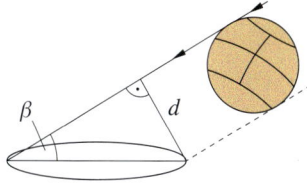

Verstehen

Ein Sendemast wird mit Abspannseilen gesichert, die fest im Boden Boden verankert sind. Die Seile bilden mit dem Boden einen Winkel von 62° bzw. 42°.

Inga schätzt die Höhe des Sendemasts auf 60 m, Lukas auf 100 m und Martin auf 80 m. Wer hat die beste Schätzung?

Bisher benötigte man für die Berechnung von Seitenlängen im rechtwinkligen Dreieck den Satz des Pythagoras und die Angabe von zwei Seitenlängen.

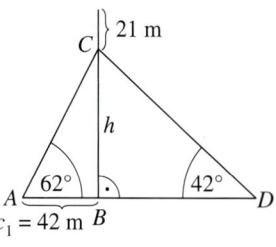

Merke Wenn in einem rechtwinkligen Dreieck eine Seite und ein Winkel gegeben sind, so kann man mithilfe von Sinus, Kosinus oder Tangens die beiden **anderen Seiten** berechnen.

Beispiel 1

gegeben: $\alpha = 62°$, $c_1 = 42$ m (Ankathete zu α);   *gesucht*: h (in m) (Gegenkathete zu α)

Lösung: $\tan \alpha \quad = \frac{\text{Gegenkathete von } \alpha}{\text{Ankathete von } \alpha} = \frac{h}{c_1}$

$\tan \alpha \quad = \frac{h}{c_1} \qquad | \cdot c_1$

$c_1 \cdot \tan \alpha = h$

$\qquad h = 42\,\text{m} \cdot \tan 62° \approx 79\,\text{m}$

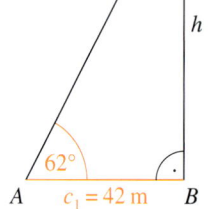

Antwort: Der Sendemast hat eine Länge von ca. 79 m + 21 m = 100 m. Lukas' Schätzung war am besten.

> **BEACHTE**
> *Am Taschenrechner muss die MODE-Einstellung auf **DEG** (englisch: degree = Grad) stehen.*

Merke Sind in einem rechtwinkligen Dreieck zwei Seiten gegeben, so können mithilfe von Sinus, Kosinus oder Tangens die **fehlenden Winkel** bestimmt werden.

Mit dem Taschenrechner kann je nach Modell mit der Tastenfolge $\boxed{\text{2nd}}$ $\boxed{\text{sin}}$, $\boxed{\text{INV}}$ $\boxed{\text{sin}}$ oder $\boxed{\text{SHIFT}}$ $\boxed{\text{sin}}$ bei gegebenem Sinuswert der zugehörige Winkel bestimmt werden. Entsprechend lassen sich auch Winkel zu gegebenen Kosinus- oder Tangenswerten berechnen.

Beispiel 2

Von einem rechtwinkligen Dreieck ($\gamma = 90°$) sind *gegeben*: Kathete $b = 7{,}8$ cm (Ankathete zu α) und Hypotenuse $c = 11{,}5$ cm.

① *gesucht*: Winkel α

$\cos \alpha = \frac{7{,}8}{11{,}5}$ Bestimmung von α:

$\cos \alpha \approx 0{,}6783$ $\boxed{\text{2nd}}$ $\boxed{\text{cos}}$ $\boxed{0}$ $\boxed{.}$ $\boxed{6}$ $\boxed{7}$ $\boxed{8}$ $\boxed{3}$ $\boxed{=}$

$\alpha \approx 47{,}3°$ Der Winkel α ist ca. 47,3° groß.

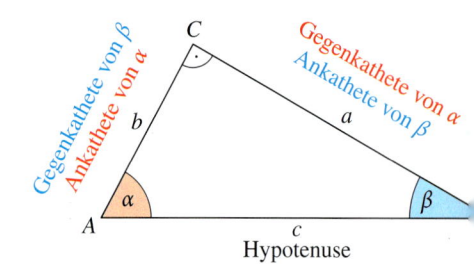

② *gesucht*: Winkel β

1. Möglichkeit:

$\sin \beta = \frac{7{,}8}{11{,}5}$

$\sin \beta \approx 0{,}6783$

$\beta \approx 42{,}7°$

2. Möglichkeit (über Innenwinkelsumme):

$\alpha + \beta + 90° = 180° \quad | - 90° - \alpha$

$\beta = 90° - \alpha$

$\beta = 90° - 47{,}3° = 42{,}7°$

Der Winkel β ist ca. 42,7° groß.

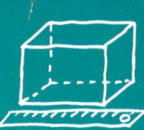

Üben und anwenden

1 Gib den Quotienten an und berechne die Länge der markierten Dreieckseite mithilfe von sin, cos oder tan.

a)
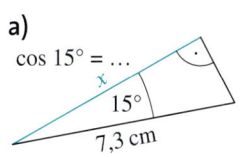
$\cos 15° = …$

b)
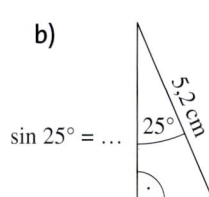
$\sin 25° = …$

c)
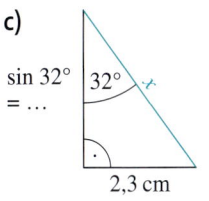
$\sin 32° = …$

d)
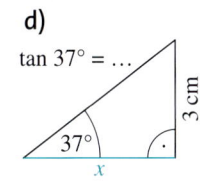
$\tan 37° = …$

1 Gib den Quotienten an und berechne die Länge der markierten Dreieckseite mithilfe von sin, cos oder tan.

a) b)
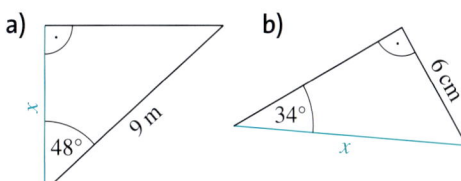

c) d)
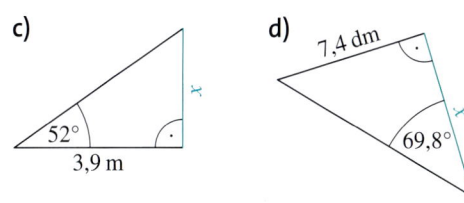

2 Berechne im Dreieck ABC mit $\gamma = 90°$ die fehlende Länge. Skizziere das Dreieck.

a) Nutze den Tangens.
(1) $\alpha = 62°$; $b = 22\,\text{cm}$; $a = ?$
(2) $\alpha = 48°$; $a = 63\,\text{cm}$; $b = ?$

b) Nutze den Sinus.
(1) $\alpha = 27°$; $c = 73\,\text{cm}$; $a = ?$
(2) $\alpha = 51°$; $a = 63\,\text{cm}$; $c = ?$

c) Nutze den Kosinus.
(1) $\alpha = 50°$; $c = 79\,\text{cm}$; $b = ?$
(2) $\alpha = 66°$; $b = 41\,\text{cm}$; $c = ?$

3 Bei einem Flugzeug beginnt der Landeanflug in 910 m Höhe. Der Gleitwinkel beträgt meist $\alpha = 3°$. Wie weit ist die Maschine dabei in horizontaler Richtung vom Aufsetzpunkt entfernt? Fertige zunächst eine Skizze an.

4 Im rechtwinkligen Dreieck ABC mit $\gamma = 90°$ sind zwei Größen gegeben. Berechne die fehlenden Seiten. Beginne mit einer Skizze.

	α	β	γ	a	b	c
a)	24°		90°	12,7 cm		
b)		65°	90°		15,9 cm	
c)		48°	90°			112,3 cm
d)	74°		90°			58,3 cm
e)	47°		90°	33 cm		
f)	60°		90°		19,8 dm	
g)		40°	90°	78 mm		

2 Berechne im Dreieck ABC mit $\alpha = 90°$ die fehlende Länge. Beginne mit einer Skizze.

a) $\beta = 33°$; $b = 68\,\text{cm}$; $c = ?$
b) $\beta = 41°$; $c = 9,4\,\text{cm}$; $b = ?$
c) $\gamma = 75°$; $a = 80\,\text{cm}$; $c = ?$
d) $\gamma = 28°$; $c = 3,6\,\text{m}$; $a = ?$
e) $\beta = 67°$; $a = 52\,\text{cm}$; $c = ?$
f) $\beta = 55°$; $c = 0,6\,\text{dm}$; $a = ?$

3 Der Steigungswinkel einer geraden Wasserrutsche beträgt 36°. Sie ist 6,5 m lang. Wie groß ist der Höhenunterschied? Löse zeichnerisch und rechnerisch. Vergleiche.

4 Zeichne für das Dreieck ABC eine Skizze und markiere die gegebenen Größen farbig. Berechne die fehlenden Größen.

	α	β	γ	a	b	c
a)	43°		90°		3,9 cm	
b)		47°	90°		4,1 m	
c)	90°	32°			2,6 cm	
d)	71°	90°				6,6 dm
e)		90°	14°			5,2 mm
f)	90°		29°			3,8 cm
g)	26°		90°		6,7 m	

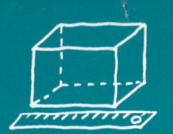

HINWEIS
*Runde deine
Ergebnisse auf
eine Nach-
kommastelle.*

5 Berechne im rechtwinkligen Dreieck *ABC* den Winkel α mit dem Taschenrechner. Gib auf eine Nachkommastelle genau an.
a) $\sin\alpha = 0{,}7389$ b) $\cos\alpha = 0{,}9455$
c) $\tan\alpha = 1{,}6135$ d) $\tan\alpha = 0{,}6135$

5 Berechne den Winkel des rechtwinkligen Dreiecks *ABC* mit dem Taschenrechner.
a) $\sin\alpha = \frac{3}{4}$ b) $\tan\alpha = \frac{6}{4}$
c) $\cos\alpha = \frac{4}{10}$ d) $\sin\alpha = \frac{12}{21}$

6 Bestimme die Winkel.
a) $\sin\alpha = 0{,}387$
b) $\cos\alpha = 0{,}135$
c) $\tan\alpha = 4{,}18$
d) $\cos\alpha = 0{,}64$
e) $\tan\alpha = 4{,}35$
f) $\sin\alpha = 0{,}89$

6 Schätze anhand einer Zeichnung die Größe des Winkels und überprüfe dein Ergebnis mit dem Taschenrechner.
a) $\sin\alpha = 0{,}5$ b) $\cos\alpha = 0{,}5$
c) $\tan\alpha = 0{,}8$ d) $\sin\beta = 0{,}7$
e) $\cos\beta = 1$ f) $\tan\beta = 2{,}7$

7 Berechne die Größe des angegebenen Winkels. Gib das Ergebnis ganzzahlig an.

a)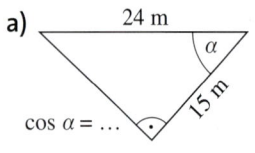
$\cos\alpha = \ldots$

b)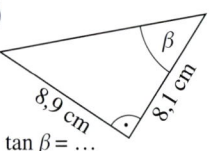
$\tan\beta = \ldots$

c)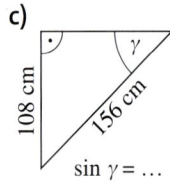
$\sin\gamma = \ldots$

d)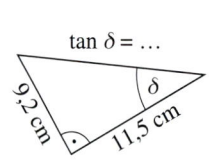
$\tan\delta = \ldots$

7 Berechne die beiden fehlenden Innenwinkel im rechtwinkligen Dreieck. Beschreibe, wie du vorgehst.

a)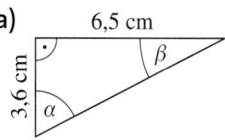

b)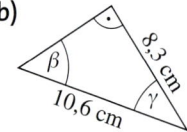

c)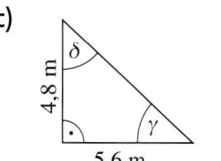

d)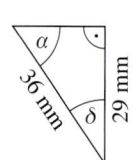

8 Berechne im Dreieck *ABC* ($\gamma = 90°$) die Winkel α und β sowie die Länge der Seite *c*.

	a	b
a)	35 mm	7,1 cm
b)	5,8 cm	0,43 dm
c)	6,2 cm	6,2 cm
d)	1,84 m	94 cm
e)	0,8 m	77 cm

8 Berechne die Größe der fehlenden Winkel sowie die Länge der dritten Seite im rechtwinkligen Dreieck *ABC* mit $\beta = 90°$.
a) $a = 2{,}9$ cm; $c = 6{,}3$ cm
b) $a = 4{,}7$ cm; $c = 4{,}7$ cm
c) $a = 8{,}4$ cm; $c = 2{,}3$ cm
d) $a = 17{,}8$ dm; $b = 36{,}4$ dm
e) $b = 1{,}5$ dm; $c = 1{,}1$ dm

9 Es ist $\alpha = 90°$. Berechne die Winkel β und γ und die Länge der dritten Seite.
a) $b = 4{,}1$ cm; $c = 7{,}3$ cm; $a = ?$
b) $a = 6{,}8$ cm; $c = 5{,}6$ cm; $b = ?$
c) $a = 10{,}3$ cm; $b = 7{,}9$ cm; $c = ?$

9 Berechne die Größe der fehlenden Winkel und die Länge der dritten Seite.
a) $\alpha = 90°$; $b = 6{,}3$ cm; $c = 8{,}7$ cm
b) $\beta = 90°$; $b = 23{,}3$ mm; $c = 1{,}2$ cm
c) $\gamma = 90°$; $b = 1{,}2$ dm; $c = 14{,}4$ cm

10 Finde die Fehler, die gemacht wurden, und korrigiere sie.
a) $\tan\alpha = \frac{8{,}0\,\text{cm}}{40\,\text{mm}}$, also $\tan\alpha = 0{,}2$ cm

b) $\cos\alpha = \frac{40}{8{,}9}$

c) $\cos\gamma = \frac{40}{89}$, also $\cos\gamma = 0{,}449\,438$ und $\gamma = 63{,}3°$

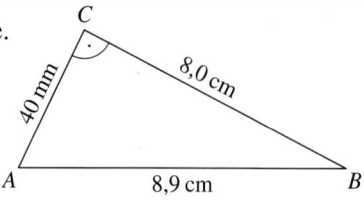

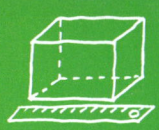

Thema: Messen und Berechnen im Gelände

Bei der Landvermessung setzt man zur Bestimmung von Winkeln einen Theodolit ein. Kernstück dieses Winkelmessinstruments ist ein bewegliches Fernrohr, mit dem man auf einen Punkt zielt. Dabei dreht man es in horizontaler Richtung nach links oder rechts und kann es in vertikaler Richtung heben oder senken. Den jeweiligen Drehwinkel kann man auf einer horizontalen und einer vertikalen Skala ablesen.

Moderne Theodoliten können mithilfe der Reflexion eines Infrarot- oder Laserstrahls auch Entfernungen messen.

1 In einem Skigebiet

Ein Skigebiet wird mit Höhenlinien und Maßstab auf einer Karte dargestellt.

a) Ermittle jeweils die horizontale Entfernung zwischen der Talstation und der Bergstation der drei Lifte.

b) Lies den Höhenunterschied ab.

c) Unter welchem Winkel steigt das Gelände im Durchschnitt jeweils an?

d) Berechne die Längen der Liftstrecken.

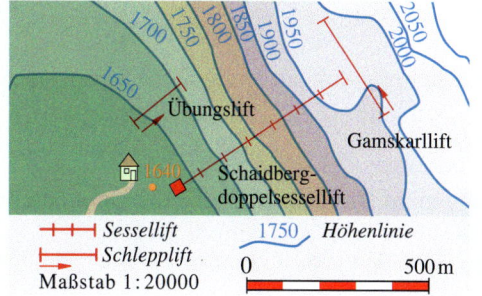

2 Anstieg im Gelände

Aus einer Wanderkarte liest man ab, dass die Orte A und B eine horizontale Entfernung von 3,2 km haben. Ihr Höhenunterschied beträgt 122 m.

a) Fertige eine maßstäbliche Skizze an.

b) Berechne den durchschnittlichen Steigungswinkel zwischen den beiden Orten.

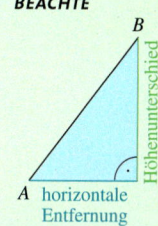

BEACHTE

3 Aufstieg eines Wetterballons

An einer Wetterwarte steigt bei völliger Windstille ein Wetterballon senkrecht auf. Ein Beobachter, der 1 km von der Wetterwarte entfernt ist, peilt den Ballon mithilfe eines Theodolits an. Die Messung des Höhenwinkels ergibt einen Wert von $\alpha = 24°$. Der Theodolit befindet sich 1,5 m über dem Boden.

a) Wie weit war der Ballon zum Zeitpunkt der Messung vom Beobachter entfernt?

b) In welcher Höhe befand sich der Ballon zum Messzeitpunkt?

4 🎭 Vermessung der Schule

Stellt in kleinen Gruppen einen Theodolit her. Verwendet dazu z. B. ein Rohr, ein Geodreieck, einen Faden und ein Gewicht.

Überlegt zunächst selbst, wie ein Theodolit hergestellt werden kann. Anregungen und fertige Anleitungen findet ihr im Internet oder in Büchern.

a) Schreibt zu eurem Messgerät eine Bedienungsanleitung. Erklärt darin den Aufbau des Theodolits sowie die Methode zur Messung von Höhen und Entfernungen.

b) Vermesst mit euren Theodoliten z. B. das Schulgebäude, den Sportplatz, einen in der Nähe gelegenen Kirchturm oder ein anderes Gebäude.

c) Vergleicht eure Messergebnisse untereinander und diskutiert über die Ursachen eventueller Abweichungen.

Thema: **Sinussatz und Kosinussatz**

Für eine Dachgaube hat der Architekt die Raumhöhe, die Fensterhöhe, die beiden Dachneigungen und die Breite der Gaube in einer Zeichnung vorgegeben.
Für die Herstellung des Dachstuhls muss der Zimmermann nun die Sparrenlängen bestimmen.

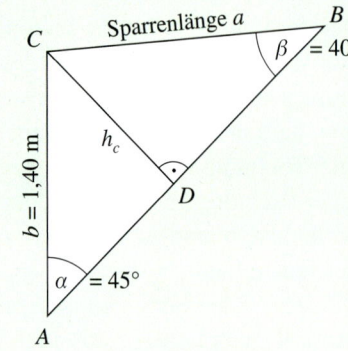

Jedes Dreieck lässt sich durch eine Höhe h in zwei rechtwinklige Teildreiecke zerlegen, hier in das Dreieck ADC mit $\sin\alpha = \frac{h_c}{b}$ und das Dreieck BCD mit $\sin\beta = \frac{h_c}{a}$.

BEACHTE
Durch Umformen des Sinussatzes erhält man:
$\frac{\sin\alpha}{a} = \frac{\sin\beta}{b} = \frac{\sin\gamma}{c}$
oder z. B.:
$\frac{\sin\alpha}{\sin\beta} = \frac{a}{b}$ *und*
$\frac{\sin\alpha}{\sin\gamma} = \frac{a}{c}$ *und*
$\frac{\sin\beta}{\sin\gamma} = \frac{b}{c}$

Beide Gleichungen werden nach h_c aufgelöst, gleichgesetzt und umgeformt:

$$a \cdot \sin\beta = b \cdot \sin\alpha \quad | : \sin\alpha$$
$$\frac{a}{\sin\alpha} \cdot \sin\beta = b \quad | : \sin\beta$$
$$\frac{a}{\sin\alpha} = \frac{b}{\sin\beta}$$

Unabhängig von der Dreiecksart gelten spezielle Verhältnisse zwischen Seiten und Sinuswerten von Winkeln. Dies macht die Berechnung mithilfe rechtwinkliger Dreiecke überflüssig.

Sinussatz
In jedem Dreieck ABC sind die Quotienten aus einer Seite und dem Sinuswert des gegenüberliegenden Winkels gleich groß.

$$\frac{a}{\sin\alpha} = \frac{b}{\sin\beta} = \frac{c}{\sin\gamma}$$

Beispiel 1
geg.: $b = 1{,}40\,\text{m}$, $\alpha = 45°$, $\beta = 40°$; ges.: a
$$\frac{a}{\sin\alpha} = \frac{b}{\sin\beta}$$
$$\frac{a}{\sin 45°} = \frac{1{,}40\,\text{m}}{\sin 40°} \quad | \cdot \sin 45°$$
$$a = \frac{1{,}40\,\text{m} \cdot \sin 45°}{\sin 40°}$$
$$a \approx 1{,}54\,\text{m}$$

Die Sparrenlänge beträgt ungefähr $1{,}54\,\text{m}$.

HINWEIS
Man kann mithilfe des Kosinussatzes auch gesuchte Innenwinkel bei drei gegebenen Seitenlängen berechnen. Dazu wird der Kosinussatz umgestellt:
$\cos\alpha = \frac{b^2+c^2-a^2}{2bc}$
$\cos\beta = \frac{a^2+c^2-b^2}{2ac}$
$\cos\gamma = \frac{a^2+b^2-c^2}{2ab}$

Zur Berechnung mancher Dreiecke hilft der Sinussatz nicht weiter. Hier wendet man den Kosinussatz an, der ähnlich wie der Sinussatz hergeleitet werden kann.

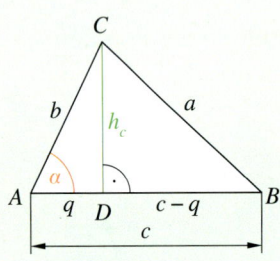

Die Dreiecke ADC und BCD haben die Höhe h_c gemeinsam.
Im Dreieck ADC gilt: $h_c^2 = b^2 - q^2$
Im Dreieck BCD gilt: $h_c^2 = a^2 - (c - q)^2$ (Satz des Pythagoras)
Die Terme für h_c^2 werden gleichgesetzt und umgeformt:
$$b^2 - q^2 = a^2 - (c - q)^2 \quad | \text{ Klammer auflösen}$$
$$b^2 - q^2 = a^2 - c^2 + 2cq - q^2 \quad | + q^2$$
$$b^2 = a^2 - c^2 + 2cq \quad | + c^2 - 2cq$$
$$a^2 = b^2 + c^2 - 2cq$$

In der erhaltenen Gleichung kann q ersetzt werden, denn es gilt: $\cos\alpha = \frac{q}{b}$, also $q = b \cdot \cos\alpha$
Das ergibt die Gleichung: $\boldsymbol{a^2 = b^2 + c^2 - 2bc \cdot \cos\alpha}$

Kosinussatz
In jedem Dreieck ABC gilt:
$$a^2 = b^2 + c^2 - 2bc \cdot \cos\alpha$$
$$b^2 = a^2 + c^2 - 2ac \cdot \cos\beta$$
$$c^2 = a^2 + b^2 - 2ab \cdot \cos\gamma$$

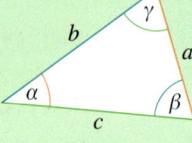

Beispiel 2
geg.: $a = 4\,\text{cm}$, $b = 6\,\text{cm}$, $\gamma = 48°$; ges.: c
$$c^2 = a^2 + b^2 - 2ab \cdot \cos\gamma$$
$$c^2 = (4\,\text{cm})^2 + (6\,\text{cm})^2 - 2 \cdot 4\,\text{cm} \cdot 6\,\text{cm} \cdot \cos 48°$$
$$c^2 \approx 19{,}88\,\text{cm}^2 \quad | \sqrt{}$$
$$c \approx 4{,}5\,\text{cm}$$
Die Seite c ist ca. $4{,}5\,\text{cm}$ lang.

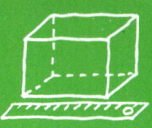

1 Berechne die markierten Größen mit dem Sinussatz.

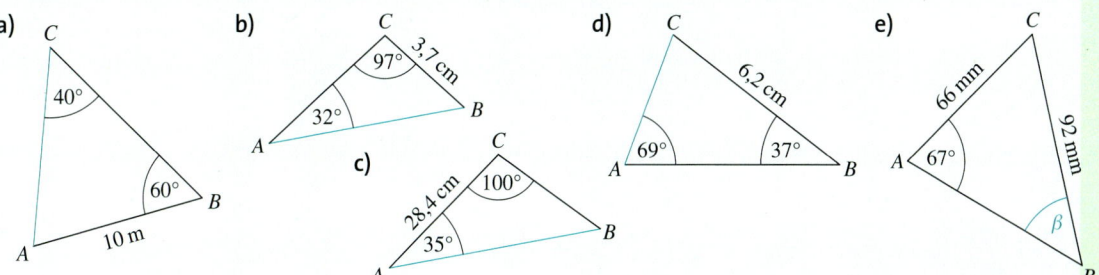

a) b) c) d) e)

2 Das Bermudadreieck ist ein Seegebiet im westlichen Atlantik. Es wurde durch mysteriöse Vorfälle bekannt. Seit Jahrhunderten sollen in diesem Dreieck ungewöhnlich viele Schiffe und Flugzeuge spurlos verschwunden sein.
Miami (Florida), San Juan (Puerto Rico) und die Bermudainseln bilden die Dreieckspunkte.
a) Wie groß ist die Entfernung zwischen Miami und San Juan?
b) Berechne die Fläche des Bermudadreiecks.

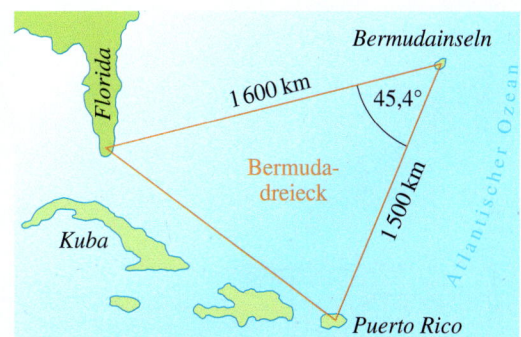

3 Für einen Rundwanderweg im Wald sollen zwei Schutzhütten mit einem geraden Weg verbunden werden. Von der Gaststätte „Wilder Eber" erreicht man die Schutzhütten auf zwei geraden Wegen, die 4,3 km bzw. 3,4 km lang sind. Die Wege schließen einen Winkel von 38° ein.
a) Fertige eine Skizze an.
b) Wie lang wird der gesamte Rundweg nach Fertigstellung des Verbindungsweges sein?

ERINNERE DICH
Die Winkelsumme in Dreiecken beträgt 180°.

4 Bestimme die Höhe des Kirchturms (Augenhöhe: 1,50 m).
$\alpha = 25,2°$
$\beta = 62,1°$

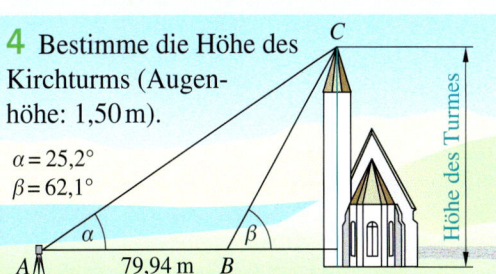

5 Von einem Beobachtungspunkt A aus wurden die Entfernungen zu den Tunnelöffnungen sowie der von diesen Strecken eingeschlossene Winkel bestimmt.
a) Welchen Satz wendest du an?
b) Wie lang ist der Tunnel?

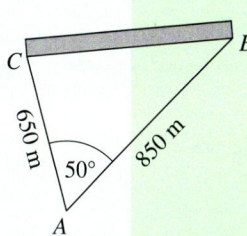

6 Ein beliebtes Urlaubsziel ist die Insel Teneriffa mit dem hoch aufragenden Vulkan Pico de Teide. Ein Segler sieht den Berg unter einem Höhenwinkel von 21,9°. Eine Seemeile weiter misst er nochmals und ermittelt einen Höhenwinkel von 26,7°.
Ermittle aus diesen Angaben die Höhe des Pico de Teide. Vergleiche anschließend mit der Angabe im Atlas. Womit kann man eventuelle Unterschiede erklären?
Diskutiert darüber in der Klasse.

HINWEIS
Eine Seemeile (sm) oder auch nautische Meile entspricht 1852 m.

Klar so weit?

→ Seite 120

Seitenverhältnisse in rechtwinkligen Dreiecken

1 Wahr oder falsch? Korrigiere, falls nötig.
a) c ist die Ankathete von β.
b) c ist die Hypotenuse des Dreiecks.
c) b ist die Ankathete von α.
d) b ist die Gegenkathete von α.
e) a ist die Gegenkathete von α.

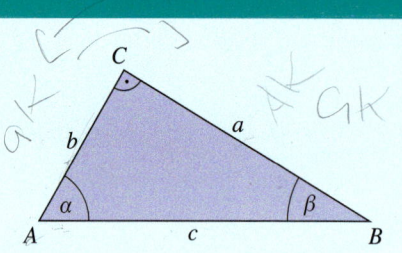

2 Ordne zu und begründe, welche der angegebenen Seitenverhältnisse gelten.

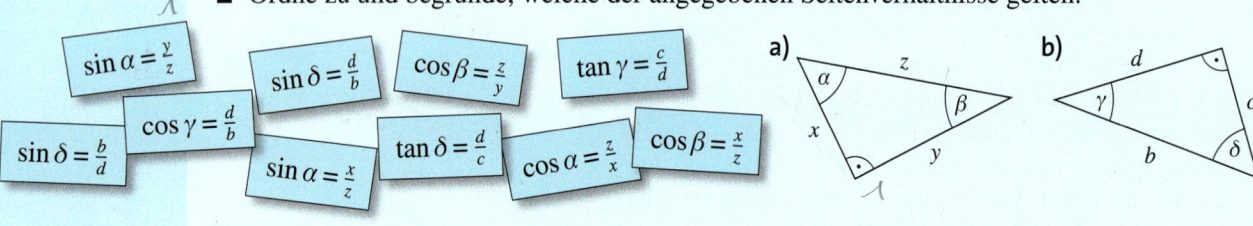

$\sin\alpha = \frac{y}{z}$ $\sin\delta = \frac{d}{b}$ $\cos\beta = \frac{z}{y}$ $\tan\gamma = \frac{c}{d}$ $\cos\gamma = \frac{d}{b}$ $\sin\delta = \frac{b}{d}$ $\sin\alpha = \frac{x}{z}$ $\tan\delta = \frac{d}{c}$ $\cos\alpha = \frac{z}{x}$ $\cos\beta = \frac{x}{z}$

3 Gib Sinus, Kosinus oder Tangens als Quotienten an.

a) 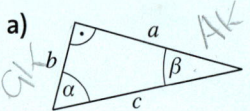   b)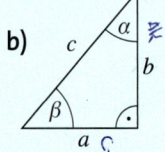

① $\sin\alpha$ ② $\cos\beta$ ① $\cos\alpha$ ② $\tan\beta$

3 Gib jeweils an, ob es sich um den Sinus, Kosinus oder Tangens handelt.

a) 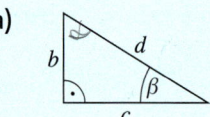   b)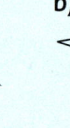

① $\frac{b}{d}$ ② $\frac{c}{d}$ ① $\frac{f}{d}$ ② $\frac{f}{e}$

4 Gib jeweils zwei Quotienten für $\tan\alpha$, $\sin\alpha$ und $\cos\alpha$ an.

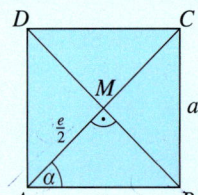

4 Gib jeweils einen Quotienten für den Tangens, Sinus und Kosinus der Winkel α und δ_1 an.

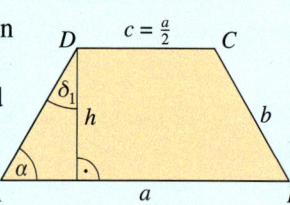

→ Seite 124

Strecken- und Winkelberechnungen mit sin, cos, tan

5 Berechne die beiden fehlenden Längen.

a) 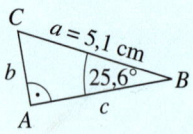   b)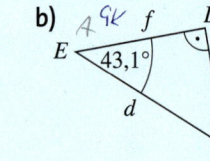

$\sin 26{,}6° = \ldots$
$\cos 26{,}6° = \ldots$

$\tan 43{,}1° = \ldots$
$\ldots$

5 Berechne die Längen der beiden fehlenden Dreiecksseiten und den fehlenden Winkel.

a) 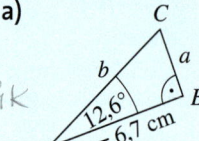   b)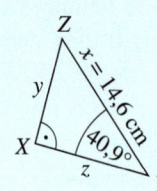

6 Berechne im Dreieck ABC mit $\gamma = 90°$ die fehlende Streckenlänge. Skizziere das Dreieck.
a) $\alpha = 48°$; $b = 6\,\text{cm}$; $a = ?$
b) $\alpha = 81°$; $c = 7{,}5\,\text{cm}$; $a = ?$

6 Berechne im Dreieck ABC mit $\alpha = 90°$ die fehlende Streckenlänge. Skizziere das Dreieck.
a) $\gamma = 72°$; $b = 12{,}3\,\text{m}$; $a = ?$
b) $\beta = 59°$; $c = 3{,}3\,\text{cm}$; $b = ?$

7 Im gleichschenkligen Dreieck *ABC* ist die Seite *b* ist 7,3 cm lang. Die Höhe h_c misst 6,9 cm. Berechne die Größe des Winkels α.

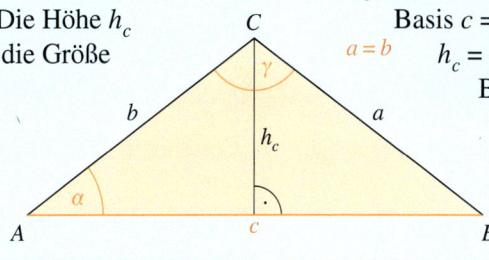

7 Ein gleichschenkliges Dreieck *ABC* hat die Basis *c* = 6,6 cm und die Höhe h_c = 4,2 cm.
Berechne die Größe des Winkels α.
Gib auch die Größe des Winkels γ an.

8 Im Rechteck *ABCD* ist *a* = 12 cm und *e* = 14 cm.

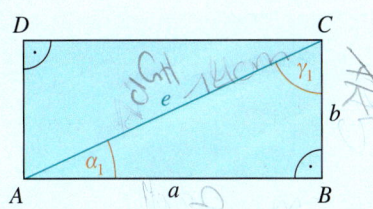

a) Berechne die Größe der Winkel α_1 und γ_1.
b) Berechne die Länge der Seite *b*.

8 In der Raute ist *e* = 2,8 cm und *f* = 7 cm.

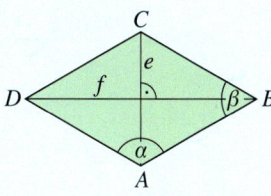

a) Berechne den Wert für $\tan\frac{\alpha}{2}$ und $\frac{\beta}{2}$.
b) Wie groß sind die Winkel α und β?
c) Berechne die Länge einer Seite.

9 Berechne die fehlenden Größen für ein Dreieck *ABC* (Längen in cm). Beginne mit einer Skizze.

	α	β	γ	a	b	c
a)			90°		4,6	5,8
b)			90°	3,9		6,1
c)		90°		7,4	8	
d)		90°		4,8		3,1
e)	90°			5,4	1,5	
f)	90°				2	6,8

9 Berechne die fehlenden Seiten im rechtwinkligen Dreieck *ABC* mit der Hypotenuse *c*. Eine Planskizze kann dir beim Lösen der Aufgabe helfen.
a) *a* = 12,7 cm; α = 24°
b) *b* = 15,9 dm; β = 65°
c) *c* = 112,3 cm; β = 48°
d) *c* = 58,3 cm; α = 74°
e) *a* = 2,5 cm; β = 50°
f) *c* = 3,3 cm; α = 68°

10 Von einer Schule zum Aussichtsturm beträgt die horizontale Entfernung 7,2 km. Der Höhenunterschied beträgt 242 m. In welchem Winkel α steigt das Gelände von der Schule zum Aussichtsturm an? Skizziere zuerst.

10 Die Nebelhornbahn bei Oberstdorf hat eine Gesamtlänge von 4 840 m. Die Talstation liegt 828 m, die Bergstation 1 932 m hoch. Wie groß ist im Durchschnitt der Steigungswinkel?

11 Auf ein 8 m breites Haus soll ein Dach mit Sonnenkollektoren gebaut werden.

a) Wie hoch wird das Dach?
b) Berechne die Länge der Dachsparren. Sie sollen (anders als im Bild) 45 cm überstehen.

11 Bestimme zuerst die Winkel α und β. Berechne dann die Länge des eingesetzten Stützbalkens im Dachstuhl.

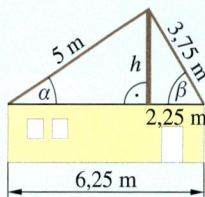

Vermischte Übungen

1 Berechne für das rechtwinklige Dreieck *ABC* mit $\gamma = 90°$ die Größe des Winkels α. Beginne mit einer Skizze.
a) $a = 2{,}7\,\text{m}$; $b = 0{,}9\,\text{m}$
b) $a = 1{,}1\,\text{cm}$; $c = 1{,}8\,\text{cm}$
c) $b = 6\,\text{m}$; $c = 12\,\text{m}$
d) $a = 5{,}2\,\text{cm}$; $c = 8{,}8\,\text{cm}$

1 Berechne für das rechtwinklige Dreieck *ABC* die Größe des Winkels α.
a) $\gamma = 90°$; $a = 7{,}2\,\text{m}$; $c = 11{,}9\,\text{m}$
b) $\beta = 90°$; $a = 9{,}1\,\text{cm}$; $c = 5{,}5\,\text{cm}$
c) $\gamma = 90°$; $a = 0{,}9\,\text{cm}$; $b = 2{,}6\,\text{cm}$
d) $\beta = 90°$; $b = 8{,}3\,\text{m}$; $c = 3{,}5\,\text{m}$

2 Mithilfe eines Theodolits kann man Höhen- und Tiefenwinkel messen.

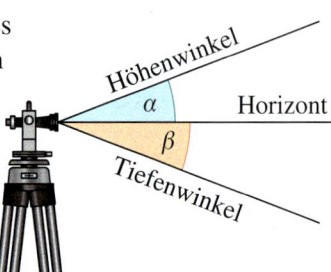

HINWEIS
genauere Informationen zu Theodoliten findest du auf Seite 127.

Der Theodolit ist 1,45 m hoch.
Wie hoch ist der Leuchtturm?
a) $\alpha = 12°$; $e = 18\,\text{m}$ b) $\alpha = 24°$; $e = 18\,\text{m}$
c) $\alpha = 12°$; $e = 180\,\text{m}$ d) $\alpha = 24°$; $e = 180\,\text{m}$

2 Auf der Messlatte kann man die Länge der Strecke $\overline{DE}$ ablesen. Mit dem Theodolit lässt sich die Größe des Winkels γ bestimmen.

a) Berechne den Abstand der Punkte *A* und *B*, wenn nach der Vermessung auf der Messlatte die Strecke $\overline{DE} = 52\,\text{cm}$ und der Winkel $\gamma = 0{,}3°$ gemessen wurden.
b) Wie wirkt sich eine Ungenauigkeit beim Ablesen von γ auf die Länge von *e* aus, wenn $\overline{DE} = 0{,}52\,\text{m}$ beträgt?

γ	0,1°	0,2°	0,3°	0,4°	0,5°
e			99,31 m		

3 Ein 1,5 m hoher Theodolit steht auf einem Turm in 6,2 m Höhe.

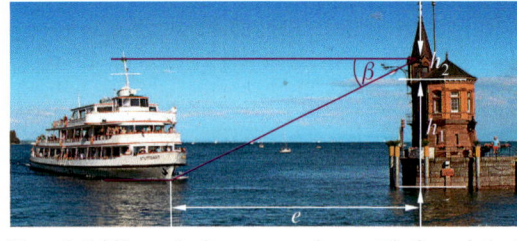

Das Schiff erscheint unter einem Tiefenwinkel $\beta = 2{,}6°$. Berechne die Entfernung *e*.

3 Von der 30,75 m hohen Plattform eines Aussichtsturms wird eine Felswand mit einem Theodolit (siehe oben links) anvisiert. Der Fußpunkt der Felswand erscheint unter einem Tiefenwinkel von 2,5°, der Gipfel der Felswand unter einem Höhenwinkel von 10,3°. Die Fußpunkte von Turm und Felswand befinden sich auf derselben Höhe.
a) Fertige eine Skizze an.
b) Wie weit ist die Felswand vom Turm weg?
c) Welche Höhe hat die Felswand?

4 Eine Messlatte wird in einiger Entfernung mit einem Theodolit angepeilt.
Für die Höhe von 1,5 m auf der Messlatte ermittelt der Theodolit einen Winkel von 3°.
a) Wie weit sind der Theodolit und die Messlatte voneinander entfernt?
b) Wie weit sind die Messpunkte entfernt, wenn 2,7° gemessen werden?

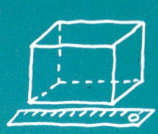

5 Der schiefe Turm von Pisa mit einer Höhe von 55 m wurde wieder so weit aufgerichtet, dass das obere Turmende horizontal nur noch 4,1 m von seiner ursprünglichen Position abweicht.

a) Fertige eine Skizze an.
b) Berechne den Neigungswinkel des Turmes.

5 Eine 12 m breite Freilichtbühne wird von einem Scheinwerfer beleuchtet. Der Scheinwerfer hat zur linken Bühnenbegrenzung einen Abstand von 10 m und zur rechten einen Abstand von 8 m. Um wie viel Grad muss der Scheinwerfer mindestens schwenkbar sein, um jede Stelle der Bühne voll ausleuchten zu können? Nutze den Kosinussatz (Seite 128).

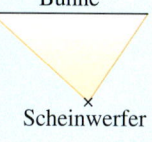

Bühne

Scheinwerfer

6 Betrachte das Schild.
a) Unter welchem Winkel fällt die Straße ab? Schätze zuerst.
b) Berechne den Höhen- und Horizontalunterschied für ein 700 m langes Gefälle.

6 Betrachte das Schild.
a) Mit welchem Neigungswinkel muss man bei dem angekündigten Gefälle rechnen?
b) Welche Strecke legt man bei 80 m Höhenunterschied zurück?

7 Die laut Guinness-Buch der Rekorde steilste Straße der Welt liegt in Dunedin, Neuseeland. Sie hat einen Steigungswinkel von 19,3°.

a) Ermittle zeichnerisch und rechnerisch die Steigung in Prozent.
b) Entwirf ein entsprechendes Straßenschild.

7 An vielen Orten gibt es Straßen mit extremer Steigung. Das Mittelgebirge Odenwald erstreckt sich über die Bundesländer Hessen, Bayern und Baden-Württemberg. Dort gibt es eine Straße mit 27% Steigung.

a) Bestimme den Steigungswinkel.
b) Begründe, ob sich der abgebildete Hang an dieser Straße befinden kann.

8 Gib jeweils die durchschnittliche Steigung in Prozent an.
a) Ein Sessellift überwindet auf einer horizontalen Strecke von 1,3 km einen Höhenunterschied von 600 m.
b) Mit einem Schlepplift können Skifahrer 500 m bergauf fahren. Der Höhenunterschied zwischen Anfang und Ende des Lifts beträgt 113,9 m.

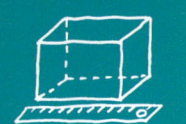

9 Eine Außenleuchte an einem Wohnhaus hat einen Infrarot-Bewegungsmelder. Die Leuchte schaltet sich selbstständig ein, wenn man in das Wahrnehmungsfeld des Bewegungsmelders eintritt. Solche Leuchten lassen sich so einstellen, dass sie sich beispielsweise nach fünf Minuten wieder ausschalten.

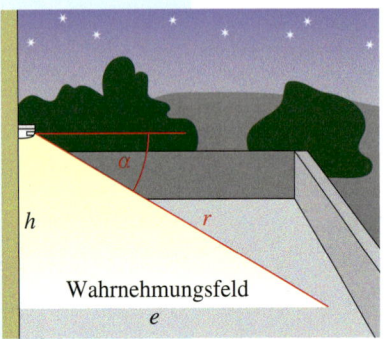

Wahrnehmungsfeld

Der Bewegungsmelder kann so geneigt werden, dass das Wahrnehmungsfeld in der Schnittzeichnung als rechtwinkliges Dreieck erscheint. Der Bewegungsmelder soll in 2,20 m Höhe angebracht werden und die gesamte Grundstücksbreite $e = 5{,}50$ m abdecken.

a) Wie groß muss der Neigungswinkel α eingerichtet werden?

b) Die Reichweite des Bewegungsmelders beträgt 7 m. Die Seite r darf also nicht länger als 7 m sein. Überprüfe, ob das in diesem Beispiel zutrifft.

10 Bei einer Vorstellung will ein Artist mit seinem Motorrad auf einem Drahtseil das Dach eines 52 m hohen Gebäudes erreichen. Zum Befestigen des Seils am Dach werden zusätzlich 2,50 m Seil benötigt.
Das Motorrad hat eine maximale Steigungsfähigkeit von 40°.

a) Fertige eine Skizze an.

b) Wie lang muss das Seil mindestens sein?

c) Welcher Steigungswinkel würde sich bei einem 102 m langen Seil ergeben?

11 Eine Dachgeschosswohnung wird vermietet. Zur Berechnung der Mietfläche soll nur die Fläche mit einer Stehhöhe ab 2 m berücksichtigt werden (siehe Skizze).

a) Berechne die Giebelhöhe h in Metern.

b) Die Miete kostet 8,20 € pro m². Wie hoch ist die Miete der Dachgeschosswohnung?

c) Die Wohnung muss neu tapeziert werden. Die Fenster nehmen zusammen eine Fläche von 4,5 m² ein. Wie groß ist die zu tapezierende Fläche?

9 Eine Außenleuchte hat einen Infrarot-Bewegungsmelder (siehe Skizze links). Der Bewegungsmelder wird in einer Höhe von 1,80 m montiert. Er soll die gesamte Grundstücksbreite $e = 6$ m überwachen. Erreicht man eine solche Überwachung bei angegebenem Neigungswinkel? Erkläre, wie du vorgehst.

a) $\alpha = 17°$ **b)** $\alpha = 15°$

10 Familie Geiger möchte einen 3 m breiten Carport bauen. Das Dach des Carports soll die Form eines rechtwinkligen Dreiecks haben.

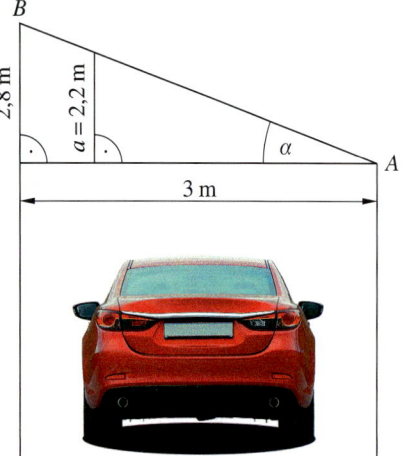

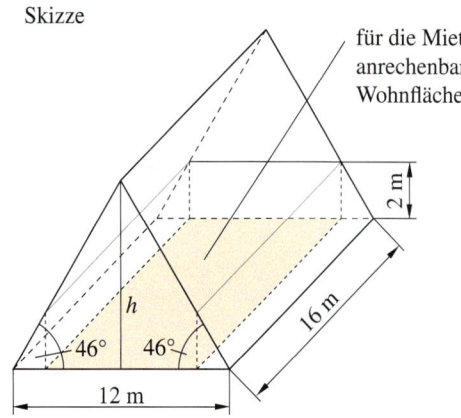

a) Wie lang ist die waagerechte Strecke von Punkt A zur Stütze a?

b) Welche Dachneigung hat der Carport?

c) Berechne die Länge der Strecke $\overline{AB}$ für eine Dachneigung von 38°.

d) Der Carport ($\alpha = 43°$) wird 4 m lang. Wie viel Quadratmeter PVC werden zum Decken des Dachs benötigt?

Skizze

für die Miete anrechenbare Wohnfläche

12 An einer Wetterwarte steigt ein Wetterballon senkrecht auf. Ein Beobachter, der von dort 800 m entfernt ist, sieht den Ballon unter einem Winkel von 17° zur Horizontalen.
a) Fertige eine passende Skizze an.
b) Wie weit war der Messballon in diesem Augenblick vom Beobachter entfernt?
c) Wie hoch war der Ballon über dem Boden, wenn die Augenhöhe des Beobachters 1,60 m beträgt?

12 Der Bug ist das Vorderteil eines Schiffsrumpfes. Ein Schiff verursacht beim Fahren eine Bugwelle mit einem Öffnungswinkel von 40°. Das Schiff fährt in der Mitte des Rheins, der an dieser Stelle eine Breite von 200 m hat.
a) Fertige eine Skizze zu der Situation an.
b) Wie weit ist der Bug des Schiffes von dem Punkt entfernt, an dem die Bugwelle am Ufer auftrifft?

13 Gib zwei Quotienten für $\tan \alpha$ an und bestimme die Länge der Strecke x, wenn $a = 4,2$ cm und $b = 2,8$ cm ist. Findest du verschiedene Lösungswege?

a)
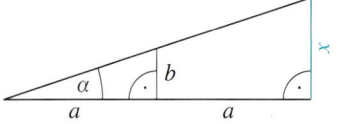

b)
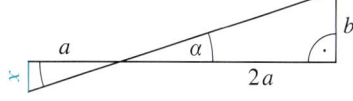

14 Eine der größten Skiflugschanzen der Welt steht im bayerischen Oberstdorf.

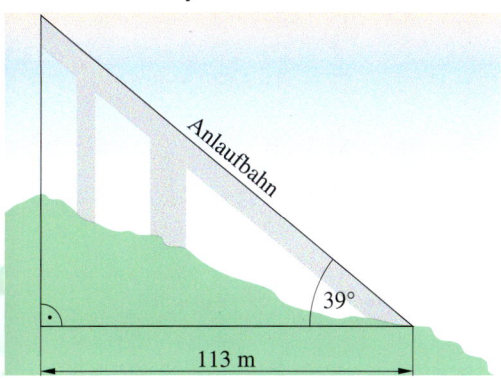

a) Wie lang ist die Anlaufbahn und welchen Höhenunterschied hat sie?
b) Im ersten Durchgang haben die Teilnehmer sehr große Weiten erreicht. Deshalb wird die Anlaufbahn um 5 m verkürzt. Welchen Höhenunterschied legt ein Springer jetzt auf der Anlaufbahn zurück?

14 Entlang der Mosel werden an vielen Stellen Sand und Kies abgebaut. Förderbänder laden zum Beispiel den Sand ab, sodass ein kegelförmiger Haufen entsteht. Der Schüttwinkel α ist abhängig vom aufgeschütteten Material (siehe Tabelle).

sandiger Kies	Sand	Zement
$\alpha = 32°$	$\alpha = 25°$	$\alpha = 40°$

a) Wie viel Kubikmeter Sand werden auf einer Fläche von 4 000 m² abgeladen?
b) Wie viel Kubikmeter Zement enthält ein 1 m hoher abgeladener Zementhaufen?
c) Stelle eine Frage zu sandigem Kies und beantworte sie.

15 Arbeitet zu zweit.
Die größere Kuhherde soll mehr Platz auf der Weide haben als die kleinere Herde.
Sollte der Bauer die Weiden tauschen?
Tipp: Die Aufgabe kannst du auch mithilfe des Sinussatzes lösen. Informationen zum Sinussatz findest du auf Seite 128.

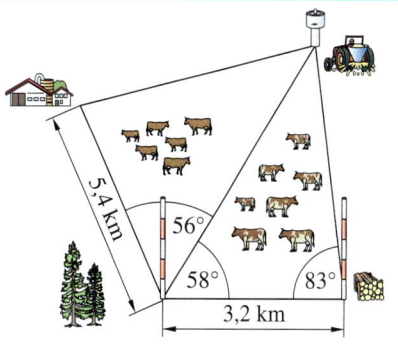

Beruf Vermessungstechniker/in

Vermessungstechniker führen vor Ort Vermessungen durch und verarbeiten die gewonnenen Daten am Computer, um daraus Pläne, Karten, Kataster oder Risswerke zu erstellen.
Sie arbeiten meist im Ingenieurbüro, im Bergbau oder in Landesämtern für Vermessung.
Es gibt die Fachrichtungen Geländevermessung und Bergvermessung. Dabei werden Geodaten über und unter Tage sowie die Gesteinsbeschaffenheit erfasst.

16 Ein Stadtviertel in Berlin

Die Hardenbergstraße, die Uhlandstraße und der Kurfürstendamm beschreiben annähernd ein dreieckiges Gebiet. Das darin liegende Teilstück der Kantstraße ist 700 m lang.

a) Berechne die Länge der Uhlandstraße und beschreibe, wie du dabei vorgehst.

b) Um das Gebiet soll ein Halbmarathon-Lauf stattfinden.
   Ist diese Überlegung sinnvoll? Begründe.

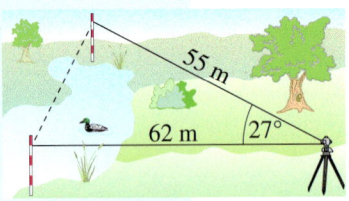

17 Länge einer Brücke berechnen

In einem Landschaftspark soll eine Brücke über einen See gebaut werden. Ein Vermessungstechniker hat das Gelände vermessen. Mithilfe der Messwerte wird die Länge der Brücke berechnet.
Welche Länge wird die fertige Brücke haben? Nutze den Kosinussatz.
Beschreibe, wie du vorgehst.

18 Vermessung einer Baustelle

Ein Vermessungstechniker bestimmt die Tiefe der Baugrube, indem er die Messlatte über B in Standhöhe des Theodolits über A anpeilt.

a) Berechne den Höhenunterschied h für folgende Messwerte:
   Tiefenwinkel $\alpha = 3{,}1°$, Peillänge $e = 20{,}5$ m

b) Wie kann der Vermessungstechniker die Höhe eines fertigen Gebäudes bestimmen? Beschreibe ein Verfahren.

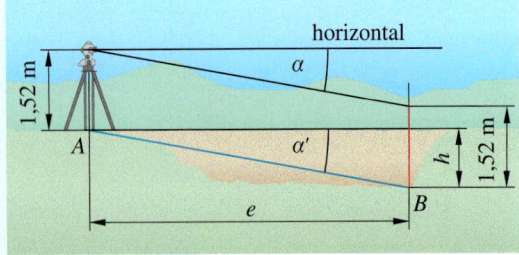

19 Bestimmung der Breite des Rheins

In einer Berufsschulklasse haben die Auszubildenden die Aufgabe bekommen, die Breite des Rheins zu bestimmen.

a) Zwei Teams (siehe Zeichnung) haben diese Aufgabe auf verschiedenen Wegen gelöst.
   Kommen sie zum gleichen Ergebnis? Nenne Gründe.

b) Recherchiere die Rheinbreite in Mainz. Vergleiche die Ergebnisse der Auszubildenden mit der recherchierten Breite.

Zusammenfassung

→ *Seite 120*

Seitenverhältnisse in rechtwinkligen Dreiecken

In jedem rechtwinkligen Dreieck entspricht die **Steigung m** dem Quotienten von **Höhenunterschied** und **Horizontalunterschied**:

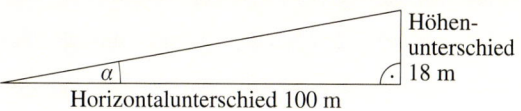

Steigung $m = \dfrac{\text{Höhenunterschied}}{\text{Horizontalunterschied}}$

Steigung $m = \dfrac{18\,\text{m}}{100\,\text{m}} = \dfrac{18}{100} = 0{,}18 = 18\,\%$

Für die Berechnung an rechtwinkligen Dreiecken werden die Dreiecksseiten besonders benannt. Für die Seitenverhältnisse im rechtwinkligen Dreieck gilt:

$\tan\alpha = \dfrac{\text{Gegenkathete von }\alpha}{\text{Ankathete von }\alpha}$ $\sin\alpha = \dfrac{\text{Gegenkathete von }\alpha}{\text{Hypotenuse}}$ $\cos\alpha = \dfrac{\text{Ankathete von }\alpha}{\text{Hypotenuse}}$

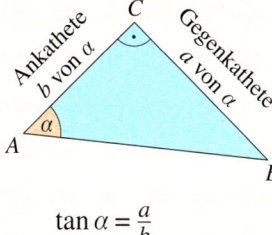 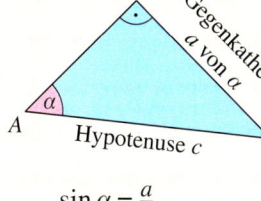 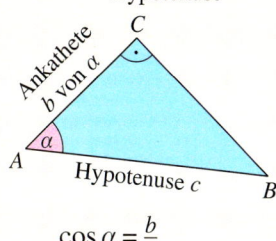

$\tan\alpha = \dfrac{a}{b}$ $\sin\alpha = \dfrac{a}{c}$ $\cos\alpha = \dfrac{b}{c}$

Der Tangens des Steigungswinkels entspricht also der Steigung im Dreieck.

Strecken- und Winkelberechnungen mit sin, cos, tan

→ *Seite 124*

Wenn in einem rechtwinkligen Dreieck eine Seite und ein Winkel gegeben sind, so können mithilfe von Sinus, Kosinus und Tangens die **fehlenden Seiten** berechnet werden.

gegeben: $\alpha = 62°$, $c = 4{,}2\,\text{cm}$

gesucht: a

Lösung: $\tan\alpha = \dfrac{a}{c}$ $|\cdot c$

$\tan\alpha \cdot c = a$

$a = \tan 62° \cdot 4{,}2\,\text{cm} \approx 7{,}9\,\text{cm}$

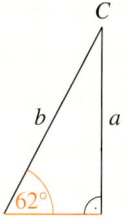

gegeben: $\alpha = 62°$, $c = 4{,}2\,\text{cm}$

gesucht: b

Lösung: $\cos\alpha = \dfrac{c}{b}$ $|\cdot b$ $|:\cos\alpha$

$b = \dfrac{c}{\cos\alpha}$

$b = \dfrac{4{,}2\,\text{cm}}{\cos 62°} \approx 8{,}9\,\text{cm}$

Sind in einem rechtwinkligen Dreieck zwei Seiten gegeben, so können mithilfe von Sinus, Kosinus und Tangens die **fehlenden Winkel** berechnet werden.

Wähle beim Taschenrechner die MODE-Einstellung **DEG** für die Eingabe von Winkeln im Gradmaß.

Mit der Tastenfolge ②nd ⓣan, ⒤NV ⓣan oder ⒮HIFT ⓣan kann aus dem Tangenswert der zugehörige Winkel bestimmt werden. Entsprechendes gilt für Sinus oder Kosinus.

Eine Straße hat eine Steigung von 12 %. Wie groß ist ihr Steigungswinkel?

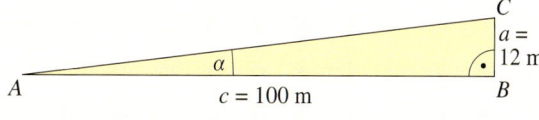

gegeben: $a = 12\,\text{m}$, $c = 100\,\text{m}$
gesucht: Winkel α
Lösung: $\tan\alpha = \dfrac{12}{100} = 0{,}12$

$\alpha \approx 6{,}8°$

Teste dich!

1 Gib jeweils den Quotienten für den Tangens, den Sinus und den Kosinus der beiden spitzen Winkel α und β an.

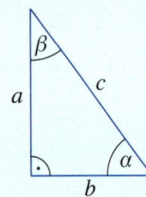

1 Gib jeweils den Quotienten für den Tangens, den Sinus und den Kosinus der beiden spitzen Winkel β und γ an.

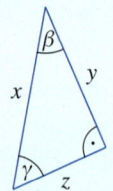

2 Zeichne für das Dreieck *ABC* eine Planskizze. Berechne die fehlenden Größen.

	a)	b)	c)
α	45°		50°
β		38°	
γ	90°	90°	90°
a			4,5 cm
b	4 cm	3,5 cm	
c			

2 Zeichne für das Dreieck *ABC* eine Planskizze. Berechne die fehlenden Größen.

	a)	b)	c)
α		49°	90°
β	40°	90°	
γ	90°		
a		3,7 cm	7 cm
b	5,8 cm		6,1 cm
c			3,4 cm

3 Im gleichschenkligen Dreieck *ABC* ist $\alpha = 65°$ und $c = 9$ cm. Wie lang ist die Höhe *h*?

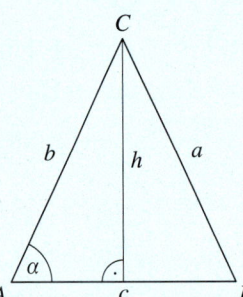

3 Im gleichschenkligen Trapez *ABCD* ist $a = 8$ cm, $c = 3,2$ cm und $\alpha = 53,13°$. Wie lang ist die Höhe *h*?

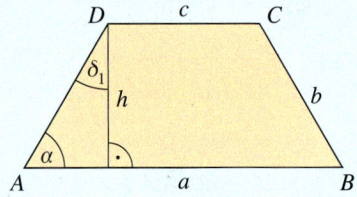

4 Eine 4,20 m lange Leiter wird an eine Wand gelehnt. Das untere Ende steht 1,20 m von der Wand entfernt.
a) Welchen Winkel bildet die Leiter mit dem Boden?
b) In welcher Höhe liegt die Leiter an der Wand an?

4 Hier siehst du den Querschnitt eines Hauses mit Satteldach.
a) Bestimme die Höhe des gesamten Hauses.

b) Wie lang sind die Dachsparren, wenn sie am Ende 40 cm überstehen?

5 Klara hält ihren Drachen an einer 25 m langen Schnur. Berechne die Höhe des Drachens über dem Boden. Klaras Körpergröße beträgt 1,60 m. Schätze zuerst, auf welcher Höhe Klara ihre Hand hält.

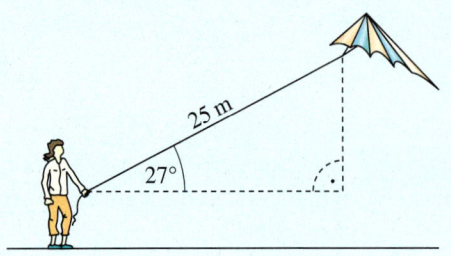

Trigonometrische Funktionen

Der Mond ändert ständig seine Gestalt.
Manchmal sieht man ihn als Vollmond,
manchmal sieht er aus wie eine Sichel und
manchmal ist er gar nicht sichtbar.
Dieser Prozess, auch Mondphase genannt,
wiederholt sich alle 27,3 Tage.

Noch fit?

Einstieg

1 Steigungen berechnen
Berechne die Steigung der Gerade durch den Ursprung $(0|0)$ und den angegebenen Punkt.
a) $A(1|2)$ b) $B(1|5)$
c) $C(1|0,5)$ d) $D(1|-2,5)$
e) $E(2|2)$ f) $F(3|-9)$

2 Funktionsgraphen zeichnen
Durch jede Wertetabelle ist eine Funktion gegeben. Zeichne jeweils den Graphen und gib an, ob es sich um eine lineare oder um eine quadratische Funktion handelt.

a)
x	-3	-2	-1	0	1	2	3
$f(x)$	-9	-4	-1	0	-1	-4	-9

b)
x	-6	-4	-2	0	2	4	6
$f(x)$	-2	-1	0	1	2	3	4

c)
x	-3	-2	-1	0	1	2	3
$f(x)$	$3,6$	$1,6$	$0,4$	0	$0,4$	$1,6$	$3,6$

d)
x	-3	-2	-1	0	1	2	3
$f(x)$	$-1,2$	$-0,8$	$-0,4$	0	$0,4$	$0,8$	$1,2$

3 Steigungen von Graphen untersuchen
Für welche Werte von x steigt der Graph der Funktion? Bestimme dazu den Scheitelpunkt.
a) $f(x) = (x + 2)^2 + 3$
b) $f(x) = -(x - 3)^2 + 4$
c) $f(x) = (x - 4)^2 - 1$

Aufstieg

1 Steigungen berechnen
Berechne die Steigung der Gerade durch die beiden angegebenen Punkte.
a) $A(0,4|0)$ und $B(1,4|5,5)$
b) $C(3,2|9,1)$ und $D(6,2|-3,9)$
c) $E(-1,5|4,7)$ und $F(3,2|-0,2)$

2 Funktionen beschreiben
Ordne jeweils eine Funktionsgleichung, einen Punkt und eine Beschreibung einander zu. Zeichne die Graphen.

① Jeder Zahl wird das Produkt aus ihrem Vorgänger und ihrem Nachfolger zugeordnet.

$R(3|7)$

$g(x) = x^2 - 2$

② Jeder Zahl wird ihr um eins erhöhtes Quadrat zugeordnet.

$f(x) = x^2 - 1$

③ Jeder Seitenlänge eines Quadrats wird der um zwei verminderte Flächeninhalt des Quadrats zugeordnet.

$P(4|17)$ $Q(4|15)$

$h(x) = x^2 + 1$

3 Steigungen von Graphen untersuchen
Beschreibe, in welchen Bereichen der Graph von $f(x)$ steigt und in welchen er fällt.
a) $f(x) = -x^2 + 3$
b) $f(x) = -2(x + 1)^2$
c) $f(x) = 0,5(x + 1,5)^2 - 1$

4 Berechnungen an Dreiecken
Mithilfe der Trigonometrie können Größen an rechtwinkligen Dreiecken berechnet werden.
a) Gib in jedem Dreieck den Sinus der beiden spitzen Winkel als Seitenverhältnis an.

① 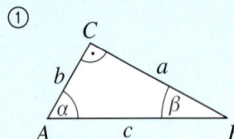   ② 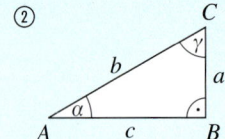   ③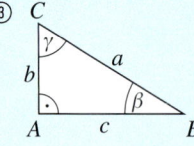

b) Übertrage ins Heft. Berechne die fehlenden Winkel und Seiten der rechtwinkligen Dreiecke.

	α	β	γ	a	b	c
①			$90°$	$3\,\text{cm}$		$6\,\text{cm}$
②			$90°$		$5\,\text{cm}$	$7\,\text{cm}$
③			$90°$	$4,0\,\text{cm}$	$4,5\,\text{cm}$	
④	$90°$			$8,3\,\text{cm}$	$2,9\,\text{cm}$	

Lösungen ab Seite 176

Periodische Prozesse und Sinusfunktion

Entdecken

1 👥 In der Natur und im Alltag gibt es viele Prozesse, die sich immer wiederholen.

a) Welche Gemeinsamkeiten und welche Unterschiede sind in den Beispielen erkennbar?
b) Vergleicht die Zeitspannen, in denen die Wiederholungen stattfinden.
c) Findet weitere Beispiele für sich wiederholende Abläufe aus dem Alltag.

2 Betrachte die verschiedenen Muster von Wandbordüren.

a) Durch welche wiederholten Abläufe oder Elemente sind die Muster entstanden?
b) Entwirf eigene Muster und erläutere, wie du sie gezeichnet hast.

3 👥 Besorgt euch z. B. im Baumarkt Maßbänder aus Papier. Erzeugt dann wie gezeigt Muster auf den Papier- streifen. Wiederholt das Experiment und variiert dabei die Bewegungen.

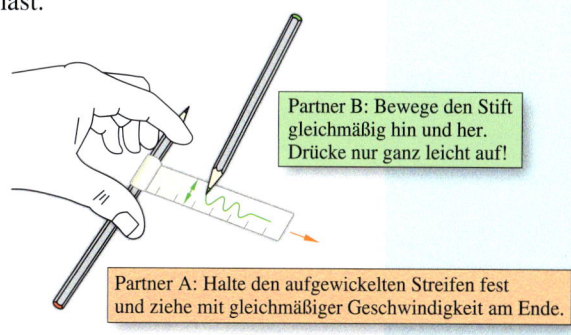

Partner B: Bewege den Stift gleichmäßig hin und her. Drücke nur ganz leicht auf!

Partner A: Halte den aufgewickelten Streifen fest und ziehe mit gleichmäßiger Geschwindigkeit am Ende.

a) Welche Muster entstehen auf dem Maßband? Vergleicht eure Ergebnisse.
b) Schließt von den Mustern verschiedener Bänder auf die Art der Zug- und Zeichenbewegung.

4 Der Graph zeigt die Höhe einer Bergbahn in Abhängigkeit von der Zeit.

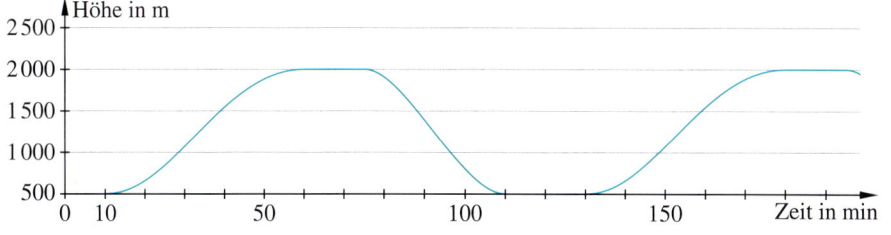

a) Welche Aussagen kannst du über die Strecke, die Dauer der Fahrten, die Halte- zeiten und die Anzahl der dargestellten Fahrten machen?
b) Welche Informationen sind in der Grafik mehrfach vorhanden?
c) Benötigst du weitere Informationen, um die nächsten Fahrten der Bahn im Diagramm darstellen zu können? Welche sind das gegebenenfalls?

Verstehen

Ein Sessellift des Sürenberglifts in Winterberg hat eine Umlaufzeit von 200 Sekunden. In dieser Zeit überwindet ein Sessel einen kompletten Umlauf: von der Talstation ca. 100 Höhenmeter bis hinauf zur Bergstation und wieder hinunter zur Talstation. Dieser Prozess wiederholt sich alle 200 Sekunden.

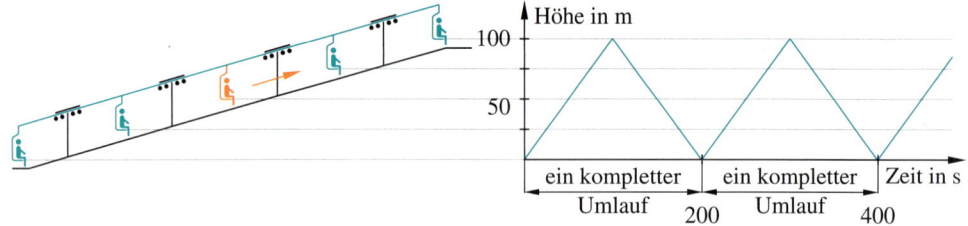

> **Merke** Eine **periodische Funktion** beschreibt einen wiederkehrenden Prozess. Die Länge des Intervalls, in dem genau ein Prozess stattfindet, heißt **Periode**.

Bewegt sich die Gondel auf einer Kreisbahn, wie z. B. bei einem Riesenrad, so ändert sich die Höhe bei gleichmäßiger Drehung ebenfalls periodisch.

Verlagert man die x-Achse auf die Höhe des Kreismittelpunkts, so erhält man eine periodische Funktion: jedem Winkel wird der Abstand zur x-Achse zugeordnet. Bei einem Kreis mit dem Radius $r = 1$ entspricht diese Länge dem Sinus des Winkels.

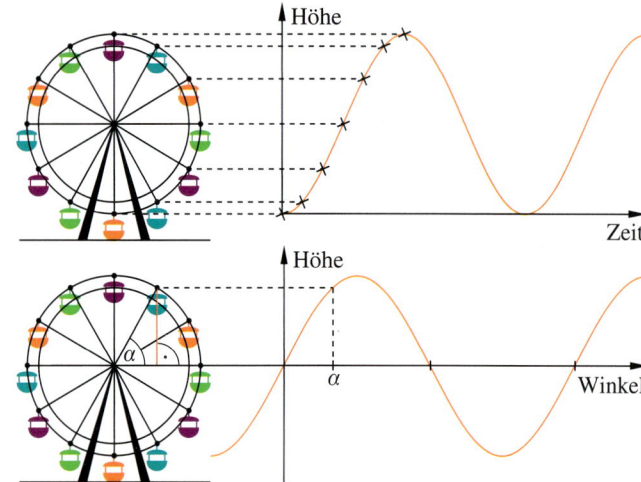

ERINNERE DICH

$sin(\alpha) = \dfrac{\text{Gegenkathete von } \alpha}{\text{Hypotenuse}}$

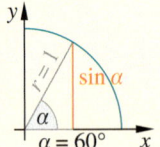

HINWEIS
Die Zahl k entspricht der Anzahl der Perioden.

> **Merke** Die **Sinusfunktion** $f(\alpha) = \textbf{sin}(\alpha)$ ist eine periodische Funktion, die jedem Winkel den Sinus des Winkels zuordnet. Alle Werte von $sin(\alpha)$ liegen zwischen $+1$ und -1.

Die Sinusfunktion hat entsprechend einem Vollwinkel eine Periode von 360°, d. h. $sin\,\alpha = sin(\alpha + k \cdot 360°)$ für jede ganze Zahl k.

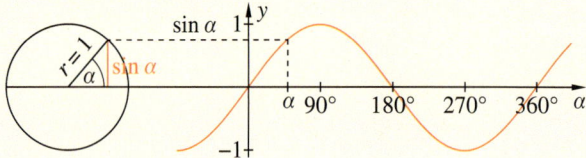

Die Nullstellen der Sinusfunktion liegen bei 0°, 180°, 360°, … Es gilt also $sin(n \cdot 180°) = 0$ für jede ganze Zahl n.

Der Graph der Sinusfunktion verläuft punktsymmetrisch zum Ursprung. Für beliebige Winkel α gilt: $sin(-\alpha) = -sin(\alpha)$

Beispiel

α	0°	30°	60°	90°	120°	150°	180°	210°	240°	270°	300°	330°	360°
$sin(\alpha)$	0	0,5	$\approx 0,87$	1	$\approx 0,87$	0,5	0	$-0,5$	$\approx -0,87$	-1	$\approx -0,87$	$-0,5$	0

Üben und anwenden

1 Handelt es sich um einen periodischen Prozess? Begründe.
Falls möglich, gib die Länge einer Periode an.

a) die Fahrtstrecke eines Linienbusses an einem Werktag
b) die Schwingung einer Gitarrensaite beim Spielen eines Tons
c) die wiederkehrende Fütterung von Amselküken im Nest
d) die Mondphasen im Laufe vieler Nächte
e) das Hin- und Herspielen des Balls beim Tennis
f) die Auf- und Ab-Bewegung der Kolben in einem Motor

2 Beschreibe die periodischen Funktionen mit mathematischen Begriffen und gib die Länge einer Periode an.

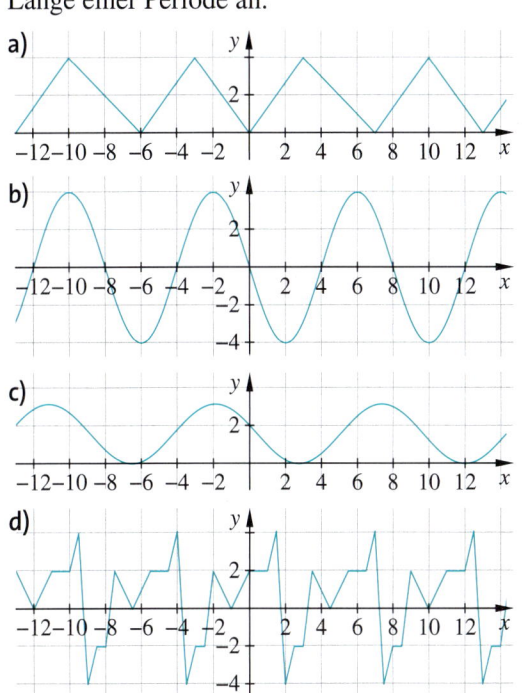

2 Bei welchen Funktionen handelt es sich um periodische Funktionen?
Gib gegebenenfalls die Periodenlänge an.

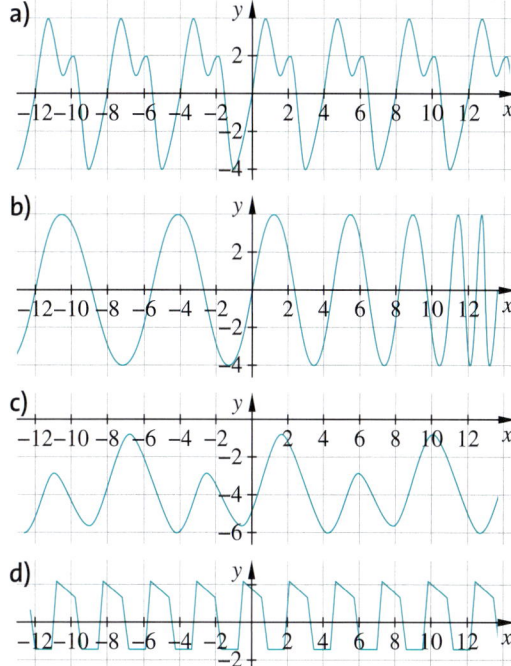

3 Alle acht Stunden und 26 Minuten wechselt der Wasserstand am Wattenmeer zwischen Ebbe und Flut. Niedrigwasser (NW) und Hochwasser (HW) wechseln also ungefähr alle 500 Minuten. Welcher Graph stellt diesen Zusammenhang richtig dar? Begründe.

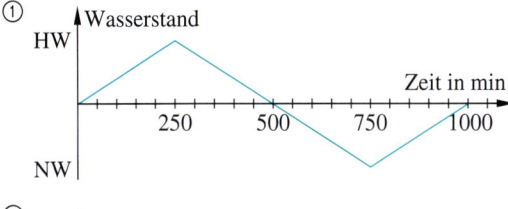

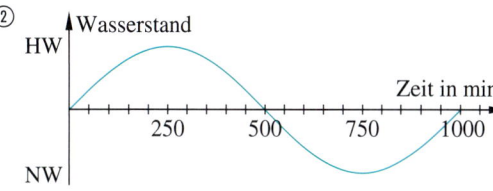

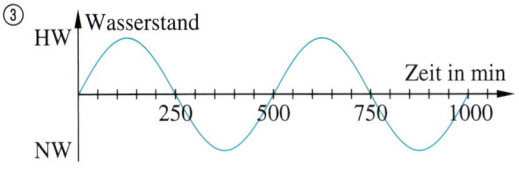

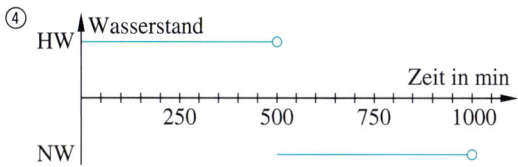

4 Übertrage die Wertetabelle ins Heft und führe sie bis 360° fort. Berechne die zugehörigen Funktionswerte der Sinusfunktion. Präge dir die wichtigsten Werte ein.

α	0°	15°	30°	45°	60°	75°	90°	105°	120°	135°	150°	…°
sin(α)												

Zeichne danach den Graphen der Sinusfunktion. Wähle dazu auf der x-Achse ein Rechenkästchen für je 15° und auf der y-Achse einen Wert von 0,25 je Rechenkästchen.

a) Beschreibe den Verlauf des Graphen. Verwende dazu die Begriffe „steigen", „fallen", „Nullstelle", „Hochpunkt" und „Tiefpunkt". Gib Definitionsbereich und Wertebereich an.

b) In welchem Intervall ist sin(α) größer als null, in welchem kleiner als null?

c) In welchen Intervallen steigt sin(α), in welchen Intervallen fällt der Graph?

HINWEIS
Der Definitionsbereich umfasst alle Werte, die man für x einsetzen darf. Der Wertebereich umfasst alle Werte, die y annehmen kann.

5 Gib die Funktionswerte ohne Benutzung des Taschenrechners an. Beachte, dass die Sinusfunktion periodisch ist.

a) sin(360°) b) sin(450°)
c) sin(720°) d) sin(330°)
e) sin(390°) f) sin(150°)
g) sin(3 600°) h) sin(540°)

5 Gib die Funktionswerte an, ohne den Taschenrechner zu benutzen.
Erkläre, wie du dabei vorgegangen bist.

a) sin(750°) b) sin(1 800°)
c) sin(450°) d) sin(630°)
e) sin(390°) f) sin(3 630°)
g) sin(3 870°) h) sin(570°)

6 Entscheide, welcher Graph einen Ausschnitt der Sinusfunktion darstellt.

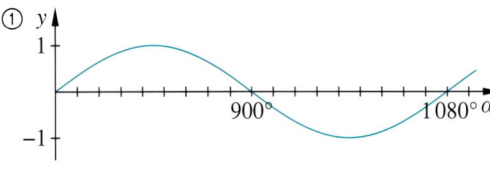
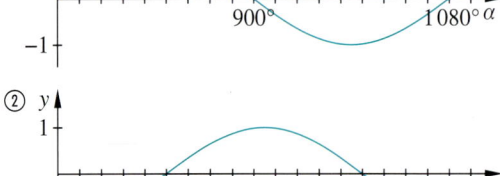
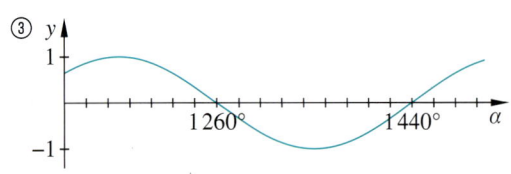

6 Welcher Graph ist ein Ausschnitt der Sinusfunktion? Begründe.

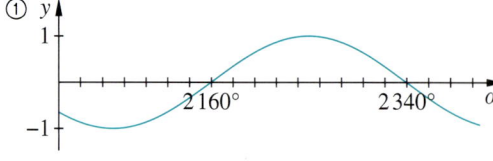
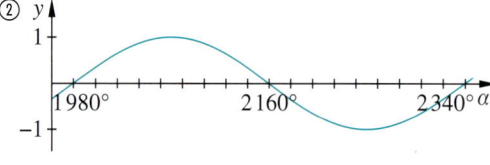
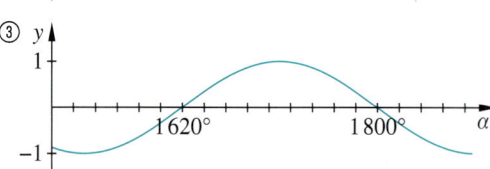

7 Finde zu jedem Funktionswert mindestens fünf verschiedene Winkel.

a) sin(α) = 0 b) sin(α) = 1
c) sin(α) = 0,5 d) sin(α) = −1
e) sin(α) = −0,5

7 Gib den Funktionswert an (n ganze Zahl). Prüfe dein Ergebnis durch Einsetzen.

a) sin(30° + 360° · n) b) sin(90° + 360° · n)
c) sin(210° + 360° · n) d) sin(270° + 360° · n)
e) sin(180° · n) f) sin(210° + 180° · n)

8 An das Ende eines 1 m langen Stundenzeigers einer Turmuhr wird ein Seil mit einer Kugel gebunden. Um 6 Uhr befindet sich die Kugel genau am Boden.

a) Welche Höhe über dem Boden hat die Kugel zu den übrigen vollen Stunden?

b) Wie viele Werte musst du dazu berechnen?

Bogenmaß und Veränderung der Sinusfunktion

Entdecken

1 Leverkusen liegt auf dem 51. nördlichen Breitengrad und auf dem 7. östlichen Längengrad. Die geografische Lage von Leverkusen lautet: 51° Nord, 7° Ost.

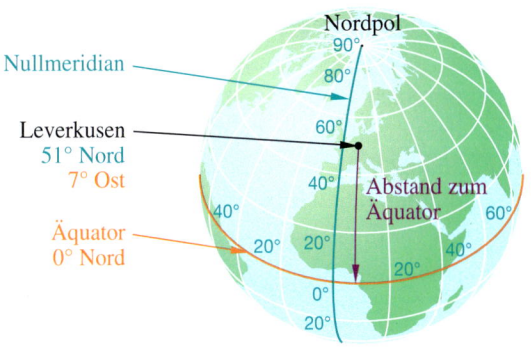

a) Wie kann man die Entfernung zwischen Leverkusen und dem Äquator ermitteln? Beachte den Hinweis in der Randspalte.

b) Sind alle Orte auf dem 51. nördlichen Breitengrad gleich weit vom Äquator entfernt? Begründe.

c) Sind alle Städte, die wie Leverkusen auf dem Längengrad 7° Ost liegen, gleich weit vom Längengrad 0° („Nullmeridian") entfernt? Begründe.

d) Finde heraus, auf welchem Breitengrad folgende Städte ungefähr liegen: Kiel, Kairo, Mailand, Moskau, Nairobi, New York, Sydney, Toronto, Trondheim. Berechne die direkte Entfernung der einzelnen Städte zum Äquator.

HINWEIS
Am Äquator beträgt der Erdumfang 40 075 km. Der Nullmeridian ist der Halbkreis vom Nordpol zum Südpol. Seine Länge beträgt 20 004 km.

2 Das Diagramm zeigt die Veränderung der Tageslängen einiger Städte im Verlauf eines Jahres. Die Tageslänge ist die Zeit zwischen Sonnenaufgang und Sonnenuntergang.

a) An welchen Tagen ist die Tageslänge für alle Orte gleich? Begründe.

b) Finde heraus, auf welchen Breitengraden die Orte liegen. Was fällt dir auf?

c) Die maximale Tageslänge auf Madeira beträgt ca. 14 Stunden. Kannst du ohne weitere Angaben einen Graphen für Madeira zeichnen? Beschreibe und begründe.

d) Wie würde der Graph aussehen, wenn die Abweichung von der mittleren Tageslänge dargestellt würde? Die mittlere Tageslänge beträgt zwölf Stunden.

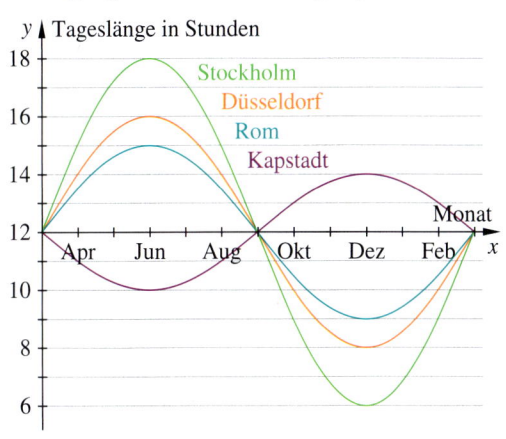

3 Die Graphen stellen die Position des linken Pedals eines Fahrrads in Abhängigkeit von der zurückgelegten Strecke dar.

a) Die beiden Graphen entstanden dadurch, dass der Fahrer in zwei unterschiedlichen Gängen fuhr. Welcher Graph gehört zum größeren und welcher zum kleineren Gang? Begründe.

b) Wie würden die Graphen sich verändern, wenn man die Position des rechten Pedals darstellt?

c) Erstelle ähnliche Graphen für dein Fahrrad. Wie gehst du dabei vor?

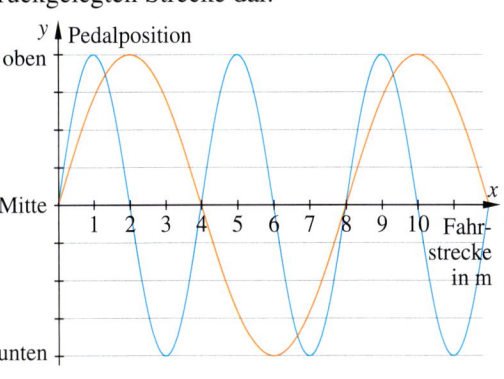

Verstehen

Eine Bahnhofsuhr hat einen 1 m langen Minutenzeiger. Die Zeigerspitze bewegt sich auf einer Kreislinie mit dem Radius $r = 1$ m. Die zurückgelegte Strecke in einer Stunde entspricht dem Kreisumfang $u = 2\pi \cdot 1$ m, also $u = 2\pi$ [in m]. In jeder Minute legt der Zeiger ein Sechzigstel dieser Strecke zurück, also $\frac{2\pi}{60}$. Der Winkel, den der Minutenzeiger dabei überstreicht, ist ein Sechzigstel eines Vollkreises, also $\frac{360°}{60} = 6°$.
Jedem Winkel α kann die Länge b eines Kreisbogens mit dem Radius $r = 1$ zugeordnet werden. Die Länge b heißt **Bogenmaß von α**. Die Sinusfunktion kann somit für Winkel im Gradmaß oder im Bogenmaß angegeben werden. Im Bogenmaß schreibt man $f(x) = \sin(x)$.

Beispiel

$\alpha = 90°$ und $b = \frac{2\pi \cdot 90°}{360°} = \frac{1}{2} \cdot \pi \approx 1{,}57$ beschreiben denselben Winkel.
Zum Winkel $b = 2{,}2$ (im Bogenmaß) gehört $\alpha = \frac{360° \cdot 2{,}2}{2\pi} \approx 126°$ (im Gradmaß)

HINWEIS
Achte beim Taschenrechner auf die richtige Einstellung: DEG für Winkel im Gradmaß und RAD für Winkel im Bogenmaß.

Der Mittelpunkt der Bahnhofsuhr befindet sich in einer Höhe von 5 m über dem Bahnsteig. Bezieht sich die Höhe der Zeigerspitze nicht auf den Mittelpunkt des Ziffernblatts, sondern auf die Höhe über dem Bahnsteig, so muss jeweils der Wert 5 addiert werden.

> **Merke** Die Sinusfunktion (im Bogenmaß) wird entlang der y-Achse verschoben, indem man einen Summanden c addiert: $f(x) = \sin(x) + c$.
> Ist $c > 0$, so verschiebt sich der Graph um c nach oben, für $c < 0$ verschiebt sich der Graph nach unten.

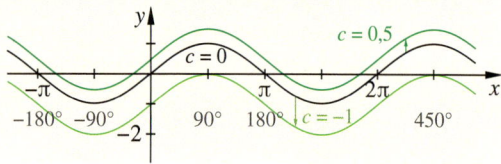

Die Länge des Zeigers bestimmt den kleinsten und größten Wert. Bei einem längeren Zeiger ist der Graph in y-Richtung gestreckt, bei einem kürzeren Zeiger in y-Richtung gestaucht.

> **Merke** Die Sinusfunktion wird entlang der y-Achse gestreckt oder gestaucht, indem man sie mit einem Faktor a multipliziert: $f(x) = a \cdot \sin(x)$.
> Ist $a > 1$, so wird der Graph in y-Richtung gestreckt, für $0 < a < 1$ gestaucht.
> Für $a < 0$ wird der Graph zusätzlich an der x-Achse gespiegelt.

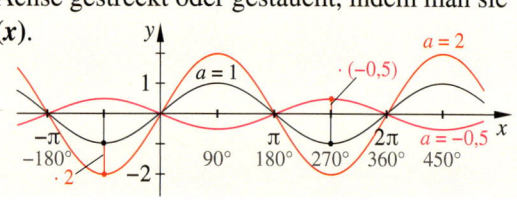

Ein Sekundenzeiger beschreibt in einer Stunde 60 Umdrehungen. Der Graph des Sekundenzeigers zeigt in einer Stunde insgesamt 60 Wiederholungen. Verglichen mit dem Graph des Stundenzeigers ist der Graph des Sekundenzeigers in x-Richtung gestaucht.

> **Merke** Die Sinusfunktion wird entlang der x-Achse gestaucht oder gestreckt, indem man den x-Wert mit einem Faktor b multipliziert: $f(x) = \sin(b \cdot x)$.
> Ist $0 < b < 1$, so wird der Graph in x-Richtung gestreckt, für $b > 1$ gestaucht.
> Für $b < 0$ wird der Graph zusätzlich an der y-Achse gespiegelt.

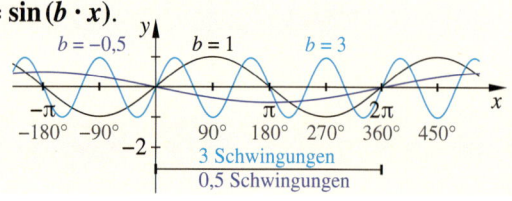

Die Form- und Lageänderungen können auch in Kombination auftreten. Die allgemeine Form der Sinusfunktion lautet dann $f(x) = a \cdot \sin(b \cdot x) + c$.

Üben und anwenden

1 Rechne um.
a) in das Bogenmaß: $45°$, $60°$, $75°$, $120°$
b) in das Gradmaß: π, $\frac{\pi}{2}$, 2π, 3π
c) in das Gradmaß: $3{,}14$; 2; $1{,}5$; 4; 6

1 Rechne um.
a) in das Bogenmaß: $30°$, $85°$, $125°$, $222°$, $381°$
b) in das Gradmaß: $\frac{\pi}{3}$, 4π, $\frac{\pi}{5}$, $\frac{2}{3}\pi$, $2{,}7\pi$
c) in das Gradmaß: $0{,}8$; $2{,}5$; 5; $6{,}4$; 12

HINWEIS
*Aufgabe **2** kannst du auch mit einem Tabellenkalkulationsprogramm oder einem Funktionenplotter lösen.*

2 Zeichne eine Wertetabelle für x-Werte von $-3{,}5$ bis 6 in $0{,}5$er Schritten.

x	$-3{,}5$	-3	$-2{,}5$	-2	...						...	$4{,}5$	5	$5{,}5$	6
$\sin(x)$															

a) Fülle die Wertetabelle für die Sinusfunktion aus. Nutze das Bogenmaß.
b) Zeichne den Graphen. Markiere auf der x-Achse zusätzlich die Werte für $-\pi$, π und 2π.

3 Gib den Funktionswert an. Berechne die Ergebnisse im Kopf.
a) $\sin(\pi)$
b) $\sin(2\pi)$
c) $\sin(0{,}5\pi)$
d) $\sin(1{,}5\pi)$
e) $\sin(-2\pi)$
f) $\sin(-1{,}5\pi)$
g) $\sin(0)$
h) $\sin(-0{,}5\pi)$

3 Welche Teilaufgaben haben das gleiche Ergebnis? Berechne im Kopf und begründe.
a) $\sin(6\pi)$
b) $\sin(-2\pi)$
c) $\sin(-0{,}5\pi)$
d) $\sin(1{,}5\pi)$
e) $\sin(-3\pi)$
f) $\sin(-9{,}5\pi)$
g) $\sin(0)$
h) $\sin(-5\pi)$

4 Gib den Funktionswert an. Die Winkel sind im Bogenmaß angegeben.
a) $\sin(2)$
b) $\sin(-5)$
c) $\sin(90)$
d) $\sin(0)$
e) $\sin(-2{,}5)$
f) $\sin(-1{,}75)$

4 Gib den Funktionswert an. Die Winkel sind im Bogenmaß angegeben.
a) $\sin(\pi-2)$
b) $\sin(2\pi+1)$
c) $\sin(2\pi-1)$
d) $\sin(\pi+2)$
e) $\sin(-3\pi+1{,}5)$
f) $\sin(3\pi+1{,}5)$

5 Gib mindestens drei mögliche Werte für x im Bogenmaß an.
Beispiel $\sin(x)=1$ *x entspricht 90°*
z.B. $\sin\left(\frac{\pi}{2}\right)=\sin\left(2\pi+\frac{\pi}{2}\right)=\sin\left(12\pi+\frac{\pi}{2}\right)$
a) $\sin(x)=0$
b) $\sin(x)=0{,}5$
c) $\sin(x)=-1$
d) $\sin(x)=-0{,}5$

5 Bestimme mindestens drei ganzzahlige Werte für die Variable, sodass die Gleichung zu einer wahren Aussagen führt.
a) $\sin(a\pi)=0$
b) $\sin(b\pi)=1$
c) $\sin(c\pi)=-1$
d) $\sin(d\pi)=0{,}5$
e) $\sin(e\pi)=-0{,}5$

6 Ordne den Graphen die passende Funktionsgleichung zu.

① $f(x)=2\cdot\sin(x)$ ② $f(x)=\sin(x)$

③ $f(x)=\sin(2x)$ ④ $f(x)=\sin(x)+2$

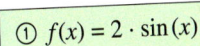

6 Dargestellt sind die Sinusfunktion und drei verschiedene Abwandlungen.
Gib jeweils an, welche Formänderung bzw. Lageänderung gegenüber der Sinusfunktion $f(x)=\sin(x)$ vorliegt. Bestimme dann die drei zugehörigen Funktionsgleichungen.

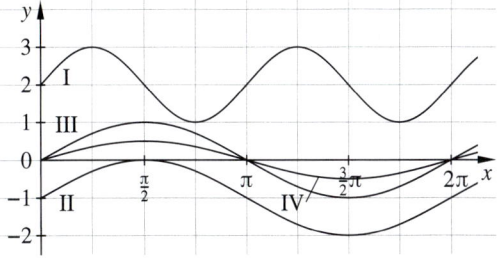

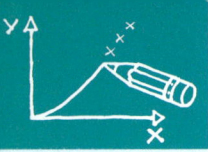

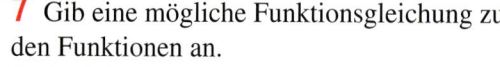

HINWEIS
Hier kannst du mit einer DGS oder einem grafikfähigen Taschenrechner arbeiten.

7 Gib die passende Funktionsgleichung zu den Funktionen an.
Prüfe deine Lösung mithilfe einer DGS oder einem grafikfähigen Taschenrechner.
a) Der Funktionsgraph der Sinusfunktion wird um 3 nach unten verschoben.
b) Die Hochpunkte der Sinusfunktion erreichen den Wert $y = 4$, die Tiefpunkte erreichen den Wert $y = -4$.
c) Der Funktionsgraph der Sinusfunktion hat zwischen 0 und 2π drei Hochpunkte und drei Tiefpunkte.
d) Alle Funktionswerte der Sinusfunktion liegen zwischen 1 und 5.
e) Alle Funktionswerte der Sinusfunktion werden verdreifacht.

7 Gib eine mögliche Funktionsgleichung zu den Funktionen an.
Prüfe deine Lösung mithilfe einer DGS oder einem grafikfähigen Taschenrechner.
a) Der Funktionsgraph einer Sinusfunktion wird um π nach oben verschoben.
b) Alle Hochpunkte einer Sinusfunktion liegen auf der Geraden zu $y = 8$ und alle Tiefpunkte auf der Geraden zu $y = 6$.
c) Der Funktionsgraph einer Sinusfunktion hat zwischen 0 und 2π einen Hochpunkt.
d) Der Funktionsgraph einer Sinusfunktion hat alle Hochpunkte bei $y = 5$, alle Tiefpunkte bei $y = 4$ und er hat in gleich langen Intervallen dreimal so viele Hochpunkte und Tiefpunkte wie $f(x) = \sin(x)$.

8 Die Kabeltrommel hat den Radius $r = 1\,\text{m}$.
a) Wie viel Meter Kabel werden von der Trommel abgewickelt, wenn die Trommel um 180° weitergedreht wird?
b) Um wie viel Meter verändert sich der Abstand der Markierung zum Boden, wenn man 1 m Kabel abwickelt?
c) Wie viel Meter Kabel werden abgerollt, wenn sich der Abstand der Markierung zum Boden um einen Meter verringert?

8 Der Durchmesser einer Kabeltrommel beträgt $d = 2\,\text{m}$.
a) Wie viel Meter Kabel werden von der Trommel abgewickelt, wenn sich die Trommel um 30° weiterdreht?
b) Um wie viel Meter verändert sich der Abstand der Markierung zum Boden, wenn man 0,5 m Kabel aufrollt?
c) Wie viel Meter Kabel wurden aufgerollt, wenn sich die Markierung um 0,5 m nach oben bewegt?
d) Wie ändern sich die Ergebnisse von den Teilaufgaben a) bis c), wenn sich der Trommeldurchmesser verdreifacht?

HINWEIS
*Eine **Oktave** umfasst acht Töne einer Tonleiter, z. B. von C zu C'.*

9 Mit Computerprogrammen kann man Schallschwingungen sichtbar machen.
Lisa hat ihre Gitarre gestimmt. Dabei sind folgende Diagramme entstanden.

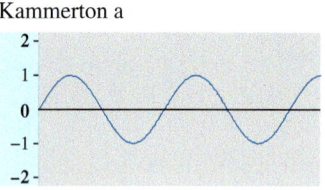

Kammerton a

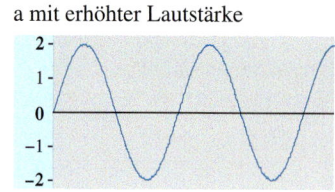

a um eine Oktave erhöht   a mit erhöhter Lautstärke

a) Beschreibe die Gemeinsamkeiten und die Unterschiede der drei Diagramme.
b) Angenommen, der Graph vom Kammerton a entspricht der Sinusfunktion $f(x) = \sin(x)$. Welche Funktionsgleichungen hätten dann die beiden anderen Graphen? Begründe.
c) Wie würde sich der Funktionsgraph vermutlich ändern, wenn der Ton eine Oktave tiefer und leiser gespielt würde?
Skizziere den veränderten Graphen.

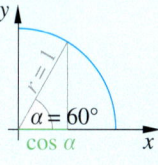

Die Kosinusfunktion

Entdecken

1 Übertrage die Wertetabelle in dein Heft und führe sie bis 360° fort.
Berechne die zugehörigen Funktionswerte der Kosinusfunktion.

α	0°	15°	30°	45°	60°	75°	90°	105°	120°	135°	150°	...°
$\cos(\alpha)$												

a) Zeichne den Graphen der Kosinusfunktion. Wähle dazu auf der x-Achse ein Kästchen für je 15° und auf der y-Achse ein Kästchen für 0,25.

b) Beschreibe den Verlauf des Graphen. Verwende dazu die Begriffe „steigen", „fallen", „Nullstelle", „Hochpunkt" und „Tiefpunkt". Gib Definitionsbereich und Wertebereich an.

c) In welchem Intervall ist $\cos(\alpha)$ größer als null, in welchem kleiner als null?

ERINNERE DICH
Der Kosinus eines Winkels entspricht dem Verhältnis
$\frac{\text{Ankathete}}{\text{Hypotenuse}}$.

2 An der Nordseeküste herrschen Gezeiten. Das heißt, dass der Wasserspiegel in gleichbleibenden Abständen steigt (Flut) und fällt (Ebbe).

a) Übertrage die Wertetabelle in dein Heft und lies die entsprechenden y-Werte am Graphen rechts ab. Bestimme die Periodenlänge der Gezeiten.

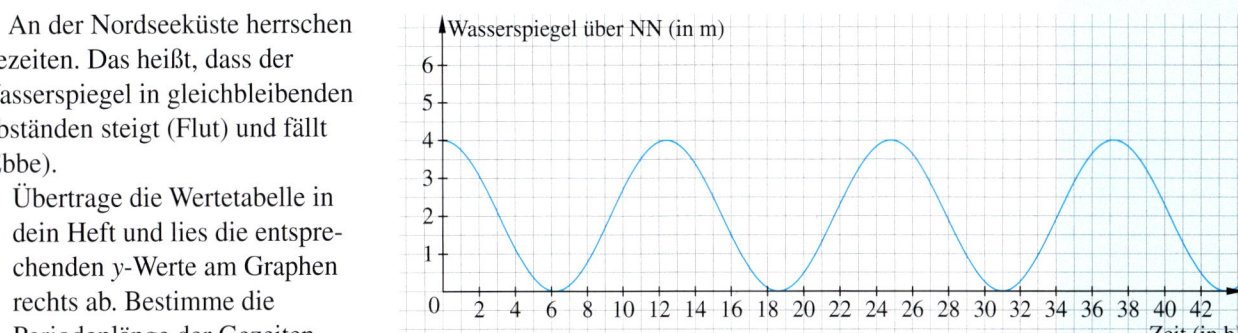

Zeit in h	0	3,1	6,2	9,3	12,4	15,5	18,6	21,7	24,8	27,9	31,0	34,1	37,2
Wasserspiegel in m über NN													

b) Beschreibe den Verlauf des Graphen. Stelle Zusammenhänge zur Sinusfunktion her.

c) Der Graph oben ist der Graph einer Kosinusfunktion. Welche Funktionsgleichung passt?
$y_1 = 4 \cdot \cos(1{,}94x) + 2$; $y_1 = 2 \cdot \cos(1{,}94x) + 2$ oder $y_1 = 4 \cdot \cos(1{,}94x) - 2$

3 Ordne den Graphen die passende Funktionsgleichung zu. Es wird im Bogenmaß gearbeitet.
Formuliere Regeln für die Form- und Lageveränderungen der Kosinusfunktion.

$f(x) = 3 \cdot \cos(x)$ $g(x) = \cos(3x)$ $h(x) = \cos(x)$ $i(x) = \cos(x) - 3$

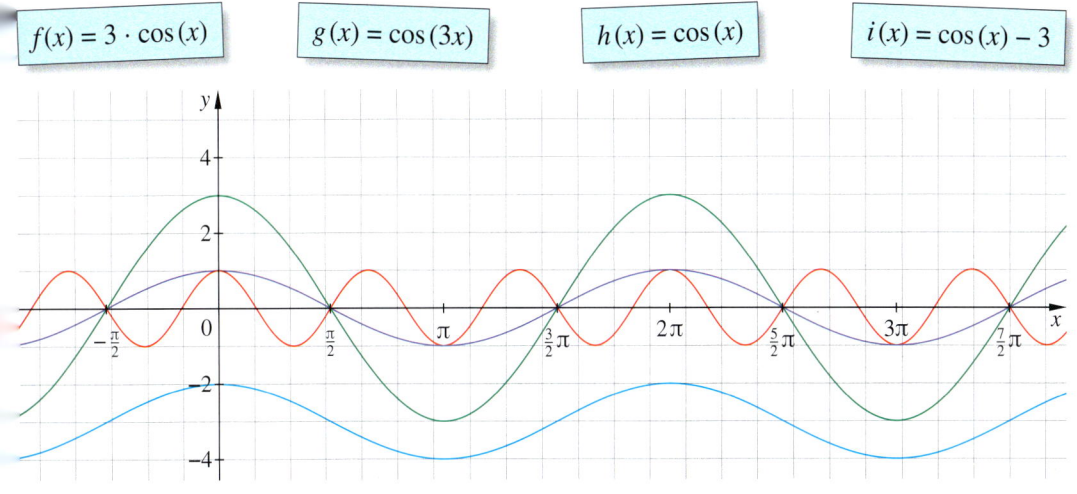

Verstehen

Wenn bei dem Spielzeugkran rechts der Winkel des Auslegers verändert wird, dann ändert sich die Höhe der Last.
Dieser Zusammenhang wird mit der Sinusfunktion beschrieben.

Gleichzeitig ändert sich mit dem Winkel aber auch die Reichweite des Krans, also der horizontale Abstand zwischen dem Kran und der Last.
Dieser Abstand entspricht $\cos(\alpha)$.

In der Tabelle stehen die gerundeten Werte für $\sin(\alpha)$ und $\cos(\alpha)$:

α	0°	30°	45°	60°	90°	120°	135°	150°	180°	...°
$\sin(\alpha)$ in m	0	0,5	0,71	0,87	1	0,87	0,71	0,5	0	...
$\cos(\alpha)$ in m	1	0,87	0,71	0,5	0	−0,5	−0,71	−0,87	−1	...

$\sin(\alpha)$ und $\cos(\alpha)$ nehmen dieselben Werte an, allerdings an unterschiedlichen Stellen.
In der grafischen Darstellung lässt sich diese Verschiebung noch deutlicher erkennen.

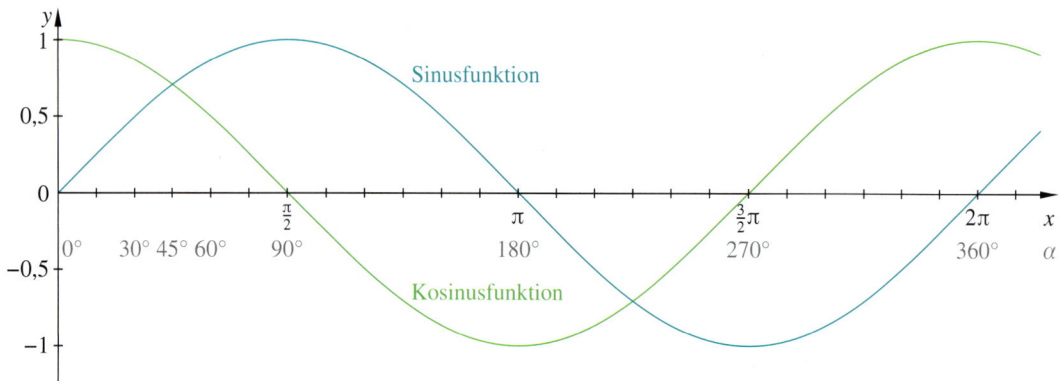

Der Graph von $\cos(\alpha)$ sieht genauso aus wie der Graph der Sinusfunktion, aber um 90° nach links verschoben. Auch hier kann man die Winkel im Gradmaß oder im Bogenmaß angeben.

Merke Die **Kosinusfunktion** $f(\alpha) = \cos(\alpha)$ ist eine periodische Funktion, die jedem Winkel den Kosinus des Winkels zuordnet. Alle Werte von $\cos(\alpha)$ liegen zwischen $+1$ und -1.
Die Kosinusfunktion hat eine Periode von 360°, d.h. $\cos(\alpha) = \cos(\alpha + k \cdot 360°)$ bzw. $\cos(x) = \cos(x + k \cdot 2\pi)$ für jede ganze Zahl k.

Die Nullstellen der Kosinusfunktion liegen bei 90°, 270°, 450°, …
Es gilt also $\cos(90° + n \cdot 180°) = 0$ bzw. $\cos(\frac{\pi}{2} + n \cdot \pi) = 0$ für jede ganze Zahl n.

Der Graph verläuft achsensymmetrisch zur y-Achse. Für α gilt stets: $\cos(-\alpha) = \cos\alpha$

Der Graph der Kosinusfunktion entspricht dem Graphen der Sinusfunktion um 90° nach links verschoben. Daher gilt:
$\cos(\alpha) = \sin(\alpha + 90°)$ bzw.
$\cos(x) = \sin(x + \frac{\pi}{2})$

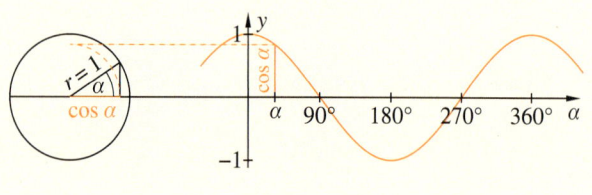

Für Verschiebungen der Kosinusfunktion gelten die gleichen Gesetzmäßigkeiten wie bei der Sinusfunktion.

Üben und anwenden

1 Berechne. Achte darauf, ob die Winkel im Gradmaß oder im Bogenmaß gegeben sind.

a) $\cos(0°)$ b) $\cos(90°)$

c) $\cos(240°)$ d) $\cos(135°)$

e) $\cos(\pi)$ f) $\cos\left(\frac{\pi}{4}\right)$

g) $\cos(3\pi)$ h) $\cos\left(-\frac{\pi}{2}\right)$

2 Der Punkt P liegt auf dem Graphen der Kosinusfunktion. Lies die fehlende Koordinate am Graphen links im „Verstehen" ab. Präge dir die wichtigsten Werte ein.

a) $P(270°\,|\ )$ b) $P(60°\,|\ )$

c) $P(180°\,|\ )$ d) $P(135°\,|\ )$

e) $P(\ |1)$ f) $P(\ |-0,5)$

3 Welche Winkel haben den gleichen Kosinuswert?

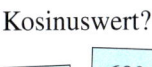 150°   90°   60°   90°   180°   270°   300°

4 Sind die Aussagen wahr oder falsch?

a) $\sin(\alpha) = \cos(\alpha + 90°)$

b) $\sin(\alpha) = \cos(\alpha - 90°)$

c) $\cos(\alpha) = \sin(\alpha + 90°)$

d) $\cos(\alpha) = \sin(\alpha - 90°)$

5 Ergänze die Funktionsgleichung im Heft:
$f(\alpha) = \cos(\alpha) + \quad$ für den blauen Graphen und
$g(\alpha) = \quad \cdot \cos(\alpha)$ für den roten Graphen

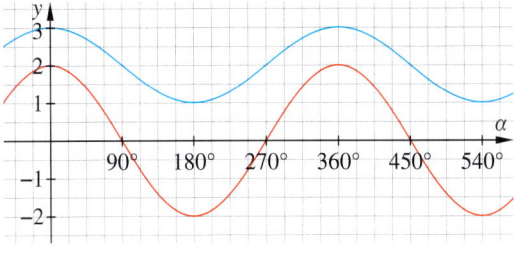

6 Skizziere die Graphen von

a) $f(\alpha) = \cos(\alpha) - 1$ b) $f(\alpha) = 4\cos(\alpha)$

in einem gemeinsamen Koordinatensystem.

7 Beschreibe die Formänderungen im Vergleich zur Kosinusfunktion $y = \cos(x)$.

a) $y = \cos(x) + 3$ b) $y = \cos(x) - 1,5$

c) $y = 2\cos(x)$ d) $y = 0,7\cos(x)$

---

1 Berechne. Achte darauf, wie die Winkel angegeben sind.

a) $\cos(180°)$ b) $\cos(60°)$

c) $\cos\left(\frac{3}{2}\pi\right)$ d) $\cos(-30°)$

e) $\cos\left(\frac{\pi}{3}\right)$ f) $\cos(1,5)$

g) $\cos(405°)$ h) $\cos(-5)$

2 Lies am Graphen im „Verstehen" die fehlende Koordinate des Punkts $P(\alpha\,|\cos\alpha)$ ab. Manchmal gibt es mehrere Möglichkeiten.

a) $P(120°\,|\ )$ b) $P(150°\,|\ )$

c) $P(\ |0,45)$ d) $P(\ |0,8)$

e) $P(200°\,|\ )$ f) $P(\ |0,6)$

g) $P(\ |-0,45)$ h) $P(325°\,|\ )$

3 Nenne je einen weiteren Winkel zwischen 0° und 360° mit dem gleichen Kosinuswert. Beschreibe, wie du vorgegangen bist.

a) 60°   b) 45°   c) 165°

d) 275°   e) 359°   f) 77,5°

4 Ergänze zu einer wahren Aussage.

a) $\sin(\alpha) = \cos(\alpha \quad 90°)$

b) $\cos(\alpha) = \sin(\alpha \quad 90°)$

c) $\cos(-\alpha) = \cos(\quad)$

d) $\cos(180° + \alpha) = \cos(\quad - \alpha)$

5 Gib für die drei Graphen jeweils die passende Funktionsgleichung an.

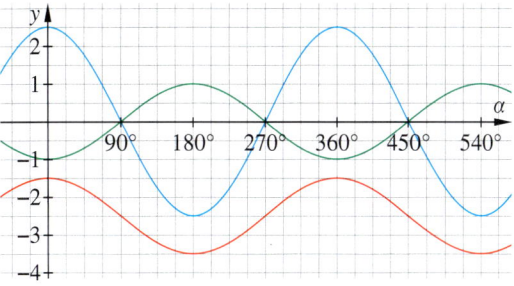

6 Skizziere die Graphen von

a) $f(x) = 2\cos(x)$ b) $f(x) = -\cos(x) + 2$

in einem gemeinsamen Koordinatensystem.

7 Beschreibe die Formänderungen im Vergleich zur Kosinusfunktion $y = \cos(x)$.

a) $y = \cos(x) - 0,3$ b) $y = 4\cos(x)$

c) $y = -0,8\cos(x)$ d) $y = 0,1\cos(x) + 1$

HINWEIS
Wenn als Argument α angegeben ist wie bei $\sin(\alpha)$ oder $\cos(\alpha)$, dann arbeitet man mit dem Gradmaß.
Bei $\sin(x)$ oder $\cos(x)$ arbeitet man mit dem Bogenmaß.

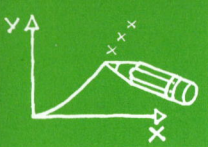

Thema: Funktionen unterscheiden

Du hast im Laufe deiner Schulzeit unterschiedliche Funktionstypen kennengelernt.

Lineare Funktionen

Beschreibung
Zu einer Größe wird in gleich bleibenden Abständen ein Summand m addiert.

Beispiel
mengenabhängige Tarife mit oder ohne Grundgebühr (Handytarife)

Eigenschaften
Funktionsgleichung: $f(x) = m \cdot x + n$
m: Steigung; n: y-Achsenabschnitt

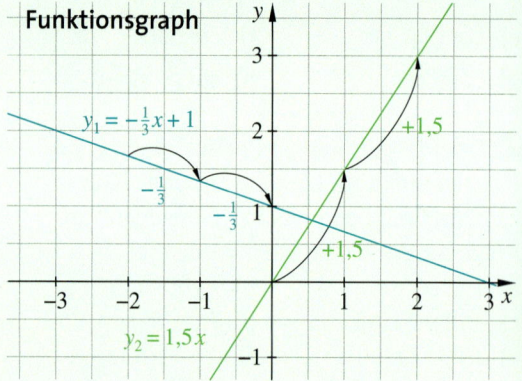

Quadratische Funktionen

Beschreibung
Eine Größe wird mit sich selbst multipliziert.

Beispiel
Flugbahn eines Korblegers

Eigenschaften
– Funktionsgleichung: $f(x) = ax^2 + bx + c$
bzw. $f(x) = a(x - d)^2 + e, a \neq 0$
– Parabel durch den Scheitelpunkt $S(d|e)$
– nach oben geöffnet für $a > 0$, nach unten geöffnet für $a < 0$
– keine, eine oder zwei Nullstellen:
$x_{1/2} = -\frac{p}{2} \pm \sqrt{\left(\frac{p}{2}\right)^2 - q}$

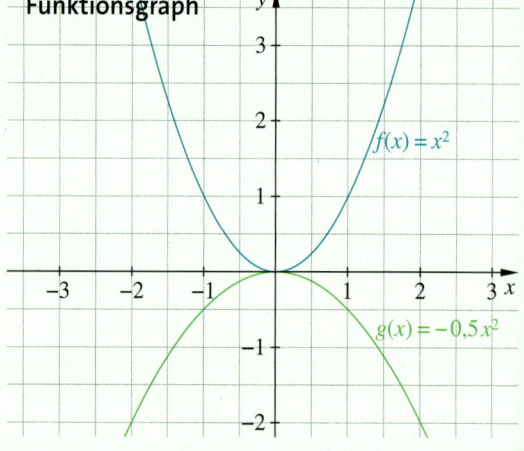

Potenzfunktionen

Beschreibung
Eine Größe wird mehrfach mit sich selbst multipliziert.

Eigenschaften
Funktionsgleichung: $f(x) = a \cdot x^n$ mit $a \neq 0$
Exponent $n > 0$: Parabel; $n < 0$: Hyperbel ($x \neq 0$)
n gerade: achsensymmetrisch zur y-Achse;
n ungerade: punktsymmetrisch zu $(0|0)$

Funktionsgraph

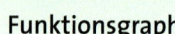

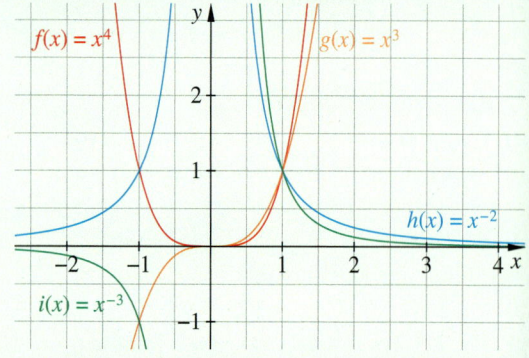

Exponentielle Funktionen

Beschreibung
Ein Faktor wird mit einer Größe potenziert.

Beispiel
Wachstum der Erdbevölkerung

Eigenschaften
– Funktionsgleichung: $f(x) = c \cdot a^x$ mit
  $c > 0$ und $a > 0$
– für $a > 1$ Funktionsgraph steigend
– für $0 < a < 1$ Funktionsgraph fallend
– x-Achse ist Asymptote
– keine Nullstellen

Funktionsgraph

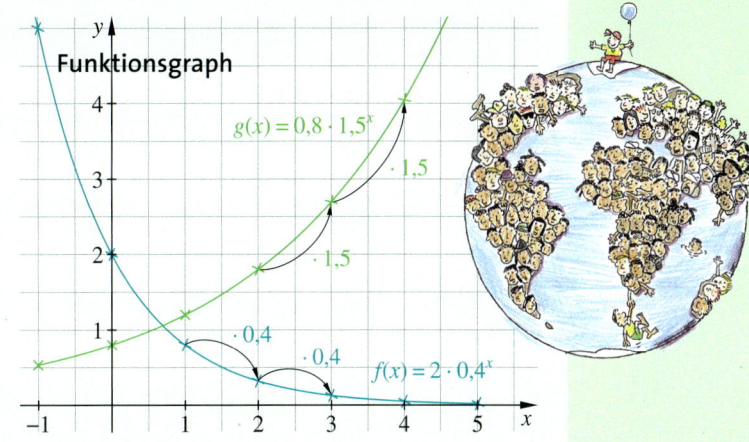

$g(x) = 0{,}8 \cdot 1{,}5^x$

$f(x) = 2 \cdot 0{,}4^x$

Trigonometrische Funktionen: Sinusfunktion

Beschreibung
Einem Winkel wird sein Sinuswert bzw. sein Kosinuswert zugeordnet.

Beispiel
Schallschwingungen

Funktionsgraphen

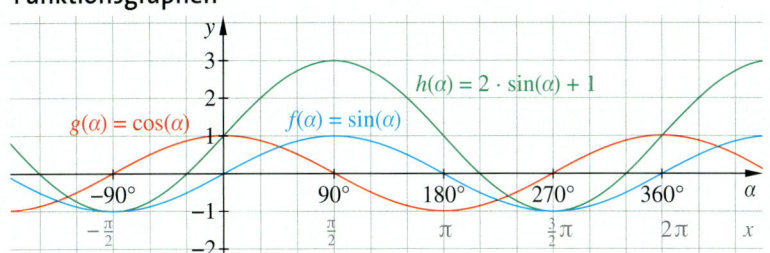

$h(\alpha) = 2 \cdot \sin(\alpha) + 1$

$g(\alpha) = \cos(\alpha)$

$f(\alpha) = \sin(\alpha)$

Eigenschaften der Sinusfunktion
– Funktionsgleichung: $f(\alpha) = \sin(\alpha)$
– Periodenlänge 360° (bzw. 2π)
– punktsymmetrisch zum Ursprung $(0|0)$
– allgemeine Form (im Bogenmaß):
  $f(x) = a \cdot \sin(bx) + c$
– Nullstellen bei $\dots, -180°, 0°, 180°, 360°\dots$
  bzw. $\dots, -\pi, 0, \pi, 2\pi, \dots$

Eigenschaften der Kosinusfunktion
– Funktionsgleichung: $f(\alpha) = \cos(\alpha)$
– Periodenlänge 360° (bzw. 2π)
– achsensymmetrisch zur y-Achse
– allgemeine Form (im Bogenmaß):
  $f(x) = a \cdot \cos(bx) + c$
– Nullstellen bei $\dots, -90°, 90°, 270°, \dots$
  bzw. $\dots, -\frac{\pi}{2}, \frac{\pi}{2}, \frac{3}{2\pi}, \dots$

1 Schau dir die Beispielfunktionen zu den vier verschiedenen Funktionstypen an.
a) Gib für jede Beispielfunktion den Definitionsbereich und den Wertebereich an.
b) Welche Veränderung ergibt sich beim jeweiligen Funktionsgraphen durch Addition oder Subtraktion einer konstanten Zahl?
c) Erstelle mit einem Funktionenplotter für jeden Funktionstyp weitere Beispielgraphen. Finde heraus, wie sich Veränderungen einzelner Faktoren auf den Funktionsgraphen auswirken.
d) Dokumentiere deine Ergebnisse in einem Steckbrief für Funktionen. Präsentiere den Steckbrief vor der Klasse.

2 Ordne den Beispielen den passenden Funktionstyp zu. Gib an, welche Größen einander zugeordnet sind.

① Flugbahn eines Basketballs

② Beladen eines Lkw mit gleich schweren Kisten

③ Algenwachstum in einem Teich

④ Seitenlänge einer quadratischen Fliese

⑤ Position einer Gondel am Riesenrad

⑥ Fahrtzeit bei einer festen Geschwindigkeit

Klar so weit?

→ Seite 142

Periodische Prozesse und Sinusfunktion

1 Handelt es sich um Graphen von periodischen Funktionen? Falls ja, bestimme die Periode. Falls nein, begründe.

a)
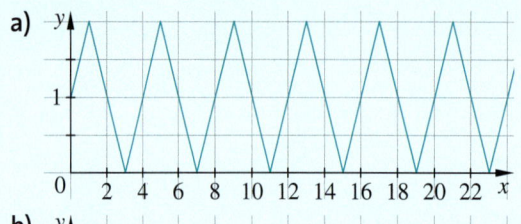

b)
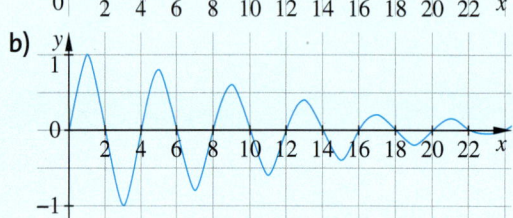

1 Ein Elektrokardiogramm (kurz EKG) zeigt die elektrischen Ströme am Herzen an. Vergleiche die beiden abgebildeten EKG-Aufnahmen.
Nenne Gemeinsamkeiten und Unterschiede.

①
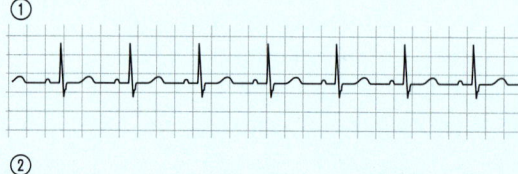

②
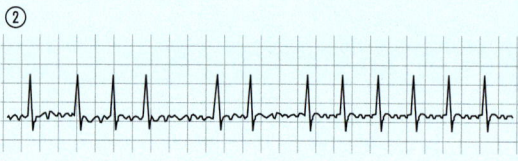

2 Finde jeweils zwei Winkel im Intervall von −360° bis +360° mit demselben Sinuswert zu a.

a) $a = 385°$ b) $a = 396°$
c) $a = 735°$ d) $a = -445°$
e) $a = -483°$ f) $a = 591°$

2 Bestimme, welche Winkel denselben Sinuswert haben. Begründe deine Zuordnung.

405° 180° 45° 765° 0° 1 465°

385° −90° 25° −25° 900°

3 Skizziere den Graphen der Sinusfunktion im Intervall zwischen 0° und 360°.

a) Nenne alle Nullstellen der Sinusfunktion in diesem Intervall.
b) Welchen größten und welchen kleinsten Wert nimmt $\sin(\alpha)$ an?

3 Skizziere den Graphen der Sinusfunktion im Intervall zwischen −180° und 540°.

a) Nenne alle Nullstellen der Sinusfunktion in diesem Intervall.
b) Welche Symmetrieeigenschaft hat der Graph der Sinusfunktion?

→ Seite 146

Bogenmaß und Veränderung der Sinusfunktion

4 Rechne ins Bogenmaß um.

a) 90°   b) 30°   c) 135°
d) 150°   e) 55°   f) 315°

4 Berechne das passende Bogenmaß.

a) 60°   b) 75°   c) 189°
d) 245°   e) 385°   f) 755°

5 Rechne ins Gradmaß um.

a) $\frac{\pi}{2}$ b) 4π c) $1{,}5\pi$

5 Rechne ins Gradmaß um.

a) $\frac{\pi}{4}$ b) $\frac{3}{5}\pi$ c) $2{,}5\pi$

6 Gib die Funktionswerte an, ohne den Taschenrechner zu benutzen.

a) $\sin 0$ b) $\sin\frac{\pi}{2}$ c) $\sin\pi$
d) $\sin\frac{3}{2}\pi$ e) $\sin 2\pi$ f) $\sin 4\pi$

6 Wahr oder falsch? Begründe.

a) $\sin(-30°) = -\sin 30°$
b) $\sin\frac{\pi}{2} = \sin\left(-\frac{\pi}{2}\right)$
c) $\sin 20° = -\sin(-20°)$

7 Gib die passende Funktionsgleichung an.

a) Bestimme den Faktor a in $f(x) = a \cdot \sin(x)$.

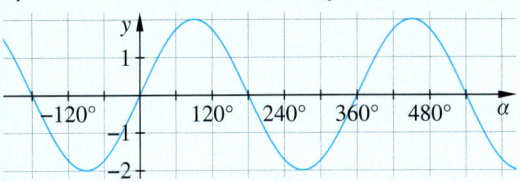

b) Bestimme den Summanden c in
$f(x) = \sin(x) + c$.

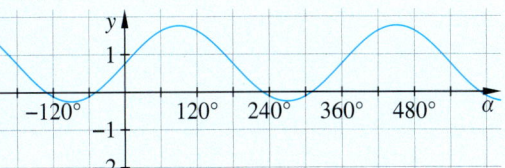

7 Gib die passende Funktionsgleichung an.

a)

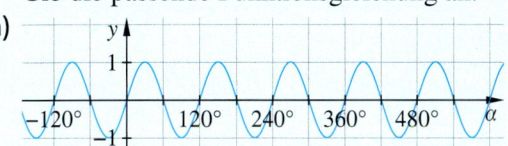

b)

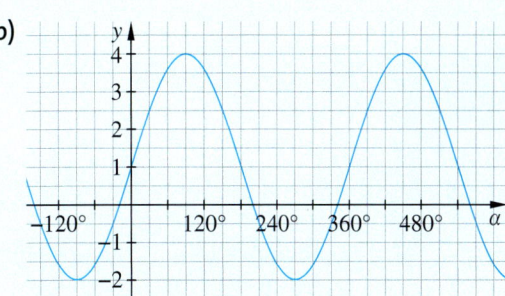

8 Beschreibe die Formänderungen der folgenden Funktionen im Vergleich zu der Sinusfunktion $f(x) = \sin(x)$.

a) $f(x) = 2\sin x$ **b)** $f(x) = 3\sin x$
c) $f(x) = 5\sin x$ **d)** $f(x) = 0{,}5\sin x$

8 Beschreibe die Formänderungen der folgenden Funktionen im Vergleich zu der Sinusfunktion $f(x) = \sin(x)$.

a) $f(x) = 4\sin x$ **b)** $f(x) = 2{,}5\sin x$
c) $f(x) = \frac{1}{4}\sin x$ **d)** $f(x) = \frac{3}{2}\sin x$

Die Kosinusfunktion

→ Seite 150

9 Wahr oder falsch?

a) $\cos(30°) = \cos(240°)$
b) $\cos(100°) = \cos(190°)$
c) $\cos(77°) = \cos(-77°)$
d) $\cos(155°) = \cos(205°)$

9 Setze im Heft <; > oder = passend ein.

a) $\cos(80°)$ ▉ $\cos(100°)$
b) $\cos(32°)$ ▉ $\cos(-32°)$
c) $\cos(5°)$ ▉ $\cos(275°)$
d) $\cos(240°)$ ▉ $\cos(260°)$

10 Gib die passende Funktionsgleichung an.

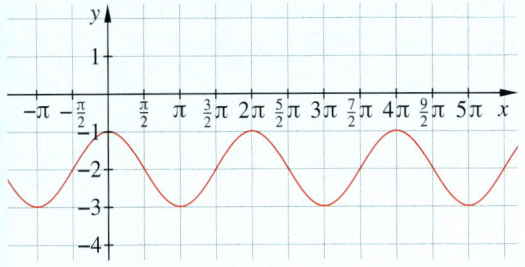

10 Gib die passende Funktionsgleichung an.

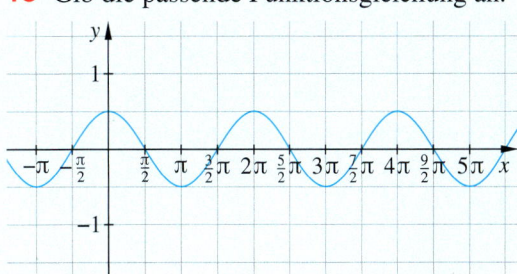

11 Skizziere den Graphen von
$f(x) = -\cos(x)$
in einem Koordinatensystem.

11 Skizziere den Graphen von
$f(x) = \cos(x) - 1{,}5$
in einem Koordinatensystem.

Vermischte Übungen

1 Skizziere den Graphen einer periodischen Funktion.
a) Der größte Wert soll 4 sein und der kleinste Wert − 2. Die Länge einer Periode beträgt 5.
b) Der größte Wert soll 3 sein und der kleinste Wert − 3. Die Periodenlänge beträgt 2,5.

2 Wahr oder falsch? Begründe.
a) Die Sinusfunktion hat eine Periodenlänge von 180°.
b) Für die Nullstellen der Sinusfunktion gilt: $\sin(n \cdot 180°) = 0$ für alle ganzen n.
c) Der Graph der Sinusfunktion verläuft achsensymmetrisch zum Ursprung.

3 Für welche der angegebenen Winkel nimmt die Sinusfunktion ihren größten (kleinsten) Wert an?
−90°, 0°, 45°, 90°, 180°, 270°, 360°, 450°

4 Vergleiche mit dem Graphen der Sinusfunktion. Finde die Funktionsgleichung.

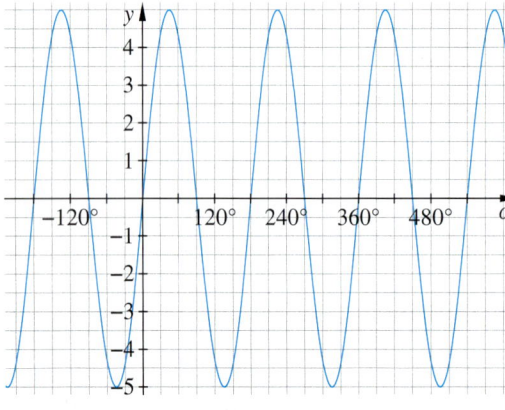

5 Gib die passende Funktionsgleichung an.

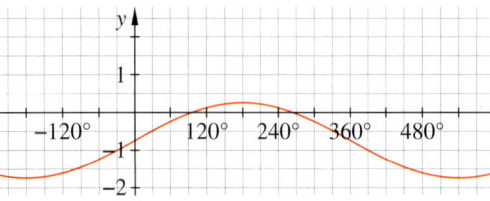

Notiere dann die Funktionsgleichungen von zwei Graphen, die ebenso verlaufen, aber gegenüber der Sinusfunktion um 0,75 nach oben bzw. um 2,75 nach unten verschoben sind.

1 Skizziere den Graphen der Funktion.
a) Die Funktion soll periodisch sein mit der Periodenlänge 3. Der größte Wert soll 4,5 sein und der kleinste Wert − 0,5.
b) Die Funktion soll nicht periodisch sein. Der größte Wert 7 und der kleinste Wert 2 sollen mehrmals erreicht werden.

2 Vervollständige die Aussagen zur Sinusfunktion in deinem Heft.
a) Wegen der Periodenlänge von ▮ gilt: $\sin(\alpha) = \sin(\alpha + ▮)$
b) Die Nullstellen liegen bei ▮.
c) Der Graph verläuft ▮ zum Ursprung.

3 Nenne alle Hochpunkte (Tiefpunkte) der Sinusfunktion im angegebenen Intervall.
a) zwischen 0° und 720°
b) zwischen − 270° und 270°

4 Finde die passende Funktionsgleichung.

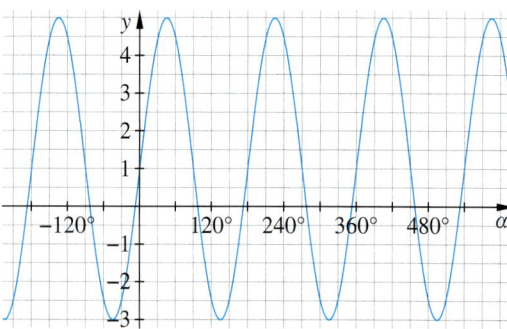

Wie lautet die Gleichung eines Graphen mit gleicher Periodenlänge, aber dem größten Wert 4 und dem kleinsten Wert − 4?

5 Gib die vier Funktionsgleichungen an. Vergleiche die Gleichungen und begründe Gemeinsamkeiten und Unterschiede im Verlauf.

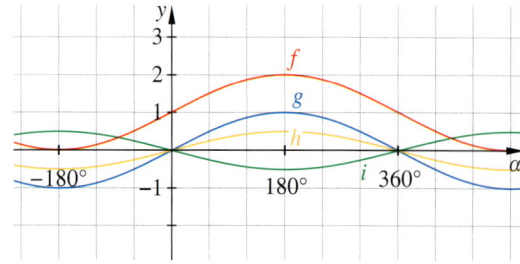

6 Alle Rechnungen wurden mit dem Taschenrechner ausgeführt, die Ergebnisse sind gerundet. Begründe, ob beim Taschenrechner RAD (Bogenmaß) oder DEG (Gradmaß) eingestellt war.

a) $\sin(90) = 1$ **b)** $\sin(1) = 0{,}8415$ **c)** $\sin(180) = -0{,}8012$ **d)** $\sin(1{,}57) = 0{,}0274$

e) $\sin(300) = -0{,}8660$ **f)** $\sin(50) = -0{,}2624$ **g)** $\sin(600) = 0{,}0441$ **h)** $\sin(3{,}14) = 0{,}0548$

7 Finde die passende Funktionsgleichung.

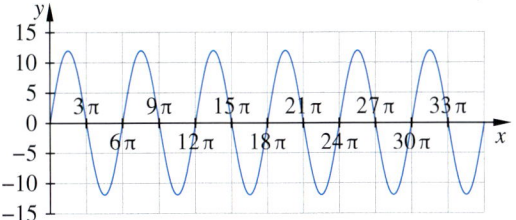

7 Finde die passende Funktionsgleichung.

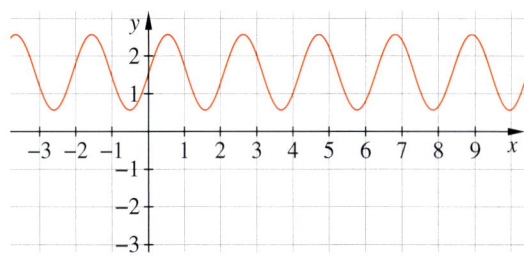

8 Skizziere den Graphen der Kosinusfunktion im Intervall zwischen 0° und 360°.
a) Nenne alle Nullstellen der Kosinusfunktion in diesem Intervall.
b) Für welche Winkelgrößen nimmt $\cos(x)$ den größten (kleinsten) Wert an?

8 Skizziere den Graphen der Kosinusfunktion im Intervall zwischen $-180°$ und 540°.
a) Nenne alle Nullstellen der Kosinusfunktion in diesem Intervall.
b) Welche Symmetrieeigenschaft hat der Graph der Kosinusfunktion?

9 Skizziere den Graphen in einem Koordinatensystem und gib die passende Funktionsgleichung an.
a) Der Graph der Sinusfunktion wurde um 3 nach oben verschoben.
b) Der Graph der Kosinusfunktion wurde um 1,5 nach unten verschoben.

9 Skizziere den Graphen und gib die passende Funktionsgleichung an.
a) Der Graph der Sinusfunktion wurde mit dem Faktor 1,5 in Richtung der y-Achse gestreckt.
b) Der Graph der Kosinusfunktion wurde an der x-Achse gespiegelt und dann um 4 nach oben verschoben.

10 An welchen Punkten schneiden sich die Graphen von Sinusfunktion und Kosinusfunktion? Gib die Koordinaten von mindestens zwei solchen Punkten an.

10 Finde eine allgemeine Gleichung für alle Werte von x, für die gilt: $\sin(x) = \cos(x)$. Betrachte dazu die Graphen von Sinusfunktion und Kosinusfunktion.

11 Ordne die Funktionsgleichungen den vier Graphen zu: ① $y = \sin(x)$ ② $y = \cos(x)$
③ $y = \sin\left(x + \frac{\pi}{2}\right)$ ④ $y = \cos\left(x + \frac{\pi}{2}\right)$
⑤ $y = \sin\left(x - \frac{\pi}{2}\right)$ ⑥ $y = \cos\left(x - \frac{\pi}{2}\right)$
⑦ $y = \sin(x - \pi)$ ⑧ $y = \cos(x - \pi)$

11 Finde für jeden der vier Graphen je zwei verschiedene Funktionsgleichungen. Nutze dazu einmal den Sinus und einmal den Kosinus. Finde möglichst viele verschiedene Lösungen.

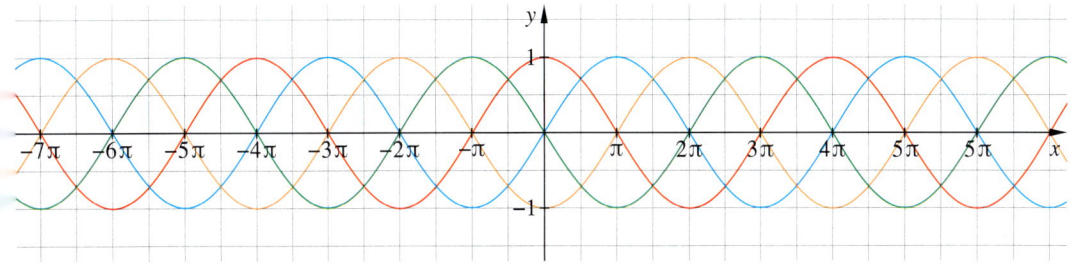

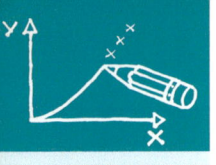

Beruf Beamte/r im Wetterdienst

Meteorologische Assistenten machen Wetterbeobachtungen und Assistenztätigkeiten im Vorhersage-, Warn- und Klimadienst. Sie beobachten und messen Wettererscheinungen, kontrollieren Messdaten und werten sie aus. Meteorologische Assistenten sind Beamte im mittleren nicht-technischen Dienst und arbeiten beim Deutschen Wetterdienst oder beim Geoinformationsdienst der Bundeswehr.

12 Klimadiagramme auswerten

Das Diagramm zeigt die durchschnittliche monatliche Höchst- und Tiefsttemperatur und die Anzahl der Tage mit Niederschlag in Antalya.

a) Beschreibe den Verlauf der Temperaturkurven sowie die Anzahl der Regentage.
b) Erkläre, warum der Verlauf der Temperaturkurven periodisch ist.
c) Die Wetterstation Antalya meldet für den 15.05. eine Mittagstemperatur von 28°C. Kann diese Messung stimmen?
d) Wie viele Regentage hat Antalya pro Jahr?
e) Welche der Funktionen nähert die blaue Kurve am besten an? Prüfe mit einer dynamischen Geometrie-Software.

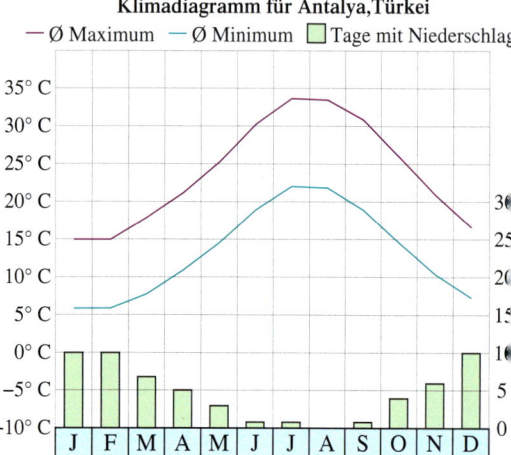

Klimadiagramm für Antalya, Türkei

① $f(x) = 2{,}3\,x + 3{,}5$

② $f(x) = 8\sin(0{,}55\,x + 4{,}2) + 13$

③ $f(x) = -0{,}55 \cdot (x - 6{,}5)^2 + 22$

13 Klimadiagramme zeichnen

Zeichne die Graphen für die Sonnenstunden pro Tag und die Anzahl der Niederschlagstage in Düsseldorf in ein Koordinatensystem. Beschreibe den Verlauf beider Graphen. Nutze die Begriffe „steigend", „fallend" und „konstant" (gleichbleibend).

14 Klimatabellen grafisch darstellen

Übertrage die Klimatabelle für Düsseldorf in ein Tabellenkalkulationsprogramm.

a) Stelle alle Datenreihen grafisch dar.
b) Vergleiche den Verlauf der beiden Niederschlags-Graphen.
c) Vergleiche die Temperaturverläufe mit denen aus dem Klimadiagramm von Antalya in Aufgabe 12. Was fällt dir auf?

Klimatabelle für Düsseldorf

	Temperatur °C max. Ø	min. Ø	Niederschlag mm	Tage	relative Feuchte	Sonne h/Tag
Jan	5	0,1	67	13	82	1,5
Feb	6,2	0	49	10	77	2,5
Mär	9,8	2,3	64	12	75	3,5
Apr	13,4	4,2	51	11	70	5
Mai	18,7	8,6	70	11	67	6,4
Jun	21,4	11,5	86	11	70	6,1
Jul	23,4	13,4	71	10	69	6,3
Aug	23,5	13,4	62	10	70	6
Sep	19,6	10,8	57	10	76	4,5
Okt	15	7,6	56	9	78	3,6
Nov	9,2	3,8	66	12	81	1,8
Dez	6,4	1,8	74	13	82	1,4

Zusammenfassung

→ Seite 142

Periodische Prozesse und Sinusfunktion

Eine Funktion, die einen immer wiederkehrenden Prozess beschreibt, heißt **periodische Funktion**. Die Länge des Intervalls, in dem genau ein Prozess stattfindet, nennt man **Periode**.

Die **Sinusfunktion** ordnet jedem Winkel α den Sinuswert des Winkels zu: $f(\alpha) = \sin(\alpha)$.
Die Periode beträgt 360° bzw. 2π:
$\sin(\alpha) = \sin(\alpha + k \cdot 360°)$ bzw.
$\sin(\alpha) = \sin(\alpha + k \cdot 2\pi)$ für k aus $\mathbb{Z}$.

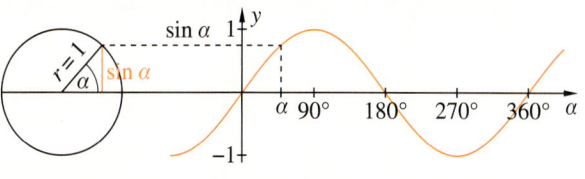

Der **Wertebereich** der Sinusfunktion umfasst alle Werte zwischen 1 und -1.
Für die Nullstellen gilt: $\sin(n \cdot 180°) = 0$ bzw. $\sin(n \cdot \pi) = 0$ für jede ganze Zahl n.
Der Graph verläuft **punktsymmetrisch** zum Ursprung, d.h. $\sin(-\alpha) = -\sin\alpha$.

→ Seite 146

Bogenmaß und Veränderungen der Sinusfunktion

Das Bogenmaß eines Winkels α (im Gradmaß) entspricht der Bogenlänge b eines Kreisausschnitts am Einheitskreis mit dem Winkel α. Es gilt: $\frac{\alpha}{360°} = \frac{b}{2\pi}$.

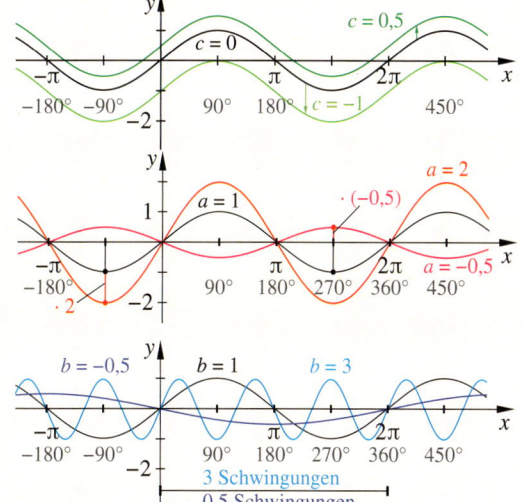

$f(x) = a \cdot \sin(x)$ entspricht einer Verschiebung der Sinusfunktion entlang der y-Achse.
$c > 0$: Verschiebung nach oben
$c < 0$: Verschiebung nach unten

$f(x) = \sin(x) + c$ führt zu einer Streckung oder Stauchung in Richtung der y-Achse.
$a > 1$: Streckung
$0 < a < 1$: Stauchung
$a < 0$: zusätzlich Spiegelung an der x-Achse

$f(x) = \sin(b \cdot x)$ führt zu einer Streckung oder Stauchung in Richtung der x-Achse.
$0 < b < 1$: Streckung
$b > 1$: Stauchung
$b < 0$: zusätzlich Spiegelung an der y-Achse

→ Seite 150

Die Kosinusfunktion

Die **Kosinusfunktion** ordnet jedem Winkel α den Kosinuswert des Winkels zu: $f(\alpha) = \cos(\alpha)$.
Die Periode beträgt 360° bzw. 2π: $\cos(\alpha) = \cos(\alpha + k \cdot 360°)$ bzw. $\cos(x) = \cos(x + k \cdot 2\pi)$.
Der **Wertebereich** umfasst alle Werte zwischen 1 und -1.
Für die **Nullstellen** gilt
$\cos(90° + n \cdot 180°) = 0$ bzw.
$\cos(\frac{\pi}{2} + n \cdot \pi) = 0$ für n aus $\mathbb{Z}$.
Der Graph verläuft **achsensymmetrisch** zur y-Achse, d.h. $\cos(\alpha) = \cos(-\alpha)$.

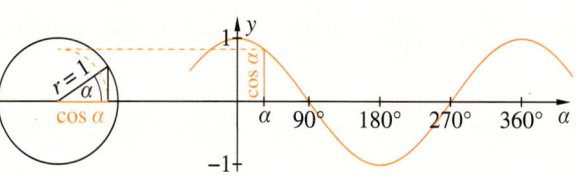

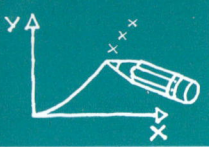

Teste dich!

8 Punkte

1 Entscheide, ob es sich bei den Vorgängen um periodische Prozesse handelt. Gib, falls möglich, die Periodenlänge an. Gib ebenfalls an, welche Größen einander zugeordnet werden.
a) Ein Satellit umkreist die Erde sechsmal in 24 Stunden.
b) Ein Lkw wird in 30 Minuten mit 20 gleich schweren Kisten beladen.
c) Die Gondeln eines Sessellifts mit einer Seillänge von 5000 m bewegen sich mit einer gleichbleibenden Geschwindigkeit von $10 \frac{km}{h}$.
d) Ein Zug fährt mit konstant $120 \frac{km}{h}$ von Düsseldorf nach Bielefeld.

4 Punkte | 8 Punkte

2 Skizziere den Graphen der Kosinusfunktion in einem Koordinatensystem mit der x-Achse von −180° bis 540°. Beschreibe den Graphen möglichst genau (Periodenlänge, Wertebereich, Nullstellen und Symmetrien).

2 Skizziere die Graphen von Sinusfunktion und Kosinusfunktion in einen Koordinatensystem. Nenne Gemeinsamkeiten und Unterschiede in Bezug auf Periodenlänge, Wertebereich, Nullstellen und Symmetrien.

6 Punkte | 6 Punkte

3 Gib den Funktionswert an, ohne den Taschenrechner zu benutzen.
a) $\sin(180°)$ b) $\cos(60°)$
c) $\sin(-90°)$ d) $\cos(-180°)$
e) $\sin(\pi)$ f) $\cos(\frac{\pi}{2})$

3 Gib den Funktionswert an, ohne den Taschenrechner zu benutzen.
a) $\sin(450°)$ b) $\cos(-60°)$
c) $\sin(-180°)$ d) $\cos(\pi)$
e) $\cos(\frac{3}{2}\pi)$ f) $\sin(-\frac{\pi}{2})$

2 Punkte | 2 Punkte

4 Finde zu jedem Funktionswert mindestens drei verschiedene Winkel α.
a) $\sin(\alpha) = 0$ b) $\cos(\alpha) = 1$

4 Finde zu jedem Funktionswert mindestens drei verschiedene Winkel α.
a) $\sin(\alpha) = -0,5$ b) $\cos(\alpha) = 0,5$

2 Punkte | 2 Punkte

5 Ergänze im Heft zu einer wahren Aussage:
a) $\cos(\alpha) = \cos(\alpha + k \cdot \blacksquare)$ für ganze Zahlen k
b) $\sin(\alpha) = \cos(\alpha - \blacksquare)$

5 Ergänze im Heft zu einer wahren Aussage:
a) $\cos(\blacksquare + n \cdot \pi) = 0$ für jede ganze Zahl n
b) $\sin(-x) = \cos(x + \blacksquare)$

2 Punkte | 2 Punkte

6 Skizziere den Graph von $f(\alpha) = 3\sin(\alpha) - 1$ für Winkel zwischen −90° und 450°.

6 Skizziere den Graph von $g(\alpha) = -0,5\cos(\alpha)$ für Winkel zwischen −90° und 450°.

4 Punkte | 4 Punkte

7 Handelt es sich bei einem der Graphen um den Funktionsgraphen der Sinusfunktion? Begründe deine Entscheidung.
Gib die Funktionsgleichungen aller drei Graphen an.

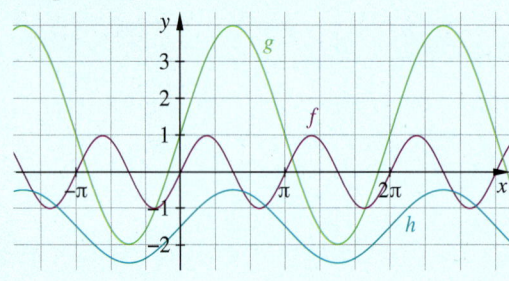

7 Der Graph zeigt die Tageslänge in Madagaskar im Jahresverlauf.

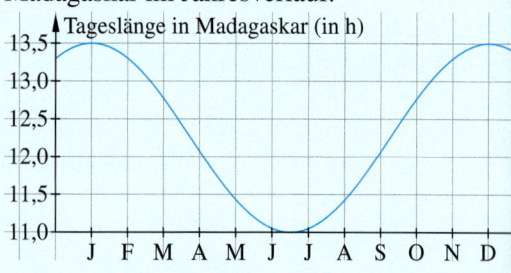

Auf der x-Achse soll $\frac{\pi}{6}$ für einen Monat stehen und die y-Achse soll bei der mittleren Tageslänge (12 Stunden) liegen.
Welche Funktionsgleichung passt ungefähr?
① $y = 1,25\sin(x) + 0,25$
② $y = 1,5\cos(x) + 0,75$
③ $y = 1,25\cos(x) + 0,25$

Der Übergang in die Oberstufe

Nach der 10. Klasse werden einige von euch weiter in die Oberstufe gehen, um dort als Abschluss das Abitur zu machen.

Dazu werden im Fach Mathematik genau wie in anderen Fächern einige Vorkenntnisse und Fähigkeiten vorausgesetzt, die du in den letzten Schuljahren erworben hast.

Auf den folgenden Seiten kannst du diese Kenntnisse auffrischen und dich damit gut auf die Oberstufe vorbereiten.

Mathematik im Überblick

Die Mindmap gibt dir einen Überblick über verschiedene Bereiche der Mathematik und zeigt dir, was du bisher gelernt hast.

 **Arithmetik und Algebra:** Zahlen und Symbole nutzen

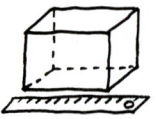 **Geometrie:** Ebene und räumliche Figuren nach Maß und Form erfassen und berechnen

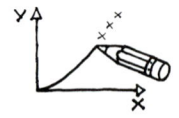 **Funktionen:** Beziehungen erkunden und beschreiben

 **Daten und Zufall:** Daten und Wahrscheinlichkeiten nutzen

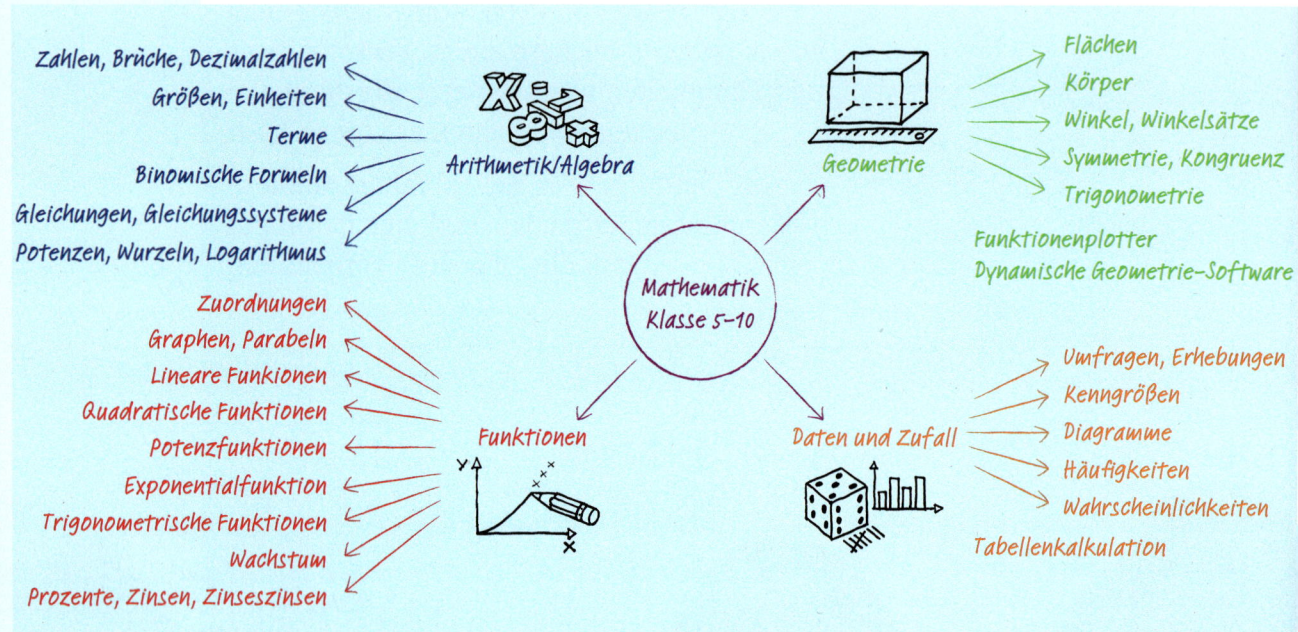

Auf den folgenden Seiten findest du Übungsaufgaben zum Trainieren von ausgewählten mathematischen Grundfertigkeiten. Diese Grundfertigkeiten wirst du im Mathematikunterricht der Oberstufe immer wieder benötigen. Deshalb solltest du sie sicher und „automatisch" beherrschen. Als Hilfe kannst du die Formelsammlung auf den Seiten 197 bis 203 oder das Mathelexikon ab Seite 204 nutzen.

Du musst nicht alle Aufgaben behandeln, um gut für die Oberstufe vorbereitet zu sein. Schätze mithilfe der Mindmap oben und einiger ausgewählter Aufgaben ein, was du schon kannst und was dir noch Schwierigkeiten bereitet. Stelle eine Liste zusammen mit Themen, die du wiederholen solltest, und teile sinnvoll ein, wann du was behandeln möchtest.

Zur Selbstkontrolle findest du die Lösungen zu diesem Kapitel im Anhang ab Seite 191.

Operatoren

Bestimmte Arbeitsanweisungen werden dir in den folgenden Aufgaben ebenso wie im Unterricht der Oberstufe regelmäßig begegnen. Diese Operatoren geben an, was in der jeweiligen Aufgabe von dir erwartet wird. Eine Auswahl findest du in der Tabelle:

Nenne... Gib ... an.	Gib das Dargestellte in eigenen Worten wieder. Zähle die Fakten auf. Eine Begründung ist nicht notwendig.
Entscheide...	Entscheide dich zwischen mehreren angegebenen Möglichkeiten. Eine Begründung ist nicht notwendig.
Beschreibe...	Schreibe eine Fragestellung oder einen Lösungsweg in sprachlich angemessener Form auf. Achte auf eine korrekte Verwendung der Fachsprache. Begründungen sind nicht notwendig.
Erkläre... Erläutere...	Verdeutliche (d)ein mathematisches Vorgehen gut nachvollziehbar mithilfe von Regeln, Skizzen und weiteren Informationen.
Berechne... Löse... Bestimme... Ermittle...	Wähle ausgehend von einem Ansatz einen Lösungsweg aus, benenne ihn und führe alle nötigen Rechenoperationen gut nachvollziehbar aus. Formuliere das Ergebnis.
Schätze... Überschlage...	Gib eine begründete Vermutung ab, wie das Ergebnis lauten könnte. Genaue Werte sind nicht erforderlich.
Vergleiche...	Betrachte verschiedene Lösungen oder Lösungswege und ermittle Gemeinsamkeiten und Unterschiede.
Beurteile... Bewerte...	Nimm mithilfe von (mathematischen) Überlegungen und Begründungen Stellung zu einer Aussage oder einem Lösungsweg.
Begründe... Weise nach... Zeige, dass...	Belege eine Aussage oder einen Sachverhalt durch Argumente und logisches Schließen. Wenn etwas widerlegt werden soll, so eignet sich oft ein Gegenbeispiel.
Skizziere...	Fertige eine Zeichnung an, die nicht exakt sein muss.
Zeichne... Stelle grafisch dar...	Fertige eine exakte Zeichnung an, z. B. mit einem Geodreieck.
Prüfe... Überprüfe...	Sichere ein Ergebnis ab auf der Grundlage eigener Kenntnisse und mithilfe mathematischer Regeln.
Deute... Interpretiere...	Stelle Zusammenhänge her, z. B. zwischen einer grafischen Darstellung, einem Term oder dem Ergebnis einer Rechnung und dem vorgegebenen Sachzusammenhang.

Rechnungen ohne Hilfsmittel

1 Addiere bzw. subtrahiere die Brüche im Kopf.

a) $\frac{2}{7} + \frac{4}{7}$ b) $\frac{7}{9} - \frac{5}{9}$ c) $\frac{1}{5} + \frac{8}{10}$

d) $\frac{3}{4} - \frac{1}{2}$ e) $2\frac{3}{4} - \frac{1}{4}$ f) $\frac{5}{6} + \frac{1}{3}$

g) $\frac{1}{4} + 0{,}5$ h) $1 - \frac{3}{11}$

2 Schreibe die gemischten Zahlen als Bruch und umgekehrt.

a) $2\frac{1}{5}$ b) $3\frac{3}{4}$ c) $1\frac{6}{7}$

d) $4\frac{2}{3}$ e) $2\frac{3}{6}$ f) $5\frac{3}{9}$

g) $\frac{27}{5}$ h) $\frac{35}{4}$ i) $\frac{54}{9}$

3 Multipliziere bzw. dividiere im Kopf.

a) $\frac{3}{4} \cdot \frac{8}{11}$ b) $\frac{14}{15} \cdot \frac{4}{7}$ c) $1\frac{1}{5} \cdot \frac{5}{6}$

d) $\frac{6}{8} \cdot 5$ e) $\frac{3}{4} : \frac{1}{2}$ f) $\frac{3}{4} : \frac{9}{2}$

g) $6 : \frac{3}{7}$ h) $\frac{1}{4} : 1\frac{1}{2}$

4 Vergleiche die Brüche. Setze <, > oder = passend ein.

a) $\frac{2}{3} \; \blacksquare \; \frac{3}{9}$ b) $\frac{3}{4} \; \blacksquare \; \frac{1}{2}$ c) $\frac{12}{15} \; \blacksquare \; \frac{4}{5}$

d) $\frac{2}{3} \; \blacksquare \; \frac{3}{4}$ e) $2\frac{3}{4} \; \blacksquare \; 2\frac{1}{4}$ f) $\frac{5}{6} \; \blacksquare \; \frac{6}{5}$

5 Ordne die Zahlen der Größe nach. Beginne mit der kleinsten Zahl.

a) $1{,}2; \frac{1}{6}; \frac{124}{40}; 2\frac{1}{4}; \frac{4}{26}; \frac{6}{5}; 6{,}7; \frac{9}{13}; 7\frac{3}{5}; 7{,}6; \frac{4}{13}; \frac{5}{6}; \frac{1}{2}$

b) $4{,}04; -\frac{70}{5}; -2\frac{4}{5}; -\frac{29}{10}; \frac{47}{5}; 14{,}1; -\frac{1}{10}; -2{,}4;$
$\quad 2\frac{1}{3}; -\frac{14}{10}; 0{,}1$

6 Gib einen Bruch an, der zwischen den beiden vorgegebenen Brüchen liegt.

a) $\frac{12}{29}$ und $\frac{13}{29}$ b) $\frac{7}{20}$ und $\frac{7}{30}$

c) $\frac{3}{5}$ und $\frac{7}{15}$ d) $2\frac{1}{4}$ und $2\frac{11}{40}$

7 Beachte die Vorrangregeln.

a) $\frac{1}{2} - \left(\frac{3}{4} - 1\frac{1}{4}\right) - \left(-\frac{2}{5}\right) \cdot 10$

b) $-2\frac{1}{2} \cdot \left(-\frac{2}{3} - \frac{1}{3}\right) - \left(4\frac{1}{6} - \frac{7}{6}\right)$

8 Ordne den Rechnungen jeweils ihr Ergebnis durch Überschlagen zu.

a) $4{,}8 + 3{,}7 + 2{,}45$

b) $0{,}34 + 2{,}57 + 3{,}9$

c) $18{,}75 - 3{,}9$

d) $6{,}301 + 7 + 4{,}66$

e) $3{,}8 - 2{,}25$

> 17,961   1,55   6,81   10,95   14,85

9 Schätze, wie hoch ein Turm mit einer Million Mathebüchern ist. Beschreibe dein Vorgehen.

10 Addiere bzw. subtrahiere die Dezimalbrüche im Kopf.

a) $0{,}7 + 1{,}4$ b) $6{,}3 - 5{,}4$

c) $11{,}01 + 0{,}2$ d) $7{,}25 - 1{,}75$

e) $2{,}22 - 1{,}01$ f) $3{,}7 + 0{,}005$

g) $0{,}001 + 10{,}5$ h) $1 - 0{,}09$

11 Multipliziere bzw. dividiere die Dezimalbrüche im Kopf.

a) $0{,}4 \cdot 0{,}6$ b) $1{,}5 \cdot 0{,}2$

c) $1{,}2 \cdot 0{,}01$ d) $0{,}5 \cdot 2{,}2$

e) $1{,}6 : 2$ f) $6{,}06 : 3$

g) $14{,}4 : 1{,}2$ h) $256 : 0{,}4$

12 Berechne den Prozentwert im Kopf.

a) 5% von $200\,€$ b) 2% von $700\,kg$

c) 10% von $65\,m$ d) 25% von $400\,h$

e) 30% von $300\,cm^2$ f) 150% von $100\,t$

13 Berechne den Prozentsatz im Kopf.

a) $10\,€$ von $200\,€$ b) $12\,cm$ von $60\,cm$

c) $22\,s$ von $88\,s$ d) $0{,}5\,m^2$ von $10\,m^2$

e) $48\,€$ von $4\,000\,€$ f) $800\,g$ von $400\,g$

14 Berechne den Grundwert im Kopf.

a) 10% sind $450\,m$ b) 50% sind $36\,€$

c) 25% sind $12\,mm$ d) 2% sind $5\,kg$

e) $33{,}\overline{3}\%$ sind $12\,min$ f) 75% sind $30\,km$

15 Vervollständige die Tabelle im Heft und präge dir die Werte ein.

Bruch	$\frac{1}{100}$			$\frac{1}{4}$			$\frac{2}{3}$		
Dezimalbruch		0,1			$0{,}\overline{3}$			0,75	
Prozentzahl			20%			50%			100%

Rechenfertigkeiten

1 Rechne geschickt.
a) $4,5 + 326 + 5,5$ **b)** $763 + 17,5 - 63$
c) $161 + 14 + 39 + 86$ **d)** $439 + 31,2 - 21,2$
e) $5 \cdot 1,8 \cdot 2$ **f)** $2,5 \cdot 7 \cdot 8$
g) $8 \cdot 17 + 8 \cdot 53$ **h)** $25 \cdot 28 - 75 \cdot 28$

2 Berechne. Nutze Rechenvorteile.
a) $\frac{5}{8} - \frac{1}{6} + \frac{3}{18} + \frac{3}{8} + \frac{5}{6}$ **b)** $\left(\frac{6}{7} + \frac{4}{3}\right) + \frac{1}{7}$
c) $\left(\frac{19}{3} + \frac{9}{5}\right) + \left(\frac{11}{3} + \frac{1}{5}\right)$
d) $\frac{17}{3} \cdot \left(\frac{1}{5} \cdot \frac{5}{17}\right)$
e) $\left(\frac{3}{7} \cdot \frac{9}{21}\right) + \left(\frac{3}{7} \cdot \frac{12}{21}\right)$
f) $\left(\frac{11}{9} \cdot 0,27\right) - \left(\frac{2}{9} \cdot 0,27\right)$
g) $\frac{17}{3} \cdot \left(\frac{1}{5} \cdot \frac{5}{17}\right)$

3 Berechne schriftlich:
a) $367 \cdot 408$ **b)** $7,3 \cdot 14,1$
c) $57908 : 62$ **d)** $24,892 : 9,8$

4 Berechne die Potenzen im Kopf.
a) 25^2 **b)** 90^2 **c)** $1,6^2$ **d)** $(-3)^2$
e) 4^3 **f)** $(-2)^5$ **g)** $\left(\frac{2}{3}\right)^4$ **h)** $\left(-\frac{1}{5}\right)^3$

5 Berechne die Wurzeln im Kopf.
a) $\sqrt{49}$ **b)** $\sqrt{0,09}$ **c)** $\sqrt{3600}$
d) $\sqrt{(-1)}$ **e)** $\sqrt[3]{8}$ **f)** $\sqrt[3]{0,001}$
g) $\sqrt{0}$ **h)** $\sqrt[4]{\frac{1}{81}}$

6 Welche der Zuordnungen sind proportional, welche sind antiproportional? Begründe. Gib, wenn möglich, eine Zuordnungsvorschrift an.

a)
x	1	2	3	4
y	0,75	1,5	2,25	3

b)
x	2	4	5	10
y	25	12,5	10	5

c)
x	2	7	9	11
y	15	52,5	77,5	92,5

d)
x	7	21	24	28
y	12	4	3,5	3

e)
x	100	150	200	350
y	8	12	16	28

7 125 g Hackfleisch kosten $1,50\,€$.
a) Wie viel kosten 300 g Hackfleisch?
b) Wie viel Hackfleisch bekommt man für $2,25\,€$?

8 Um ein Schwimmbecken mit Wasser zu füllen, benötigen 3 Pumpen 55 Minuten. Wie lange brauchen 5 Pumpen?

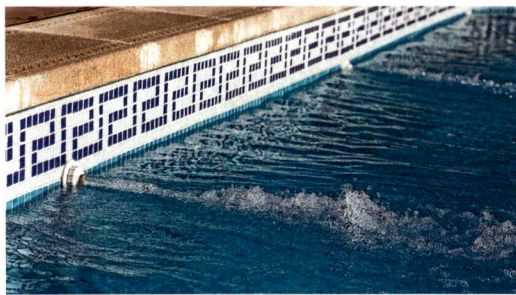

9 Ein Kapital bringt in einem Jahr $230\,€$ Zinsen bei einer Verzinsung von $2,5\,\%$. Wie hoch ist das Kapital?

10 $1\,024\,€$ werden 3 Jahre lang mit $2,6\,\%$ verzinst. Die Zinsen werden nicht abgehoben. Wie groß ist das Endkapital? Wie groß der Gesamtzuwachs?

11 Ein Guthaben von $3\,900\,€$ wird mit $2,5\,\%$ verzinst. Wie viel Zinsen bringt es nach 200 Tagen?

12 Ein Kapital von $4000\,€$ bringt in 9 Monaten $120\,€$ Zinsen. Berechne den Zinssatz.

13 Berechne die Potenzen.
a) 3^{-1} **b)** 4^{-2} **c)** -2^{-3}
d) $\left(-\frac{1}{3}\right)^{-2}$ **e)** 17^0 **f)** $81^{\frac{1}{2}}$
g) $8^{\frac{2}{3}}$ **h)** $0,001^{\frac{1}{3}}$ **i)** $0,0049^{\frac{1}{2}}$

14 Vereinfache mithilfe der Potenzgesetze. Berechne dann.
a) $2^5 \cdot 2^3$ **b)** $5^1 \cdot 5^4$ **c)** $3^7 \cdot 3^4 \cdot 3^{-6}$
d) $6^4 \cdot 3^4$ **e)** $7^3 \cdot 5^3$ **f)** $6^{-2} \cdot 3^{-2} \cdot 8^{-2}$
g) $5^9 : 5^5$ **h)** $\frac{12^5}{12^3}$ **i)** $\frac{0,5^6}{0,5^8}$
j) $(2,5 \cdot 8)^2$ **k)** $(7^6)^{0,5}$

Terme und Termumformungen

1 Berechne den Wert des Terms.
a) $8x + 3$ für $x = 1{,}5$
b) $10 - 2x - y$ für $x = 4$ und $y = 1$
c) $4x + 5y$ für $x = -2$ und $y = 1$
d) $-2{,}5x^2 + 7z$ für $x = 3$ und $z = -0{,}5$

2 Berechne den Wert des Terms für
$x = 2$; $y = -10$ und $z = \frac{4}{5}$.
a) $x + y \cdot z$ b) $(x + y) \cdot z$
c) $x + \frac{y}{z}$ d) $\frac{(x + y)}{z}$
e) $\frac{1}{x} + \frac{1}{y} + \frac{1}{z}$ f) $(y + z)^x$
g) $\sqrt{x \cdot y \cdot z}$ h) $\sqrt{x \cdot (-y) \cdot z}$

3 Fasse so weit wie möglich zusammen.
a) $x + x + 2x$ b) $7x + 7y + 4x - y$
c) $x \cdot y \cdot y \cdot y \cdot x \cdot y$ d) $x \cdot x + y \cdot y + 5x$
e) $x + (y - z)$ f) $x - (2x - y)$

4 Korrigiere die Fehler.
a) $x + 2y + 3x = 6x$
b) $x + 8y + 4x - 2y = 11xy$
c) $x + y - x + y - x = x + 2y$
d) $y - (2x - y) = -2x$
e) $x \cdot 2x + x = 3x^2$

5 Multipliziere aus und fasse zusammen.
a) $4x(4x - 5)$ b) $(7 + 3y) \cdot 2y$
c) $(9a + 7c)(-2c)$ d) $(3 + m)n + 6mn$
e) $(3z + 4)(2z - 1)$ f) $(-7a + 1)(4 - 2a)$
g) $(-2r)(1{,}5s - 2r + 8)$
h) $(-2a + 11)(11 + 2a)$

6 Klammere gemeinsame Faktoren aus.
a) $10c - 15cd - 5ac$ b) $7x^2 - 15x$
c) $48a^2b + 96a^3$ d) $2x^2 + 4x + 6xy$
e) $ax - 4az + 5ay$ f) $9a^3b - 99a^2b^4$
g) $38xy^3 + 76y^2z + 19y^3$ h) $x^3y - xyz$

7 Nutze die binomischen Formeln.
a) $(2{,}5 + a)^2$ b) $(2x - 9)^2$
c) $(0{,}5c - 9d)^2$ d) $(7v + 3)^2$
e) $(m + 8)(m - 8)$ f) $(w + 4x)(w - 4x)$

8 Faktorisiere mithilfe der binomischen Formeln.
a) $x^2 - 8xy + 16y^2$ b) $49v^2 - 100w^2$

9 Stelle einen Term für das Volumen und einen Term für die Kantenlänge des Quaders auf. Vereinfache die Terme.
a)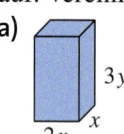
b)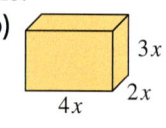

10 Stelle den Term auf. Fasse zusammen, wenn möglich.
a) Multipliziere die Summe der Zahlen 24 und x mit dem Quadrat der Zahl 4.
b) Subtrahiere vom Produkt der Zahlen a und 8 den Quotienten dieser Zahlen.
c) Dividiere die vierte Potenz der Zahl 2 durch die Differenz aus y und 4.
d) Quadriere das Produkt aus 9 und der Wurzel aus b.
e) Halbiere 2^{44}.

11 Gib einen Term zur Berechnung der Kosten an. Wofür steht die Variable x?
a) Die Miete für einen Tag beträgt $8\,€$.
b) Die Grundgebühr beträgt $5\,€$. Pro Stunde fällt eine Gebühr von $3\,€$ an.

12 Vereinfache, wenn möglich. Nutze Potenzgesetze.
a) $c^5 \cdot c^8$ b) $y^4 \cdot y^{-5} \cdot y^{-2}$
c) $s^7 : s^3$ d) $\frac{d \cdot d \cdot d}{d^3}$
e) $\frac{24ab^4}{8b^3}$ f) $\frac{x^4}{y^3 + x^3}$
g) $\frac{3c^4 \cdot 6c^2d^3}{10c^3d}$ h) $\frac{0{,}5\,r^3s^4}{8\,ts^5}$

13 Für welche Werte der Variablen x ist der Term nicht definiert?
a) $\sqrt{x - 5}$ b) $\sqrt{(x - 5)^2}$ c) $\sqrt{x + 5}$
d) $\sqrt{4 - x^2}$ e) $\frac{1}{x}$ f) $\frac{1}{5 + x}$
g) $\frac{1}{x^5}$ h) $\frac{1}{5^x}$

14 Bestimme die Definitionsmenge des Bruchterms.
a) $\frac{a}{a - 3} + \frac{a}{5 + a}$ b) $\frac{1}{3y} - \frac{1}{5y}$
c) $\frac{x + 3}{2x - 4}$ d) $\frac{1}{\sqrt{x}}$

Lineare Funktionen

1 Welche Graphen gehören zu einer linearen Funktion? Begründe.

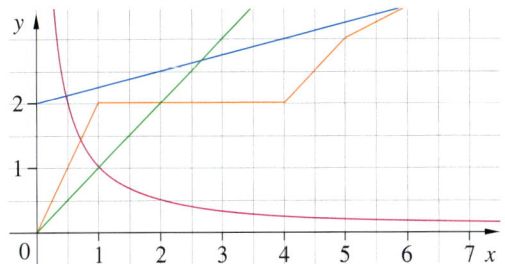

2 Berechne jeweils den y-Wert der Funktion für $x = -2$; $x = 0$; $x = 4$ und $x = 10$.

a) $f(x) = 2x - 5$ b) $f(x) = -3x + 1{,}5$

c) $f(x) = 0{,}5x + 0{,}5$ d) $f(x) = -x - 6$

3 Ordne die Funktionsgleichungen den Graphen in der Abbildung zu.

① $y = 2{,}5x + 2$

② $y = -0{,}4x + 5$

③ $y = 0{,}5x + 2$

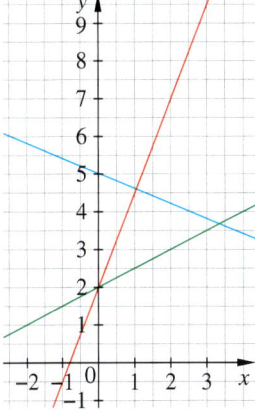

4 Lies die Steigung m und den y-Achsenabschnitt b ab. Stelle dann die Funktionsgleichung auf.

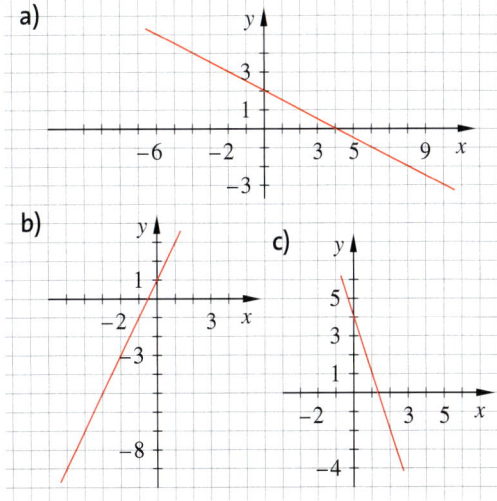

5 Zeichne die Geraden zu $f(x) = 3x + 0{,}5$ und $g(x) = -2x + 3$ in ein gemeinsames Koordinatensystem. Bestimme rechnerisch den Schnittpunkt der beiden Geraden und überprüfe ihn anhand deiner Zeichnung.

6 Bestimme die Nullstelle der Funktion.

a) $f(x) = 2x + 3$ b) $f(x) = x - 2$

c) $f(x) = 0{,}5x - 7$ d) $f(x) = -\frac{1}{4}x + 2{,}5$

7 An welcher Stelle nimmt die Funktion $f(x) = 2x + 4$ den Wert $y = 10$ an?

8 Gib die passende Funktionsgleichung an.

a) Eine Gerade verläuft parallel zur Geraden zu $f(x) = 0{,}5x - 7$ und schneidet die y-Achse im Punkt $(0|3)$.

b) Eine Gerade hat die Steigung $m = -1{,}5$ und geht durch den Punkt $P(4|-3)$.

c) Eine Gerade verläuft parallel zur Geraden zu $f(x) = \frac{2}{3}x + 6$ und geht durch $P(-3|0)$.

9 Mirko möchte Wildwasser-Kanu fahren. Die Miete für die Ausrüstung (Helm, Neoprenanzug, Schwimmweste) beträgt 15 €. Für das Kanu zahlt er 8,50 € pro Stunde.

a) Gib eine Funktionsgleichung für die Kosten in Abhängigkeit von der Zeit an.

b) Wie hoch ist die Miete für 4 Stunden?

c) Wie lange kann Mirko für 75 € fahren?

10 Eine Badewanne mit 150 l Wasser wird geleert. Pro Sekunde fließen 0,6 l ab.

a) Stelle eine Funktionsgleichung auf.

b) Nach welcher Zeit ist die Wanne leer?

c) Warum ist das Einsetzen von x-Werten kleiner als Null und größer als 250 hier nicht sinnvoll?

11 Finde einen Sachzusammenhang, der zur Funktionsgleichung $f(x) = 2x + 3{,}9$ passt. Stelle eine passende Frage, beantworte sie.

Gleichungen, Ungleichungen, Gleichungssysteme

1 Löse die Gleichung. Rechne die Probe.
a) $54 + 2x = 120$ b) $-10 = 225 - 5y$
c) $4 = -2x - 8$ d) $1{,}5a + 10{,}5 = 34{,}5$
e) $0{,}3b + 0{,}9 = 1{,}8$ f) $15 = 0{,}5x - 5$
g) $6y - 12 = -3 + 9y$ h) $7 \cdot (a + 14) = 84$
i) $4(5 - x) = 6x$ j) $0{,}5(2 - z) = 5$

2 Löse nach x auf.
a) $5a + x = 2a - 4x + 3$
b) $3x - 4b + 3c + 3 = 5x - 7b + 3c - 4$
c) $3 - 4d + dx = 8 + 8d - 3dx$
d) $rx - 3{,}5e = 3 + 4e - 0{,}5rx$

3 Stelle die Gleichung auf und berechne.
a) Das Doppelte der Summe aus einer Zahl und 2 ergibt 7.
b) Man erhält 10,5, wenn man die Differenz aus der Hälfte von 9 und dem Doppelten der Zahl bildet.
c) Die Summe aus 12 und dem Dreifachen der Zahl ergibt das Produkt aus der Zahl und 7.
d) Wenn man die Differenz aus 5 und der gesuchten Zahl bildet, so erhält man den Quotienten aus dem Sechsfachen der gesuchten Zahl und 4.

4 Bestimme die Lösung der Bruchgleichung.
a) $\frac{7}{x} = \frac{3}{x} - 2$ b) $\frac{6}{x+4} = \frac{2}{x}$
c) $\frac{4}{5x} - 0{,}1 = \frac{7}{10x}$ d) $\frac{-2}{x-2} = \frac{x}{x-2}$

5 Ermittle die Lösungen der Betragsgleichung. Unterscheide zwei Fälle: der Betrag ist größer bzw. gleich Null und der Betrag ist kleiner als Null. Rechne die Probe.
a) $|x - 16| = 56$ b) $|2x + 7| = 31$
c) $|6x - 5| = 10$ d) $|3{,}6 + 9x| = 4{,}5$
e) $|5x + 3| = 7$ f) $|18 - x| = 3x$
g) $|4x + 3| = 2x - 3$ h) $|4x - 3| = 2x + 3$

6 Gib die Lösungsmenge in $\mathbb{R}$ an.
a) $x - 9 > 13$ b) $x + 12 < 5$
c) $5x + 7 \leq 45$ d) $7x > 63$
e) $-3x > 15$ f) $3x - 5 \leq 4x + 3$
g) $3(x + 4) > 4x - 8$ h) $14 + 2x < 16 - 2x$

7 Löse die Wurzelgleichung. Achtung: Eine Probe ist unbedingt erforderlich!
a) $\sqrt{9x} = 6$ b) $\sqrt{8x + 4} = 0$
c) $\sqrt{6x - 5} = 7$ d) $\sqrt{2x + 5} = 2$
e) $\sqrt{4 + 7x} = \sqrt{-2x + 31}$ f) $\sqrt{7x - 2} = \sqrt{2 + 5x}$

8 Löse das lineare Gleichungssystem mit einem geeigneten Verfahren.
a) I $\;6x - 2y = -10$ b) I $\;x + 2y = 10$
  II $4x - y = 0$ II $3x + 2y = 6$
c) I $\;7 = 24x + 3y$ d) I $\;y = -3x + 8$
  II $7 = 4x - 3y$ II $4 = x - y$
e) I $\;0{,}5y = 1{,}5x - 2{,}5$ f) I $\;y = 0{,}5x$
  II $3y = -2x + 7$ II $2y = -x + 8$

9 Wie viele Lösungen hat das Gleichungssystem? Begründe deine Antwort.
a) I $\;y = \frac{3}{4}x - 1{,}5$ b) I $\;y = 5x - 2{,}9$
  II $y = 0{,}75x + 8$ II $y = 3x - 2{,}9$
c) I $\;y = -0{,}5x + 1{,}25$
  II $2y = -x + 2{,}5$

10 Es sind zwei Zahlen gesucht.
Das Vierfache der einen Zahl ist um 8 größer als das Sechsfache der anderen Zahl. Außerdem ist die Differenz der ersten und zweiten Zahl um eins kleiner als das Doppelte der zweiten Zahl. Notiere das passende Gleichungssystem und finde die beiden Zahlen.

11 Für ein gleichschenkliges Trapez gilt: Seite a ist um 6 cm länger als Seite c. Wenn man beide Seitenlängen addiert, so erhält man als Ergebnis 20 cm.

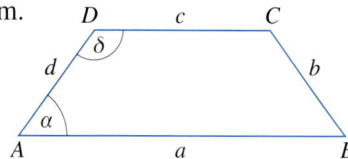

Berechne die Längen der Seiten a und c mithilfe eines Gleichungssystems.

12 Löse das Gleichungssystem mit drei Gleichungen und drei Unbekannten.
I $\;\;2x - 6y - 4z = 6$
II $\;6x + 2y - 2z = 8$
III $2x + 2y + z = 7$

Quadratische Funktionen

1 Betrachte die Gleichungen $f(x) = 2x^2 - 3$; $g(x) = (x + 1)^2 - 3$ und $h(x) = 0,5x^2 - x + 5$.

a) Fülle die Wertetabelle im Heft aus.

	−2	−1	0	1	2	3
$f(x)$						
$g(x)$						
$h(x)$						

b) Auf welchem der Graphen liegt der Punkt $A(-3 \,|\, 1)$?

c) Bestimme x so, dass der Punkt $B(x \,|\, 17)$ auf dem Graphen von h liegt.

2 Gib den Scheitelpunkt S der Parabel an.

a) $f(x) = (x + 1)^2 - 7,5$

b) $f(x) = (x - 4,5)^2 + 0,25$

c) $f(x) = 4(x + 3)^2 + 8$

d) $f(x) = -0,75(x - 9)^2 - 0,66$

3 Beschreibe die Parabel (Öffnungsrichtung, Anzahl Nullstellen, Stauchung, Streckung).

a) $y = 3(x - 1)^2 + 5$

b) $y = -x^2 + 6,4$

c) $f(x) = -0,5(x + 0,3)^2 - 12$

d) $f(x) = 1,25(x - 2,1)^2 - 0,01$

4 Lies die Scheitelpunkte der Parabeln ab und gib ihre Funktionsgleichungen in Scheitelpunktform an.

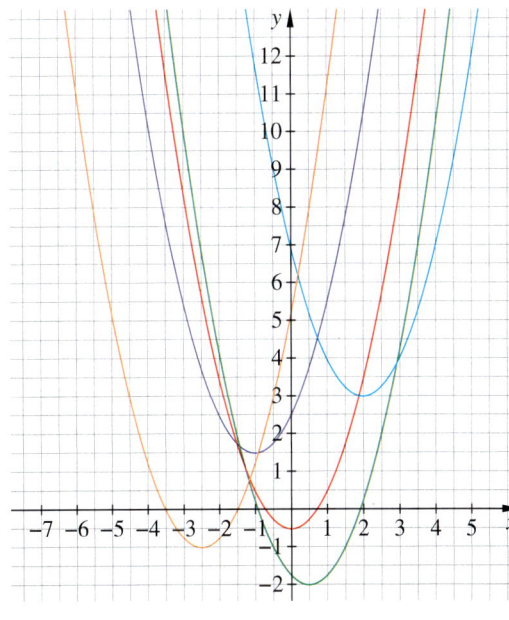

5 Gegeben ist der Streckungsfaktor a und der Scheitelpunkt S einer quadratischen Funktion. Stelle die Funktionsgleichung auf und zeichne die Parabel.

a) $a = 3$; $S(2 \,|\, 1,5)$

b) $a = 0,25$; $S(-4 \,|\, -7)$

c) $a = -2$; $S(-0,5 \,|\, 3)$

d) $a = -\frac{1}{3}$; $S(-1 \,|\, 12)$

e) $a = 3,1$; $S(9 \,|\, -0,1)$

f) $a = -0,01$; $S(6 \,|\, -3)$

6 Forme die Gleichung in Scheitelpunktform um und gib den Scheitelpunkt an.

a) $f(x) = -x^2 - 2,4x + 2,56$

b) $f(x) = 2x^2 - 16x + 35,5$

c) $f(x) = 0,5x^2 + 5x + 9,5$

d) $f(x) = -3x^2 + 36x - 100$

7 Gib die Funktionsgleichungen der Parabeln in der Form $y = ax^2 + bx + c$ an.

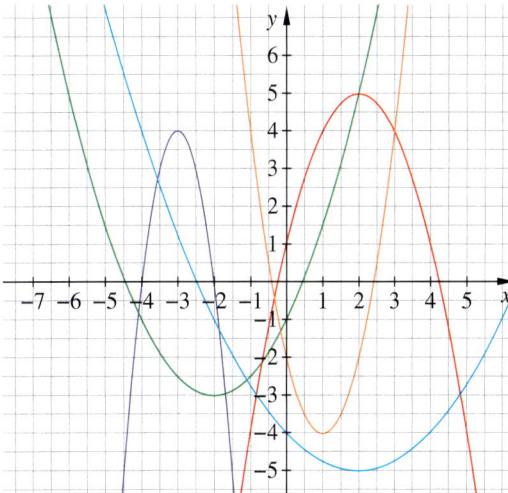

8 Eine nach unten geöffnete Parabel p hat den Scheitelpunkt $S(2 \,|\, 3,5)$. Die Funktion p_1 hat die Funktionsgleichung $p_1(x) = p - 3,5$. Wie viele Nullstellen hat die Funktion p_1? Begründe.

9 Passt der Lkw durch den Torbogen? Begründe.

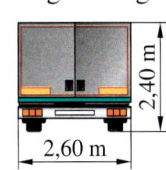

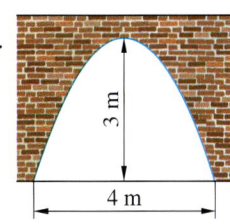

Quadratische Gleichungen

1 Löse die rein quadratische Gleichung. Begründe, warum es zwei, eine oder keine Lösung gibt.
a) $x^2 = 324$ b) $3x^2 = 6{,}75$
c) $4x^2 + 3 = 3$ d) $-4x^2 = 64$
e) $1{,}5x^2 - 54 = 0$ f) $1{,}47 - \frac{1}{3}x^2 = 0$
g) $3x^2 + 1{,}8 = 0$ h) $4x^2 = 1\,156$

2 Die Diagonale eines Quadrats ist $5{,}12\,\text{cm}$ lang. Wie lang sind die Seiten? Warum gibt es für die Seitenlängen nur eine Lösung?

3 Löse die gemischt quadratische Gleichung durch Faktorisieren.
a) $x^2 + 2x = 0$ b) $5x^2 - 62{,}5x = 0$
c) $0{,}6x^2 + 4{,}8x = 0$ d) $77x - 1{,}1x^2 = 0$
e) $16x^2 = 4x$ f) $0{,}08x = -2x^2$

4 Löse die Gleichung, die in Linearfaktorzerlegung gegeben ist.
a) $(x + 4)(x + 2{,}5) = 0$
b) $(x - 0{,}6)(x - 1{,}55) = 0$
c) $(x - 1{,}02)\left(x + \frac{1}{2}\right) = 0$

5 Eine quadratische Gleichung soll folgende Lösungen haben. Gib die passende Gleichung in der Form $x^2 + bx + c = 0$ an.
a) $x_1 = 5; x_2 = -0{,}5$ b) $x_1 = -3; x_2 = -2$
c) $x_1 = 1; x_2 = 0$ d) $x_1 = -4; x_2 = 6$

6 Löse die quadratische Gleichung, Achtung: zwei Gleichungen sind nicht lösbar. Warum?
a) $(x - 1)^2 = 25$
b) $(x + 4{,}5)^2 = 0{,}49$
c) $(4 - x)^2 = -289$
d) $(15 + x)^2 = 400$
e) $(x + 0{,}2)^2 + 0{,}01 = 0$
f) $(x - 1{,}2)^2 - 0{,}96 = 1$

7 Löse die Gleichung mithilfe einer quadratischen Ergänzung.
a) $x^2 + 4x + 4 = 0$
b) $x^2 - 1{,}1x - 0{,}6 = 0$
c) $x^2 + 4{,}5x - 40{,}5 = 0$
d) $x^2 - 2{,}8x - 68{,}6 = 0$
e) $x^2 - 0{,}3x = 0$

8 Löse die quadratische Gleichung mithilfe der p-q-Formel.
a) $x^2 - x - 20 = 0$
b) $x^2 + 0{,}7x - 0{,}08 = 0$
c) $x^2 - 9{,}7x + 16{,}5 = 0$
d) $0{,}5x^2 - 150x + 10\,800 = 0$
e) $2x^2 + x - 0{,}055 = 0$
f) $\frac{1}{3}x^2 + 17x + 198 = 0$

9 Bestimme die Anzahl der Lösungen ohne die quadratische Gleichung zu lösen. Nutze die Diskriminante $D = \left(\frac{p}{2}\right)^2 - q$.
a) $x^2 + 6x + 8 = 0$
b) $x^2 + 5x + 6{,}3 = 0$
c) $x^2 + 4x + 4 = 0$
b) $x^2 - 2{,}8x - 12 = 0$

10 Bestimme die Nullstellen der Funktion.
a) $y = x^2 - 8x + 12$
b) $y = x^2 + 7x + 12{,}25$
c) $y = -2x^2 + 4x - 5$
d) $y = -4x^2 + 24x$
e) $y = x^2 + 6{,}5x - 12$
f) $y = 3x^2 - 27x + 42$

11 Berechne den Schnittpunkt der beiden Graphen zu folgenden Funktionen:
a) $f(x) = x + 2; g(x) = x^2$
b) $f(x) = -x^2 + 4; g(x) = 0{,}5x - 1$
c) $f(x) = -2x^2 + 4x + 2 ; g(x) = x^2 - 2x + 2$
d) $f(x) = x^2 - 4x + 5; g(x) = -0{,}5x^2 + 2x - 1$

12 In einem rechtwinkligen Dreieck ist das Quadrat über der Hypotenuse $169\,\text{cm}^2$ groß. Die eine Kathete ist $7\,\text{cm}$ länger als die andere. Wie lang sind die beiden Katheten?

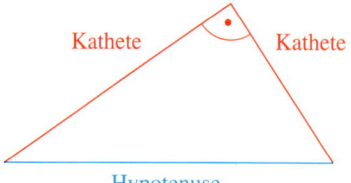

13 Wenn man den Radius eines Kreises um $25\,\text{cm}$ verlängert, dann verdoppelt sich der Flächeninhalt. Wie lang war der ursprüngliche Radius des Kreises?

Textaufgaben

1 Ein fünf Jahre alter Pkw fährt von Kaiserslautern aus ins 70 km entfernte Saarbrücken. Nachdem der Fahrer 12 Minuten für das Beladen des Kofferraums brauchte, erreicht er nach weiteren 15 Minuten die Autobahnauffahrt Kaiserslautern-West.
Auf der Autobahn fährt er 45 km weit mit einer Durchschnittsgeschwindigkeit von 108 $\frac{km}{h}$. Dann macht er die erste Pause.
Wie viele Minuten ist er bis hierher gefahren?

a) Notiere, welche Angaben zur Lösung der Aufgabe wichtig sind.
b) Löse die Aufgabe.
c) Welche Angabe fehlt, um die gefahrenen Kilometer bis zur Pause zu berechnen?

2 Ungefähr 200 Kunden besuchen das „Eiscafé am Rathaus" pro Tag. Davon sind 50% Frauen und 30% Männer. Das Café nimmt täglich etwa 800 € ein.
Andererseits entstehen dem Café monatlich verschiedene Kosten: Strom 800 €; Lebensmittel 11 000 €; Miete 1500 €; Personal 4000 €; Umsatzsteuer 2800 €

a) Wie viel bezahlt jeder Kunde im Durchschnitt bei einem Besuch des Cafés?
b) Berechne die Einnahmen pro Monat (30 Tage). Wie viel Prozent der Einnahmen müssen für Lebensmittel gezahlt werden?
c) Berechne den monatlichen Gewinn.
d) 27% des Gewinns erhält das Finanzamt als Einkommensteuer. Wie viel bleibt dem Besitzer pro Monat als Einkommen übrig?

3 In einem Zirkus sind die Sitze in 10 Kreisen rund um die Manege angeordnet.
Der unterste Kreis hat 37 Sitze. Alle folgenden Sitzreihen haben je vier Plätze mehr als die Reihe davor: der zweite Kreis hat also 41 Sitze, der dritte 45 usw.

a) Berechne die Anzahl aller Sitzplätze.
b) Stelle einen Term für die Anzahl der Sitze in der Reihe n auf.
c) Die Karten in den ersten 5 Reihen kosten 19 €, alle anderen 14,50 €. Berechne die Einnahmen, wenn es ausverkauft ist.

4 Die Pizzeria „Bella Italia" bietet Pizzas in drei Größen mit verschiedenen Belägen an. Die preiswerteste Pizza ist eine kleine Pizza Margherita, belegt mit Tomaten und Käse. Sie hat einen Durchmesser von 24 cm und kostet 5,40 €. Eine mittlere Pizza Margherita kostet 6,90 €, eine große 8,50 €.

a) Wie groß ist die Fläche einer kleinen Pizza Margherita?
b) Die Fläche einer großen Pizza ist doppelt so groß wie die Fläche einer kleinen Pizza. Berechne den Durchmesser einer großen Pizza.
c) Wenn man zur kleinen Pizza Margherita zusätzlich Salami und Champignons bestellt, dann erhöht sich ihr Preis um 16%. Berechne den Preis für diese Pizza.
d) Für Familien gibt es eine extra große Pizza. Sie hat den doppelten Durchmesser, aber auch den dreifachen Preis einer großen Pizza. Bewerte das Preis-Leistungs-Verhältnis einer Familienpizza.

5 Verpackungen dürfen laut deutschem Eichgesetz nur 30% Luft enthalten, sonst gelten sie als Mogelpackung.
Zur Weihnachtszeit verpackt ein Schokoladenhersteller seine Schokoladenkugeln in einem pyramidenförmigen „Tannenbaum" (mit quadratischer Grundfläche). In einer Packung befinden sich neun Schokoladenkugeln mit einem Durchmesser von je 2,8 cm und einem Nettogewicht von insgesamt 112 g.
Jede Packung kostet 3,49 €.

$h_k = 14,5\,cm$

$a = 8,5\,cm$

a) Überprüfe, ob es sich bei der Verpackung um eine Mogelpackung handelt.
b) In einer anderen Packung für 3,99 € befinden sich elf Schokoladenkugeln. Auf der Verpackung steht ein Nettogewicht von 136 g.
Beurteile beide Angebote aus Sicht eines Verbrauchers.

Geometrie

1 Wandle in die Einheit um, die in Klammern steht.

a) 4,208 km (m)   b) 127,04 m (km)
c) 12,42 cm² (dm²)   d) 3,4 ha (m²)
e) 24,21 (hl)   f) 315 hl (m³)
g) 2 425 dm³ (m³)   h) 426 mm³ (cm³)
i) 6 h 21 min (min)   j) 39 min (s)
k) 0,12 t (kg)   l) 7 415 g (kg)

2 Berechne die fehlende Größe für ein Dreieck mit der Grundseite g und der Höhe h. Stelle zuerst die Formel für den Flächeninhalt nach der gesuchten Größe um.

	g	h	A
a)	4 cm	7 cm	
b)		12 cm	45 cm²
c)	4,6 m		8,05 m²

3 Berechne den Flächeninhalt und den Umfang des Parallelogramms.

a)
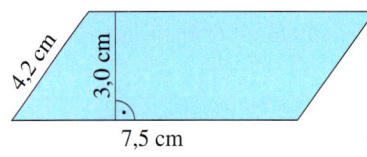

b)
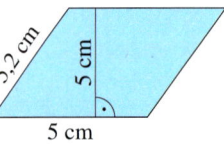

4 Berechne die fehlende Größe für ein Trapez. Stelle zuerst die Formel für den Flächeninhalt nach der gesuchten Größe um.

	A	h	a	c
a)	48 cm²		5 cm	7 cm
b)	149,85 m²	9 m	17,5 m	
c)	80,37 dm²	11,4 dm		6,9 dm

5 Ermittle den Flächeninhalt der Figur. Beschreibe dein Vorgehen.

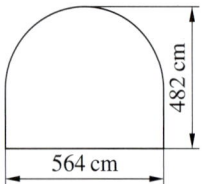

6 Berechne die Länge der Diagonalen x mit dem Satz des Pythagoras.

a)   b)   c)

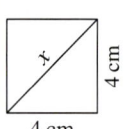 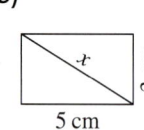 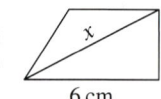

7 Ein Heißluftballon ist an einem Seil befestigt. Durch starken Wind treibt er 21 m weit ab. Seine senkrechte Höhe über dem Boden beträgt dann noch 85 m. Wie lang ist das Seil?

8 Eine 2 m lange Klappleiter ist am unteren Ende 1,2 m weit aufgeklappt. Wie hoch reicht die Leiter?

9 Betrachte das Trapez.

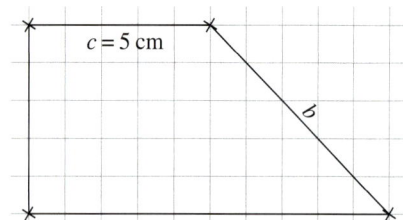

a) Berechne den Flächeninhalt.
b) Bestimme den Umfang. Nutze dazu den Satz des Pythagoras.
c) Das Trapez ist die Grundfläche eines 19,5 cm hohen Prismas. Berechne das Volumen des Prismas.

10 Berechne die Körperhöhe und den Radius des Zylinders.

	V	$h_{\text{Körper}}$	r
a)		2,6 m	25,6 m
b)	616,4 cm³	12,9 cm	
c)	0,145 m³		3,8 dm

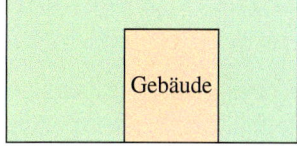

11 Eine zylinderförmige Geschenkverpackung ist 20 cm hoch und hat einen Durchmesser von 18 cm. Wie viel Pappe braucht man mindestens zur Herstellung solch einer Verpackung?

12 Berechne für einen Kegel:
a) $r = 8,9$ cm; $h_{Körper} = 7,3$ cm; $V = $ ■
b) $r = 18,8$ cm; $V = 1\,257$ cm³; $h_{Körper} = $ ■
c) $V = 1666$ m³; $h_{Körper} = 12,8$ m; $r = $ ■

13 Eine quadratische Pyramide hat die Maße $a = 8$ cm und $h_a = 15$ cm.
a) Bestimme den Oberflächeninhalt.
b) Berechne das Volumen der Pyramide.

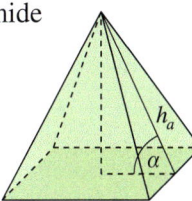

14 Berechne die Länge der Grundseite a für eine 18 m hohe quadratische Pyramide, die ein Volumen von 124 416 m³ hat.
Stelle zuerst die Volumenformel nach a um.

15 Eine Kugel hat ein Volumen von 1 dm³.
a) Berechne den Radius, den Durchmesser und den Oberflächeninhalt.
b) Die Kugel wird in zwei gleich große Kugeln aufgeteilt. Wie groß ist der Oberflächeninhalt der beiden Kugeln zusammen? Vergleiche mit dem Ergebnis aus a).

16 Berechne die Länge der grünen Seite.

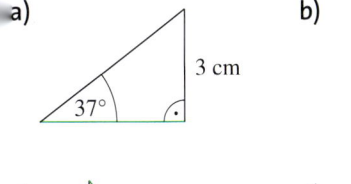

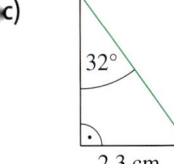

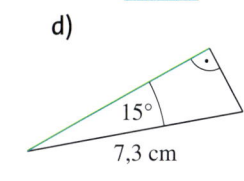

17 Ein Firmengelände wurde im Maßstab 1 : 3000 gezeichnet. Berechne den Flächeninhalt der grünen, unbebauten Fläche.

18 Berechne die Streckenlänge x, wenn das möglich ist. Wenn nicht, dann begründe.

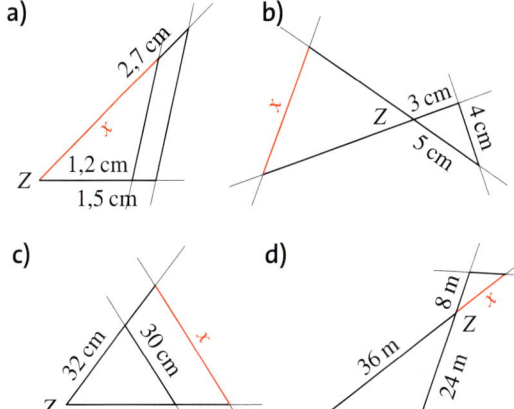

19 Ein Turm wirft einen 15 m langen Schatten. Zugleich ist der Schatten eines 4,5 m hohen Stabs 3 m lang. Wie hoch ist der Turm?

20 Formuliere eine passende Aufgabe und berechne den fehlenden Wert.

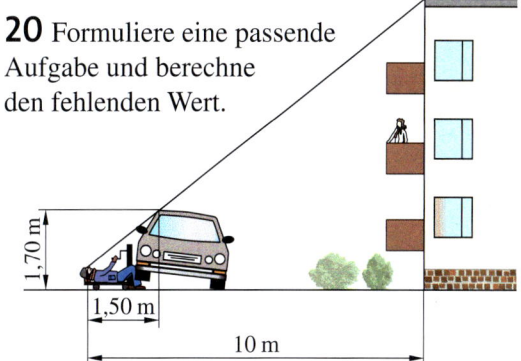

21 Berechne die Länge der Strecke a_2, wenn gilt: $a_1 = 6,4$ cm; $b_1 = 10$ cm; $b_2 = 19,2$ cm.

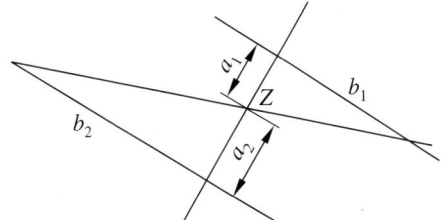

Daten und Zufall

1 Das Kreisdiagramm zeigt, mit welchen Anteilen die sieben Lebensmittelgruppen in eine gesunde Ernährung eingehen sollten. Erstelle eine Tabelle, in der du die Lebensmittel- gruppen, die Winkelgrößen und den jeweiligen Anteil in % einträgst.

2 Am Flughafen werden die Passagiere eines Kleinflugzeugs kontrolliert.
Es sind 8 Deutsche, 10 Franzosen, 6 Spanier, 4 Chinesen und 12 Inder.
a) Übertrage die Daten in eine Tabelle.
b) Erstelle ein Säulendiagramm.
c) Gib die relativen Häufigkeiten für die fünf Nationalitäten als Bruch und in Prozent an.
d) Erstelle ein Kreisdiagramm. Dabei ent- spricht 1% einem Winkel von 3,6°.

3 Lena hat eine Woche lang aufgeschrieben, wie viele Minuten lang sie Musik gehört hat.

Mo.	Di.	Mi.	Do.	Fr.	Sa.	So.
25	20	110	55	40	135	70

a) Lukas sagt: „Im Durchschnitt hat Lena täglich 65 min Musik gehört." Überprüfe die Aussage durch eine Rechnung.
b) Bestimme den Median.

4 Gib das Minimum und das Maximum der Datenreihe an. Berechne dann die Spannweite und den Durchschnitt.
a) 53 kg; 67 kg; 87 kg; 108 kg; 81 kg; 50 kg; 65 kg
b) 2 950 €; 3 174 €; 4 074 €; 2 487 €; 4 790 €; 5 879 €

5 Lasse zieht mit verschlossenen Augen aus einem Gefäß mit 5 roten, 3 grünen und 6 blauen Kugeln.
a) Mit welcher Wahrscheinlichkeit zieht er eine blaue Kugel?
b) Mit welcher Wahrscheinlichkeit zieht er keine rote Kugel?
c) Nachdem alle roten und 2 blaue Kugeln aus dem Gefäß genommen wurden, zieht Stefan noch einmal. Wie groß ist die Wahrscheinlichkeit für eine blaue Kugel?

6 Ein Glücksrad wird zweimal gedreht. Aus den beiden gedrehten Ziffern wird eine zweistellige Zahl gebildet. Aus den Ergebnissen 3 und 7 entsteht z. B. die Zahl 37.

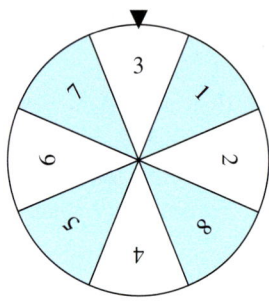

a) Wie viele mögliche Ergebnisse gibt es?
b) Wie groß ist die Wahrscheinlichkeit für eine 16?
c) Wie groß ist die Wahrscheinlichkeit für eine „Schnapszahl", also 11, 22, 33 usw.?

7 Die Kanten eines Tetraederwürfels sind mit den Zahlen 1, 2, 3 und 4 beschriftet. Die untenstehende Zahl zeigt das Ergebnis, hier also 1. Svenja hat den Tetraederwürfel 75-mal geworfen:

	1	2	3	4
absolute Häufigkeit	25		19	
relative Häufigkeit		18,7%		22,7%

a) Bestimme die fehlenden Werte.
b) In einem Würfelspiel muss man möglichst viele gerade Zahlen würfeln. Würdest du einen normalen Spielwürfel oder einen Tetraederwürfel wählen? Begründe.

Anhang

Quadratische Funktionen

Seite 8

Noch fit?

1 a) $3 \cdot (3x - 4y)$ **b)** $2 \cdot (x + 1)$ **c)** $3x \cdot (x - 2y)$
d) $9b \cdot (3a - 5)$ **e)** $25x \cdot (2y - 5)$ **f)** $-7x(2 - 5y)$

1 a) $x \cdot (y - 4z)$ **b)** $3y \cdot (7x + 2z)$ **c)** $-12b \cdot (2a + c)$
d) $25z \cdot (-x + 5y)$ **e)** $4y \cdot (4z - 3x)$ **f)** $-7x(2 + 5y)$

2 a) $2x + 2y$ **b)** $5m - 5n$ **c)** $12x + 28y$
d) $4xy + 8x$ **e)** $28 - 20m$ **f)** $3a - 3b$

2 a) $-15x^2y + 6xy^2$ **b)** $-2ax - 6bx$ **c)** $7ab^2 - 3,5a^2b$
d) $-8abc + 6cxy$ **e)** $8x^2y + 12xy^2$ **f)** $-7,2ax^2 - 6axy$

3 a) $x^2 + 5x + 6$ **b)** $x^2 - x - 6$
c) $x^2 + x - 6$ **d)** $x^2 - 5x + 6$

3 a) $x^2 + x - 12$ **b)** $-x^2 - x + 12$
c) $x^2 - 5x + 4$ **d)** $x^2 - 7x + 12$

4 ①
a) $x^2 + 6x + 9$ **b)** $x^2 - 4x + 4$ **c)** $x^2 - 4$
d) $y^2 + 4y + 4$ **e)** $x^2 - 5x + 6,25$ **f)** $-x^2 + 4$

4 ①
a) $x^2 + 32x + 256$ **b)** $x^2 - 30x + 225$ **c)** $4x^2 - 25$
d) $144x^2 + 144x + 36$ **e)** $4a^2 - 12ab + 9b^2$ **f)** $9y^2 - 4x^2$

②
a) $x^2 + 6x + \mathbf{9} = (x + 3)^2$
b) $x^2 - \mathbf{10x} + 25 = (x - 5)^2$
c) $x^2 - \mathbf{9} = (x + 3)(x - 3)$

②
a) $x^2 + \mathbf{10x} + 25 = (x + 5)^2$
b) $4x^2 + 12xy + \mathbf{9y^2} = (2x + 3y)^2$
c) $x^2 - 27x + \mathbf{182,25} = (x - \mathbf{13,5})^2$

③
a) $(x + 6)^2$ **b)** $(x - 12)^2$
c) $(3x + 4)^2$ **d)** $(2x + 3) \cdot (2x - 3)$

③
a) $(x - 2)^2$ **b)** $(5x + 2)^2$
c) $-6 \cdot (x + 2)^2$ **d)** $(4x + 12)(4x - 12)$

5

	Geschwindigkeit in $\frac{km}{h}$	x	10	20	30	**40**	**50**	**60**	**70**	**80**	**90**
②	Reaktionsweg in m	$y = 0,3x$	**3**	**6**	**9**	12	15	18	**21**	**24**	**27**
①	Bremsweg in m	$y = 0,01x^2$	**1**	**4**	**9**	**16**	**25**	**36**	49	64	81
③	Anhalteweg in m	$y = 0,01x^2 + 0,3x$	**4**	**10**	**18**	**28**	**40**	**54**	**70**	**88**	**108**

Seite 28/29

Klar so weit?

1 a) gestreckt, nach oben geöffnet
b) gestaucht, nach unten geöffnet
c) gestaucht, nach oben geöffnet
d) gestreckt, nach unten geöffnet

1 a) $a = 4$, nach oben geöffnet, gestreckt
b) $a = -4$, nach unten geöffnet, gestreckt
c) $a = \frac{1}{4}$, nach oben geöffnet, gestaucht
d) $a = -\frac{1}{4}$, nach unten geöffnet, gestaucht

2 a) $\frac{1}{4}x^2$ **b)** $3x^2$ **c)** $-3x^2$

2

x	a) $y = 2x^2$	b) $y = -2x^2$	c) $y = \frac{1}{2}x^2$	d) $y = -\frac{1}{2}x^2$
-3	18	-18	4,5	$-4,5$
$-2,5$	12,5	$-12,5$	3,125	$-3,125$
-2	8	-8	2	-2
$-1,5$	4,5	$-4,5$	1,125	$-1,125$
-1	2	-2	0,5	$-0,5$
$-0,5$	0,5	$-0,5$	0,125	$-0,125$
0	0	0	0	0
$0,5$	0,5	$-0,5$	0,125	$-0,125$
1	2	-2	0,5	$-0,5$
$1,5$	4,5	$-4,5$	1,125	$-1,125$
2	8	-8	2	-2
$2,5$	12,5	$-12,5$	3,125	$-3,125$
3	18	-18	4,5	$-4,5$

Abbildung maßstäblich verkleinert.

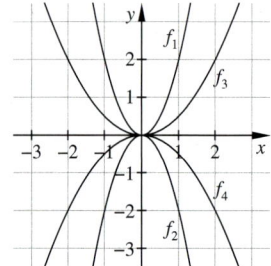

3 a) P_1 liegt auf y_1 b) P_3 liegt auf y_2
c) P_4 liegt auf y_3 d) P_2 liegt auf y_4

4 a) $S(1|-1); y = (x-1)^2 - 1$
b) $S(1|-1); y = -(x-1)^2 - 1$

3 a) $A_1(2|\mathbf{4{,}8})$, $A_2(-2|\mathbf{4{,}8})$, $B_1(\mathbf{0{,}5}|0{,}3)$, $B_2(-\mathbf{0{,}5}|0{,}3)$
b) $C_1(0{,}1|\mathbf{0{,}012})$, $C_2(-0{,}1|\mathbf{0{,}012})$, $D_1(\mathbf{1}|1{,}2)$, $D_2(-\mathbf{1}|1{,}2)$

4 a)

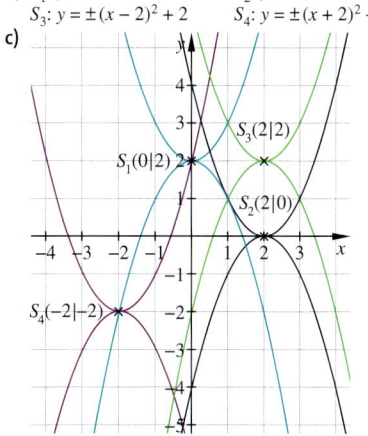

b) S_1: $y = \pm x^2 + 2$ S_2: $y = \pm(x-2)^2$
S_3: $y = \pm(x-2)^2 + 2$ S_4: $y = \pm(x+2)^2 - 2$
c)

5 a) $S(1{,}5|0)$ b) $S(-1{,}5|0)$
c) $S(-0{,}5|-2)$ d) $S(0{,}5|1)$

5 a) $P_1(3|\mathbf{11})$ oder $P_1(3|\mathbf{-7})$
b) $P_2(-3|\mathbf{11})$ oder $P_2(3|\mathbf{-7})$
c) $P_3(\mathbf{4}|18)$ oder $P_3(-\mathbf{4}|18)$

6 a) $S(4|5)$ b) $y = -\frac{5}{16}(x-4)^2 + 5$ c) Sprunghöhe bei $x = 2$ m: $3{,}75$ m   Sprunghöhe bei $x = 5$ m: $4{,}6875$ m

7 a) 2 b) 0
c) 2 d) 1

7 a) $x_1 = -2; x_2 = 2$ b) keine Nullstellen
c) $x_1 = 1; x_2 = 5$ d) $x = -2$

8 a)–c) f: $S(-1|-2); x_1 = -2; x_2 = 0; a = 2; y = 2 \cdot (x+1)^2 - 2$ g: $S(-3|-2); x_1 = -4; x_2 = -2; a = 2; y = 2 \cdot (x+3)^2 - 2$
h: $S(1|3); x_1 = 0; x_2 = 2; a = -3; y = -3 \cdot (x-1)^2 + 3$ i: $S(0|3); x_1 = -1; x_2 = 1; a = -3; y = -3x^2 + 3$

9 a) Die Brücke ist 4 m hoch.
c) Der Bogen ist jeweils 3 m von der Mitte entfernt genau 3 m hoch.
b) Der Bogen hat eine Spannweite von 12 m.
d) Die Strebe ist ca. 8,05 m lang.

10 a) $y = x^2 - 6x + 11$ b) $y = 2x^2 - 8x + 9$
c) $y = -x^2 - 2x - 3$ d) $y = \frac{1}{2}x^2 - 2x + 6$

10 a) $2x^2 - 8x + 8{,}5$ b) $-4x^2 + 32x - 64$
c) $\frac{2}{3}x^2 + 4x$ d) $-0{,}2x^2 - 1{,}6x - 3{,}2$

11 a) $y = (x+2)^2 - 4; x_1 = -4; x_2 = 0$
b) $y = x^2 - 4; x_1 = -2; x_2 = 2$
c) $y = (x+1)^2 - 16; x_1 = -5; x_2 = 3$

11 a) $y = 2 \cdot (x+1)^2; x = -1$
b) $y = 3 \cdot (x-1{,}5)^2 + 18{,}75; x_1 = -1; x_2 = 4$
c) $y = \frac{1}{2} \cdot (x+3)^2 - 4{,}5; x_1 = -6; x_2 = 0$

12 a) y steigt für $x \geq -4$ b) y steigt für $x \geq -3$
c) y steigt für $x \leq -2{,}5$ d) y steigt für $x \leq -1{,}53$

12 $y = \frac{10}{3}x^2$

13 $y = -0{,}01x^2 + 73$ Am Boden werden ca. 170,88 m überspannt.

177

Teste dich!

1 a) $S(3|2)$; nach oben geöffnet; normal; keine Nullstellen
b) $S(-2|0)$; nach unten geöffnet; gestreckt; eine Nullstelle
c) $S(0|-4)$; nach oben geöffnet; gestaucht; zwei Nullstellen

1 a) $S(-1,5|1)$; nach unten geöffnet; normal; zwei Nullstellen
b) $S(0|-5)$; nach oben geöffnet; gestreckt; zwei Nullstellen
c) $S(2|3)$; nach oben geöffnet; gestaucht; keine Nullstellen
d) $S(-5|0)$; nach unten geöffnet; gestaucht; eine Nullstelle

2 a)

x	0	0,5	1	1,5	2	2,5
y	0	0,5	2	4,5	8	12,5

b)

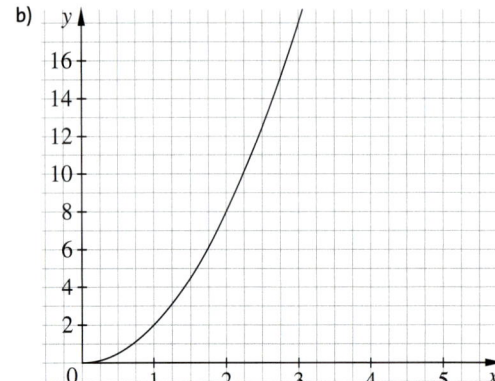

2 a)

v in $\frac{km}{h}$	0	50	100	150	200	250
s in m	0	192,8	771,0	1 734,8	3 084,0	4 818,8

b)

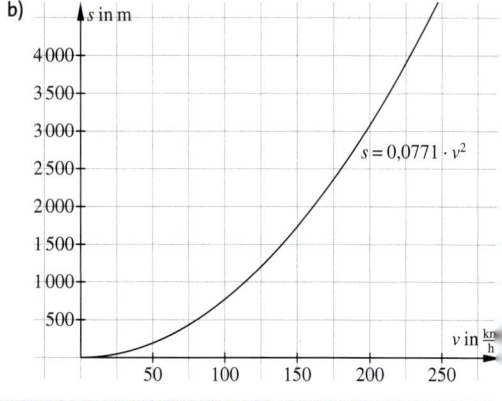

$s = 0{,}0771 \cdot v^2$

3 a) f: $S(-2|2)$; g: $S(3|0)$; h: $S(0|1)$
b) f: $y = (x+2)^2 + 2$; g: $y = (x-3)^2$; h: $y = x^2 + 1$
c) f: $y = x^2 + 4x + 6$; g: $y = x^2 - 6x + 9$; h: $y = -x^2 - 1$

3 gelb: $S(-4,5|-2)$; $y = -1,5(x+4,5)^2 - 2$;
$\quad\quad y = -1,5x^2 - 13,5x - 32,375$
blau: $S(-2|-3)$; $y = 1,5(x+2)^2 - 3$; $y = 1,5x^2 + 6x + 3$
grün: $S(2|5)$; $y = -0,5(x-2)^2 + 5$; $y = -0,5x^2 + 2x + 7$
rot: $S(3|-4)$; $y = 2(x-3)^2 - 4$; $y = 2x^2 - 12x + 14$

4 a) x_1 ist Nullstelle, denn $(3-3)^2 = 0$.
$\quad\;\, x_2$ ist keine Nullstelle, denn $(-3-3)^2 = 36 \neq 0$.
b) x_1 ist keine Nullstelle, denn $(2+2)^2 + 5 = 21 \neq 0$.
$\quad\;\, x_2$ ist keine Nullstelle, denn $(-2+2)^2 + 5 = 5 \neq 0$.
c) x_1 ist Nullstelle, denn $(4-4)(4+2) = 0$.
$\quad\;\, x_2$ ist keine Nullstelle, denn $(2-4)(2+2) = -8 \neq 0$.

4 a) x_1 ist keine Nullstelle, denn $0,7(2,5+2,5)^2 = 17,5 \neq 0$.
$\quad\;\, x_2$ ist Nullstelle, denn $0,7(2,5-2,5)^2 = 0$.
b) x_1 ist keine Nullstelle, denn $-(0,5+1)^2 + 0,25 = 2 \neq 0$.
$\quad\;\, x_2$ ist Nullstelle, denn $-(-0,5+1)^2 + 0,25 = 0$.
c) x_1 ist Nullstelle, denn $2^2 + 2 - 6 = 0$.
$\quad\;\, x_2$ ist Nullstelle, denn $(-3)^2 + (-3) - 6 = 0$.

5 a) Der Golfball fliegt 120 m weit.   **b)** Der Golfball erreicht eine maximale Höhe von 45 m.

Quadratische Gleichungen

Noch fit?

1 a) $x = 10$ **b)** $x = 10$ **c)** $x = 4$
d) $x = 3$ **e)** $x = -\frac{8}{5}$

1 a) $x = 2,5$ **b)** $x = 13$ **c)** $x = 2$
d) $x = 4$ **e)** $x = 6$

2 a) $x = 2$ ist Lösung **b)** $x = -2$ ist Lösung
c) $x_1 = -2$ und $x_2 = 2$ sind Lösungen Es gibt zwei Lösungen, weil $-2 \cdot (-2)$ und $2 \cdot 2$ das Gleiche ergibt.
d) $x = -2$ ist Lösung

2 a) $x = \frac{1}{2}$ ist Lösung **b)** $x = 2$ ist Lösung
c) $x_1 = 2$ und $x_2 = -2$ sind Lsg., denn bei Einsetzen von 2 bzw. von -2 ergeben sich auf der linken Seite die beiden Faktoren 3 und 1 bzw. -3 und -1, deren Produkt jeweils 3 ergibt.
d) $x = -2$ ist Lösung

3 a) $2(7a - 3b)$ **b)** $8m(8m + 3)$
c) $4x(5x - 9)$ **d)** $a^2 + 2ab + b^2$
e) $a^2 - 2ab + b^2$ **f)** $a^2 - b^2$

3 a) $4(t^2 + 4t + 3)$ **b)** $5(y^2 - 3 + 4y)$
c) $x^2 + 10x + 25$ **d)** $0,25(b^2 - 2b + 8)$
e) $x^2 - 49$ **f)** $y^2 - 8y + 16$

4 a) f: $y = 2x + 3$
$\quad\;\, g$: $y = \frac{2}{3}x - 1$
$\quad\;\, h$: $y = -\frac{1}{2}x + 4$
$\quad\;\, i$: $y = -\frac{3}{2}x + 6$

b) $x = -\frac{3}{2}$
$\quad\;\, x = \frac{3}{2}$
$\quad\;\, x = 8$
$\quad\;\, x = 4$

c) $S(-3|-3)$

$\quad\;\, S(2|3)$

5 a) 12 **b)** 8 **c)** 15
d) 13 **e)** 1,5 **f)** 2,5

5 a) $a \geq 0$ **b)** $a \geq 1$ **c)** a reelle Zahl
d) a reelle Zahl **e)** $|a| \geq 2$ **f)** $a > 0$

Klar so weit?

1 a), c), d), e) sind quadratische Gleichungen.

2 a) $x^2 = 20$ b) $x^2 = -50$
c) $x^2 = 10$ d) $x^2 = 100$
e) $x^2 = 16$ f) $x^2 = 53{,}5$
g) $x^2 = 6$ h) $x^2 = 32$

3 a) 0 b) 2 c) 1

4 z. B. $x^2 = -1$
Es gibt keine reelle Zahl, die mit sich selbst multipliziert eine negative Zahl ergibt.

5 a) $x_1 = -7; x_2 = 7$ b) $x_1 = -12; x_2 = 12$
c) $x_1 = -1{,}7; x_2 = 1{,}7$ d) keine Lösung
e) $y_1 = -3{,}1; y_2 = 3{,}1$ f) $s = 0$
g) keine Lösung h) $a_1 = -14; a_2 = 14$

6 Die Diagonale hat eine Länge von $80 \cdot \sqrt{2}$ cm ($\approx 113{,}14$ cm).

7 Die natürliche Zahl lautet 6.

8 a) $x(x + 3) = 0; x_1 = 0; x_2 = -3$
b) $(-12 + x) \cdot x = 0; x_1 = 12; x_2 = 0$
c) $x(x - 1{,}5) = 0; x_1 = 0; x_2 = 1{,}5$
d) $(5{,}5 - x) \cdot x = 0; x_1 = 5{,}5; x_2 = 0$

9 $(x + 7) \cdot x = 0; x_1 = 0; x_2 = -7$

10 a) $x_1 = -2; x_2 = 3$
Probe: $4 + 2 - 6 = 0$ w;
$9 - 3 - 6 = 0$ w
b) $x = -\frac{3}{2}$
Probe: $\frac{9}{4} - \frac{9}{2} + \frac{9}{4} = 0$ w;
c) $x_1 = -8; x_2 = 6$
Probe: $64 - 16 = 48$ w;
$36 + 12 = 48$ w
d) $x_1 = -3; x_2 = 7$
Probe: $45 + 60 + 20 = 125$ w;
$245 - 140 + 20 = 125$ w
e) $y_1 = -5; y_2 = 3$
Probe: $50 - 20 - 30 = 0$ w;
$18 + 12 - 30 = 0$ w
f) $t_1 = -\frac{5}{3}; t_2 = \frac{4}{3}$
Probe: $25 - 5 = 20$ w;
$16 + 4 = 20$ w

11 a) $D = 13$
b) $D > 0$, also gibt es zwei Lösungen.

12 Ⓐ gehört zu ③; Ⓑ gehört zu ①;
Ⓒ gehört zu ②; Ⓓ gehört zu ④.

13 a) $a_1 = -12{,}5; a_2 = 7{,}5$ b) $y_1 = 4; y_2 = 34$
c) $z_1 = 2; z_2 = 6$ d) $x_1 = 5; x_2 = -13$
e) $y_1 = 8; y_2 = -11$

14 a) $D = 484 > 0$, also 2 Lsg.; $a_1 = -34; a_2 = 10$
b) $D = -20 < 0$, also keine Lsg.
c) $D = 4 > 0$, also 2 Lsg.
d) $(b + 15) \cdot (b + 15) = 0$, also 1 Lsg.; $b = -15$

15 $(x - 4) \cdot x = 357$
Karina ist 17 Jahre alt, ihr Freund ist 21 Jahre alt.

---

1 a), c), d), e) sind quadratische Gleichungen.

2 a) $x^2 = 20$ b) $x^2 = 1{,}1$
c) $x^2 = 9$ d) $x^2 = 7$
e) $x^2 = 20$ f) $x^2 = 12{,}75$
g) $x^2 = 8$ h) $a^2 = 0{,}52$

3 a) z. B. $x^2 = 16$ b) $x^2 = 0$ c) z. B. $x^2 = -1$

4 $x^2 = 0{,}64$

5 a) $x_1 = -18; x_2 = 18$ b) $x_1 = -10; x_2 = 10$
c) $x_1 = -\frac{3}{11}; x_2 = \frac{3}{11}$ d) $x_1 = -3; x_2 = 3$
e) $y_1 = -13; y_2 = 13$ f) keine Lösung
g) $a_1 = -\frac{4}{5}; a_2 = \frac{4}{5}$ h) keine Lösung

6 Die Seitenlänge beträgt 2 cm.

7 Der Teppich hat einen Durchmesser von ca. 2,99 m und passt somit auf eine 3 m · 3 m große Fläche.

8 a) $x(x - 7{,}2) = 0; x_1 = 0; x_2 = 7{,}2$
b) $2x(-8 + x) = 0; x_1 = 0; x_2 = 8$
c) $0{,}9x(x - 6) = 0; x_1 = 0; x_2 = 6$
d) $-x(5 + 4x) = 0; x_1 = 0; x_2 = -\frac{5}{4} = -1{,}25$

9 $2x(x + 1) = 0; x_1 = 0; x_2 = -1$

10 a) $x_1 = -1{,}5; x_2 = 2{,}5$
Probe: $2{,}25 + 1{,}5 - 3{,}75 = 0$ w;
$6{,}25 - 2{,}5 - 3{,}75 = 0$ w
b) $x_1 = -2{,}5; x_2 = 2{,}1$
Probe: $6{,}25 - 1 = 5{,}25$ w;
$4{,}41 + 0{,}84 = 5{,}25$ w
c) $y_1 = 1{,}5; y_2 = 3{,}5$
Probe: $6{,}75 - 22{,}5 = -15{,}75$ w;
$36{,}75 - 52{,}5 = -15{,}75$ w
d) $z_1 = 0; z_2 = 20$
Probe: $0 = 0$ w;
$192 = 192$ w
e) $v_1 = -4; v_2 = 8$
Probe: $-8 - +16 = 0$ w;
$-32 + 16 + 16 = 0$ w
f) $s = -2$
Probe: $-16 + 32 = 16$ w;

11 a) $D = \frac{1}{4} - \frac{1}{a} = \frac{a-4}{4a}$
b) für $a = 4$ gibt es eine Lsg.
für $a > 4$ gibt es zwei Lsg.
für $a < 4$ gibt es keine Lsg.

12 a) $x^2 - 10x + 21 = 0$ b) $x^2 - x - 30 = 0$
c) $x^2 - 8x - 48 = 0$ d) $x^2 - 4x - 32 = 0$

13 a) $m_1 = -11; m_2 = 13$ b) $s_1 = -32; s_2 = -84$
c) $u = 48$ d) $v_1 = -\frac{47}{15}; v_2 = \frac{11}{5}$
e) $t_1 = 1; t_2 = -37$

14 a) $D = 144 > 0$, also 2 Lsg.; $u_1 = -11; u_2 = 13$
b) $(17 + n) \cdot (17 + n) = 0$, also 1 Lsg.
$n = -17$
c) $D = -4 < 0$, also keine Lsg.
d) $(u - 64) \cdot (u - 64) = 0$, also 1 Lsg.; $u = 64$

15 $\pi(r + 15) = 2\pi r^2$
Der ursprüngliche Radius hat eine Länge von ca. 36,21 cm.

Teste Dich!

1 a) $x_1 = -99$; $x_2 = 99$
b) $x_1 = -18,5$; $x_2 = 18,5$
c) $x_1 = -4$; $x_2 = 4$

2 a) z. B. $(x + 5)(x - 5) = 0$, also $x^2 = 25$
b) z. B. $x^2 = 0$

3 a) $x_1 = 11$; $x_2 = 0$; Probe: $(11 - 11) \cdot 11 = 0$ und
$(0 - 11) \cdot 0 = 0$
b) $x_1 = 0$; $x_2 = -3$; Probe: $0^2 + 3 \cdot 0 = 0$ und
$(-3)^2 + 3 \cdot (-3) = 9 - 9 = 0$

4 a) $x_1 = -13$; $x_2 = 4$
b) $x_1 = -8$; $x_2 = 7$
c) $x_1 = -5$; $x_2 = 3$

5 a) $a_1 = -34$; $a_2 = 10$
b) $z_1 = -9$; $z_2 = 81$

6 a) keine Lösung, weil $D = -25 < 0$
b) zwei Lösungen, weil $D = 4 > 0$
c) eine Lösung, weil $D = 0$

7 $x^2 + x^2 = 1\,600$ (Satz des Pythagoras)
Der Querschnitt hat eine Seitenlänge
von ca. 28,3 cm (genau $20 \cdot \sqrt{2}$ cm).

8 $a + b = 200$, also $b = 200 - a$ $a^2 + b^2 = 143^2$, also $a^2 + (200 - a)^2 = 143^2$
Das Spielfeld ist ca. 115 m lang und ca. 85 m breit.

1 a) $x_1 = -6,6$; $x_2 = 6,6$
b) $x_1 = -2,15$; $x_2 = 2,15$
c) $x_1 = -\sqrt{0,4} \approx -0,63$; $x_2 = \sqrt{0,4} \approx 0,63$

2 a) z. B. $(x - 1)(x + 2) = 0$, also $x^2 + x - 2 = 0$
b) z. B. $x^2 = -1$

3 a) $x_1 = 0$; $x_2 = 0,5$; Probe: $0^2 - 0,5 \cdot 0 = 0$ und
$0,5^2 - 0,5 \cdot 0,5 = 0$
b) $15x = 5x^2 \mid : 5 \mid -3x$; $x^2 - 3x = 0$; $x_1 = 0$; $x_2 = 3$;
Probe: $7 + 15 \cdot 0 = 5 \cdot 0^2 + 7$; $7 = 7$ und
$7 + 15 \cdot 3 = 5 \cdot 3^2 + 7$; $7 + 45 = 45 + 7$

4 a) $x_1 = -25,5$; $x_2 = 4$
b) $x_1 = -1$; $x_2 = 0,25$
c) $x_1 = -6$; $x_2 = 0,4$

5 a) $y_1 = -2$; $y_2 = 30$
b) $s_1 = \frac{640}{37} \approx 17,30$; $s_2 = \frac{1340}{37} \approx 36,22$

6 a) eine Lösung, weil $D = 0$
b) zwei Lösungen, weil $D = 99,5 > 0$
c) zwei Lösungen, weil $D = 1,44 > 0$
d) keine Lösung, weil $D = -0,26 < 0$

7 $x(x + 3) = 225$ (Satz des Pythagoras)
Die Katheten sind 9 cm und 12 cm lang.
Der Flächeninhalt des Dreiecks beträgt $A = 54 \text{ cm}^2$.

Potenzen und Wurzeln

Noch fit?

1 elftausendachthundertneunundachtzig
neun Millionen neunhundertsiebenundachtzigtausend-
dreihundertsiebenundvierzig
einhundertelf Milliarden fünfhundertdrei Millionen
zweitausenddreihundertsechsundachtzig

2 a) x^2 **b)** a^5
c) b^4 **d)** i^8

3 a) 1; 4; 25; $\frac{1}{4}$; 1; 0
b) 1; 2; 5; 10

4 a) Der Flächeninhalt des Quadrats beträgt $A = 49 \text{ cm}^2$.
b) Die Seitenlänge des Quadrats beträgt $a = 12$ cm.

5 a) $50\,000 \text{ mm}^2 < 5,55 \text{ m}^2 < 5050 \text{ m}^2 < 0,555 \text{ km}^2$
b) $2000 \text{ mm}^3 < 50\,000 \text{ cm}^3 < 64 \text{ dm}^3 < 33,5 \text{ m}^3$

6 $\mathbb{N}$: 35; $\sqrt{4}$; $\frac{8}{2}$ $\mathbb{Z}$: 0; -4; -11; -9

7 Länge: cm; m; dm; km
Fläche: km²; a; mm²; ha; cm²
Raummaß: cm³; dm³; l; m³; ml; mm³

1 vierhundertsechsundfünfzigtausenddreißig
achthundertneun Millionen dreißigtausendzweihundertfünf
dreihunderteins Milliarden siebenhundert Millionen
vierhunderttausendsechzig

2 a) z^3 **b)** m^6
c) $s^3 t^2$ **d)** $c^3 d^3$

3 a) 1; 8; 125; $\frac{1}{8}$; -1; 0
b) 1; 2; 3; 10

4 a) $a = 5$ cm; Zeichenübung Quadrat
b) Kreis mit $r \approx 2,82$ cm; Zeichenübung Kreis

5 a) $500\,000 \text{ mm}^2 < 5 \text{ m}^2\,55 \text{ cm}^2 < 500 \text{ m}^2 < 505 \text{ ha}$
b) $4,5 \text{ dm}^3 < 0,07 \text{ m}^3 < 77\,000\,000 \text{ mm}^3 < 0,000\,12 \text{ km}^3$

$\mathbb{Q}$: $\frac{2}{3}$; 0,75; $\frac{3}{8}$; $-0,001$; 6,5 $\mathbb{R}$: $\sqrt{5}$; $\sqrt[3]{2}$

7 Zeit: s; min; h; ms
Länge: mm; m; km; dm
Volumen: l; m³; cm³; ml
Fläche: cm²; dm²; ha; km²; a; m²
Gewicht; g; kg; mg; t

Klar so weit?

1 a) 32   b) -1 c) 256
d) $\frac{1}{8}$ e) $\frac{1}{16}$ f) $\frac{9}{25}$
g) $\frac{1}{125}$ h) $-\frac{1}{243}$ i) $\frac{1}{10\,000}$

1 a) 343   b) -243 c) $0,000\,064\,x^6$
d) $\frac{1}{121}$ e) $\frac{1}{16}$ f) $-\frac{1}{343}$
g) 100   h) $\frac{16}{81}m^4$ i) 8

2 a) $6^9 < 6^{10}$ b) $4^7 > 2^7$
c) $(-5)^3 = -5^3$ d) $-10^6 < (-10)^6$
e) $\frac{1}{3^4} = \left(\frac{1}{3}\right)^4$ f) $(4 \cdot 3)^2 > 4 \cdot 3^2$

2 a) $(-12)^4 > -12^4$ b) $-4x^8 < (-4x)^8$
c) $(2b)^6 > 22b^6$ d) $(0,5y)^2 = 0,25y^2$
e) $\frac{3^4}{7}t^4 > \left(\frac{3}{7}t\right)^4$ f) $-\frac{1}{5^3} = \left(-\frac{1}{5}\right)^3$

3

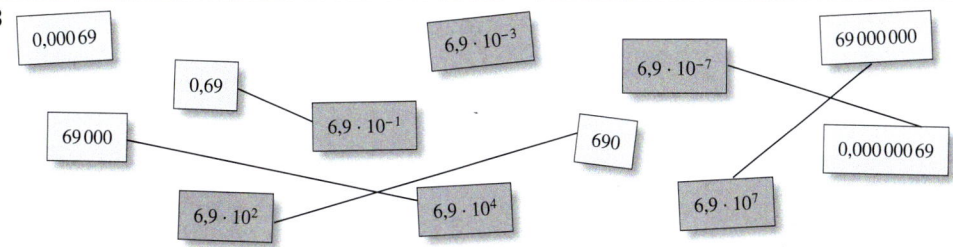

0,000\,69   6,9 · 10⁻³   69\,000\,000
0,69   6,9 · 10⁻⁷
6,9 · 10⁻¹   690   0,000\,000\,69
69\,000
6,9 · 10²   6,9 · 10⁴   6,9 · 10⁷

4 a) 5000   b) 1\,700\,000
c) 0,0003   d) 0,000075

4 a) 9\,760\,000   b) 500\,100\,000
c) 0,000\,154   d) 0,000\,000\,210\,45

5 a) $2,8 \cdot 10^9$ b) $8 \cdot 10^6$
c) $9,1 \cdot 10^{10}$ d) $4,3 \cdot 10^{-6}$
e) $1,12 \cdot 10^{-7}$ f) $5 \cdot 10^{-8}$

5 a) $6,34 \cdot 10^{10}$ b) $4 \cdot 10^{18}$
c) $5,8 \cdot 10^{15}$ d) $1,208 \cdot 10^{-2}$
e) $8,4 \cdot 10^{-8}$ f) $7,050 \cdot 10^{-5}$

6 a) 9   b) 16   c) 30   d) 0,6
e) 6   f) 0,3   g) 20   h) 0,5

6 a) 17   b) 1,9   c) 7   d) 0,5
e) 26   f) 2   g) 30   h) 0,1

7 a) 1,219   b) 2,498
c) 1,633   d) 4,583
e) 0,092   f) 0,311

7 a) $\frac{1}{3}$ b) $\frac{2}{3}$ c) $\frac{12}{11} = 1\frac{1}{11}$
d) $\frac{22}{19}$ e) $\frac{1}{4}$ f) $\frac{1}{22}$

8 a) 2   b) 9
c) 10   d) 5

8 a) $\sqrt[8]{a^7}$ b) $\sqrt[9]{b^4}$ c) $\frac{1}{\sqrt[4]{a^3}}$
d) $\frac{1}{\sqrt{a^3}}$ e) $-\sqrt[3]{a^7}$

9 a) $2^7 = 128$ b) $(-1)^7 = -1$
c) $\left(\frac{1}{4}\right)^5 = \frac{1}{1\,024}$ d) $25^2 = 625$

9 a) $2,5^5 = 97,65625$ b) $(-x)^4 = x^4$
c) $\left(\frac{b}{4}\right)^5 = \frac{b^5}{1\,024}$ d) $5^4 = 625$

10 a) $7^5 > 1$ b) $(-8)^3 < 1$
c) $\left(\frac{1}{2}\right)^3 < 1$ d) $0,5^{-3} = \left(\frac{1}{2}\right)^{-3} = 2^3 > 1$

10 a) $12^3 > 1$ b) $2^5 > 1$
c) $7^{-2} < 1$ d) $5,5 > 1$

11 a) $12^2 = 144$ b) $(-1)^3 = -1$ c) $18^2 = 324$

11 a) $\left(-\frac{1}{2}\right)^3 = -\frac{1}{8}$ b) $6^4 = 1\,296$ c) $(0,4a)^4 = 0,0256\,a^4$

12 $(-1)^9 = 1 < 0,1^5 = 0,000\,01 < 4^{-6} = \frac{1}{4\,096} < 6^4 = 1\,296 < (-3)^8 = 6\,561 < 5^6 = 15\,625$

13 a) rot: positiv, gerade
schwarz: positiv, ungerade
blau: negativ, ungerade
b) rot: symmetrisch zur y-Achse
schwarz und blau: punktsymmetrisch zu $(0|0)$
c) rot: $x < 0$ streng monoton wachsend
$x > 0$ streng monoton fallend
schwarz: streng monoton fallend
blau: $x \neq 0$ streng monoton fallend

13 rot: $x \in \mathbb{R}$; $y \in \mathbb{R}$; punktsymmetrisch zu $(0|0)$
$x_0 = 0$; streng monoton fallend
schwarz: $x \in \mathbb{R}$; $y \in \mathbb{R}$, $y \geq 0$;
symmetrisch zur y-Achse; $x_0 = 0$;
$x < 0$ streng monoton fallend,
$x > 0$ streng monoton wachsend
blau: $x \in \mathbb{R}$; $y \in \mathbb{R}$; punktsymmetrisch zu $(0|0)$
$x_0 = 0$; streng monoton fallend
schwarz: $x \in \mathbb{R}$, $x \neq 0$; $y \in \mathbb{R}$, $y > 0$;
symmetrisch zur y-Achse; keine Nullstelle;
$x < 0$ streng monoton wachsend,
$x > 0$ streng monoton fallend

Seite 78/79

14 Zu $f(x)$ gehören Q, T und U.
Zu $g(x)$ gehören P, R und S.
Zu $h(x)$ gehören P, R und S.

14
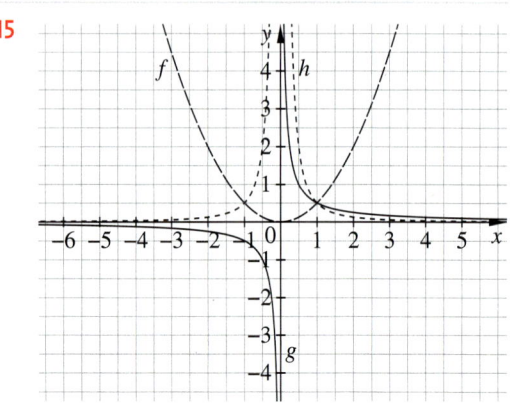

$y = -x^2$ $R(2|-4)$ Die Parabel ist nach unten geöffnet.

$y = -8x^{-2}$ $Q(2|-2)$ Der Funktionsgraph ist eine Hyperbel.

$y = \frac{1}{2}x^3$ $P(2|4)$ Der Funktionsgraph ist punktsymmetrisch.

15
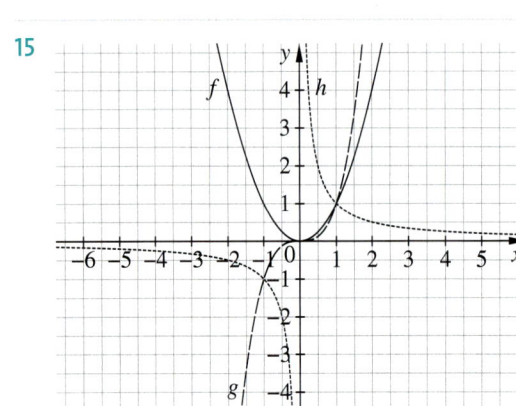

15

Seite 86

Teste Dich!

1 a) $3^5 = 243$ **b)** x^7
c) $(-4)^3 = -64$ **d)** $\left(\frac{1}{2}\right)^4 = \frac{1}{16}$

1 a) $0{,}1^4 = 0{,}0001$ **b)** $(-1{,}8)^3 = -5{,}832$
c) $\left(\frac{2}{5}\right)^5 = \frac{32}{3125}$ **d)** $(4v)^3 \cdot 6^3 = 64v^3 \cdot 216 = 13\,824\,v^3$

2 a) 5^3 **b)** 10^6 **c)** $(-2)^5$
d) $0{,}2^4$ **e)** 14^2 **f)** $(-6)^3$

2 a) 2^{10} **b)** $(-10)^7$ **c)** 3^6
d) $(-0{,}1)^5$ **e)** 2^8 **f)** 7^4

3 a) 8   **b)** 25   **c)** 0,0001
d) $\frac{1}{1024}$ **e)** $\frac{1}{2}$ **f)** $\frac{1}{16}$
g) -256 **h)** 5   **i)** 0,1

3 a) 343   **b)** -216 **c)** 0,0016
d) $\frac{27}{64}$ **e)** $\frac{1}{8}$ **f)** 0,064
g) 0,01   **h)** 8   **i)** $\frac{1}{27}$

4 a) 2   **b)** 5   **c)** 1
d) 6   **e)** $\approx 2{,}89$ **f)** $\approx 2{,}75$

4 a) 3   **b)** 40   **c)** 9
d) 3   **e)** $\approx 1{,}97$ **f)** $\approx 4{,}00$

5 a) 20 000   **b)** 0,000 005
c) $2{,}34 \cdot 10^{10}$ **d)** $2{,}8 \cdot 10^{-3}$

5 a) 35 000 000   **b)** 0,000 012
c) $7{,}705 \cdot 10^{10}$ **d)** $1{,}025 \cdot 10^{-6}$

6 an einem Tag: $3 \cdot 10^4 \frac{\text{m}}{\text{s}} \cdot 24 \cdot 3600\,\text{s}$
$= 2592 \cdot 10^6\,\text{m} = 2\,592\,000\,\text{km}$
in einem Jahr: $365 \cdot 2\,592\,000\,\text{km} = 946\,080\,000\,\text{km}$
In einem Jahr legt die Erde 946 080 000 km zurück.

6 t Zeit in h; $1\,\text{m} = 1{,}4 \cdot 10^{-4}\,\text{mm} \cdot t$
$t = 1000\,\text{mm} : (1{,}4 \cdot 10^{-4}\,\text{mm}) = 10\,000\,000 : 1{,}4$
Nach ca. 7 142 857,1 h (ca. 297 619 Tagen, etwa 815 Jahren)
ist der Tropfstein um 1 m gewachsen.

7 a) $1{,}5^2 = 2{,}25$ **b)** $9^3 = 729$ **c)** $20^3 = 8\,000$
d) $5^4 = 625$ **e)** $3^8 = 6561$
f) $40 + (-216) = -176$

7 a) $-40^3 = -64\,000$ **b)** $\left(\frac{1}{5}\right)^{-3} = \frac{1}{125}$
c) $9^3 = 729$ **d)** $(-15)^{-2} = \frac{1}{225}$
e) $(-2)^6 = 64$ **f)** $8^2 : 4^3 = 1$
g) $-625 : 125 - (-243 : 27) = 4$

8 a) $f(x) = 0{,}2x^3$ **b)** $f(x) = 2x^2$

8 a) $f(x) = -10x^3$ **b)** $f(x) = -3x^2$

Wachstum und Exponentialfunktionen

Noch fit?

Seite 88

1 a) $y = mx + b$

b) I $y = -2x + 3$ II $y = -x$ III $y = \frac{1}{3}x - 2$ IV $y = 3x + 6$ V $y = x - 5$

c) Der Graph IV hat die größte Steigung.

d) Die Steigung ist am Faktor m ablesbar.

e) In der Zeichnung ist das an einem sinkendem x zu erkennen, in der Gleichung am negativen Vorzeichen des Faktors m.

f)

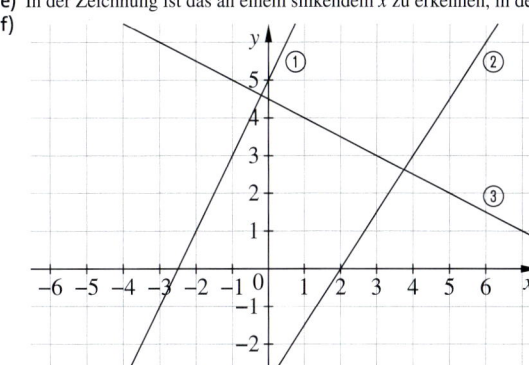

2

	Beispiel	a)	b)	c)	d)	e)	f)	g)	h)
Prozentsatz	50%	75%	30%	95%	110%	200%	120%	104%	88%
gekürzter Bruch	$\frac{1}{2}$	$\frac{3}{4}$	$\frac{3}{10}$	$\frac{19}{20}$	$\frac{11}{10}$	2	$\frac{6}{5}$	$\frac{26}{25}$	$\frac{22}{25}$
Hundertstel-Bruch	$\frac{50}{100}$	$\frac{75}{100}$	$\frac{3}{100}$	$\frac{95}{100}$	$\frac{110}{100}$	$\frac{200}{100}$	$\frac{120}{100}$	$\frac{104}{100}$	$\frac{88}{100}$
Dezimalbruch	0,50	0,75	0,3	0,95	1,1	2	1,2	1,04	0,88

3 a) 68,80 €   **b)** 132,30 €
c) 164,50 €   **d)** 5,60 €

3 a) $\approx 14\%$ **b)** $\approx 12,3\%$
c) $\approx 12,6\%$

4 a) $Z = 58,14$ €
b) $p\% = 35\%$
c) $K = 2\,105$ €

4 a) $Z = 1,45$ €; $K(\text{neu}) = 42,95$ €
b) $p\% = 2,5\%$; $K(\text{neu}) = 6\,765$ €
c) $K(\text{alt}) = 1\,970$ €; $K(\text{neu}) = 2\,206,40$ €

5 a) 1; 2; 4; 8; 16; 32; 64; 128; 256; 512; 1024   **b)** $1; \frac{1}{2}; \frac{1}{4}; \frac{1}{8}; \frac{1}{16}; \frac{1}{32}; \frac{1}{64}$ **c)** 7 (3; 4; 28; 12; 39)

Klar so weit?

Seite 110/111

1 a) Das Wachstum ist positiv.
b) Ja, das Wachstum ist linear.
c) $G_{12} = 0 + 5 \cdot 12 = 260$
Nach einem Jahr sind 260 € gespart.

1 a) Das Wachstum ist linear und positiv.
b) $G_n = 6 + 0,7 \cdot n$
c)

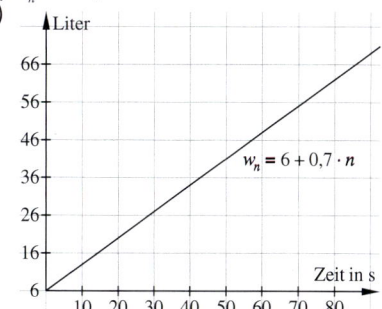

2 a) $q = 1,05$ **b)** $q = 0,88$
c) $p\% = 20\%$ **d)** $p\% = -7\%$

2 a) $q = 1,035$ **b)** $p\% = 2,5\%$
c) $q = 0,93$ **d)** $p\% = -9\%$

3 a) $q = 1{,}3$; $p\% = 30\%$
b) $q = 0{,}95$; $p\% = -5\%$
c) $q = 1{,}05$; $p\% = 5\%$
d) $q = 0{,}25$; $p\% = -75\%$

3

	G_0	G_1	$p\%$	q
a)	40 km	65 km	**62,5 %**	**1,625**
b)	3 000 €	**2 775 €**	−7,5 %	**0,925**
c)	**2,5 t**	3 t	20 %	1,2

4 a) 318,3624 **b)** 48

4 Es liegt kein exponentielles Wachstum vor, da der Wachstumsfaktor von Jahr zu Jahr variiert.

5 a) 2018 hatte der Verein 929 Mitglieder.
b) 2023 wird es etwa 718 Mitglieder geben.
c)

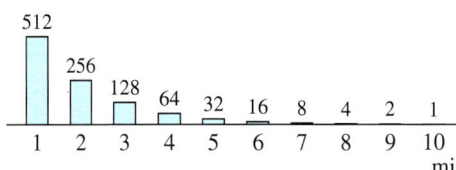

6 a) 3 Verdopplungszeiten; nach 4 Stunden sind es 960 Bakterien.
b) −2,25 Verdopplungszeiten; 3 Stunden vorher waren es etwa 25 Bakterien.

6 a) 0,5 Verdopplungszeiten; nach 3,25 Stunden sind es 3 720 Bakterien.
b) ca. 4,615 Verdopplungszeiten; 10 Stunden vorher waren es ca. 36 Bakterien.

7 a) $q = 0{,}5$
b)

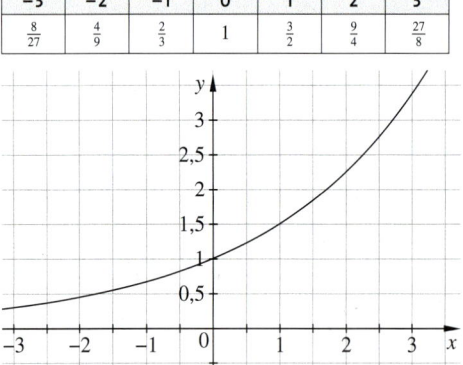

7 a) Nach 110 Minuten sind es $\frac{5}{32}$ g, also 0,156 25 g.
b) Nach 5 Stunden sind es ca $4 \cdot 10^{-4}$ g, also 0,000 4 g.
c) Nach 51 Minuten ist es noch 1 g.
Da es nach 44 Minuten noch 1,25 g und nach 66 Minuten nur noch 0,625 g sind, sollte der geschätzte Werte zwischen 44 und 66 Minuten liegen.

8 a) $f(x) = 3^x$ **b)** $f(x) = 1{,}5^x$

8 a) $f(x) = \left(\frac{1}{2}\right)^x$ **b)** $f(x) = \left(\frac{1}{5}\right)^x$

9 a)

−3	−2	−1	0	1	2	3
$\frac{8}{27}$	$\frac{4}{9}$	$\frac{2}{3}$	1	$\frac{3}{2}$	$\frac{9}{4}$	$\frac{27}{8}$

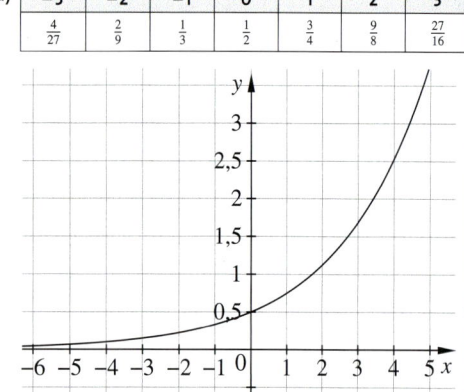

Der Graph steigt allmählich immer stärker an und verläuft immer oberhalb der x-Achse. Er geht durch den Punkt $(0\,|\,1)$.

9 a)

−3	−2	−1	0	1	2	3
$\frac{4}{27}$	$\frac{2}{9}$	$\frac{1}{3}$	$\frac{1}{2}$	$\frac{3}{4}$	$\frac{9}{8}$	$\frac{27}{16}$

Der Graph steigt allmählich immer stärker an und verläuft immer oberhalb der x-Achse. Er geht durch den Punkt $(0\,|\,0{,}5)$.

b)

–3	–2	–1	0	1	2	3
12	6	3	$\frac{3}{2}$	$\frac{3}{4}$	$\frac{3}{8}$	$\frac{3}{16}$

b)

–3	–2	–1	0	1	2	3
$\frac{4}{9}$	$\frac{2}{3}$	1	$\frac{3}{2}$	$\frac{9}{4}$	$\frac{27}{8}$	$\frac{81}{16}$

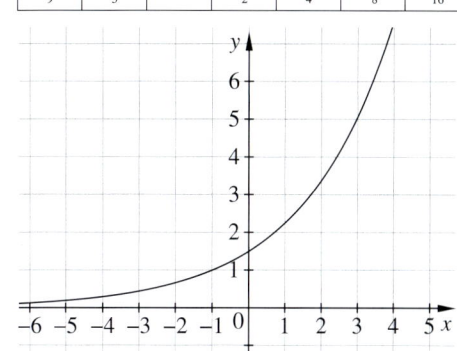

Der Graph fällt allmählich immer stärker und verläuft immer oberhalb der x-Achse. Er geht durch den Punkt $(0|1,5)$.

Der Graph steigt allmählich immer stärker an und verläuft immer oberhalb der x-Achse. Er geht durch den Punkt $(0|1,5)$.

10 a) 3 b) 2 c) 5 d) 5 e) 6 f) –4

10 a) 3 b) 4 c) 7 d) 9 e) –6 f) –3

11 a)

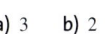

x	0,25	0,5	0,75	1	1,5	2	2,5
$f(x)$	–2	–1	–0,42	0	0,59	1	1,32

11 a)

x	0,25	0,5	0,75	1	1,5
$f(x)$	–0,86	–0,43	–0,18	0	0,25
$g(x)$	–0,77	–0,39	–0,16	0	0,23

x	2	2,5	3	3,5	4
$f(x)$	0,43	0,57	0,68	0,78	0,86
$g(x)$	0,39	0,51	0,61	0,70	0,77

x	4,5	5	6	7	8
$f(x)$	0,93	1	1,11	1,21	1,29
$g(x)$	0,84	0,90	1	1,09	1,16

b)

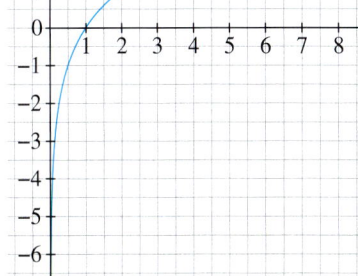

b)

c) Der Graph steigt, er hat eine Nullstelle bei $x = 1$ und die y-Achse ist Asymptote.

c) Beide Graphen verlaufen links von $x = 1$ unterhalb der x-Achse im negativen Bereich, haben eine Nullstelle bei $x = 1$ und sind steigend. Für $x > 1$ steigt der Graph von g stärker als der von f. Für $x < 1$ ist es umgekehrt. Die y-Achse ist Asymptote der beiden Graphen.

12 $4567\,€ \cdot 1,010\,35^x = 6481,47\,€$
$0,704\,624\,1 = 1,010\,35^x$
$x = \log_{1,010\,35}(0,704\,6241)$; also $x = 34$
Die Laufzeit beträgt 34 Jahre.

12 Nach 5 Jahren:
$3578\,€ \cdot 1,010\,27^5 \approx 3765,54\,€$
$3765,54\,€ \cdot 1,010\,39^5 = 4630,29\,€$
$1,010\,39^x = 1,229\,648\,3$
$\log_{1,010\,39} 1,229\,648\,3 \approx 20$
Die Geldanlage muss 25 Jahre bestehen.

Teste Dich!

1 **a)** ⑥ $y = 120 \cdot 2^x$ **b)** ④ $y = 5 + 0,75\,x$ **c)** ③ $y = 85 \cdot 0,5^x$ **d)** ⑤ $y = -3\,x^2$

2 **a)** $G_3 \approx 1511{,}65\,€$; $q = 1{,}08$
b) $G_0 \approx 300{,}130\,\text{kg}$; $p\% = -3\,\%$
c) $G_4 \approx 1036{,}8\,\text{m}$; $p\% = 20\,\%$

2 **a)** $G_0 \approx 192{,}9\,\text{g}$; $p\% = 6\,\%$
b) $p\% = 5{,}1\,\%$; $q = 1{,}051$
c) $G_5 \approx 44{,}37\,\text{h}$; $p\% = -15\,\%$

3 **a)** $206 \cdot 1{,}008^{10} \approx 223{,}086$
Im Jahr 2026 wird Brasilien etwa 223, 1 Mio. Einwohner haben.
b) Im Jahr 2000 lebten ca. 181 Mio. Menschen in Brasilien.
Im Jahr 1950 lebten ca. 121 Mio. Menschen in Brasilien.

3 **a)** 4 Halbwertszeiten; es sind noch 2,5 mg Koffein im Körper enthalten.
b) 3 Halbwertszeiten, also $10\,\tfrac{1}{2}$ Stunden; Herr Maier darf noch bis 12:30 h einen Espresso trinken.

4 **a)** 4   **b)** 3   **c)** 2
d) $\approx 2{,}209$ **e)** $\approx -7{,}99$ **f)** -1

4 **a)** 3   **b)** 5   **c)** alle Zahlen außer 0
d) $\approx 4{,}15$ **e)** $\approx -0{,}82$ **f)** ≈ -3

5

	−3	−2	−1	0	1	2	3
$f(x) = 1{,}5^x$	0,3	0,4	0,7	1	1,5	2,3	3,4
$f(x) = 1{,}5^{-x}$	3,4	2,3	1,5	1	0,7	0,4	0,3
$f(x) = 1{,}5^x + 2$	2,3	2,4	2,7	3	3,5	4,3	5,4

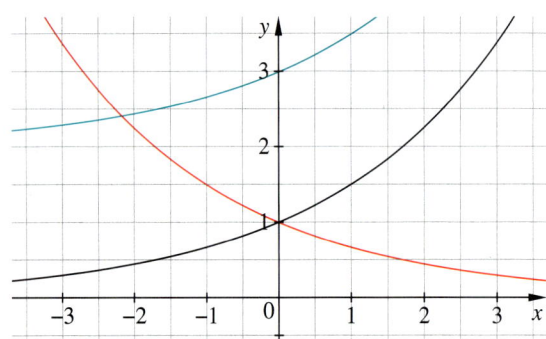

rot: $f(x) = 1{,}5^{-x}$
blau: $f(x) = 1{,}5^x + 2$
schwarz: $f(x) = 1{,}5^x$

6 **a)** $G_{10} = 1536\,°C \cdot 0{,}82^{10}$; $G_{10} = 211{,}12\,°C$
Nach zehn Stunden hat das Stück Eisen noch eine Temperatur von ca. 211 °C.
b) $95\,°C = 1536\,°C \cdot 0{,}82^x$; $95\,°C = 1536\,°C \cdot 0{,}82^x$;
$0{,}061\,848\,9 = 0{,}82^x$; $\log_{0,82}(0{,}061\,848\,9) = 14{,}02\ldots$
Nach 14 Stunden ist das Eisenstück auf 95 °C abgekühlt.

6 **a)**

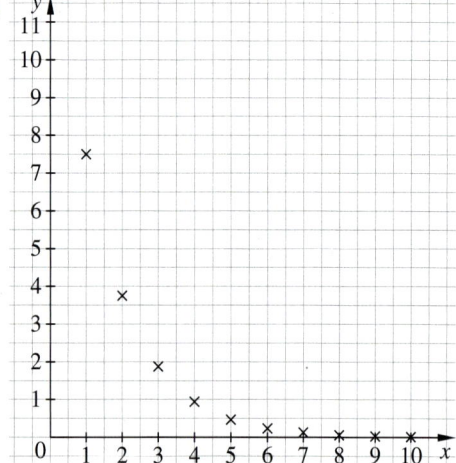

Punkte nicht verbunden, weil es keine Zwischenwerte gibt, der Ball kann z. B. nicht 1,5-mal aufgeprallt und wieder hochgesprungen sein
b) $f(x) = 15 \cdot 0{,}5^x$ Exponentialgleichung
c) Der Ball muss viermal aufprallen.
$0{,}937\,5 = 15 \cdot 0{,}5^x \mid :15$ $0{,}062\,5 = 0{,}5^x$;
$x = \log_{0,5}(0{,}062\,5)$; $x = 4$

Trigonometrie

Noch fit?

Seite 118

1 a) … 180°.
   b) … α gegenüber.

1 a) … zwei…
   b) … spitze…

2 a)

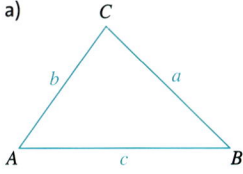

   b)

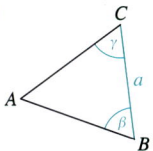

2 a)

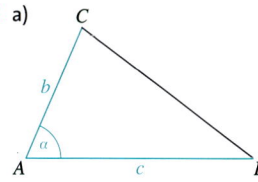

   b)

3 Zeichen- und Markierungsübung

3 Zeichen- und Markierungsübung

4

	a	b	c	A
a)	3 cm	4 cm	**5 cm**	**6 cm²**
b)	5 cm	**12 cm**	13 cm	**30 cm²**

4 a) $c = 12{,}5$ cm; $A = 37{,}5$ cm²
   b) $b = 6$ m; $A = 7{,}5$ m²
   c) $a = 9$ cm; $c = 41$ cm

5 a) rechtwinklig
   b) nicht rechtwinklig
   c) nicht rechtwinklig

5 a) nicht rechtwinklig
   b) nicht rechtwinklig
   c) rechtwinklig

6 $x = 10$ cm

6 $x = 5{,}4$ cm

Klar so weit?

Seite 130/131

1 a) falsch; c ist die Hypotenuse des rechtwinkligen Dreiecks und a ist die Ankathete von β.
   b) wahr   **c)** wahr
   d) falsch; b ist die Ankathete von α und b ist die Gegenkathete von β.
   e) wahr

2 a) $\sin \alpha = \frac{y}{z}$

   b) $\cos \gamma = \frac{d}{b}$; $\sin \delta = \frac{d}{b}$; $\tan \delta = \frac{d}{c}$; $\tan \gamma = \frac{c}{d}$

3 a) ① $\frac{a}{c}$;   ② $\frac{a}{c}$ **b)** ① $\frac{b}{c}$;   ② $\frac{b}{a}$

3 a) ① $\sin \beta$;   ② $\cos \beta$
   b) ① $\sin \varphi$;   ② $\tan \varphi$

4 $\tan \alpha = \frac{\frac{e}{2}}{\frac{e}{2}} = \frac{a}{a} = 1$

$\sin \alpha = \frac{\frac{e}{2}}{a} = \frac{a}{e}$

$\cos \alpha = \frac{\frac{e}{2}}{a} = \frac{a}{e}$

4 $\tan \alpha = \frac{h}{\frac{a}{4}}$; $\tan \delta_1 = \frac{\frac{a}{4}}{h}$

$\sin \alpha = \frac{h}{b}$; $\sin \delta_1 = \frac{\frac{a}{4}}{b}$

$\cos \alpha = \frac{\frac{a}{4}}{b}$ $\cos \delta_1 = \frac{h}{b}$

5 a) $b = 2{,}3$ cm; $c = 4{,}6$ cm
   b) $d = 8{,}9$ cm; $f = 6{,}6$ cm

5 a) $a = 1{,}5$ cm; $b = 6{,}9$ cm; $\gamma = 77{,}4°$
   b) $y = 9{,}7$ cm; $z = 11{,}2$ cm; $\gamma = 49{,}1°$

6 a) $a = 6{,}7$ cm   **b)** $a = 7{,}4$ cm

6 a) $a = 39{,}8$ m   **b)** $b = 5{,}5$ cm

7 $\alpha = 71°$

7 $\alpha = 51{,}8°$; $\gamma = 76{,}4°$

Seite 130/131

8 a) $\alpha_1 = 31°$; $\gamma_1 = 59°$

   b) $b = 7{,}2\,\text{cm}$

9

	α	β	γ	a	b	c
a)	$\approx 37{,}5°$	$\approx 52{,}5°$	$90°$	$\approx 3{,}5$	$4{,}6$	$5{,}8$
b)	$\approx 39{,}7°$	$\approx 50{,}3°$	$90°$	$3{,}9$	$\approx 4{,}7$	$6{,}1$
c)	$\approx 67{,}7°$	$90°$	$\approx 22{,}3°$	$7{,}4$	8	$\approx 3{,}0$
d)	$\approx 57{,}1°$	$90°$	$\approx 32{,}9°$	$4{,}8$	$\approx 5{,}7$	$3{,}1$
e)	$90°$	$\approx 16{,}1°$	$\approx 73{,}9°$	$5{,}4$	$1{,}5$	$\approx 5{,}2$
f)	$90°$	$\approx 16{,}4°$	$\approx 73{,}6°$	$\approx 7{,}1$	2	$6{,}8$

10 Das Gelände steigt in einem Winkel von ca. $1{,}9°$ an.

11 a) $\tan 30° = \frac{h}{4}$; $h \approx 2{,}3\,\text{m}$

   b) $\cos 30° = \frac{4}{d}$; $d \approx 4{,}62$

    Die Dachsparren sind $5{,}07\,\text{m}$ lang.

8 a) $\tan\frac{\alpha}{2} = \frac{f}{e}$; $\tan\frac{\beta}{2} = \frac{e}{f}$

   b) $\tan\frac{\alpha}{2} \approx 0{,}044$; $\tan\frac{\beta}{2} \approx 0{,}007$

   c) $\alpha \approx 136{,}4°$; $\beta \approx 43{,}6°$

9 a) $b \approx 28{,}5\,\text{cm}$; $c \approx 31{,}2\,\text{cm}$

   b) $a \approx 7{,}4\,\text{cm}$; $c \approx 17{,}5\,\text{cm}$

   c) $a \approx 75{,}1\,\text{cm}$; $c \approx 83{,}5\,\text{cm}$

   d) $a \approx 56{,}0\,\text{cm}$; $b \approx 16{,}1\,\text{cm}$

   e) $b \approx 3{,}0\,\text{cm}$; $c \approx 3{,}9\,\text{cm}$

   f) $b \approx 1{,}2\,\text{cm}$; $a \approx 3{,}1\,\text{cm}$

10 Der Steigungswinkel hat eine durchschnittliche Größe von ca. $13{,}2°$.

11 $\alpha \approx 36{,}9°$; $\beta \approx 53{,}1°$; $h = 3\,\text{m}$

    Der Dachbalken ist $3\,\text{m}$ hoch.

Seite 130

Teste Dich!

1 $\tan\alpha = \frac{a}{b}$; $\tan\beta = \frac{b}{a}$

   $\sin\alpha = \frac{a}{c}$; $\sin\beta = \frac{b}{c}$

   $\cos\alpha = \frac{b}{c}$; $\cos\beta = \frac{a}{c}$

2

	a)	b)	c)
α	$45°$	$52°$	$50°$
β	$45°$	$38°$	$40°$
γ	$90°$	$90°$	$90°$
a	$4\,\text{cm}$	$\approx 4{,}5\,\text{cm}$	$4{,}5\,\text{cm}$
b	$4\,\text{cm}$	$3{,}5\,\text{cm}$	$\approx 3{,}8\,\text{cm}$
c	$\approx 5{,}7\,\text{cm}$	$\approx 5{,}7\,\text{cm}$	$\approx 5{,}9\,\text{cm}$

3 $\tan 65° = \frac{h}{4{,}5\,\text{cm}}$, also $h \approx 9{,}65\,\text{cm}$

   Die Höhe beträgt ca. $9{,}65\,\text{m}$.

4 a) $\cos\alpha = \frac{1{,}2\,\text{m}}{4{,}2\,\text{m}}$, also $\alpha \approx 73{,}4°$

    Der Winkel hat eine Größe von ca. $73{,}4°$.

   b) $\sin 73{,}4° = \frac{h}{4{,}2\,\text{m}}$, also $h \approx 4{,}02\,\text{m}$

    oder $4{,}2^2 = 1{,}2^2 + h^2$ (Satz des Pythagoras)

    Die Leiter reicht bis zu einer Höhe von ca. $4{,}02\,\text{m}$.

5 $\sin 27° = \frac{h}{25}\,\text{m}$, also $h \approx 11{,}35\,\text{m}$

   Angenommen, Klara hält ihre Hand auf einer Höhe von $0{,}90\,\text{m}$, dann fliegt der Drachen in einer Höhe von ca. $12{,}25\,\text{m}$.

1 $\tan\beta = \frac{z}{y}$; $\tan\gamma = \frac{y}{z}$

   $\sin\beta = \frac{z}{x}$; $\sin\gamma = \frac{y}{x}$

   $\cos\beta = \frac{y}{x}$; $\tan\gamma = \frac{z}{x}$

2

	a)	b)	c)
α	$50°$	$49°$	$90°$
β	$40°$	$90°$	$\approx 61{,}6°$
γ	$90°$	$41°$	$\approx 29{,}4°$
a	$\approx 6{,}9\,\text{cm}$	$3{,}7\,\text{cm}$	$7\,\text{cm}$
b	$4\,\text{cm}$	$\approx 4{,}9\,\text{cm}$	$6{,}1\,\text{cm}$
c	$\approx 9{,}0\,\text{cm}$	$\approx 3{,}2\,\text{cm}$	$3{,}4\,\text{cm}$

3 $(a + c) : 2 = 2{,}4\,\text{cm}$

   $\tan 53{,}13° = \frac{h}{2{,}4\,\text{cm}}$, also $h \approx 3{,}2\,\text{cm}$

   Die Höhe beträgt ca. $3{,}2\,\text{m}$.

4 a) $\tan 60° = \frac{6\,\text{m}}{h}$, also $h \approx 3{,}46\,\text{m}$

    Das Haus hat eine Gesamthöhe von ca. $10{,}96\,\text{m}$.

   b) $\sin 60° = \frac{6\,\text{m}}{s}$, also $s \approx 6{,}93\,\text{m}$

    oder $s^2 = 6^2 + 3{,}46^2$ (Satz des Pythagoras)

    Die Dachsparren sind ca. $7{,}33\,\text{m}$ lang.

Trigonometrische Funktionen

Seite 140

Noch fit?

1 a) $m = 2$ b) $m = 5$ c) $m = \frac{1}{2}$

   d) $m = -2{,}5$ e) $m = 1$ f) $m = -3$

1 a) $m = 5{,}5$ b) $m = -\frac{13}{3} = -4\frac{1}{3}$

   c) $m = -\frac{4{,}9}{4{,}7} \approx -1{,}04$

2 a) quadratisch

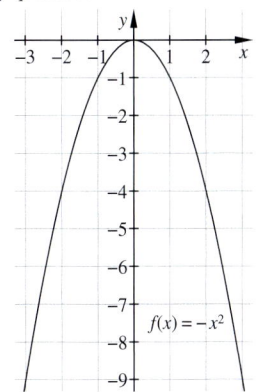

b) linear

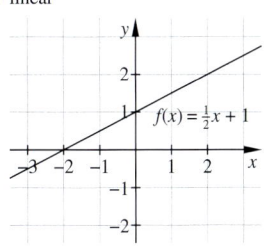

c) quadratisch

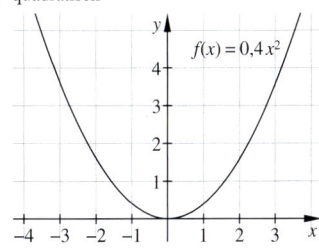

d) linear

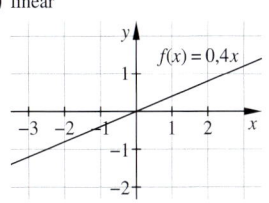

2 $f(x) = x^2 - 1$ Jeder Zahl wird das Produkt aus ihrem Vor-
    $Q(4|15)$ gänger und ihrem Nachfolger zugeordnet.

   $g(x) = x^2 - 2$ Jeder Seitenlänge eines Quadrats wird der
    $R(3|7)$ um zwei verminderte Flächeninhalt des
         Quadrats zugeordnet.

   $h(x) = x^2 + 1$ Jeder Zahl wird ihr um eins erhöhtes Quad-
    $P(4|17)$ rat zugeordnet.

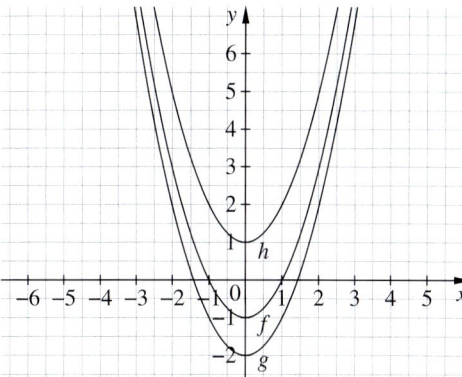

3 a) Der Graph steigt für $x \geq -2$. $S(-2|3)$
b) Der Graph steigt für $x \leq 3$. $S(3|4)$
c) Der Graph steigt für $x \geq 4$. $S(4|-1)$

3 a) Der Graph steigt für $x \leq 0$ und fällt für $x \geq 0$.
b) Der Graph steigt für $x \leq -1$ und fällt für $x \geq -1$.
c) Der Graph fällt für $x \leq -1,5$ und steigt für $x \geq -1,5$.

4 a) ① $\sin \alpha = \frac{a}{c}$ ② $\sin \alpha = \frac{a}{b}$ ③ $\sin \beta = \frac{b}{a}$

  $\sin \beta = \frac{b}{c}$ $\sin \gamma = \frac{c}{b}$ $\sin \gamma = \frac{c}{a}$

b)

	α	β	γ	a	b	c
①	**30°**	**60°**	90°	3 cm	**≈ 5,2 cm**	6 cm
②	**≈ 44,4°**	**≈ 45,6°**	90°	**≈ 4,9 cm**	5 cm	7 cm
③	**≈ 41,6°**	**≈ 48,4°**	90°	4,0 cm	4,5 cm	**≈ 6,0 cm**
④	90°	**≈ 20,5°**	**≈ 69,5°**	8,3 cm	2,9 cm	**≈ 7,8 cm**

Klar so weit?

1 a) periodisch; Die Periode beträgt 4.
b) Nicht periodisch, da die Kurve abflacht.

1 Bei beiden EKG-Aufnahmen wiederholen sich die Werte und es gibt Hoch- und Tiefpunkte. a) ist periodisch, bei b) gibt es auch nicht periodische Abschnitte.

2 a) z. B. $\alpha = 25°$; $\alpha = 155°$ b) z. B. $\alpha = 36°$; $\alpha = 144°$
c) z. B. $\alpha = 16°$; $\alpha = 164°$ d) z. B. $\alpha = -85°$; $\alpha = -95°$
e) z. B. $\alpha = -123°$; $\alpha = -57°$ f) z. B. $\alpha = 231°$; $\alpha = -51°$

2 0°; 180°; 900°   Vielfache von 180°
45°; 405°; 765°   Differenz jeweils 360°
25°; 385°; 1465°   Differenzen sind Vielfache von 360°

3 Zeichenübung
a) Nullstellen bei $\alpha = 0°$, $\alpha = 180°$ und $\alpha = 360°$
b) größter Wert 1, kleinster Wert −1

3 Zeichenübung
a) Nullstellen bei $\alpha = -180°$, 0°, 180° und 360°
b) Der Graph ist punktsymmetrisch zum Ursprung.

4 a) $\frac{\pi}{2} \approx 1{,}571$ b) $\frac{\pi}{6} \approx 0{,}524$ c) $\frac{3}{4}\pi \approx 2{,}356$
d) $\frac{5}{6}\pi \approx 3{,}142$ e) $\approx 0{,}960$ f) $\approx 5{,}498$

4 a) $\frac{\pi}{3} \approx 1{,}047$ b) $\frac{5}{12}\pi \approx 1{,}309$ c) $\approx 3{,}299$
d) $\approx 4{,}276$ e) $\approx 6{,}719$ f) $\approx 13{,}177$

5 a) 90°   b) 720°   c) 270°

5 a) 45°   b) 108°   c) 450°

6 a) 0   b) 1
c) 0   d) −1
e) 0   f) 0

6 a) w; $\sin(x)$ ist punktsymmetrisch, somit gilt $\sin(-x) = -\sin(x)$ für alle x.
b) f; $\sin(x)$ ist punktsymmetrisch, somit gilt $\sin(-x) = -\sin(x)$ für alle x.
c) w; $\sin(x)$ ist punktsymmetrisch, somit gilt $\sin(-x) = -\sin(x)$ für alle x.

7 a) $f(\alpha) = 2 \cdot \sin(\alpha)$
b) $f(\alpha) = \sin(\alpha) + 0{,}75$

7 a) $f(\alpha) = \sin(3\alpha)$
b) $f(\alpha) = 3 \cdot \sin(\alpha) + 1$

8 a) mit 2 in Richtung der y-Achse gestreckt
b) mit 3 in Richtung der y-Achse gestreckt
c) mit 5 in Richtung der y-Achse gestreckt
d) mit 0,5 in Richtung der y-Achse gestaucht

8 a) mit 4 in Richtung der y-Achse gestreckt
b) mit 2,5 in Richtung der y-Achse gestreckt
c) mit 0,25 in Richtung der y-Achse gestaucht
d) mit 1,5 in Richtung der y-Achse gestreckt

9 a) wahr   b) falsch
c) wahr   d) falsch

9 a) $\cos(80°) > \cos(100°)$
b) $\cos(32°) = \cos(-32°)$
c) $\cos(5°) > \cos(275°)$
d) $\cos(240°) < \cos(260°)$

10 $y = \cos(x) - 2$

10 $y = 0{,}5\cos(x)$

11 Zeichenübung im Koordinatensystem: Graph der Kosinusfunktion an der x-Achse gespiegelt; Tiefpunkte bei 0 und 2π; Hochpunkt bei π

11 Zeichenübung im Koordinatensystem: Graph der Kosinusfunktion um 1,5 nach unten verschoben

Teste Dich!

1 a) periodisch mit Periodenlänge 4 h; Zeit → Position des Satelliten (z. B. als Winkel)
b) nicht periodisch; Zeit → Lademasse des Lkw
c) periodisch mit Periodenlänge 30 min; Zeit → Position der Gondel (z. B. als Entfernung zur Talstation)
d) nicht periodisch; Zeit → gefahrene Kilometer (oder Entfernung zum Zielbahnhof)

2 Zeichenübung im Koordinatensystem
Periodenlänge 360°; Wertebereich zwischen −1 und 1;
Nullstellen bei $\alpha = -90°$, $\alpha = 90°$,
$\alpha = 270°$ und $\alpha = 450°$; symmetrisch zur y-Achse

2 Zeichenübung im Koordinatensystem, siehe S. 150, Lesen und Verstehen
Gemeinsamkeiten: periodische Funktionen mit Periodenlänge 360°, Wertebereich zw. −1 und 1
Unterschiede: Nullstellen der Sinusfunktion bei $\alpha = k \cdot 180°$;
Nullstellen der Kosinusfunktion bei $\alpha = 90° + k \cdot 180°$;
Punktsymmetrie zum Ursprung bei der Sinusfunktion;
y-Achsensymmetrie bei der Kosinusfunktion

3 a) 0   b) 0,5   c) −1   d) −1   e) 0   f) 0

3 a) 1   b) 0,5   c) 0   d) −1   e) 0   f) −1

4 a) ..., −180°, 0°, 180°, 360°, ...
b) ..., −360°, 0°, 360°, 720°, ...

4 a) ..., −30°, 210°, 330°, 570°, ...
b) ..., −60°, 60°, 300°, 420°, ...

5 a) $\cos(\alpha) = \cos(\alpha + k \cdot 360°)$ für ganze k
b) $\sin(\alpha) = \cos(\alpha - 90°)$

5 a) $\cos\left(\frac{\pi}{2} + n \cdot \pi\right) = 0$ für jede ganze Zahl n
b) $\sin(-x) = \cos(x + \pi)$

6

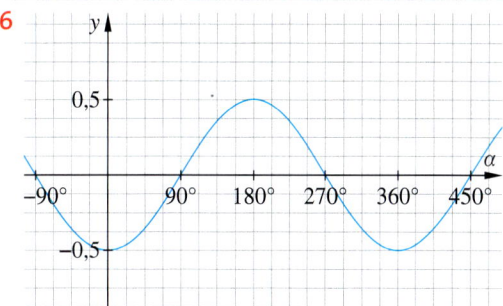

6

7 Nein, die dargestellten Funktionsgraphen sind in Form und Lage veränderte Sinusfunktionen:
$f(x) = \sin(2x)$ $g(x) = 3\sin(x) + 1$
$h(x) = \sin(x) - 1{,}5$

7 Die Funktionsgleichung ③ passt näherungsweise, denn es handelt sich um eine Kosinusfunktion (Hochpunkt bei $x = 0$), die um 0,25 nach oben verschoben und mit dem Faktor 1,25 in y-Richtung gestreckt wurde.

Der Übergang in die Oberstufe

Rechnungen ohne Hilfsmittel

1 a) $\frac{6}{7}$ **b)** $\frac{2}{9}$ **c)** 1   **d)** $\frac{1}{4}$ **e)** $2\frac{1}{2}$ **f)** $\frac{7}{6} = 1\frac{1}{6}$ **g)** $\frac{3}{4} = 0{,}75$ **h)** $\frac{8}{11}$

2 a) $\frac{11}{5}$ **b)** $\frac{15}{4}$ **c)** $\frac{13}{7}$ **d)** $\frac{14}{3}$ **e)** $\frac{15}{6} = \frac{5}{2}$ **f)** $\frac{48}{9} = \frac{16}{3}$ **g)** $5\frac{2}{5}$ **h)** $8\frac{3}{4}$ **i)** 6

3 a) $\frac{6}{11}$ **b)** $\frac{8}{15}$ **c)** 1   **d)** $\frac{15}{4} = 3\frac{3}{4}$ **e)** $\frac{3}{2}$ **f)** $\frac{1}{6}$ **g)** 14   **h)** $\frac{1}{6}$

4 a) >   **b)** >   **c)** =   **d)** <   **e)** >   **f)** <   **g)** <   **h)** >

5 a) $\frac{4}{26} < \frac{1}{6} < \frac{4}{13} < \frac{1}{2} < \frac{9}{13} < \frac{5}{6} < 1{,}2 = \frac{6}{5} < 2\frac{1}{4} < \frac{124}{40} < 6{,}7 < 7 < 7\frac{3}{5} = 7{,}6$

b) $-\frac{70}{5} < -\frac{29}{10} < -2\frac{4}{5} < -2{,}4 < -\frac{14}{10} < -\frac{1}{10} < 0{,}1 < 2\frac{1}{3} < 4{,}04 < \frac{47}{5} < 14{,}1$

6 individuell. z. B.
a) $\frac{25}{58}$ **b)** $\frac{7}{25}$ **c)** $\frac{8}{15}$ **d)** $2\frac{21}{80}$ **e)** $3\frac{3}{100}$ **f)** $\frac{17}{11}$

7 a) 5   **b)** $-\frac{1}{2}$

8 a) 10,95   **b)** 6,81   **c)** 14,85   **d)** 17,961   **e)** 1,55

9 Ein Buch ist ca. 1 cm hoch. Also sind 100 Bücher ca. 1 m hoch und 100 000 Bücher 1 km. 1 Million Bücher sind dann etwa 10 km hoch.

10 a) 2,1   **b)** 0,9   **c)** 11,21   **d)** 5,5   **e)** 1,21   **f)** 3,705   **g)** 10,501   **h)** 0,91

11 a) 0,24   **b)** 0,3   **c)** 0,012   **d)** 1,1   **e)** 0,8   **f)** 2,02   **g)** 12   **h)** 640

12 a) 10 €   **b)** 14 kg   **c)** 6,5 m   **d)** 100 h   **e)** 90 cm²   **f)** 150 t

13 a) 5 %   **b)** 20 %   **c)** 25 %   **d)** 5 %   **e)** 1,2 %   **f)** 200 %

14 a) 4 500 m   **b)** 72 €   **c)** 48 mm   **d)** 250 kg   **e)** 36 min   **f)** 40 km

15

Bruch	$\frac{1}{100}$	$\frac{1}{10}$	$\frac{1}{5}$	$\frac{1}{4}$	$\frac{1}{3}$	$\frac{1}{2}$	$\frac{2}{3}$	$\frac{3}{4}$	1
Dezimalbruch	0,01	0,1	0,2	0,25	$0{,}\overline{3}$	0,5	$0{,}\overline{6}$	0,75	1
Prozentzahl	1 %	10 %	20 %	25 %	$33{,}\overline{3}\,\%$	50 %	$66{,}\overline{6}\,\%$	75 %	100 %

Rechenfertigkeiten

1 a) 336   b) 717,5   c) 300   d) 449   e) 18   f) 140   g) 560   h) -1400

2 a) $1\frac{5}{6}$ b) $2\frac{1}{3}$ c) 12   d) $\frac{1}{3}$ e) $\frac{3}{7}$ f) 0,27   g) $\frac{1}{3}$

3 a) 149 736   b) 102,93   c) 934   d) 2,54

4 a) 625   b) 8 100   c) 2,56   d) 9   e) 64   f) -32 g) $\frac{16}{81}$ h) $-\frac{1}{125}$

5 a) 7   b) 0,3   c) 60   d) nicht definiert   e) 2   f) 0,1   g) 0   h) $\frac{1}{3}$

6
a) proportional, denn es gilt Quotientengleichheit, d. h. $y : x$ ergibt stets 0,75. Vorschrift: $y = 0,75\,x$
b) antiproportional, denn es gilt Produktgleichheit, d. h. $x \cdot y$ ergibt stets 50. Vorschrift: $y = \frac{50}{x}$
c) weder proportional noch antiproportional, da weder quotienten- noch produktgleich
d) antiproportional, denn es gilt Produktgleichheit, d. h. $x \cdot y$ ergibt stets 84. Vorschrift: $y = \frac{84}{x}$
e) proportional, denn es gilt Quotientengleichheit, d. h. $y : x$ ergibt stets 0,08. Vorschrift: $y = 0,08\,x$

7 a) 300 g Hackfleisch kosten 3,60 €.   b) Man bekommt 187,5 g Hackfleisch.

8 Fünf Pumpen brauchen 33 Minuten.

9 9 200 €

10 1 105,97 € Endkapital, 81,97 € Zuwachs

11 Zinsen nach 200 Tagen: 54,17 €

12 ausgeliehen zu 4 %

13 a) $\frac{1}{3}$ b) $\frac{1}{16}$ c) $-\frac{1}{8}$ d) 9   e) 1   f) 9   g) 4   h) 0,1   i) 0,07

14 a) $2^8 = 256$ b) $5^5 = 3\,125$ c) $3^5 = 243$ d) $18^4 = 104\,976$ e) $35^3 = 42\,875$ f) $144^{-2} = \frac{1}{20\,736}$
g) $5^4 = 625$ h) $12^2 = 144$ i) $0,5^{-2} = \frac{1}{0,25} = 4$ j) $20^2 = 400$ k) $7^3 = 343$

Terme und Termumformungen

1 a) 15   b) 1   c) -3 d) -26

2 a) -6 b) $-6,4$ c) $-10,5$ d) -10 e) 1,65   f) 84,64   g) nicht def.   h) 4

3 a) $4x$ b) $11x + 6y$ c) $x^2 y^4$ d) $x^2 + y^2 + 5x$ e) $x + y - z$ f) $-x + y$

4 a) $x + 2y + 3x = 4x + 2y$ b) $x + 8y + 4x - 2y = 5x + 6y$ c) $x + y - x + y - x = -x + 2y$
d) $y - (2x - y) = -2x + 2y$ e) $x \cdot 2x + x = 2x^2 + x$

5 a) $16x^2 - 20x$ b) $14y + 6y^2$ c) $-18ac - 14c^2$ d) $3n + 7mn$
e) $6z^2 + 5z - 4$ f) $14a^2 - 30a + 4$ g) $4r^2 + 3rs - 16r$ h) $-4a^2 + 121$

6 a) $5c(2 - 3d - a)$ b) $x(7x - 15)$ c) $48a^2(b + 2a)$ d) $2x(x + 2 + 3y)$
e) $a(x - 4z + 5y)$ f) $9a^2 b(a - 11b^3)$ g) $19y^2(2xy + 4z + y)$ h) $xy(x^2 - z)$

7 a) $6,25 + 5a + a^2$ b) $4x^2 - 36x + 81$ c) $0,25c^2 - 9cd + 81d^2$ d) $49v^2 + 42v + 9$
e) $m^2 - 64$ f) $w^2 - 16x^2$

8 a) $(x - 4y)^2$ b) $(7v + 10w)(7v - 10w)$

9 a) $V = 2x \cdot x \cdot 3y = 6x^2 y$; $l = 4 \cdot 2x + 4 \cdot x + 4 \cdot 3y = 12(x + y)$
b) $V = 4x \cdot 2x \cdot 3x = 24x^3$; $l = 4 \cdot 4x + 4 \cdot 2x + 4 \cdot 3x = 36x$

10 a) $(24 + x) \cdot 4^2 = 384 + 16x$ b) $8a - a : 8 = 8a - \frac{a}{8} = 7\frac{7}{8}a$ c) $2^4 : (y - 4) = 16 : (y - 4)$
d) $(9\sqrt{b})^2 = 81b$ e) $2^{44} : 2 = 2^{43}$

11 a) $8x$; x steht für die Anzahl der Tage.   b) $3x + 5$; x steht für die Anzahl der Stunden.

12 a) c^{13} b) y^{-3} c) s^4 d) 1   e) $3ab$ f) $\frac{x^4}{y^3 + x^3}$ g) $\frac{9c^3 d^2}{5} = 1,8c^3 d^2$ h) $\frac{r^3}{16ts}$

13 a) $x < 5$ b) stets def.   c) $x < -5$ d) $-2 < x < 2$ e) $x = 0$ f) $x = -5$ g) $x = 0$ h) stets def.

14 a) $\mathbb{R} \setminus \{-5; 3\}$ b) $\mathbb{R} \setminus \{0\}$ c) $\mathbb{R} \setminus \{2\}$ d) $\mathbb{R}^+$

Lineare Funktionen

1 Der blaue und der grüne Graph gehören zu einer linearen Funktion, denn sie sind Geraden.

2 **a)** $f(-2) = -9; f(0) = -5; f(4) = 3; f(10) = 15$ **b)** $f(-2) = 7,5; f(0) = 1,5; f(4) = -10,5; f(10) = -28,5$
c) $f(-2) = -0,5; f(0) = 0,5; f(4) = 2,5; f(10) = 5,5$ **d)** $f(-2) = -4; f(0) = -6; f(4) = -10; f(10) = -16$

3 ① rot; ② blau; ③ grün

4 **a)** $m = \frac{1}{4}; b = -1; f(x) = \frac{1}{4}x - 1$ **b)** $m = 2; b = 1; f(x) = 2x + 1$ **c)** $m = -3; b = 4; f(x) = -3x + 4$

5 Zeichenübung; f: Gerade durch $(0|0,5)$ und $(3|8,5)$; g: Gerade durch $(0|3)$ und $(3|3)$; Schnittpunkt bei $S(0,5|2)$

6 **a)** $x = -1,5$ **b)** $x = 2$ **c)** $x = 14$ **d)** $x = 10$

7 an der Stelle $x = 3$

8 **a)** $f(x) = 0,5x + 3$ **b)** $f(x) = -1,5x + 3$ **c)** $f(x) = \frac{2}{3}x + 2$

9 **a)** $f(x) = 8,5x + 15$ **b)** 49 € **c)** 7 Stunden (50 Cent bleiben dann übrig.)

10 **a)** $f(x) = -0,6x + 150$ (x steht für die Zeit in s) **b)** $250\,\text{s} = 4\,\text{min}\ 10\,\text{s}$
c) x-Werte kleiner als null führen zu Wassermengen vor Beginn der Zeitmessung, x-Werte größer als 250 führen zu Wassermengen nach Ende der Zeitmessung. Darüber weiß man in diesem konkreten Zusammenhang nichts.

11 individuell, z.B. die Grundgebühr für eine Taxifahrt kostet 3,90 €, pro gefahrenem Kilometer kommen 2 € hinzu.

Gleichungen, Ungleichungen, Gleichungssysteme

1 **a)** $x = 33$ **b)** $y = 47$ **c)** $x = -6$ **d)** $a = 16$ **e)** $b = 3$ **f)** $x = 40$ **g)** $y = -3$ **h)** $a = -2$
i) $x = 2$ **j)** $z = -8$

2 **a)** $x = -0,6a + 0,6$ **b)** $x = 1,5b + 3,5$ **c)** $x = \frac{5}{4d} + 3$ **d)** $x = \frac{(2 + 5e)}{r}$

3 **a)** $2(x + 2) = 7; x = 1,5$ **b)** $10,5 = 4,5 - 2x; x = -3$
c) $12 + 3x = x \cdot 7; x = 3$ **d)** $5 - x = 6x : 4; x = 2$

4 **a)** $x = -2$ **b)** $x = 2$ **c)** $x = 1$ **d)** $x = -2$

5 **a)** $x = -40$ und $x = 72$ **b)** $x = -19$ und $x = 12$ **c)** $x = -\frac{5}{6}$ und $x = 2,5$ **d)** $x = -0,9$ und $x = 0,1$
e) $x = -2$ und $x = 0,8$ **f)** $x = 4,5$ **g)** keine Lösung **h)** $x = 0$ und $x = 3$

6 **a)** $L = \{x \text{ aus } \mathbb{R} \mid x > 22\}$ **b)** $L = \{x \text{ aus } \mathbb{R} \mid x < -7\}$ **c)** $L = \{x \text{ aus } \mathbb{R} \mid x \leq 7,6\}$
d) $L = \{x \text{ aus } \mathbb{R} \mid x > 9\}$ **e)** $L = \{x \text{ aus } \mathbb{R} \mid x < -5\}$ **f)** $L = \{x \text{ aus } \mathbb{R} \mid x \geq -8\}$
g) $L = \{x \text{ aus } \mathbb{R} \mid x < 20\}$ **h)** $L = \{x \text{ aus } \mathbb{R} \mid x < 0,5\}$

7 **a)** $x = 4$ **b)** $x = -0,5$ **c)** $x = 9$ **d)** $x = -0,5$ **e)** $x = 3$ **f)** $x = 2$

8 **a)** $x = 5; y = 20$ **b)** $x = -2; y = 6$ **c)** $x = \frac{1}{2}; y = \frac{5}{3}$ **d)** $x = 3; y = -1$ **e)** $x = 2; y = 1$ **f)** $x = 4; y = 2$

9 **a)** keine Lösung, denn beide Geraden haben die gleiche Steigung (verlaufen parallel zueinander) und verschiedene y-Achsenabschnitte
b) Lösung $x = 0; y = -2,9$, denn das ist der Schnittpunkt der beiden Geraden
c) unendlich viele Lösungen, denn beide Gleichungen beschreiben die selbe Gerade

10 I $4x - 8 = 6y$; II $x - y + 1 = 2y$;   Lösung $x = 5; y = 2$

11 I $a - 6\,\text{cm} = c$; II $a + c = 20\,\text{cm}$;   Lösung $a = 13\,\text{cm}; c = 7\,\text{cm}$

12 $x = 4; y = -3; z = 5$

Quadratische Funktionen

1 **a)**

	−2	−1	0	1	2	3
$f(x)$	5	−1	−3	−1	5	15
$g(x)$	−2	−3	−2	1	6	13
$h(x)$	9	6,5	5	4,5	5	6,5

b) Punkt A liegt auf dem Graphen von g.
c) $x = 6$

2 **a)** $S(-1|-7,5)$ **b)** $S(4,5|0,25)$ **c)** $S(-3|8)$ **d)** $S(9|-0,66)$

3 **a)** nach oben geöffnet, keine Nullstellen, gestreckt mit dem Faktor 3
   b) nach unten geöffnet, zwei Nullstellen, weder gestaucht noch gestreckt
   c) nach unten geöffnet, keine Nullstellen, gestaucht mit dem Faktor 0,5
   d) nach oben geöffnet, zwei Nullstellen, gestreckt mit dem Faktor 1,25

4 orange: $S(-2,5|-1)$; $f(x) = (x + 2,5)^2$; lila: $S(-1|1,5)$; $f(x) = (x + 1)^2 + 1,5$; rot: $S(0|-0,5)$; $f(x) = x^2 - 0,5$;
   grün: $S(0,5|-2)$; $f(x) = (x - 0,5)^2 - 2$; blau: $S(2|3)$; $f(x) = (x - 2)^2 + 3$

5 **a)** $y = 3(x - 2)^2 + 1,5$ **b)** $y = 0,25(x + 4)^2 - 7$ **c)** $y = -2(x + 0,5)^2 + 3$
   d) $y = -\frac{1}{3}(x + 1)^2 + 12$ **e)** $y = 3,1(x - 9)^2 - 0,1$ **f)** $y = -0,01(x - 6)^2 - 3$
   und Zeichenübung

6 **a)** $y = -(x + 1,2)^2 + 4$; $S(-1,2|4)$ **b)** $y = 2(x - 4)^2 + 3,5$; $S(4|3,5)$
   c) $y = 0,5(x + 5)^2 - 3$; $S(-5|-3)$ **d)** $y = -3(x - 6)^2 + 8$; $S(6|8)$

7 lila: $S(-3|4)$; $a = -4$; $f(x) = -4(x + 3)^2 + 4 = \ldots = -4x^2 - 24x - 32$
   grün: $S(-2|-3)$; $a = \frac{1}{2}$; $f(x) = \frac{1}{2}(x + 2)^2 - 3 = \ldots = \frac{1}{2}x^2 + 2x - 1$
   orange: $S(1|-4)$; $a = 2$; $f(x) = 2(x - 1)^2 - 4 = \ldots = 2x^2 - 4x - 2$
   rot: $S(2|5)$; $a = -1$; $f(x) = -(x - 2)^2 + 5 = \ldots = -x^2 + 4x + 1$
   blau: $S(2|-5)$; $a = \frac{1}{4}$; $f(x) = \frac{1}{4}(x - 2)^2 - 5 = \ldots = \frac{1}{4}x^2 - x - 4$

8 Die Funktion p_1 ist gegenüber der Funktion p um 3,5 nach unten verschoben. Ihr Scheitelpunkt ist also $S(2|0)$ und liegt auf der
   x-Achse. Deshalb hat p_1 genau eine Nullstelle.

9 Wenn man ein Koordinatensystem mit der y-Achse auf Höhe des unteren Endes vom Torbogen und symmetrisch dazu legt, dann kann
   der Torbogen mit der Gleichung $f(x) = -ax^2 + 3$ beschrieben werden. Mithilfe des Punkts $(2|0)$ erhält man $0 = -a \cdot 4 + 3$, also $a = 0,75$
   und $f(x) = -0,75x^2 + 3$.
   Fährt der Lkw genau in der Mitte des Torbogens, so muss der Torbogen an der Stelle $x = 1,3$ mindestens eine Höhe von 2,40 m haben.
   Es ist aber $f(1,3) = 1,7325$, also passt der Lkw nicht durch.

Quadratische Gleichungen

1 **a)** $x_1 = 18$; $x_2 = -18$ **b)** $x_1 = 1,5$; $x_2 = -1,5$ **c)** $x = 0$ **d)** keine Lösung
   e) $x_1 = 6$; $x_2 = -6$ **f)** $x_1 = 2,1$; $x_2 = -2,1$ **g)** keine Lösung   **h)** $x_1 = 17$; $x_2 = -17$
   Für eine rein quadratische Gleichung der Form $x^2 = d$ gibt es zwei Lösungen, wenn $d > 0$, eine Lösung, wenn $d = 0$ und keine
   Lösung, wenn $d < 0$ ist.

2 Nach dem Satz des Pythagoras gilt $2a^2 = 5,12$ cm, also $a = 1,6$ cm.
   Die negative Lösung entfällt, weil es keine negativen Längen gibt.

3 **a)** $x_1 = 0$; $x_2 = -2$ **b)** $x_1 = 0$; $x_2 = 12,5$ **c)** $x_1 = 0$; $x_2 = -8$ **d)** $x_1 = 0$; $x_2 = 70$
   e) $x_1 = 0$; $x_2 = 0,25$ **f)** $x_1 = 0$; $x_2 = -0,04$

4 **a)** $x_1 = -4$; $x_2 = -2,5$ **b)** $x_1 = 0,6$; $x_2 = 1,55$ **c)** $x_1 = 1,02$; $x_2 = -\frac{1}{2}$

5 **a)** $x^2 - 4,5x - 2,5 = 0$ **b)** $x^2 + 5x + 6 = 0$ **c)** $x^2 - x = 0$ **d)** $x^2 - 2x - 24 = 0$

6 **a)** $x_1 = 6$; $x_2 = -4$ **b)** $x_1 = -5,2$; $x_2 = -3,8$ **c)** keine Lösung, weil Radikand negativ
   d) $x_1 = 5$; $x_2 = -35$ **e)** keine Lösung, weil Radikand negativ   **f)** $x_1 = 2,6$; $x_2 = -0,2$

7 **a)** $x = -2$ **b)** $x_1 = 1,5$; $x_2 = -0,4$ **c)** $x_1 = -9$; $x_2 = 4,5$ **d)** $x_1 = -7$; $x_2 = 9,8$ **e)** $x_1 = 0$; $x_2 = 0,3$

8 **a)** $x_1 = 5$; $x_2 = -4$ **b)** $x_1 = -0,8$; $x_2 = 0,1$ **c)** $x_1 = 2,2$; $x_2 = 7,5$ **d)** $x_1 = 120$; $x_2 = 180$
   e) $x_1 = 0,05$; $x_2 = -0,55$ **f)** $x_1 = -33$; $x_2 = -18$

9 **a)** $D = 1$; zwei Lösungen   **b)** $D = -0,05$; keine Lösung   **c)** $D = 0$; eine Lösung   **d)** $D = 13,96$; zwei Lösungen

10 **a)** $x_1 = 2$; $x_2 = 6$ **b)** $x = -3,5$ **c)** keine Nullstelle   **d)** $x_1 = 0$; $x_2 = 6$
   e) $x_1 = 1,5$; $x_2 = -8$ **f)** $x_1 = 7$; $x_2 = 2$

11 **a)** $x^2 - x - 2 = 0$; $P(-1|1)$; $Q(2|4)$ **b)** $x^2 + 0,5x - 5 = 0$; $P(-2,5|-2,25)$; $Q(2|0)$
   c) $3x^2 - 6x = 0$; $P(0|2)$; $Q(2|2)$ **d)** $1,5x^2 - 6x + 6 = 0$; $P(2|1)$

12 $x^2 + (x + 7)^2 = 169$ (Satz des Pythagoras), also $x^2 + 7x - 60 = 0$; $x = 5$ ($x = -12$ entfällt)
   Die Katheten sind 5 cm und 12 cm lang.

13 Ansatz $\pi(r + 25)^2 = 2\pi r^2$; $r \approx 60,36$ cm

Textaufgaben

1 **a)** 15 Minuten bis zur Auffahrt; 45 km mit einer Geschwindigkeit von 108 $\frac{km}{h}$
   b) $\frac{45}{108}$ h = 25 min; Der Pkw ist 40 Minuten lang gefahren.
   c) Es fehlt die Angabe, wie weit es vom Startpunkt bis zur Auffahrt ist.

2 **a)** 4 €   **b)** pro Monat 24 000 €; davon ca. 45,8 % für Lebensmittel   **c)** 3 900 €
   d) 0,73 · 3 900 € = 2 847 €

3 **a)** 550 Plätze   **b)** 37 + 4 (n − 1) = 33 + 4n   **c)** 225 · 19 € + 325 · 14,50 € = 8 987,50 €

4 **a)** 452,4 cm²   **b)** 2 · 144 cm² = $r_{\text{groß}}^2$; $r_{\text{groß}} \approx 16,97$ cm; $d_{\text{groß}} \approx 34$ cm   **c)** 6,26 €

   d) $d_{\text{fam}} \approx 67,88$ cm; $A_{\text{fam}} \approx 3\,619,11$ cm²; $A_{\text{groß}} \approx 904,78$ cm²; $A_{\text{fam}} : A_{\text{groß}} \approx 4$; die Familienpizza ist viermal so groß, kostet aber nur das
   Dreifache, das ist fair.

5 **a)** $V_{\text{Packung}} \approx 350$ cm³; $V_{\text{Inhalt}} \approx 9 \cdot 11,5$ cm³ = 103,5 cm³; $V_{\text{Inhalt}} : V_{\text{Packung}} \approx 29,6$ %, also enthält die Verpackung etwa 70 % Luft und ist
   damit eine Mogelpackung.
   b) 136 g : 112 g ≈ 1,21; 3,99 € : 3,49 € ≈ 1,14; Man erhält das 1,2-Fache an Schokolade und zahlt das 1,14-Fache des Preises. Das ist
   ein leichter Preisvorteil.

Geometrie

1 **a)** 4 208 m   **b)** 0,127 04 km   **c)** 0,124 2 dm²   **d)** 34 000 m²   **e)** 0,242 hl   **f)** 31,5 m³
   g) 2,425 m³   **h)** 0,426 cm³   **i)** 381 min   **j)** 2340 s   **k)** 120 kg   **l)** 7,415 kg

2 **a)** $A = \frac{g \cdot h}{2}$; $A = 14$ cm²   **b)** $g = \frac{2 \cdot A}{h}$; $g = 7,5$ cm   **c)** $h = \frac{2 \cdot A}{g}$; $h = 3,5$ mm

3 **a)** $A = 22,5$ cm²; $u = 23,4$ cm   **b)** $A = 25$ cm²; $u = 20,4$ cm

4 **a)** $h = \frac{2 \cdot A}{a + c}$; $h = 8$ cm   **b)** $c = \frac{2 \cdot A}{h} - a$; $c = 15,8$ m   **c)** $a = \frac{2 \cdot A}{h} - c$; $a = 7,2$ dm

5 Halbkreis mit $r = 282$ cm und Rechteck mit den Seitenlängen 564 cm und 200 cm; $A \approx 23,77$ m²

6 **a)** $x \approx 5,7$ cm   **b)** $x \approx 5,8$ cm   **c)** $x \approx 6,7$ cm

7 Ansatz $(21\,\text{m})^2 + (85\,\text{m})^2 = s^2$; $s \approx 87,56$ m   Das Seil ist ca. 87,56 m lang (wenn es straff gespannt ist).

8 Ansatz $(0,6\,\text{m})^2 + h^2 = (2\,\text{m})^2$; $h \approx 1,91$ m   Die Leiter reicht 1,91 m hoch.

9 **a)** $A = 37,5$ cm²   **b)** $(5\,\text{cm})^2 + (5\,\text{cm})^2 = b^2$; $b \approx 7,07$ cm; $u \approx 27,07$ cm   **c)** $V = 731,25$ cm³

10 **a)** $V \approx 5\,353$ m²   **b)** $r \approx 3,9$ cm   **c)** $h_{\text{Körper}} \approx 3,2$ dm

11 Man braucht mindestens 1 639,91 cm², also etwa 1 640 cm² Pappe.

12 **a)** $V \approx 605,52$ cm³   **b)** $h_{\text{Körper}} \approx 3,4$ cm   **c)** $r \approx 11,15$ m

13 **a)** $A_O = 304$ cm²   **b)** $h_{\text{Körper}} \approx 14,46$ cm; $V \approx 308,41$ cm²

14 $a = \sqrt{\frac{3 \cdot V}{h_{\text{Körper}}}}$; $a = 144$ m

15 **a)** $r \approx 0,62$ dm; $d \approx 1,24$ dm; $A_O \approx 4,83$ dm²   **b)** $A_O \approx 6,09$ dm² (deutlich größer als in a))

16 **a)** $\tan 37° \approx \frac{3\,\text{cm}}{s}$; $s \approx 3,98$ cm   **b)** $\sin 25° \approx \frac{s}{5,2\,\text{cm}}$; $s \approx 2,20$ cm
   c) $\sin 32° \approx \frac{2,3\,\text{cm}}{s}$; $s \approx 4,34$ cm   **d)** $\cos 15° \approx \frac{s}{7,3\,\text{cm}}$; $s \approx 7,05$ cm

17 $A_{\text{Rechteck}} = 7\,200$ m²; $A_{\text{Gebäude}} = 1\,755$ m²   Die unbebaute Fläche hat einen Inhalt von 5 445 m².

18 **a)** $\frac{x}{2,7\,\text{cm}} = \frac{1,2\,\text{cm}}{1,5\,\text{cm}}$; $x = 2,16$ cm
   b) Nicht berechenbar, denn die beiden Geraden rechts und links außen verlaufen nicht parallel zueinander.
   c) Nicht berechenbar; es fehlt eine Angabe, z.B. eine der Streckenlängen zwischen den beiden parallelen Geraden.
   d) $\frac{x}{3,6\,\text{m}} = \frac{8\,\text{m}}{24\,\text{m}}$; $x = 12$ m

19 $\frac{x}{15\,\mathrm{m}} = \frac{4{,}5\,\mathrm{m}}{3}$; $x = 22{,}5\,\mathrm{m}$ Der Turm ist 22,5 m hoch.

20 z. B.: An einem Auto wird ein Reifen gewechselt. Das Auto steht ein Stück von einem Haus entfernt. Die aufgebockte Seite des Autos ist 1,70 m hoch. Die Person darunter kann über das Auto hinweg gerade noch die Oberkante des Hauses sehen. Ihre Augen sind etwa 1,50 m vom Auto und 10 m vom Haus entfernt. Wie hoch ist das Haus?

$\frac{h}{1{,}7\,\mathrm{m}} = \frac{10\,\mathrm{m}}{1{,}5\,\mathrm{m}}$; $h = \frac{10\,\mathrm{m} \cdot 1{,}7\,\mathrm{m}}{1{,}5\,\mathrm{m}} = 11\frac{1}{3}\,\mathrm{m}$

21 $a_2 = 12{,}29\,\mathrm{cm}$

Daten und Zufall

1

Brot, Getreide	Gemüse	Obst	Getränke	Milchprodukte	Fleisch, Fisch	Fette
98°	84°	47°	44°	40°	28°	19°
$\frac{49}{180} \approx 27{,}2\%$	$\frac{7}{30} \approx 23{,}3\%$	$\frac{47}{360} \approx 13{,}1\%$	$\frac{11}{90} \approx 12{,}2\%$	$\frac{1}{9} \approx 11{,}1\%$	$\frac{7}{90} \approx 7{,}8\%$	$\frac{19}{360} \approx 5{,}3\%$

2 a), c), d)

	Deutsche	Franzosen	Spanier	Chinesen	Inder
abs. Häufigkeit	8	10	6	4	12
rel. Häufigkeit	$\frac{1}{5} = 20\%$	$\frac{1}{4} = 25\%$	$\frac{3}{20} = 15\%$	$\frac{1}{10} = 10\%$	$\frac{3}{10} = 30\%$
Winkelgrößen	72°	90°	54°	36°	108°

b)
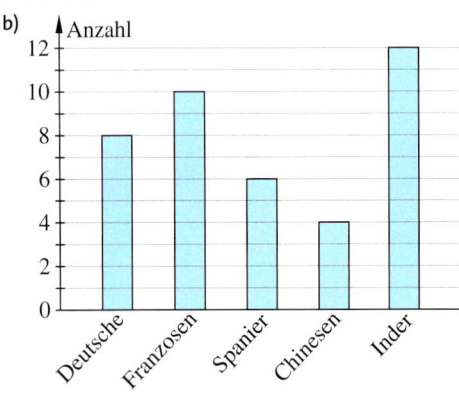

d)
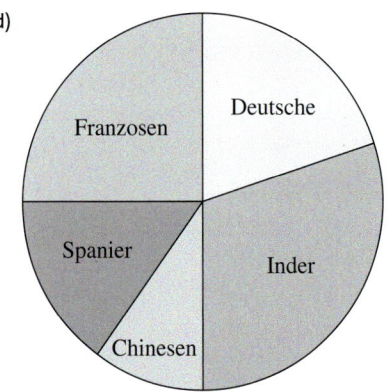

3 a) Der Durchschnitt beträgt 455 min : 7 = 65 min. Lukas hat also Recht.
b) geordnete Reihe: 20; 25; 40; 55; 70; 110; 135, also Median 55 min

4 a) Minimum 50 kg; Maximum 108 kg; Spannweite 58 kg; Durchschnitt 600 kg : 8 = 75 kg
b) Minimum 2 487 €; Maximum 5 879 €; Spannweite 3 392 €; Durchschnitt 23 354 € : 6 ≈ 3 892,33 €

5 a) $\frac{6}{14} = \frac{3}{7} \approx 42{,}9\%$ b) $\frac{9}{14} = \frac{3}{7} \approx 64{,}3\%$ c) $\frac{4}{7} \approx 57{,}1\%$

6 a) 8 · 8 = 64 mögliche Ergebnisse   b) $\frac{1}{64} \approx 1{,}6\%$ c) $\frac{8}{64} = \frac{1}{8} = 12{,}5\%$

7 a)

	1	2	3	4
abs. Häufigkeit	25	**14**	19	**17**
rel. Häufigkeit	**33,3%**	18,7%	**25,3%**	22,7%

b) Geometrisch betrachtet müsste beim Tetraederwürfel die Wahrscheinlichkeit für jede Zahl $\frac{1}{4}$ betragen, da alle vier Seitenflächen gleich groß sind. Dann wäre die Wahrscheinlichkeit für eine gerade Zahl genauso groß wie bei einem normalen Spielwürfel, nämlich 50%.
Svenjas Versuchsreihe legt nahe, dass bei diesem Tetraederwürfel die 1 und die 3 etwas häufiger fallen. Dann läge die Wahrscheinlichkeit für eine gerade Zahl unter 50% und ein normaler Spielwürfel wäre günstiger.

Formelsammlung

Maße und Einheiten

Länge

$1\,km = 1\,000\,m$
$\quad 1\,m = 10\,dm$
$\quad\quad 1\,dm = 10\,cm$
$\quad\quad\quad 1\,cm = 10\,mm$

Fläche

$1\,m^2 = 100\,dm^2$
$\quad 1\,dm^2 = 100\,cm^2$
$\quad\quad 1\,cm^2 = 100\,mm^2$

$1\,ha = 100\,a = 10\,000\,m^2$
$\quad 1\,a = 100\,m^2$

Volumen

$1\,m^3 = 1\,000\,dm^3$
$\quad 1\,dm^3 = 1\,000\,cm^3$
$\quad\quad 1\,cm^3 = 1\,000\,mm^3$

Liter (l)   (Hohlmaße)

$1\,l = 1000\,ml = 1\,dm^3$
$\quad 1\,ml = 1\,cm^3$

Gewicht (Masse)

$1\,t = 1\,000\,kg$
$\quad 1\,kg = 1\,000\,g$
$\quad\quad 1\,g = 1\,000\,mg$

Arithmetik/ Algebra

Bruchrechnung

Brüche kürzen und erweitern

Man **kürzt** einen Bruch, indem man Zähler und Nenner durch dieselbe natürliche Zahl **dividiert**.

$$\frac{100}{160} = \frac{100 : 20}{160 : 20} = \frac{5}{8}$$

Man **erweitert** einen Bruch, indem man Zähler und Nenner mit derselben natürlichen Zahl **multipliziert**.

$$\frac{2}{5} = \frac{2 \cdot 4}{5 \cdot 4} = \frac{8}{20}$$

Brüche addieren und subtrahieren

Gleichnamige Brüche können addiert bzw. subtrahiert werden.

$$\frac{5}{6} - \frac{5}{9} = \frac{15}{18} - \frac{10}{18} = \frac{15 - 10}{18} = \frac{5}{18}$$

Brüche multiplizieren

Brüche werden multipliziert, indem man Zähler mit Zähler und Nenner mit Nenner multipliziert.

$$\frac{5}{6} \cdot \frac{9}{10} = \frac{5^1}{6_2} \cdot \frac{9^3}{10_2} = \frac{3}{4}$$

Brüche dividieren

Man dividiert durch einen Bruch, indem man mit seinem Kehrbruch multipliziert.

$$\frac{7}{3} : \frac{3}{4} = \frac{7}{3} \cdot \frac{4}{3} = \frac{7 \cdot 4}{3 \cdot 3} = \frac{28}{9} = 3\frac{1}{9}$$

Brüche in anderen Schreibweisen

$$\frac{3}{4} \quad = \quad 0,75 \quad = \quad 75\%$$

Bruch   Dezimal-   Prozent-
                    bruch   schreibweise

Rechenregeln und Rechengesetze

Vertauschungsgesetz (Kommulativgesetz)

$15 + 3 = 3 + 15 \qquad 15 \cdot 3 = 3 \cdot 15$

Verbindungsgesetz (Assoziativgesetz)

$(15 + 3) + 4 = 15 + (3 + 4)$ gilt auch für $\cdot$

Verteilungsgesetz (Distributivgesetz)

$(3 + 5) \cdot 2 = 3 \cdot 2 + 5 \cdot 2 = 6 + 10 = 16$

$(100 - 3) \cdot 7 = 100 \cdot 7 - 3 \cdot 7 = 700 - 21 = 679$

Klammerrechnung geht vor Punktrechnung

$5 \cdot (3a - 2a) = 5 \cdot a = 5a$

Punktrechnung geht vor Strichrechnung

$25 - 3 \cdot 7 = 25 - 21 = 4$

Auflösen von Klammern

$+ (3 + 5 - 2) = 3 + 5 - 2$
$- (3 + 5 - 2) = -3 - 5 + 2$

Multiplikation von Summen

$(a + b) \cdot (c + d) = ac + ad + bc + bd$

Binomische Formeln

$(a + b)^2 = a^2 + 2 \cdot a \cdot b + b^2 \qquad (a - b)^2 = a^2 - 2 \cdot a \cdot b + b^2 \qquad (a + b) \cdot (a - b) = a^2 - b^2$

Potenzen		Wurzeln	
$\underbrace{a \cdot a \cdot \ldots \cdot a}_{n \text{ Faktoren}} = a^n$	$a^0 = 1;\ a^1 = a;\ a^{-n} = \dfrac{1}{a^n}$ (mit $a \neq 0$ und n aus $\mathbb{Z}$)	$\sqrt[n]{x} = a$, wenn $a^n = x$ (mit $x \geq 0$)	$\sqrt[2]{x} = \sqrt{x}$
		$\sqrt[n]{x} = x^{\frac{1}{n}}$ für $n < 1$.	

Potenzgesetze

Für $m, n \in \mathbb{R}$ bei Basen aus $\mathbb{R}^+$ bzw. für $m, n \in \mathbb{Z}$ bei Basen aus $\mathbb{R} \setminus \{0\}$

$a^m \cdot a^n = a^{m+n}$	$a^m : a^n = a^{m-n}$	$a^n \cdot b^n = (a \cdot b)^n$	$a^n : b^n = (a : b)^n$	$(a^m)^n = a^{m \cdot n}$

Gleichungen

Lineare Gleichungen

z. B. $ax + b = 0$	Lösung: schrittweises Umformen der Gleichung durch Äquivalenzumformungen mit dem Ziel, dass die Unbekannte allein auf einer Seite steht: – *Addition/Subtraktion* desselben *Terms* auf beiden Seiten – *Multiplikation* mit demselben *Term* ($\neq 0$) auf beiden Seiten – *Division* durch denselben *Term* ($\neq 0$) auf beiden Seiten

Quadratische Gleichungen

Normalform: $x^2 + p \cdot x + q = 0$	Lösung: $x_{1/2} = -\dfrac{p}{2} \pm \sqrt{\left(\dfrac{p}{2}\right)^2 - q}$; wenn $\left(\dfrac{p}{2}\right)^2 - q \geq 0$, sonst keine Lösung

Zuordnungen und Funktionen

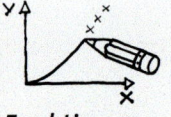

Funktionen

Proportionale Zuordnungen

Verdoppelt sich eine Größe, dann verdoppelt sich auch die andere Größe.
Verdreifacht sich eine Größe, dann verdreifacht sich auch die andere Größe.
Halbiert sich eine Größe, dann halbiert sich auch die andere Größe.

Beispiel Gewicht und Preis einer Ware
Wenn 4 kg Kartoffeln 8 € kosten, dann kosten 12 kg Kartoffeln 24 €

Quotientengleichheit:
$\dfrac{1}{2} = \dfrac{2}{4} = \dfrac{3}{6} = \dfrac{4}{8} = 0{,}5$

Wertetabelle

x	0	1	2
y	0	2	4

Gerade durch den Nullpunkt $(0|0)$

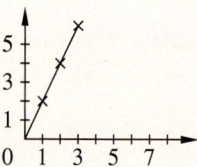

Antiproportionale Zuordnungen

Verdoppelt sich eine Größe, dann halbiert sich die andere Größe.
Verdreifacht sich eine Größe, dann drittelt sich auch die andere Größe.
Halbiert sich eine Größe, dann verdoppelt sich die andere Größe.

Beispiel Anzahl der Arbeiter und Arbeitsdauer
Bei einem Einsatz von 3 Arbeitern dauert eine Arbeit 10 Stunden.
Bei einem Einsatz von 6 Arbeitern dauert eine Arbeit 5 Stunden.

Produktgleichheit:
$1 \cdot 6 = 2 \cdot 3 = 3 \cdot 2 = 1 \cdot 6 = 6$

Wertetabelle

x	1	2	3
y	6	3	2

fallende Kurve (Hyperbel)

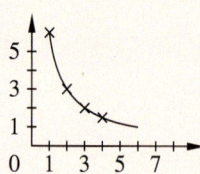

Prozentrechnung

G: Grundwert
W: Prozentwert
$p\%$: Prozentsatz

$W = G \cdot p\% = \dfrac{G \cdot p}{100}$

Zinsrechnung

K: Kapital
Z: Zinsen (pro Jahr) $Z = K \cdot p\% = \dfrac{K \cdot p}{100}$
$p\%$: Zinssatz
Z: Zinsen (für t Tage) $Z = K \cdot p\% = \dfrac{t}{100} = \dfrac{K \cdot p \cdot t}{100}$
q: Zinsfaktor $q = \dfrac{100 + p}{100}$
K_n: Kapital nach n Jahren $K_n = K_0 \cdot q^n$

Lineare Funktionen

Bei linearen Funktionen liegen alle Punkte auf einer Geraden.

Geradengleichung
$y = 0,5x + 2$

Wertetabelle

x	0	2	4
y	2	3	4

Gerade im Koordinatensystem

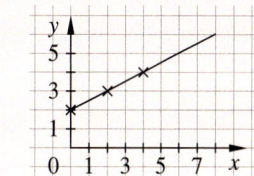

allgemeine Form: $y = mx + b$
mit Steigung m und y-Achsenabschnitt b
Die Steigung m der Geraden g durch die Punkte
$P_1(x_1|y_1)$ und $P_2(x_2|y_2)$ ist $m = \frac{y_2 - y_1}{x_2 - x_1}$ $(x_2 \neq x_1)$.

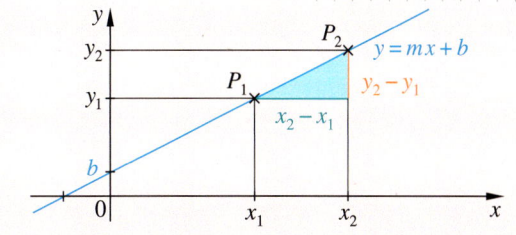

Quadratische Funktionen

allgemeine Form: $y = a \cdot x^2 + b \cdot x + c$ $(a \neq 0)$

Scheitelpunktform: $y = a \cdot (x - d)^2 + e$
$S(d|e)$ ist der Scheitelpunkt.

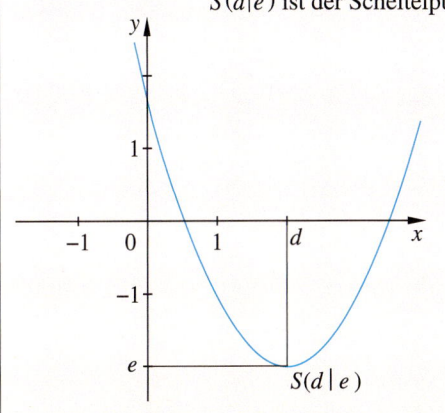

Potenzfunktionen

$f(x) = a \cdot x^n$ mit $a \neq 0$

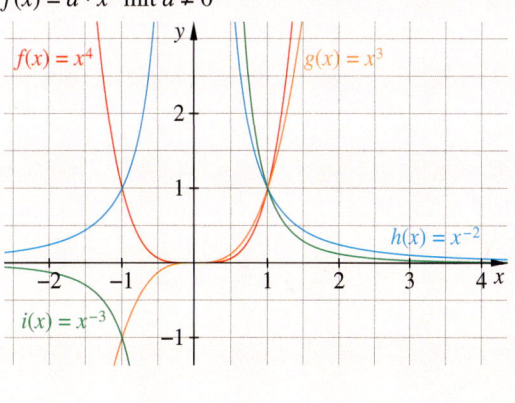

Exponentialfunktionen

$f(x) = c \cdot a^x$ mit $c > 0$ und $a > 0$

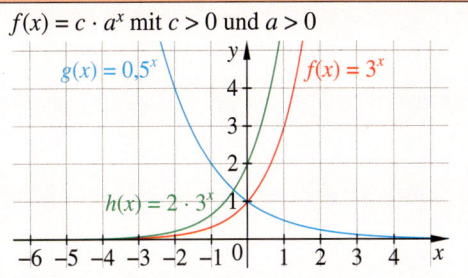

Quadratische Funktionen

$f(\alpha) = \sin(\alpha)$ und $g(\alpha) = \cos(\alpha)$ im Gradmaß
$f(x) = \sin(x)$ und $g(x) = \cos(x)$ im Bogenmaß

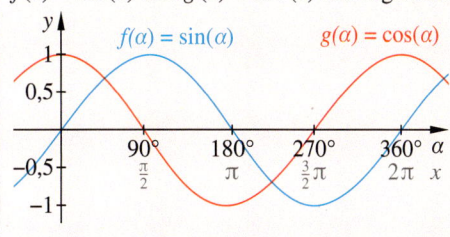

Figuren und Körper

Ebene Figuren (A: Flächeninhalt u: Umfang)

Quadrat
$A = a^2$
$u = 4 \cdot a$

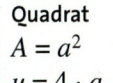
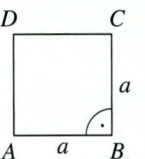

Rechteck
$A = a \cdot b$
$u = 2 \cdot a + 2 \cdot b$

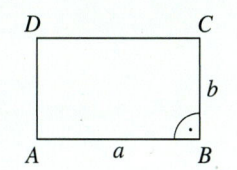

Geometrie

Ebene Figuren (*A*: Flächeninhalt *u*: Umfang)

Dreieck

$A = \frac{g \cdot h}{2}$

$u = a + b + c$

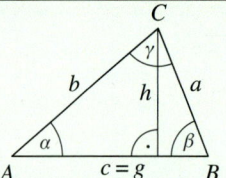

Parallelogramm

$A = g \cdot h$

$u = 2 \cdot a + 2 \cdot b$

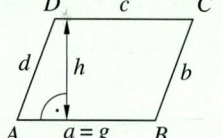

Höhen- und Kathetensatz

Im rechtwinkligen Dreieck gilt:

$h^2 = p \cdot q$

$a^2 = c \cdot p$

$b^2 = c \cdot q$

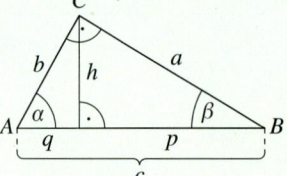

Parallelogramm

$A = g \cdot h$

$u = 2 \cdot a + 2 \cdot b$

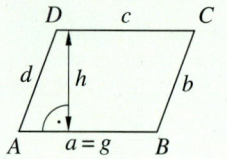

Raute

$A = \frac{1}{2} \cdot e \cdot f$

$u = 4 \cdot a$

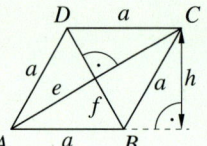

Drachenviereck

$A = \frac{1}{2} \cdot e \cdot f$

$u = 2 \cdot a + 2 \cdot b$

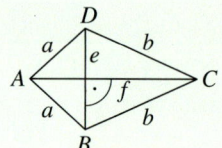

Trapez

$A = \frac{a + c}{2} \cdot h$ — ist immer h

$u = a + b + c + d$

ist immer alles A-D

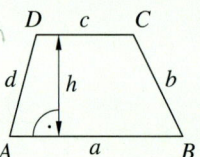

Kreis

$d = 2 \cdot r$

$A = \pi \cdot r^2 = \pi \cdot \frac{d^2}{4}$

$u = 2 \cdot \pi \cdot r = \pi \cdot d$

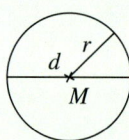

Kreissektor und Kreisbogen

$A = \frac{\pi \cdot r^2 \cdot \alpha}{360°}$

$b = \frac{\pi \cdot r \cdot \alpha}{180°}$

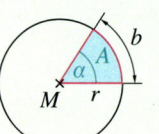

Kreisring

$A = \pi \cdot r_a^{\,2} - \pi \cdot r_i^{\,2}$

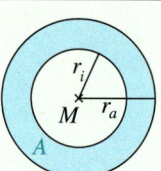

d: Durchmesser
M: Mittelpunkt
r: Radius

Sätze am rechtwinkligen Dreieck

Satz des Pythagoras

In einem rechtwinkligen Dreieck mit $\gamma = 90°$ gilt:

$a^2 + b^2 = c^2$

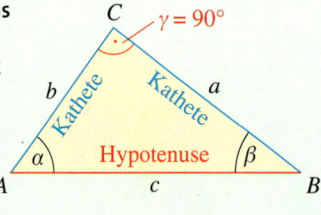

Satz des Thales

Wenn die dritte Ecke eines Dreiecks auf dem Halbkreis über der Grundseite (Thaleskreis) liegt, dann ist das Dreieck rechtwinklig.

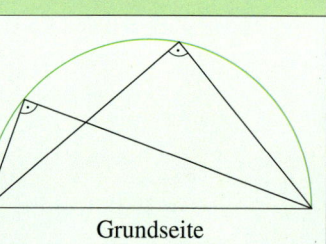

Trigonometrie (im rechtwinkligen Dreieck)

Im rechtwinkligen Dreieck gilt:

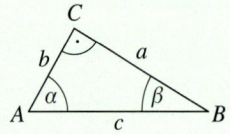

$\sin \alpha = \frac{a}{c} = \frac{\text{Gegenkathete von } \alpha}{\text{Hypotenuse}}$

$\cos \alpha = \frac{b}{c} = \frac{\text{Ankathete von } \alpha}{\text{Hypotenuse}}$

$\tan \alpha = \frac{a}{b} = \frac{\text{Gegenkathete von } \alpha}{\text{Ankathete von } \alpha}$

Körper (V: Volumen A_O: Oberfläche A_G: Grundfläche A_M: Mantelfläche)

Würfel

$V = a^3$

$A_O = 6 \cdot a^2$

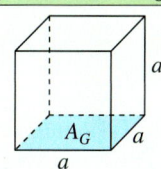

Quader

$V = a \cdot b \cdot c$

$A_O = 2 \cdot a \cdot b + 2 \cdot a \cdot c + 2 \cdot b \cdot c$

Prisma

$V = A_G \cdot h_k$

$A_O = 2 \cdot A_G + A_M$

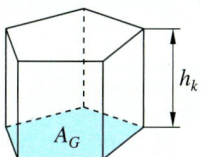

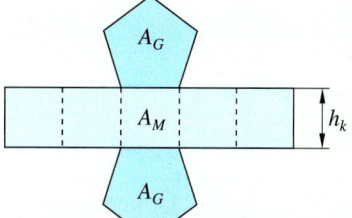

Zylinder

$V = \pi \cdot r^2 \cdot h_k$

$A_O = 2 \cdot \pi \cdot r^2 + 2 \cdot \pi \cdot r \cdot h_k$

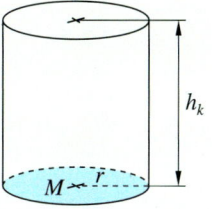

Deckfläche

$2 \cdot \pi \cdot r$

Mantelfläche A_M

Grundfläche A_G

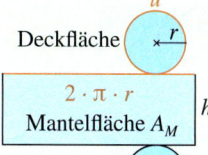

Quadratische Pyramide

$V = \frac{a^2 \cdot h}{3}$

$A_O = a^2 + 2 \cdot a \cdot h_a$

$h_a{}^2 = h_k{}^2 + \left(\frac{a}{2}\right)^2$

$s^2 = \left(\frac{a}{2}\right)^2 + h_a{}^2$

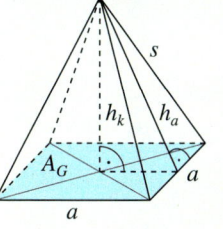

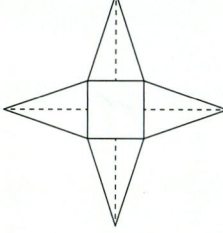

Kegel

$V = \frac{\pi \cdot r^2 \cdot h_k}{3}$

$A_O = \pi \cdot r^2 + \pi \cdot r \cdot s$

$s^2 = h_k{}^2 + r^2$

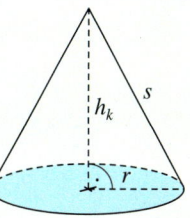

Kugel

$V = \frac{4 \cdot \pi \cdot r^3}{3}$

$A_O = 4 \cdot \pi \cdot r^2$

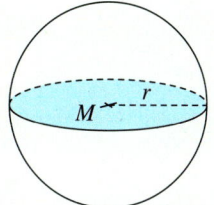

Maßstab

In einer Maßstabszeichnung wird jede Strecke der Originalfigur im gleichen Maß verkleinert oder vergrößert. Der Maßstab gibt das Verhältnis der Bildlänge zur Originallänge an.

Verkleinerung Maßstab $1:x$ Alle Längen des Originals werden durch x geteilt.	**Vergrößerung** Maßstab $x:1$ Alle Längen des Originals werden mit x multipliziert.

Zentrische Streckung und Ähnlichkeitsbeziehungen

Wird das Viereck $ABCD$ (Original) bei einer zentrischen Streckung mit dem Streckzentrum Z und dem Streckfaktor k ($k \neq 0$) auf das Viereck $A'B'C'D'$ (Bild) abgebildet, dann sind beide Vierecke zueinander ähnlich.

Bei einer zentrischen Streckung bleiben die Winkelgrößen erhalten.

Folgende Streckenverhältnisse gelten:

$\frac{\overline{AB}}{\overline{AD}} = \frac{\overline{A'B'}}{\overline{A'D'}}$ usw. $\frac{\overline{ZA}}{\overline{ZA'}} = \frac{\overline{AB}}{\overline{A'B'}} = \frac{1}{k}$

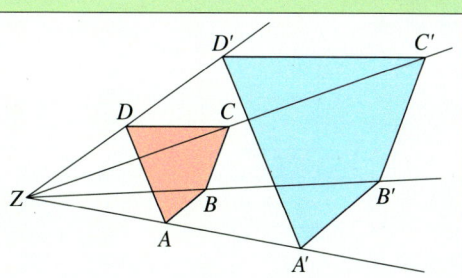

Strahlensätze

1. Strahlensatz

$\dfrac{ZA'}{ZA} = \dfrac{ZB'}{ZB}$ und $\dfrac{ZA'}{AA'} = \dfrac{ZB'}{BB'}$

2. Strahlensatz

$\dfrac{ZA'}{ZA} = \dfrac{A'B'}{AB}$ und $\dfrac{ZB'}{ZB} = \dfrac{A'B'}{AB}$

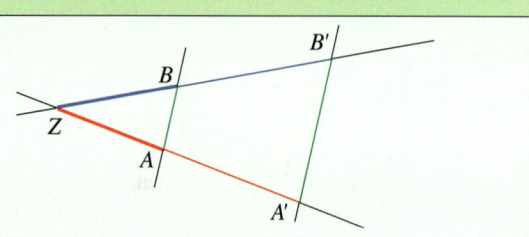

Daten auswerten und darstellen

Daten und Zufall

Absolute und relative Häufigkeiten

Die **absolute Häufigkeit** gibt eine Anzahl an. Die **relative Häufigkeit** ist ein Anteil.

$$\text{relative Häufigkeit} = \frac{\text{absolute Häufigkeit}}{\text{Gesamtzahl}}$$

Durchschnitt (arithmetisches Mittel)

Der Durchschnitt gibt einen Mittelwert einer Datenreihe an.

$$\text{Durchschnitt} = \frac{\text{Summe aller Werte}}{\text{Anzahl der Werte}}$$

Zentralwert (Median)

Sind alle Daten der Größe nach geordnet, heißt der in der Mitte stehende Wert **Zentralwert**. Bei einer geraden Anzahl von Daten liegen zwei Werte in der Mitte. Dann ist der Zentralwert der Durchschnitt aus diesen beiden Werten.

Diagramme

Figurendiagramm

Fußball finde ich ... ⚽ = 2 Antworten

„cool" ⚽ ⚽ ⚽ ⚽ ⚽ ⚽ ⚽

„egal" ⚽ ⚽ ⚽ ⚽

„blöd" ⚽ ⚽

Balkendiagramm

Fußball finde ich …

„cool"
„egal"
„blöd"

0 2 4 6 8 10 12 Anzahl

Säulendiagramm

Anzahl der Stimmen

12
8
4
0

Kevin Lisa Bezaf Olaf

Streifendiagramm
Streifen ≙ 100 %

Kreisdiagramm
Vollkreis ≙ 100 %

Partei B 53%   Partei A 47%

Liniendiagramm

Temperatur in °C

Temperaturen an einem Märztag

10
6
2
0

2 6 10 14 18 22   Uhrzeit-

Baumdiagramm

G ⟨ G
      N
N ⟨ G
      N

Zwei Lose werden nacheinander gezogen. Es gibt Gewinne (G) und Nieten (N).

Stängel-Blätter-Diagramm

Das Minimum ist 1,26 m.

1,2 | 6 9
1,3 | 1 7
1,4 | 1 3 4 7
1,5 | 0 1

Der größte Wert ist 1,51 m.

Boxplot

unteres Quartil   oberes Quartil

Median

Minimum   Maximun

Zufallsexperimente und Wahrscheinlichkeit

Wahrscheinlichkeiten berechnen

Jedes Zufallsexperiment hat mögliche **Ergebnisse**.
Mehrere Ergebnisse können zu einem **Ereignis** zusammengefasst werden.

Ein Laplace-Versuch ist ein Zufallsexperiment, bei dem alle Ergebnisse gleich wahrscheinlich sind
(z. B. Münzwurf). Für die **Wahrscheinlichkeit P** für das Eintreten eines Ereignisses E gilt:

$$P(E) = \frac{\text{Anzahl der günstigen Ergebnisse}}{\text{Anzahl der möglichen Ergebnisse}}$$

Mehrstufige Zufallsversuche

Bei einem mehrstufigen Zufallsversuch laufen mehrere Teilexperimente nacheinander oder nebeneinander ab. Zur Darstellung von mehrstufigen Zufallsversuchen eignen sich Baumdiagramme. Jedes Ergebnis entspricht darin genau einem Pfad.
Die Wahrscheinlichkeiten lassen sich mithilfe von Produkt- und Summenregel berechnen.

1. Pfadregel (Produktregel)

Die Wahrscheinlichkeit eines Ergebnisses ist
gleich dem Produkt der Wahrscheinlichkeiten
entlang des Pfades.

$P(E) = p_1 \cdot p_2$

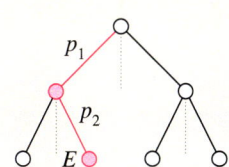

2. Pfadregel (Summenregel)

Die Wahrscheinlichkeit eines zusammengesetzten Ereignisses ist gleich der Summe der Wahrscheinlichkeiten der Einzelergebnisse, die zu diesem Ereignis gehören.

$P(E) = P(E_1) + P(E_2)$

$\quad\;\; = p_1 \cdot p_2 + q_1 \cdot q_2$

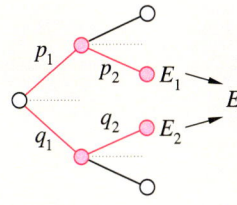

Mathelexikon und Stichwortverzeichnis

BEACHTE
Wichtige Formeln, Rechenregeln und Grundbegriffe findest du in der Formelsammlung ab S.198.

A   absolute Häufigkeit siehe Formelsammlung

Abstand kürzeste Verbindungsstrecke eines Punkts oder einer *Parallelen* zu einer *Geraden*

Achsenspiegelung, Achsensymmetrie siehe Formelsammlung

achsensymmetrisch Figur mit mindestens einer *Symmetrieachse*

Addition
Summand + Summand = Wert der Summe

Additionsverfahren Rechenverfahren zum Lösen linearer Gleichungssysteme

ähnlich, Ähnlichkeit Zwei Figuren, die durch maßstäbliches Vergrößern oder Verkleinern auseinander hervorgehen, sind zueinander ähnlich; siehe Formelsammlung

allgemeine Form [24, 33] Funktionsgleichung für *quadratische Funktionen* in der Form $y = ax + bx + c$

Anhalteweg [41]

Ankathete von α [120, 137] im rechtwinkligen Dreieck diejenige der beiden kürzeren Seiten, die am Winkel α anliegt

Anteil Beim Vergleichen von Anteilen nutzt man Brüche mit dem Nenner 100.

antiproportional siehe Formelsammlung

Äquivalenzumformung Umformung einer *Gleichung*, die deren *Lösungen* nicht verändert; siehe Formelsammlung unter *lineare Gleichungen*

Ar (a) $1\,a = 10 \cdot 10\,m^2 = 100\,m^2$

arithmetisches Mittel siehe Formelsammlung

Assoziativgesetz (Verbindungsgesetz)
– Addition: $(a + b) + c = a + (b + c)$
– Multiplikation: $(a \cdot b) \cdot c = a \cdot (b \cdot c)$

Asymptote [104, 115] Achse oder Gerade, an die sich ein *Funktionsgraph* immer weiter annähert, ohne sie zu berühren

ausklammern siehe *Distributivgesetz* oder *faktorisieren*

B   Bakterienwachstum [100] Die Anzahl der Bakterien verdoppelt sich immer im gleichen Zeitabstand: $G_n = G_0 \cdot 2^n$.

Balkendiagramm Im Balkendiagramm werden absolute Häufigkeiten dargestellt; siehe Formelsammlung

Basis (Dreieck) siehe Formelsammlung

Basis (einer Potenz) siehe *Potenz*

Baumdiagramm geeignet zur Darstellung zweistufiger Zufallsexperimente; siehe Formelsammlung

Behauptung siehe *Beweis*

Berührungspunkt der Punkt, in dem eine *Tangente* einen *Kreis* berührt

Berührungsradius verbindet den *Mittelpunkt* eines *Kreises* mit dem *Berührungspunkt* einer *Tangente* an den *Kreis*, steht *senkrecht* zur *Tangente*

Bestimmungsstücke für eindeutige Konstruktion erforderliche Werte

Betrag der *Abstand* einer Zahl zur Null

Beweis Beim Beweis zeigt man, dass eine *Behauptung* aus bereits bekannten Aussagen (Voraussetzungen) abgeleitet werden kann.

Bild(figur) siehe *Drehung*, *Verschiebung*, *Maßstab*, *zentrische Streckung* und Formelsammlung

Binom *Summe* aus zwei *Summanden* (lateinisch binominis: „zweinamig")

binomische Formeln Sonderfälle bei der Multiplikation von Summen; kürzen die Berechnung ab;
– 1. binomische Formel:
  $(a + b)^2 = a^2 + 2ab + b^2$
– 2. binomische Formel:
  $(a - b)^2 = a^2 - 2ab + b^2$
– 3. binomische Formel:
  $(a + b) \cdot (a - b) = a^2 - b^2$

Bogenmaß [146, 159] Das Bogenmaß eines Winkels α ist die Länge b des zugehörigen Kreisbogens mit dem Radius $r = 1$. Es gilt: $\frac{\alpha}{360°} = \frac{b}{2\pi}$.

Boxplot grafische Darstellung der *Kennwerte* einer Datenreihe; siehe Formelsammlung

Bruch $\frac{\text{Zähler}}{\text{Nenner}}$, Teile vom Ganzen; Rechenregeln siehe Formelsammlung

Bruchgleichung gesuchte Größe steht im Nenner, Beispiel: $\frac{3}{4} = \frac{6}{x}$

Bruttopreis Preis inklusive *Mehrwertsteuer*

C Cent (ct) $100\,\text{ct} = 1\,€$

D Daten Ergebnisse von Umfragen, Experimente, Beobachtungen, …

Deckfläche siehe *Körper*

deckungsgleich siehe *kongruent*

Definitionsbereich [104] umfasst alle Werte, die in eine Funktionsgleichung für x eingesetzt werden dürfen

Definitionsmenge Menge von Zahlen, die man in eine Gleichung einsetzen darf

Dezimalbruch Bruch in Dezimalschreibweise (Zahlen mit einem Komma, auch Dezimalzahl) Beispiel: $\frac{7}{10} = 0{,}7$

Dezimalsystem siehe *Zehnersystem*

DGS siehe *dynamische Geometrie-Software*

Diagonale verbindet in *Vielecken* zwei nicht benachbarte Eckpunkte

Differenz siehe *Subtraktion*

Diskriminante D [44, 53] in der Lösungsformel für quadratische Gleichungen der Ausdruck $D = \left(\frac{p}{2}\right)^2 - q$ unter der Wurzel; $D > 0$: zwei Lösungen, $D = 0$: eine Lösung, $D < 0$: keine Lösung

Distributivgesetz (Verteilungsgesetz)
$a \cdot (b + c) = a \cdot b + a \cdot c$
$a \cdot (b - c) = a \cdot b - a \cdot c$
$(a + b) : c = a : c + b : c$
$(a - b) : c = a : c - b : c$

Dividend siehe *Division*

Division
Dividend : Divisor = Wert des Quotienten

Divisor siehe *Division*

Drachen(viereck) siehe Formelsammlung

drehsymmetrisch siehe Formelsammlung

Drehung Bei einer Drehung wird ein Punkt um ein *Drehzentrum Z* mit dem *Drehwinkel* α gedreht.

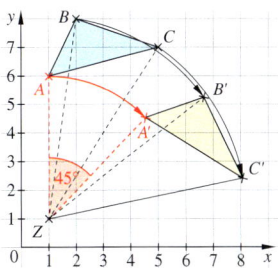

Dreisatzschema Tabelle, mit deren Hilfe aus drei bekannten *Größen* eine unbekannte *Größe* berechnet werden kann.

	Anzahl	Preis	
:7	7	8,75 €	:7
	1	1,25 €	
·12	12	15,00 €	:12

Durchmesser siehe Formelsammlung

Durchschnitt siehe Formelsammlung

dynamische Geometrie-Software [103, 106, 119, 122, 148, 158] Software zur Konstruktion, dynamischen Bewegung und Änderung von Figuren

E Ecke siehe *Körper*

Einheit Um *Größen* wie *Länge, Fläche, Masse, Zeit, Geld* usw. anzugeben, benutzt man Einheiten wie cm, cm^2, kg, min, €.

Einsetzungsverfahren Rechenverfahren zum Lösen von linearen Gleichungssystemen

Ereignis (E) Mehrere *Ergebnisse* eines *Zufallsexperiments* können zu einem Ereignis zusammengefasst werden; Beispiel: mit einem Würfel eine *gerade Zahl* werfen

Ergebnis (e) Ausgang eines *Zufallsexperiments*; Beispiel: mit einem Würfel eine 2 werfen

Ergebnismenge (S) alle möglichen *Ergebnisse* eines *Zufallsexperiments*

erweitern siehe Formelsammlung

Excel siehe *Tabellenkalkulation*

Exponent Hochzahl, z. B. 2 bei a^2

Exponentialgleichung [94, 115] Gleichung der Form $G_n = G_0 \cdot q^n$.

Exponentialfunktion, exponentielle Funktion [104, 115] Funktion mit einer Gleichung der Form $f(x) = a \cdot b^x$

exponentielles Wachstum siehe *Wachstum*

F Faktor siehe *Multiplikation*

faktorisieren einen gemeinsamen Faktor aus einer Summe ausklammern; Beispiel: $a \cdot b + a \cdot c = a \cdot (b + c)$

Faustformel bzw. **Faustregel [41]** vereinfachte Formel, mit der man Werte grob abschätzen kann

Figurendiagramm siehe Formelsammlung

Fixelement feststehende Größe

Flächeninhalt (*A*) siehe Formelsammlung

Formelsammlung [198 ff.]

Funktion *Zuordnung*, bei der jedem Wert *x* aus dem Definitionsbereich genau ein Wert *y* aus dem Wertebereich zugeordnet wird. Eine lineare Funktion hat die *Funktionsgleichung* $y = mx + b$.

Funktionenplotter [9, 13, 29, 73, 106] Computerprogramm zum Zeichnen von *Funktionsgraphen*

Funktionsgleichung Übersetzung der *Wortvorschrift* in eine *Gleichung*

Funktionsgraph siehe *Graph*

$f(x)$-Schreibweise [10] Funktionen kann man auch in der Form $f(x) = ax + b$ schreiben (statt $y = ax + b$)

G **ganze Zahlen** *natürliche Zahlen* und ihre *Gegenzahlen* (zusammen mit der Null), $\mathbb{Z} = \{\ldots; -2; -1; 0; 1; 2; \ldots\}$

Gegenbeispiel Mithilfe eines Gegenbeispiels können Aussagen widerlegt werden; Beispiel: Aussage: Jede natürliche Zahl ist gerade. Gegenbeispiel: 3

Gegenereignis alle Ereignisse eines Zufallsversuchs, die nicht zu einem bestimmten Ereignis gehören

Gegenkathete von *α* [120] im rechtwinkligen Dreieck diejenige der beiden kürzeren Seiten, die dem Winkel *α* gegenüberliegt

Gegenzahl Gegenzahlen haben den gleichen Abstand zur Null. Beispiel: -3 ist die Gegenzahl von $+3$

gemischte Zahl Beispiele: $1\frac{1}{2}$, $3\frac{1}{4}$

gemischt quadratische Gleichung [38, 53] Gleichungen der Form $x^2 + px = 0$; Lösung durch Faktorisieren (Ausklammern)

Generationszeit [100] siehe *Verdopplungszeit*

Gerade gerade Linie ohne Anfangspunkt und ohne Endpunkt

Geradengleichung *Funktionsgleichung* einer *linearen Funktion*

gestauchte Parabel [10, 33] gegenüber der *Normalparabel* stärker geöffnete *Parabel*

gestreckte Parabel [10, 33] gegenüber *Normalparabel* weniger stark geöffnete *Parabel*

gestreckter Winkel ein *Winkel* von 180°

Gewicht (Masse) siehe Formelsammlung

ggT siehe *größter gemeinsamer Teiler*

gleichnamig *Brüche* mit gleichem Nenner nennt man gleichnamig; Beispiel: $\frac{3}{5}$ und $\frac{4}{5}$

gleichschenkliges Dreieck ein Dreieck mit zwei gleich langen Seiten (Schenkel), die dritte Seite heißt *Basis*

gleichseitiges Dreieck ein Dreieck mit drei gleich langen Seiten, jeder Winkel misst 60°

Gleichsetzungsverfahren Rechenverfahren zum Lösen linearer Gleichungssysteme

Grad (°) Die Größe eines *Winkels* wird in Grad gemessen.

grafisches Lösen von linearen Gleichungssystemen Zeichnen der Graphen, die zu den gegebenen Gleichungen gehören, und Ablesen des Schnittpunkts als Lösung

Graph Darstellung von *Wertepaaren* im *Koordinatensystem*

Größe besteht aus Maßzahl und Maß*einheit*. Beispiele: 6 € (*Geld*), 30 min (*Zeit*), 3,26 kg (*Masse*), weitere Größen: *Länge, Fläche, Volumen*

größter gemeinsamer Teiler die größte Zahl, die in den Teilermengen zweier Zahlen vorkommt; Beispiel: $T_8 = \{1; 2; 4; 8\}$; $T_{12} = \{1; 2; 3; 4; 6; 12\}$; ggT $(8; 12) = 4$

Grundmenge gibt an, aus welchem Zahlbereich die Lösungen für eine Gleichung kommen können

Grundwert entspricht dem Ganzen, also 100 %
- **vermehrter** $G^+ = G \cdot \left(1 + \frac{p}{100}\right)$
- **verminderter** $G^- = G \cdot \left(1 - \frac{p}{100}\right)$

H **Halbgerade** gerade Linie mit einem Anfangspunkt, aber ohne Endpunkt

Halbwertszeit [100] Zeitspanne, in der die Anzahl von Atomkernen auf die Hälfte des ursprünglichen Werts gesunken ist

Häufigkeit siehe Formelsammlung

Hauptnenner kleinster gemeinsamer Nenner zweier *Brüche*

Hektar (ha) 1 ha = 100 · 100 m² = 10 000 m²

Heronverfahren Rechenverfahren zum Ziehen von Quadratwurzeln

Hochzahl [58, 85] (Exponent) siehe *Potenz*

Höhe

- **von Dreieck und Viereck (*h*)** Lot vom Eckpunkt zur gegenüberliegenden Seite bzw. Abstand zwischen den parallelen Seiten
- **von Körpern (*h_k*)** Abstand zwischen Grund- und Deckfläche

Höhensatz (des Euklid) siehe Formelsammlung

Hohlmaß Volumenmaß für Flüssigkeiten: Liter (l) und Milliliter (ml); siehe Formelsammlung

Hyperbel fallende Kurve, auf der alle Punkte einer *antiproportionalen Zuordnung* liegen; siehe Formelsammlung

Hypotenuse [120] die längste Seite im *rechtwinkligen Dreieck*, liegt dem *rechten Winkel* gegenüber

I **Innenwinkelsummensatz siehe** *Winkelsummensatz*

Innkreis *Kreis* im Inneren eines *Vielecks*, der jede *Seite* in genau einem Punkt berührt. Bei einem *Dreieck* ist der *Mittelpunkt* des Innkreises der Schnittpunkt der *Winkelhalbierenden* des Dreiecks.

Invariante unveränderliche Größe

Iteration schrittweises Annähern an einen Wert

J **Jahr (a)** 1 a = 365 d (Tage)

Jahreszinsen (Z) siehe *Zinsen*

K **Kapital (*K*)** entspricht dem *Grundwert (G)* bezogen auf den Geldverkehr

Kathete im rechtwinkligen Dreiecks eine der beiden Seiten, die den *rechten Winkel* einschließen

Kathetensatz (des Euklid) siehe Formelsammlung

Kegel siehe Formelsammlung

Kehrbruch Beispiel: der Kehrbruch von $\frac{2}{5}$ ist $\frac{5}{2}$

Kehrwert siehe *Kehrbruch*

Kennwerte *Minimum*, *Maximum*, *Median*, *Quartile* und *Spannweite* sind Kennwerte von *Daten*.

kgV, kleinstes gemeinsames Vielfaches die kleinste Zahl, die in beiden *Vielfachen*mengen zweier Zahlen vorkommt; Beispiel: $V_8 = \{8; 16; 24; 32; ...\}$; $V_{12} = \{12; 24; 36; ...\}$; kgV $(8; 12) = 24$

Klammern auflösen siehe *Distributivgesetz*

Koeffizient Zahl vor *Variable*; Beispiel: $3\,x$

Kommutativgesetz (Vertauschungsgesetz)
- Addition: $a + b = b + a$
- Multiplikation: $a \cdot b = b \cdot a$

kongruent (deckungsgleich) Zwei Dreiecke sind kongruent zueinander, wenn sie in den drei Seitenlängen und der Größe ihrer drei Winkel übereinstimmen.

Kongruenzabbildung Bewegung, bei der Seitenlängen und Winkelgrößen erhalten bleiben. *Achsenspiegelung*, *Drehung* und *Verschiebung* sind Kongruenzabbildungen.

Kongruenzsatz Dreiecke sind eindeutig konstruierbar, wenn folgende Bestimmungsstücke gegeben sind:
- **SSS:** drei Seiten
- **SsW:** zwei Seiten und der Winkel, der der längeren Seite gegenüberliegt
- **SWS:** zwei Seiten und der eingeschlossene Winkel
- **WSW:** eine Seite und die beiden anliegenden Winkel

konstruieren zeichnen mithilfe von *Zirkel* und *Geodreieck*; siehe auch *Kongruenzsatz*

Koordinaten geben die Lage eines Punktes an

Koordinatensystem zwei zueinander senkrecht stehende Zahlengeraden, die sich im *Nullpunkt* $(0|0)$ schneiden

Beispiel: Die Lage eines Punktes im Koordinatensystem wird durch seine Koordinaten angegeben: $A(2|1)$; $B(-2|3)$

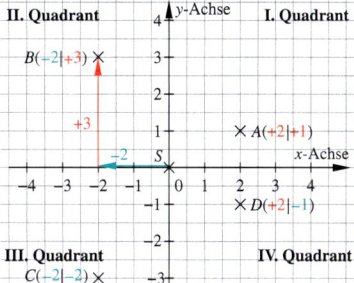

Körper Beispiel:

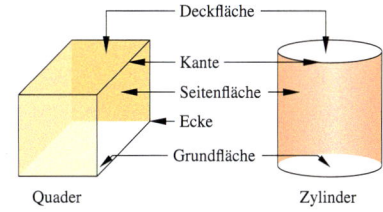

Quader   Zylinder

Körperhöhe (*h_k*) siehe *Höhe*

Körpernetz eine zusammenhängende Abwicklung aller Begrenzungsflächen eines *Körpers*; Beispiel:

Kosinus [120, 137] $\cos \alpha = \dfrac{\text{Ankathete von } \alpha}{\text{Hypotenuse}}$

Kosinusfunktion [150, 159] periodische Funktion der Form $f(\alpha) = \cos(\alpha)$ (im Gradmaß) bzw. $f(x) = \cos(x)$ (im Bogenmaß)

Kosinussatz [128] In jedem Dreieck *ABC* gilt:
$$a^2 = b^2 + c^2 - 2\,b\,c \cdot \cos \alpha$$
$$b^2 = a^2 + c^2 - 2\,a\,c \cdot \cos \beta$$
$$c^2 = a^2 + b^2 - 2\,a\,b \cdot \cos \gamma$$

Kreis siehe Formelsammlung

Kreisbogen *b* [146] Teilstück einer Kreislinie; siehe Formelsammlung

Kreisdiagramm zeigt *relative Häufigkeiten* an (Vollkreis $\hat{=}$ 100 %); siehe Formelsammlung

Kreisring Fläche zwischen zwei *Kreisen* mit demselben Mittelpunkt *M*

Kreiszahl (π) Verhältnis von *Umfang* zu *Durchmesser* beim *Kreis*; $\pi = \frac{u}{d} \approx 3{,}14$

Kubikwurzel [66, 85] aus *a* ist die Zahl *x*, die dreimal mit sich selbst multipliziert *a* ergibt. Beispiel: $\sqrt[3]{125} = 5$

Kubikzahl [66] Eine Zahl wird dreimal mit sich selbst malgenommen. Beispiel: $2^3 = 8$

Kugel siehe Formelsammlung

kürzen siehe Formelsammlung

L   Länge siehe Formelsammlung

Laplace-Experiment Zufallsexperiment, bei dem alle Ergebnisse gleich wahrscheinlich sind

LGS siehe *lineares Gleichungssystem*

Lichtjahr die Strecke, die das Licht innerhalb eines *Jahres* zurücklegt

lineare Funktion Eine lineare Funktion hat die Funktionsgleichung $y = m\,x + b$; siehe Formelsammlung

lineare Gleichung Gleichung, die durch Umformen in die Form $a \cdot x + b = 0$ ($a \neq 0$) gebracht werden kann, siehe Formelsammlung

lineare Gleichung mit zwei Variablen Gleichung, die durch Umformen in die Form $y = m\,x + b$ ($m, b \neq 0$) gebracht werden kann; die Lösungen sind Wertepaare auf einer Geraden

lineares Gleichungssystem (LGS) zwei oder mehr *lineare Gleichungen*, die zu einem Sachverhalt gehören

lineares Optimieren Unter Berücksichtigung von *Nebenbedingungen* soll eine *lineare Zielfunktion* einen möglichst großen oder möglichst kleinen Wert annehmen.

lineares Wachstum siehe *Wachstum*

Linearfaktorform [47] quadratische Gleichung in der Form $y = (x - x_1)(x - x_s)$; mit x_1, x_2 Nullstellen

Liniendiagramm siehe Formelsammlung

Logarithmus [108, 115] Lösung der Gleichung $a^x = b$ (mit $a, b > 0$ und $a \neq 1$); man schreibt: $x = \log_a b$; man spricht: Logarithmus von *b* zur Basis *a*; die Zahl, mit der man *a* potenzieren muss, um *b* zu erhalten

Logarithmusfunktion [108, 115] Funktion der Form $f(x) = \log_a x$ (mit $a > 0$)

Lösungsmenge (*L*) enthält alle *Lösungen* einer *(Un)Gleichung* aus dem *Grundbereich*, z. B. $L = \{1, 4\}$

M   Mantelfläche (A_M) alle *Seitenflächen* eines *Körpers*; siehe Formelsammlung

Masse (Gewicht) wissenschaftliche Bezeichnung für die *Größe*, in der man in *Gramm* und *Kilogramm* misst; siehe Formelsammlung

Maßstab Beispiel: Der Maßstab 1:10 bedeutet: 1 cm im Bild sind 10 cm in Wirklichkeit; siehe Formelsammlung

Maßzahl siehe *Größe*

Maximum größter Wert einer Datenreihe

Median auch: Zentralwert; der Wert, der genau in der Mitte aller der Größe nach geordneten Werte einer Datenreihe liegt. Beispiel: 8; 15; 17; 35; 72; Median: 17

mehrstufige Zufallsversuche siehe Formelsammlung

Mehrwertsteuer Anteil am Verkaufserlös einer Ware, den der Händler an den Staat abführen muss (zur Zeit 7 % bzw. 19 %)

Minimum kleinster Wert einer Datenreihe

Minuend siehe *Subtraktion*

Minute (min) 60 min = 1 h (*Stunde*)

Mittelsenkrechte Gerade, die eine Strecke $\overline{AB}$ halbiert. Jeder Punkt auf der Strecke hat zu A und B denselben Abstand.

Mittelwert siehe Formelsammlung

Multiplikation
Faktor · Faktor = Wert des Produkts

N natürliche Zahlen $\mathbb{N} = \{0; 1; 2; \dots\}$

Nebenbedingung Bedingungen, die beim Lösen einer *linearen Optimierungsaufgabe* beachtet werden müssen.

Nebenwinkel ergänzen sich zu $180°$

negatives Wachstum siehe *Wachstum*

Nenner siehe *Bruch*

Nettopreis Preis ohne *Mehrwertsteuer*

Netz siehe *Körpernetz*

Normalform [44, 53] einer quadratischen Gleichung $x^2 + px + q = 0$

Normalparabel [10, 33] Graph der Funktion mit der Gleichung $f(x) = x^2$ oder $f(x) = -x^2$

***n*-te Wurzel [66, 85]** Höhere Wurzeln bezeichnet man als $\sqrt[3]{x}$; $\sqrt[4]{x}$; $\sqrt[5]{x}$; ...; $\sqrt[n]{x}$

Nullpunkt siehe *Ursprung*

Nullstelle Im Schnittpunkt eines Graphen mit der *x-Achse* nimmt die *Funktion* den Wert $y = 0$ an. Diese Stelle auf der *x-Achse* heißt Nullstelle.

O Oberfläche (A_O) Alle Begrenzungsflächen eines *Körpers* ergeben zusammen die Oberfläche des Körpers; siehe Formelsammlung

Öffnungsrichtung einer Parabel [10, 33] Der Graph der Funktion $f(x) = a \cdot x^2$ ist für $a > 0$ nach oben geöffnet und für $a < 0$ nach unten geöffnet.

Originalfigur siehe *Drehung, Verschiebung, Maßstab, zentrische Streckung* und Formelsammlung

P $p\%$ siehe *Prozentsatz*

p. a. bedeutet pro Jahr

Parabel [10, 33] Graph einer *quadratischen Funktion* und **[74]** Graph einer Potenzfunktion mit positivem Exponenten

parallel, Parallele $g \parallel h$ bedeutet: Die Geraden g und h sind zueinander parallel, g und h sind *Parallelen*, d. h. ihr *Abstand* zueinander ist überall gleich groß.

Parallelogramm siehe Formelsammlung

Passante Gerade, die keinen Punkt mit einem Kreis gemeinsam hat

Periode, periodischer Dezimalbruch Bei vielen *Brüchen* führt die *Division* dazu, dass sich im Ergebnis Ziffern unendlich oft wiederholen. Diese Brüche nennt man periodische Dezimalbrüche. Die Ziffer (oder die Zifferngruppe), die sich wiederholt, wird durch einen Strich darüber gekennzeichnet und Periode genannt. Beispiel: $\frac{1}{3} = 0{,}333\dots = 0{,}\overline{3}$

periodischer Prozess [142] Vorgang, der sich in gleichen Zeitabständen (Perioden) wiederholt

Pfadregel siehe Formelsammlung

pi (π) siehe *Kreiszahl*

Potenz [58, 85] *Produkte* aus gleichen Faktoren; Beispiel: $2 \cdot 2 \cdot 2 = 2^3$ (sprich „2 hoch 3")
Basis ↗ Exponent (Hochzahl)

Potenzfunktion [74, 85] Funktion der Form $y = a x^n$ $(a \neq 0)$

Potenzgesetze [70, 85] Regeln zum vereinfachten Rechnen mit Potenzen; siehe Formelsammlung

***p-q*-Formel [44, 53]** Formel zur Lösung quadratischer Gleichungen in *Normalform*; siehe Formelsammlung

Primzahl eine *natürliche Zahl*, die nur durch 1 und sich selbst teilbar ist; Beispiel: 2; 3; 5; 7; 11; 13

Prisma siehe Formelsammlung

Probe Bei den Grundrechenarten rechnet man zur Probe die *Umkehraufgabe*. Bei *Gleichungen* setzt man zur Probe die *Lösung* ein.

Produkt siehe *Multiplikation*

produktgleich Alle *Wertepaare* einer *antiproportionalen Zuordnung* bilden das gleiche *Produkt*.

Produktregel siehe Formelsammlung

Promille (‰) $1\,‰ = 0{,}1\,\% = \frac{1}{1000}$

proportional siehe *Zuordnung*

Prozent (%) Das %-Zeichen bedeutet „von Hundert". Beispiel: $1\,\% = \frac{1}{100}$

Prozentsatz ($p\,\%$) Anteil in Prozentschreibweise; Beispiel: 3 von 5 entspricht $60\,\%$

Prozentschreibweise *Brüche* mit dem *Nenner* 100 kann man in der *Prozent*schreibweise angeben. Beispiel: $\frac{75}{100} = 75\,\%$

Prozentwert (*W*) Wert, der einem Prozentsatz entspricht; Beispiel: 10 % von 50 Personen entspricht 5 Personen

Punktspiegelung siehe Formelsammlung

Punktsymmetrie siehe Formelsammlung

Pyramide siehe Formelsammlung

Pythagoras griechischer Philosoph und Mathematiker; Satz des Pythagoras siehe Formelsammlung

pythagoreisches Zahlentripel drei natürliche Zahlen *a*, *b*, *c* für die $a^2 + b^2 = c^2$ gilt. Beispiel: (3 | 4 | 5), denn $3^2 + 4^2 = 5^2$

Q ℚ siehe *rationale Zahlen*

Quader siehe Formelsammlung

Quadranten vier Bereiche, in die das *Koordinatensystem* die Zeichenebene teilt; Beispiel: Der Punkt $P(-2 | 1)$ liegt im II. Quadranten

Quadrat siehe Formelsammlung

quadratische Ergänzung [24, 33, 44, 53] Term, den man ergänzen muss, um eine quadratische Gleichung mithilfe einer binomischen Formel zu schreiben

quadratische Funktion [16, 24, 33] Funktion in der Form $y = ax + bx + c$ (*allgemeine Form*) oder $y = a(x - d)^2 + e$ (*Scheitelpunktform*)

quadratische Pyramide Pyramide mit einem *Quadrat* als Grundfläche

Quadratwurzel Die Quadratwurzel aus *x* ist die positive Zahl, die zweimal mit sich selbst multipliziert *x* ergibt. Beispiel: $\sqrt{144} = 12$

Quadratzahl Eine Zahl wird mit sich selbst malgenommen. Beispiel: $8^2 = 64$

Quartil Kennwert einer Datenreihe, siehe *Boxplot*
 – oberes Quartil: *Median* der zweiten Hälfte einer Datenreihe
 – unteres Quartil: *Median* der ersten Hälfte einer Datenreihe

Quersumme die Summe aller Ziffern einer Zahl; Beispiel: Die Quersumme von 735 ist $7 + 3 + 5 = 15$

Quotient aus *a* **und** *b* $a : b$ bzw. $\frac{a}{b}$

quotientengleich Alle *Wertepaare* einer *proportionalen Zuordnung* bilden einen gleichwertigen *Bruch*.

R **Rabatt** Preisnachlass vom Händler

Radikand [66] Ausdruck unter dem Wurzelzeichen

Radius siehe *Kreis* in der Formelsammlung

radizieren [66] Wurzel ziehen

rationale Zahlen Die *ganzen Zahlen* und die *positiven* und *negativen Brüche* und *Dezimalbrüche* bilden zusammen die Menge der rationalen Zahlen, kurz ℚ.

Rauminhalt siehe *Volumen*

Raute siehe Formelsammlung

reelle Zahlen *Rationale* Zahlen und *irrationale* Zahlen bilden zusammen die Menge reellen Zahlen, kurz ℝ.

Rechenausdruck siehe *Term*

Rechteck siehe Formelsammlung

rechteckige Pyramide Pyramide mit einem *Rechteck* als Grundfläche

rechter Winkel ein *Winkel* von 90°

rechtwinkliges Dreieck Dreieck mit einem *rechten Winkel*, also einem Winkel von 90°

rein quadratische Funktion [10, 33] Funktion mit einer Gleichung der Form $y = ax^2$

rein quadratische Gleichung [38, 53] quadratische Gleichung, in der die Variable ausschließlich in der 2. Potenz vorkommt, $y = ax^2$

relative Häufigkeit siehe Formelsammlung

römische Zahlen *Natürliche Zahlen* können mit römischen Zahlzeichen dargestellt werden. Dabei werden alle Zahlen durch Addition oder Subtraktion zusammengesetzt.

I (1), V (5), X (10), L (50), C (100), D (500), M (1000), Beispiel: MMXVI (2016), XC (90)

S **Satz des Cavalieri** Zwei Körper mit gleichen Höhen und gleich großen Querschnittsflächen in gleicher Höhe haben auch das gleiche Volumen.

Satz des Pythagoras siehe Formelsammlung

Satz des Thales siehe Formelsammlung

Säulendiagramm stellt absolute Häufigkeiten dar; siehe Formelsammlung

Schätzwert für Wahrscheinlichkeit Bei einer großen Anzahl an Wiederholungen eines *Zufallsexperiments* ist die *relative Häufigkeit* eines *Ergebnisses* ein Schätzwert für die *Wahrscheinlichkeit* des *Ergebnisses*.

Scheitelpunkt [10, 33] tiefster oder höchster Punkt einer Parabel; siehe Formelsammlung

Scheitelpunktform [16, 24, 33] Funktionsgleichung einer quadratischen Funktion in der Form $y = a(x - d)^2 + e$, dann ist der *Scheitelpunkt* $S(d\,|\,e)$

Scheitelwinkel gegenüberliegende *Winkel* an einer Geradenkreuzung; sind gleich groß

Schenkel siehe *Winkel*

Schrägbild vermittelt einen räumlichen Eindruck eines Körpers; nach hinten verlaufende Kanten werden in halber Länge im Winkel von 45° angetragen; verdeckte Kanten werden gestrichelt; Beispiel:

Sehne *Strecke* zwischen zwei Punkten auf einem *Kreis*

Seitenverhältnisse [120, 137] siehe *Sinus, Kosinus, Tangens*

Sekante *Gerade*, die mit einem *Kreis* zwei gemeinsame Punkte hat

Sekunde (s) 60 s = 1 min (*Minute*)

senkrecht, Senkrechte $g \perp h$ bedeutet: Die Geraden g und h sind zueinander senkrecht, g und h sind Senkrechte, d. h. sie bilden einen rechten Winkel.

Simulation „Nachspielen" eines Experiments mithilfe eines (vereinfachten) Modells

Sinus [120, 137] $\sin(\alpha) = \frac{\text{Gegenkathete von } \alpha}{\text{Hypotenuse}}$

Sinusfunktion [142, 159] periodische Funktion der Form $f(\alpha) = \sin(\alpha)$ (im Gradmaß) bzw. $f(x) = \sin(x)$ (im Bogenmaß)

Sinussatz [128] In jedem Dreieck ABC gilt: $\frac{\alpha}{\sin\alpha} = \frac{\alpha}{\sin\alpha} = \frac{\alpha}{\sin\alpha}$

Skala Maßeinteilung an Messinstrumenten, z. B. am Geodreieck oder am Thermometer

Skizze Zeichnung von Hand, die einen groben Überblick verschafft

Skonto Preisnachlass z. B. bei Barzahlung

Spannweite Unterschied zwischen *Maximum* und *Minimum* einer *Datenreihe*

Speicherfunktion [77] am Taschenrechner

Spiegelachse siehe Formelsammlung

spitzer Winkel ein *Winkel*, der größer als 0° aber kleiner als 90° ist

Stängel-Blätter-Diagramm siehe Formelsammlung

Steigung (m) bei einer linearen Funktion $y = mx + b$; Beispiel: für $m = \frac{3}{4}$ gilt: wenn x um 4 wächst, dann wächst y um 3

Steigung $m = \frac{\text{Höhenunterschied}}{\text{Horizontalunterschied}}$

Steigungsdreieck rechtwinkliges Dreieck am Graphen einer linearen Funktion zum Bestimmen der *Steigung*

Stellenwertsystem Beispiel: *Dezimalsystem* und *Binärsystem*

Strahlensatz siehe Formelsammlung

Strecke gerade Linie mit einem Anfangspunkt und einem Endpunkt

Streckfaktor k, Streckzentrum Z siehe *zentrische Streckung* und Formelsammlung

Streifendiagramm zeigt relative Häufigkeiten an (Streifen $\hat{=}$ 100%); siehe Formelsammlung

Strichliste *Häufigkeiten* einer *Daten*erhebung werden mit Strichen angegeben.

Stufenwinkel sind gleich groß

Stufenzahl Beispiel: im *Zehnersystem* nennt man 10, 100, 1000, … Stufenzahlen

stumpfer Winkel größer als 90° aber kleiner als 180° ist

stumpfwinkliges Dreieck ein Dreieck mit einem stumpfen Winkel

Stunde (h) 1 h = 60 min (Minuten)

Subtrahend siehe *Subtraktion*

Subtraktion
Minuend – Subtrahend = Wert der Differenz

Summand siehe *Addition*

Summe siehe *Addition*
– **Multiplikation von Summen** siehe Formelsammlung

Summenregel siehe Formelsammlung

Symmetrie, Symmetrieachse, Symmetriezentrum siehe Formelsammlung

systematisches Probieren geschicktes Wählen von möglichen Lösungen und Überprüfung durch Einsetzen

T Tabellenkalkulation [12, 26, 27, 51, 158] Software zur Eingabe und Verarbeitung von Daten

Tag (d) 1 d = 24 h (*Stunden*)

Tageszinsen (Z) siehe Formelsammlung

Tangens [120, 137] $\tan\alpha = \frac{\text{Gegenkathete von } \alpha}{\text{Ankathete von } \alpha}$

Tangente *Gerade*, die mit einem *Kreis* genau einen Punkt gemeinsam hat. Die Tangente steht senkrecht zum *Berührungsradius*.

Taschenrechner [61, 62, 66, 69, 77, 108, 124, 146]

teilbar siehe *Teiler*

Teilbarkeitsregeln durch…
- **2**: die letzte *Ziffer* ist gerade
- **3**: die *Quersumme* ist durch 3 teilbar
- **4**: die letzten beiden *Ziffern* stellen eine durch 4 teilbare Zahl dar
- **5**: die letzte *Ziffer* ist eine 0 oder eine 5
- **8**: die letzten drei *Ziffern* stellen eine durch 8 teilbare Zahl dar
- **9**: die *Quersumme* ist durch 9 teilbar
- **10**: die letzte Ziffer ist eine 0

Teiler Eine Zahl ist ein Teiler einer anderen Zahl, wenn beim Dividieren kein Rest bleibt. Beispiel: 6 ist ein Teiler von 18, d.h. 18 ist durch 6 teilbar $(6\,|\,18)$; 6 ist kein Teiler von 20 $(6 \nmid 20)$

teilerfremd Zahlen, die keinen gemeinsamen *Teiler* außer der 1 haben

Teilermenge alle *Teiler* einer Zahl; Beispiel: Teilermenge von 12: $T_{12} = \{1; 2; 3; 4; 6; 12\}$

Term (Rechenausdruck) sinnvolle Verbindung von Variablen, Zahlen und Rechenzeichen. Beispiel: 12; x; $12 - (6 + 1)$; $x + 5\,cm$; $2 \cdot a$

Thales von Milet Mathematiker im antiken Griechenland

Thaleskreis siehe Formelsammlung

Theodolit [127] Messinstrument zum Bestimmen von Winkelgrößen

Trapez siehe Formelsammlung

Tripel drei zusammengehörige Zahlen, Schreibweise $(3\,|\,5\,|\,9)$

trigonometrische Funktionen [142, 150, 159] siehe *Sinusfunktion* und *Kosinusfunktion*

U Überschlag Rechnen mit gerundeten Werten

überstumpfer Winkel ein *Winkel*, der größer als 180°, aber kleiner als 360° ist

Umfang (u) *Summe* aller *Seiten*längen eines *Vielecks*; siehe Formelsammlung

Umkehrfunktion Funktion, die beim Vertauschen der Variablen x und y entsteht. Die Umkehrfunktion von $f(x) = x^2$ ist $f^{-1}(x) = \sqrt{x}$.

Umkehrung, Umkehroperation Die *Subtraktion* ist die Umkehrung der *Addition*, die *Division* ist die Umkehrung der *Multiplikation*.

Umkreis Der Umkreis eines *Vielecks* verläuft durch alle Eckpunkte des *Vielecks*. Bei einem Dreieck schneiden sich die *Mittelsenkrechten* im *Mittelpunkt* des Umkreises.

Umrechnungszahl Beispiel: Wandelt man *Volumenmaße* in die benachbarte *Volumeneinheit* um, so ist die Umrechnungszahl 1000.

ungleichnamig *Brüche* mit unterschiedlichem *Nenner* sind ungleichnamig; Beispiel: $\frac{3}{8}$ und $\frac{4}{5}$

Urliste ungeordnete Übersicht der Ergebnisse einer *Daten*erhebung

Ursprung Punkt $(0\,|\,0)$ im Koordinatensystem

V Variable Platzhalter für Zahlen oder Größen; Beispiel: a, b, c, x, y, z

Veränderungen [146, 159] an den Graphen von *Sinusfunktion* und *Kosinusfunktion*

Verbindungsgesetz siehe *Assoziativgesetz*

Verdopplungszeit [100] Zeitspanne, in der die Anzahl von Bakterien auf das Doppelte des ursprünglichen Werts angewachsen ist

Verhältnisgleichung entsteht z.B. aus Strahlensätzen, $\frac{x}{4} = \frac{5}{8}$

Verschiebungen der Normalparabel [16, 33] siehe Formelsammlung

Verschiebung Beispiel:

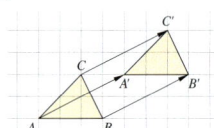

Verschiebungspfeil gibt Länge und Richtung einer *Verschiebung* an

Vertauschungsgesetz siehe *Kommutativgesetz*

Verteilungsgesetz siehe *Distributivgesetz*

Vieleck Beim Vieleck bestimmt die Anzahl der Eckpunkte den Namen der Fläche. Beispiel: Ein Fünfeck hat fünf Eckpunkte.

Vierfeldertafel Tabelle, in die man die Häufigkeiten von zwei verschiedenen Merkmalen eintragen kann

Vieta, Francois [47] französischer Mathematiker, ca. 1540 bis 1603

vollständig gekürzt Einen *Bruch*, der nicht mehr weiter ge*kürzt* werden kann, nennt man vollständig gekürzt.

Vollwinkel ein *Winkel* von 360°

Volumen Rauminhalt eines Körpers; siehe Formelsammlung

Vorrangregeln siehe Formelsammlung

W **Wachstum [90 f.]** Zunahme oder Abnahme einer Größe

– exponentielles Wachstum **[94]** Eine Größe ändert sich in gleichbleibenden *Zeitspannen* um den gleichen Wachstumsfaktor q. Der Wert nach n Zeitspannen ist $G_n = G_0 \cdot q^n$.

– lineares Wachstum **[90]** In gleichen Zeitspannen nimmt der jeweils nachfolgende Wert immer um den gleichen Betrag d zu oder ab. Der Wert nach n Zeitspannen ist $G_n = G_0 + d \cdot n$.

– negatives Wachstum **[90]** Abnahme einer Größe, der nachfolgende Wert ist kleiner als der vorherige

– positives Wachstum **[90]** Zunahme einer Größe, der nachfolgende Wert ist größer als der vorherige

Wachstumsfaktor q [91, 94, 115] $q = 1 + p\%$ mit *Wachstumsrate* $p\%$

Wachstumsrate $p\%$ [91, 115] prozentuale Zunahme oder Abnahme eines Werts innerhalb einer Zeitspanne

Wahrscheinlichkeit (P) Maß für das Eintreten eines *Ergebnisses* bei einem *Zufallsexperiment*. Die Wahrscheinlichkeit für das Eintreten eines Ergebnisses liegt zwischen 0 (unmögliches Ergebnis) und 1 (sicheres Ergebnis); siehe auch Schätzwert für Wahrscheinlichkeit

Wechselwinkel sind gleich groß

Wert des Terms Wenn man für die *Variablen* Zahlen einsetzt, kann man den Wert des Terms bestimmen.
Beispiel: Der Wert des Terms $10 \cdot x + 8$ für $x = 3$ ist 38, denn $10 \cdot 3 + 8 = 38$

Wertebereich [104] umfasst alle Werte einer Funktion, die y annehmen kann

Wertepaar zwei einander zugeordnete Werte; Beispiel: $(2\,|\,3{,}5)$

Wertetabelle *Wertepaare* können in einer Tabelle angegeben werden.

Winkelhalbierende *Halbgerade*, die einen *Winkel* halbiert. Jeder Punkt auf der Winkelhalbierenden hat denselben *Abstand* zu den beiden *Schenkeln* des *Winkels*. Im Koordinatensystem: Gerade zu $y = x$.

Winkelsummensatz
– Dreieck $\alpha + \beta + \gamma = 180°$
– Viereck $\alpha + \beta + \gamma + \delta = 360°$

Wortvorschrift Ein Text beschreibt, welche Werte einander zugeordnet werden sollen; Beispiel: „Jeder Zahl wird ihr Dreifaches zugeordnet." ergibt z.B. $(1\,|\,3)$, $(2\,|\,6)$, $(-1{,}5\,|\,-4{,}5)$

Würfel siehe Formelsammlung

Wurzel ziehen siehe *Quadratwurzel*; *n-te Wurzel*

Wurzelfunktion $f(x) = \sqrt{x}$; Umkehrfunktion von $f(x) = x^2$

X **x-Achse** siehe *Koordinatensystem*

x-Koordinate siehe *Koordinatensystem*

Y **y-Achse** siehe *Koordinatensystem*

y-Koordinate siehe *Koordinatensystem*

Z **$\mathbb{Z}$** siehe *ganze Zahlen*

Zahlbereiche *Natürliche Zahlen*, *ganze Zahlen* und *rationale Zahlen* sind Beispiele für Zahlbereiche.
Wenn eine Aufgabe in einem Zahlbereich nicht lösbar ist, dann muss der Bereich durch Hinzufügen von Elementen erweitert werden. Beispiel: $3 - 7$ ist in $\mathbb{N}$ nicht lösbar, aber in $\mathbb{Z}$.

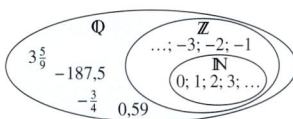

Zahlengerade bildet anders als der *Zahlenstrahl* auch die *negativen Zahlen* ab

Zahlenstrahl Beispiel:

Zähler siehe *Bruch*

Zehnerbruch *Brüche* mit dem *Nenner* 10, 10, 1000, …, also $\frac{1}{10}$; $\frac{1}{100}$; $\frac{1}{1000}$; …

Zehnerpotenzen sind $10^1 = 10$, $10^2 = 100$, $10^3 = 1000$, $10^4 = 10\,000$ usw.

Zehnerpotenzschreibweise [62, 85] Zahlen werden als Produkt aus einer Zahl zwischen 0 und 1 und einer Zehnerpotenz geschrieben. Beispiele: $450\,000\,000 = 4{,}5 \cdot 10^8$; $0{,}00006 = 6 \cdot 10^5$

Zehnersystem (Dezimalsystem) unser Zahlensystem; Beispiel: Stellenwerttafel im Zehnersystem:

| | ·10 | ·10 | ·10 | ·10 | ·10 |

Tausender			Einer		
H	Z	E	H	Z	E
		3	0	6	1

Zeit *Maßeinheiten* der Zeit sind z. B. a (*Jahre*), d (*Tage*), h (*Stunden*), min (*Minuten*), s (*Sekunden*)

Zeitfaktor Ein Zinsjahr wird mit 12 Monaten zu 30 Tagen angegeben. Bei einem Tag entspricht der Zeitfaktor $\frac{1}{360}$, bei einem Monat entspricht der Zeitfaktor $\frac{1}{12}$.

Zeitpunkt ein genau festgelegter Termin, z. B. 12:50 Uhr oder der 12. Januar

Zeitspanne die Dauer zwischen zwei Zeitpunkten, z. B. 15 Minuten, 2 Jahre oder von 8:00 Uhr bis 8:45 Uhr

Zentralwert siehe *Median*

zentrische Streckung Konstruktion zum maßstäblichen Vergrößern und Verkleinern von Figuren mit einem festen *Streckfaktor k* und von einem festen Punkt, dem *Streckzentrum Z*, aus, siehe Formelsammlung

Zerfallsprozess [100, 115] radioaktive Stoffe zerfallen in gleichbleibenden Zeitspannen

Zielfunktion Funktion, die bei einer *linearen Optimierungsaufgabe* einen möglichst großen oder möglichst kleinen Wert annehmen soll.

Zinsen entspricht dem *Prozentwert (W)* bezogen auf den Geldverkehr; Preis für die Überlassung von *Kapital*

Zinseszinsen [96 f.] entstehen, wenn auch die *Zinsen* angelegt werden und wieder *Zinsen* erbringen

Zinsformel siehe Formelsammlung

Zinssatz (p %) entspricht dem *Prozentsatz (p %)* bezogen auf den Geldverkehr

Zufallsexperiment Vorgang mit einem zufälligen Ergebnis; Beispiel: Münzwurf, Würfelwurf

Zufallsversuch siehe *Zufallsexperiment*

Zuordnung Zuordnungen weisen Werten aus einem vorgegebenen Bereich einen oder mehrere Werte aus einem anderen Bereich zu (*Wertepaar*). Zuordnungen können als *Wortvorschrift*, *Wertetabelle*, im *Koordinatensystem* oder im *Diagramm* dargestellt werden.

zweistufiges Zufallsexperiment Zwei *Zufallsversuche* laufen nebeneinander oder nacheinander ab.

Zylinder siehe Formelsammlung

Bildverzeichnis

Illustrative Grafiken und technische Zeichnungen:
Cornelsen/Christian Böhning
Cornelsen/Ulrich Sengebusch †

Illustrationen:
Cornelsen/Roland Beier: Piktogramme: Funktionen, Arithmetik, Geometrie, Stochastik, Überblick; 6; 22; 26; 28; 34; 39; 44; 51; 57; 60; 66; 76; 83; 90; 91; 94; 104; 112; 126; 138 u.li.; 144; 152; 153; 162; 169

Abbildungen:
Cover: Fotolia/buellom; **3 o.li.** F1online/Westend61/Martin Rietze; **3 o.re.** Fotolia/ac2000 (Hintergrund), shutterstock/RAJ CREATIONZS (Bakterien), Fotolia/mizar_21984 (Lupe) **3 M.li.** Fotolia/Brian Kinney; **3 M.re.** Shutterstock/Deva Studio; **4 o.li.** Fotolia/Luftbildfotograf; **4 o.re.** Fotolia/Sandor Kasco; **4 M.li.** Shutterstock/Alexey Stiop; **4 M.re.** Fotolia/buellom; **7** F1online/Westend61/Martin Rietze; **9 o.re.** F1online/Westend61/Martin Rietze; **9 o.mi.** www.coulorbox.de; **9 o.li.** picture-alliance/dpa; **10 M.re.** Fotolia/sehbaer_nrw; **12** Cornelsen, Kerstin Kälberer/© Microsoft® Office. Nutzung mit Genehmigung von Microsoft; **13 o.re.** Cornelsen, Kerstin Kälberer; **13 u.re.** Cornelsen/Torsten Feltes, Berlin; **19** GrünBerlin GmbH; **20 o.re.** mauritius images/imageBROKER/Cordelia Ewerth; **20 o.re.** Cornelsen, Kerstin Kälberer; **23** Cornelsen, Kerstin Kälberer; **26 M.li.** Fotolia/Otto Durst; **26 u.li.** Cornelsen, Kerstin Kälberer/© Microsoft® Office. Nutzung mit Genehmigung von Microsoft; **26 u.mi.** Cornelsen, Kerstin Kälberer; **27** Cornelsen, Kerstin Kälberer/© Microsoft® Office. Nutzung mit Genehmigung von Microsoft; **29** picture alliance/ZB/euroluftbild; **30** shutterstock/Tim Large; **31** Fotolia/ladyligeia; **32 o.li.** Fotolia/Ramona Heim; **32 o.re.** mauritius images/Alamy; **35** Fotolia/Brian Kinney; **37** Fotolia/Cevahir; **38 o.re.** Jürgen Brinckmann, Berlin; **40 o.re.** imago/Jürgen Heinrich. Mit freundlicher Genehmigung der ‚Unfallforschung der Versicherer' (UDV); **40** Infochart Peter Diehl, München; **43 o.re.** shutterstock/Eduard Kim; **46 o.li.** Cornelsen, Kerstin Kälberer; **47 M.re.** akg-images; **51 Mi.re.** Cornelsen, Kerstin Kälberer/© Microsoft® Office. Nutzung mit Genehmigung von Microsoft; **52 o.li.** Fotolia/contrastwerkstatt; **52 o.re.** Fotolia/Ihar Ulashchyk; **55** Fotolia/ac2000 (Hintergrund), shutterstock/RAJ CREATIONZS (Bakterien), Fotolia/mizar_21984 (Lupe); **57 o.re.** Shutterstock/eurobanks; **58 o.li.** shutterstock/Rost9; **61 o.** Fotolia/janez volmajer; **62 o.li.** Fotolia/HP_Photo; **65 o.re.** dpa Picture-Alliance/blickwinkel/W; **69 u.** Cornelsen/Christina Schwalm; **70 o.re.** Fotolia/Samoth; **77 o.li.** Fotolia/elena0800; **84 o.li.** Fotolia/WavebreakmediaMicro; **84 o.re.** Fotolia/WavebreakMediaMicro; **84 u.li.** mauritius images/Alamy; **87** Shutterstock/Deva Studio; **93 M.re.** Cornelsen, Christina Schwalm/© Microsoft® Office. Nutzung mit Genehmigung von Microsoft; **93 u.re.** Fotolia/dudek; **95 M.re.** Fotolia/japans; **95 u.li.** Fotolia/industrieblick; **95 u.re.** Fotolia/svort; **96 o.li.** Fotolia/electriceye; **97 M.re.** Fotolia/emeritus2010; **98 M.li.** Fotolia/Arrlfx; **98 u.re.** Fotolia/Geoffrey Kuchera; **99 o.re.** Fotolia/Gunnar Assmy; **99 o.li.** shutterstock/Ecelop; **99 u.re.** /Fotolia/bptu; **100 o.li.** Fotolia/Gabriele Rohde; **100 u.li.** mauritius images/Phototake; **101 M.re.** shutterstock/indigolotos; **102 o.re.** Fotolia/Axel Kock; **102 M.li.** Fotolia/Michelle; **102 M.re.** shutterstock/Chalermsak; **107 M.re.** shutterstock/VGstockstudio; **108 o.re.** Fotolia/Smileus; **109 u.re.** Fotolia/Pavlo; **114 o.re.** Fotolia/Erwin Wodicka; **116 M.li.** Fotolia/Alex_Mac; **117** Fotolia/Luftbildfotograf; **119 o.re.** Picture-Alliance/dpa/dpaweb; **119 u.** Cornelsen, Kerstin Kälberer; **120 o.re.** Fotolia/Shutterbas; **123 u.re.** Fotolia/Andrey Burmakin; **124 o.li.** Shutterstock/the goatman; **125 M.re.** Fotolia/Klaus Eppele; **127 o.re.** Shutterstock/Dario Sabljak; **127 u.re.** Fotolia/clearviewstock; **127 M.re.** Jürgen Brinckmann, Berlin (Karte); **128 o.li.** Fotolia/Kalle Kolodziej; **129 u.re.** Fotolia/dred2010; **132 M.li.** Fotolia/by-studio; **132 M.li.** Fotolia/Petar Neychev; **132 u.li.** Fotolia/Tom; **133 o.li.** Fotolia/glashaut; **133 o.re.** Fotolia/Jackin; **133 M.li.** Fotolia/Friedberg; **133 M.re.** Fotolia/chaoss; **133 u.li.** shutterstock/Deyan Denchev; **133 u.re.** Fotolia/dbunn; **134 M.re.** Fotolia/algre; **135 M.re.** Fotolia/stocktributor; **136 o.li.** Fotolia/Kadmy; **136 o.re.** Fotolia/Kara; **139** shutterstock/Alexey Stiop; **141 o.a** Fotolia/Lilya; **141 o.b+c** Clip Dealer/Darius Turek; **141 o.d** Fotolia/Yuriy Mazur; **141 o.e** Fotolia/Nikolai Korzhov; **141 o.f** Fotolia/Bits and Splits; **141 o.g** Fotolia/SSilver; **141 u.re.** mauritius images/Prisma; **142 o.li.**